왜 그리스도인인가

Hans Küng
DIE CHRISTLICHE HERAUSFORDERUNG
Kurzfassung von CHRIST SEIN

© 1980 by R. Piper & Co.Verlag, München, Germany
All rights reserved.

Translated by Jeong Han-gyo
Korean translation copyright © 1982 by Benedict Press, Waegwan, Korea.

왜 그리스도인인가

1982년 2월 초판 1쇄
2017년 2월 10쇄
2025년 8월 14일 신판 1쇄

지은이	한스 큉
옮긴이	정한교
펴낸이	박현동
펴낸곳	성 베네딕도회 왜관수도원 ⓒ 분도출판사
찍은곳	분도인쇄소
등록	1962년 5월 7일 라15호
주소	04606 서울 중구 장충단로 188 분도빌딩(분도출판사 편집부)
	39889 경북 칠곡군 왜관읍 관문로 61(분도인쇄소)
전화	02-2266-3605(분도출판사) · 054-970-2400(분도인쇄소)
팩스	02-2271-3605(분도출판사) · 054-971-0179(분도인쇄소)
홈페이지	www.bundobook.co.kr
ISBN	978-89-419-2511-8 03230

저작권법에 의해 한국 내에서 보호를 받는 저작물이므로 무단 전재와 무단 복제를 금합니다.
이 책의 본문 종이는 FSC® 인증을 받은 친환경 용지를 사용했습니다.

왜 그리스도인인가

한스 큉 정한교 옮김

분도출판사

한국 독자들에게

    한국을, 힘센 두 나라 틈에서 씩씩하게 살아온 이 나라를 찾아올 수 있게 된 바로 지금 이 책이 인쇄 과정에 들어가고 있다니 무척 기쁩니다. 이 책에 바탕한 나의 서울 강연 '현대인은 무엇을 믿고 살까?'에 대한 반향이 예사스럽지 않게 적극적이었으니, 이 책도 '길 잃은 시대의 그리스도인다운 삶의 길'을 가리키는 한 길잡이로서 한국 독자들에게 잘 이해되리라고 믿고 바랍니다.

    이 며칠 동안 나는 한국 그리스도교계의 살아 있는 모습을 몸 겪으며 많은 즐거움을 맛보았고 새 친구들을 얻었습니다. 이 모든 것을 진심으로 감사합니다.

1982년 1월 19일, 서울에서
한스 큉

차례

한국 독자들에게 5
축소판을 내면서 13

제1부 식별

1장 오늘의 지평 21
1 **사람으로 돌아가자** 23
    세속화 24
    교회의 개방 26
2 **희망을 버리지 말자** 33
    발전으로 인간성을? 35
    혁명으로 인간성을? 39

2장 다른 차원 49
1 **신의 추구** 50
    초월자? 50
    종교의 미래 54
2 **신의 실재** 59
    가정 60
    실재 63

3장 그리스도교의 특징 75
1 **그리스도** 76
　위험한 기억 76
　개념을 분명히 80
2 **참 그리스도** 87
　신화가 아니다 88
　때와 곳이 뚜렷하다 92
　불확실한 점들 94
　전기만이 아니다 96
　신앙의 증언이다 100

제2부 설 계

1장 사회적 맥락 105
1 **체제?** 106
　교정일치 체제 106
　사제도 신학자도 아니다 107
　집권자 편도 아니다 110
　철저한 변화를 111
2 **혁명?** 116
　혁명운동 116
　해방자 대망 120
　혁명가가 아니다 122
　비폭력 혁명을 126
3 **탈속?** 131
　비정치적 철저주의 131
　승려 제도 134

	수도자가 아니다	137
	소수 정예 아닌 만인을	145
4	**타협?**	148
	경건자	149
	도덕적 타협	152
	율법 신봉자가 아니다	155
	정직한 자기비판을	160
5	**사방을 향한 도전**	166

2장 하느님의 일   171

1	**핵심**	172
	하느님 나라	172
	묵시문학 지평	175
	현재와 미래 사이에서	177
	하느님은 앞서 계시다	179
2	**기적?**	184
	실제 사건	186
	증거 아닌 천명	189
3	**최고 규범**	195
	자연법도 계시법도	195
	율법도 아닌 하느님의 뜻	199
	산상 설교의 의미	203

3장 사람의 일   209

1	**사람의 사람대접**	210
	의식 변화	210
	무엇이 하느님의 뜻인가	213
	전통·제도·위계의 상대화	215

2 **행동**	220
하느님과 사람을 동시에	220
당장에 나를 필요로 하는 사람을	223
원수도	226
참 철저성	230
3 **유대**	236
못난이들의 한편	237
무슨 가난?	240
망나니들의 친구	247
은총의 권리	251
4장 분쟁	259
1 **이것이냐 저것이냐**	260
직위도 칭호도 없는	260
대리자	265
2 **하느님 싸움**	272
신관의 혁명?	272
당연한 호칭?	279
3 **마지막**	288
최후 만찬	288
수난의 길	292
왜?	297
헛일?	303
5장 새 삶	307
1 **새 출발**	308
문제와 난점	308
미리 밝혀 둘 점	317

		궁극 실재	326
2	**최종 척도**		335
		의인	335
		존칭	338
		대표	343
		척도	348
3	**궁극 식별**		352
		가치 전도	352
		광신과 완고를 넘어	354
		오로지 믿음으로	360
		같은 일을 달리	365

제3부 실 천

1장 교회의 실천   379

1	**믿음을 위한 결단**		380
		각자의 결단	380
		교회 비판	385
2	**교회를 위한 결단?**		390
		왜 머무나	391
		실천적 호소	396
		체념을 거슬러	399

2장 사람과 그리스도인   403

1	**그리스도인다움의 표준**		404
		사람의 행동 규범	404
		그리스도인의 행동 규범	407

    추상적 원리 아닌 구체적 인물 410
    그리스도교 윤리의 특징 415
    근본 귀감 419
 2 **자유에의 해방** 423
    개인 성의냐 사회 정의냐? 424
    궁극적으로는 중요하지 않은 것 427
    궁극적으로 중요한 것 433
 3 **몇 가지 자극** 440
    권리 주장에서의 자유 441
    세력 다툼에서의 자유 445
    소득으로부터의 자유 448
    봉사하기 위한 자유 453
 4 **그리스도인으로 지양되는 인간** 460

  후기를 대신하여 463

축소판을 내면서

『그리스도인 실존』Christ sein이라는 큰 책이 나온 후로 저자와 출판사는 축소판을 내어 달라는 독자들의 요청을 거듭 받아 왔기에 이에 응하고자 이 책을 내게 되었다. 이 축소판으로 교의와 무류성 논쟁을 넘어 언제나 나에게 중요한 관심사가 되어 온 바를 독자들에게 보여 드리게 된 것은 제2차 바티칸공의회 이래 가톨릭교회의 누증되는 비판적 진전상이 나에 대한 로마의 조처로 뚜렷이 드러난 그런 때인 만큼 더욱 특별히 기쁜 일이다.

  어떻든, 아무리 줄이고 깎았어도 다름이 없이
   이 책 역시
그리스도교란, 그리스도인이란 과연 무엇인가를 이유야 어떻든 솔직히 똑바로 알고 싶어 하는 모든 이를 위한 책이다.
   이 책은 또
믿지는 않지만 그래도 진정으로 찾고 있는 사람들,
전에는 믿었지만 이제는 믿지 못해 안타까운 사람들,

지금도 믿고는 있지만 자기 믿음이 미덥잖은 사람들,
믿음과 못믿음 사이에서 오락가락하는 사람들,
믿음의 확신도 못믿음의 회의도 의심하는 사람들,
그런 사람들도 위한 책이다.
   이 책은 그러므로
그리스도인 · 무신론자, 영지주의자 · 불가지론자, 가톨릭 · 개신교 ·
정교회의 냉담자 · 수계자를 묻지 않고 누구나를 위한 책이다.
   오늘날 교회 밖에도
삶의 근본 문제에 다가감에 있어서 그저 저 나름의 느낌 또는 선입견
이나 겉보기에 그럴듯한 설명만으로 일생을 보내기에 만족하지는 못
하는 사람들이 많지 않은가.
   오늘날 어느 교회 안에도
자기 신앙이 유치한 단계에 머물기를 바라지는 않고
성경 말씀의 새삼스러운 되풀이나 자기 교파의 새 교리서만을 기다
리지는 않으며
그르침이 있을 수 없는 성서(개신교)나 전통(정교)이나 교도권(가톨릭)
이라는 일정 양식에 마지막 닻을 내릴 수는 없는
그런 사람들이 많지 않은가.
   이 모든 사람들은 물론
그리스도교를 에누리한 값으로 사들이려 하지도 않고
교회의 전통주의가 싫다고 외부에의 영합이나 사이비 적응을 꾀하려
하지도 않으며
혹은 우익의 교의적 압박이든 혹은 좌경의 이념적 독단이든 거기에

사로잡히려 하지도 않는,
오롯한 그리스도교 진리와 그리스도인 실존의 길을 찾는 사람들이다.

이 책에서 제시하자는 것은 그저 전통 신조의 새 적용만도 아니고 나아가 고금의 모든 쟁점에 대한 해답을 담은 간추린 교의신학도 아니며, 또 물론 무슨 새 그리스도교 선전도 아니다. 누구든지 전통 신조들을 저자보다 더 훌륭히 현대인에게 알아듣게 할 수 있다면 더없이 반가운 일, 무엇이든 수긍할 만한 것이라면 여기서도 거부할 뜻은 없다. 이만큼 이 책에서는 더 큰 진리를 향해 모든 문이 활짝 열려 있다.

　이 책에서 꾀하는 것은 오로지, 그리스도교의 관심사에 확신을 가진 한 사람이 그리스도인 실존이란 무엇인가를 전도사스러운 열광이나 신학자스러운 서정에 사로잡히지도 말고 고루한 스콜라 사상이나 난해한 현대신학에 빠지는 일도 없이 **알맞고 때맞게** 안내해 보자는 것이다. 이 책은 곧

○ 그리스도인 **실존**의 안내서이니:
비단 그리스도교 교리만이 아닌 그리스도인 생활·행동·자세를 다룬다;

○ **오로지** 안내서이니:
각자가 오로지 자신의 독자적 결단에 따라 혹은 그리스도인일 수도 혹은 그리스도인이 아닐 수도 있기 때문이다;

○ **하나의** 안내서이니:
따라서 다른 성격의 다른 책들은 이 책에게 한편 굳이 밀려날 까닭도 없거니와 한편 웬만큼 관용을 베풀어 주기 바란다.

축소판으로 나왔으므로 안내서라는 성격은 더욱 뚜렷해진 셈이다. 줄이면서 많은 것이 — 매우 아깝지만 — 희생될 수밖에 없었다: 그 부분은 중요하지 않거나 혹 덜 중요하겠다는 생각이 들어서가 아니라 다만 내용을 압축해야겠다는 뜻에서. 그래도 물론 중심 부분 — 나자렛 예수의 설계와 실천, 생애와 운명 — 은 거의 고스란히 남겼다.

축소의 주요 기준: 축소판에서는 독자층을 좀 더 넓히고자 석의학의 논술, 주석학의 난제, 교의의 쟁점과 역사들은 삭제하기로 했다. 매우 중요한 몇 가지 특수 문제도 도려낼 수밖에 없었다: 그리스도교와 세계종교들, 그리스도교와 유다교, 예수의 탄생과 죽음에 관한 신학적 해석, 교회의 창설과 구조, 성령과 삼위일체, 인간의 자율과 신의 섭리, 그 밖의 윤리 · 사회 · 정치 문제. 좀 더 술술 읽히게시리 학술적 주해도 달지 않기로 했다.*

어떻든 어디서나 저자의 관심은 그리스도교 교의 문제보다는 실천적인 — 물론 언제나 예수 그리스도 자신의 모습과 운명에 비추어 본 — 그리스도인 실존에 집중되었다. 이 책의 본디 제목도 이미 이 점을 가리켰거니와 축소판의 새 제목은 이를 더욱 강조한다: 『그리스도교 요청』*Die christliche Herausforderung*.

뼈대는 세목까지 그대로 지켰으므로 원한다면 쉽사리 큰 책의 해당 부분을 찾아 소상한 설명을 참조할 수 있겠다. 또한 신神 문제, 특

---

* 이 축소판의 원서에서는 큰 책에서 본문에 번호를 달고 권말에 주해를 모아 실은 것을 모조리 없애 버렸으나 우리말 독자를 위해서는 — 원하면 쉽사리 찾아볼 수 있는 — 두 가지만 되살려 본문 속에다가 작은 글자로 (   ) 속에 묶어 넣기로 했다: ① 성서의 인용 또는 참조 [구약은『성경』(한국천주교주교회의 2005)을, 신약은『200주년 신약 성서』(분도출판사 1991)]; ② 이 책 안에서의 다른 곳의 설명 참조 (이 책의 해당 쪽수) - 역자

히 무신론과 허무주의의 현대적 형태들을 더욱 깊이 다룬 ─ 큰 책에서 예고했던 ─ 책도 이미 나와 있다: 『신은 존재하는가?』*Existiert Gott?*

원컨대 이 작은 책에서도 독자들이 역사적으로 정확하면서도 오늘의 현실에 부응하고 최근의 연구 현황에 터하여 있으면서도 누구나가 이해할 수 있는 그런 그리스도인 실천을 위한 그리스도교 설계의 결정적 특징을 식별하게 되었으면 한다:

  이 설계가 **본디**, 2천 년의 먼지와 쓰레기에 덮이기 전에 무엇을 뜻했으며 이 설계가 **오늘**, 새로이 조명될 때 각자에게 뜻있고 보람찬 삶을 위하여 무엇을 뜻할 수 있는가를:

  또 하나의 복음이 아니라
  오늘을 위하여 되찾아야 할
  본디 하나인 복음을!

1980년 6월, 튀빙겐에서
한스 큉

제1부

식별

1장

오늘의 지평

잘라 묻건대: **왜 그리스도인인가**? 사람이면, 참으로 사람이면 그만이지 어째서 또 그리스도인이라야 하는가? 그리스도인 실존은 인간 실존보다 큰가? 상부구조나 하부구조? 대체 그리스도인이란, 오늘의 그리스도인이란 무엇을 뜻하는가?

그리스도인은 스스로 원하는 바를, 비그리스도인도 그리스도인이 원하는 바를 알아야 하리라. 마르크스주의가 원하는 것이 무엇이냐고 물을라치면 마르크스주의자는 서슴없이 (오늘은 그들도 회의가 없지 않지만) 대답한다: 세계혁명이라고, 무산계급 독재라고, 생산수단 사회화라고, 새 인간이라고, 계급 없는 사회라고. 그러면 그리스도교가 원하는 것은? 그리스도인의 대답인즉 흔히 막연하고 감상적이며 일반적이다: 사랑이라고, 의로움이라고, 삶의 뜻이라고, 선인·선행이라고, 사람다움이라고 …. 그러나 이런 것이라면 비그리스도인도 원하지 않는가.

오늘이야말로 그리스도인이 원하는 것이 무엇이냐, 그리스도교란 무엇이냐는 물음은 사뭇 날카로워졌다. 오늘은 다른 사람들도 다른 말만 하는 것이 아니라 자주 같은 말을 한다. 비그리스도인도 사랑을, 정의를, 삶의 뜻을, 선인·선행을, 사람다움을 옹호하고 있다. 또 흔히는 이 점에서 그들이 그리스도인보다 앞서가기도 한다. 이처럼 다른 사람도 같은 말을 한다면 또 무엇을 어쩌자는 그리스도인인가?

오늘날 그리스도교계가 접해 있는 **양면의 대결 전선**: 그 일면은 큰 세계종교들, 다른 일면은 '세속' 인본주의들이다. 그래서 오늘날 (전에는 교회 안에서 제도적 보호 아래 이념적으로 면역되어 온 그리스도인에게도) 날카롭게 제기되고 있는 물음: 고래 세계종교와 현대 인본주의에 비하여 그리스도교는 근본적으로 다른, 참으로 특유한 무엇인가가 있는가?

1
사람으로 돌아가자

과학·기술·문화의 발전으로 **현대 세계 자체**가 인간 실존 문제를 더욱 밝혀 주고 있다고, 따라서 그리스도인 실존 문제도 대답하기가 더 어려워지기보다 더 쉬워지고 있다고, 온갖 겉보기와는 거꾸로 생각한다면 착오일까?

이런 현대 세계의 발전 과정에서 **종교**는 밝은 날을 보지 못했을 뿐 인간의 궁극 문제가 해결된 것도 사라진 것도 아니라고, 사실인즉 신은 죽은 것이 아니며 우리는 믿지 못하면서도 믿음의 필요성을 새삼 절감하고 있다고, 온갖 겉보기와는 거꾸로 생각한다면 착오일까?

수많은 인간 정신의 위기로 말미암아 **신학**도 뒤흔들리고 있지만 결코 그 지혜가 동이 나고 파산해 버린 것은 아니라고, 오히려 두 세기에 걸친 여러 세대의 신학자들이 큰 노력을 기울인 나머지 여러모로 전보다는 더 훌륭히 그리스도인 실존 문제에 대답할 채비가 되어 있다고, 온갖 겉보기와는 거꾸로 생각한다면 착오일까?

세속화

오늘의 인간은 무엇보다 인간이고 싶어 한다. 현대인이 원하는 것은 인간 이상도 이하도 아니다. 되도록 사람다운 세상에서 온전히 사람이기를 바라는 현대인이다. 놀랍게도 인간은 세계를 자로 재듯 주름 잡게 되었다. 얼마 전에는 감히 인간 심리의 심층에까지 파고 내려가더니 이제는 또 감히 머나먼 외계에까지 뛰어오르고 있다. 신과 초인·초세적 능력의 영들이 맡아 다스린다고 여겨지던 많은 것, 아니 거의 모든 것이 인간의 지배 아래 놓이게 되었다!

이것이 흔히 말하는 '세속'이나 '현세'의 뜻이다. 처음에는 **세속화**란 법적·정치적 의미에서 교회 재산이 개인이나 국가에 넘어가 현세적으로 사용됨을 뜻했다. 그러나 오늘에 이르러서는 비단 교회 재산의 특정 품목만이 아니라 학문·경제·정치·법률·국가·문화·교육·의료·사회복지 등 크고 작은 온갖 중요한 인간 생활 영역이 교회·신학·종교의 영향권에서 물러나 인간의 직접 책임과 지배 아래 놓였다. 결국 인간 자체가 '세속화'된 것이다.

비슷하게 '해방'이라는 말도 본디는 순 법적 의미로 자녀가 아버지의, 혹은 노예가 주인의 지배권에서 벗어남을 뜻했다가 파생적으로 정치적 의미를 띠어 타인에 의존하는 지위에 있던 모든 사람이 동등한 시민권을 얻음을 뜻하게 되었다: 농민·노동자·여성·유다인·흑인이나 그 밖의 민족·교파·문화적 소수자들의 타결他決에 대립되는 자결自決을 포함한다. 그리고 결국은 맹목적 권위의 부당한 지배에 대립되는 인간의 자결 자체: 물리적 강제와 사회적 강요와 아직 자기 정체를 발견하지 못한 인간 자신의 내적 강박으로부터의 자유를 의미한다.

지구가 우주의 중심은 아님이 밝혀짐과 거의 동시에 인간은 자신이 건설한 인간세계의 중심으로 자처할 줄 알게 되었다. 종교사회학 대가 막스 베버가 선구적으로 분석했듯이 수세기의 복잡한 과정을 거쳐 인간은 인간 왕국에 들어섰다. 본디는 그리스도 신앙에 터하고 붙박여 있던 경험 · 인식 · 사상들이 인간 이성의 지배 아래 들어왔다. 삶의 여러 영역이 초세적 관점에서 규정되는 일은 갈수록 줄어들면서 그 자체로 이해되고 그 자체에 내재하는 법칙에 터하여 설명되어 왔다. 인간의 결단과 설계가 갈수록 더욱 초세적 권위가 아닌 이들 내재적 법칙에 의하여 판단되어 온 것이다.

좋든 싫든, 설명이야 어떻게 하든 오늘에 와서는 전통적 '가톨릭 국가'에서조차 중세 그리스도교의 잔재가 크게 사라졌다. 세속의 영역(俗域)들이 교회의 교의敎義와 의식儀式, 종교의 신성한 종주권(聖域)에서 벗어났다. 약자 해방은 진정 인류 역사의 적신호인가? 세상은 과연 표면 그대로 심층에서도 세속적 · 현세적인가? 20세기의 마지막 4분기는 실상 과학과 기술, 경제와 교육, 국가와 발전에 대하여 새삼 덜 유리론唯理論적이고 덜 낙관론적인 의식이 형성되면서 또 한번 사상적 전환기를 이루고 있지 않은가? 인간과 인간의 세계는 결국 여러 분야의 전문가 · 설계자들이 생각했던 바보다는 더 복잡한 것이 아닌가? — 이 모두가 이미 널리 알려진 물음이다. 여기서 특별히 우리의 관심사가 되는 물음: 그러면 교회는? 또 신학은?

놀라운 사실: 교회와 신학은 세속화 과정을 비단 — 드디어 — 시인

하게 되었을 뿐 아니라 나아가 (특히 제2차 바티칸공의회 이래로) 박차를 가하고 있다.

교회의 개방

이 세속, 전에는 '신新이방인계'라 하여 그야말로 사악한 원수로 여겨지던 이 '현세'가 오늘에 와서는 그리스도교계에서도 비단 고려의 대상이 될 뿐 아니라 크게 의식적으로 발전이 인정·지원되고 있다. 사실 비교적 큰 교회나 신학치고 어떤 의미에서든 '현대적'임을, 시대의 표징을 인식함을, 현대인의 욕구와 소망에 능동적으로 동참하여 절박한 세계 문제 해결에 협력함을 자처하지 않는 경우는 드물다. 적어도 이론상으로나마 오늘의 교회는 낙후된 저질 문화로, 현대 사조와 괴리된 기구로, 지식 발전과 생산 개발을 배격하는 제도로 머물러 있기를 원하지는 않고 과거에 자처했던 소외된 처지를 벗어나고자 하고 있다. 신학자들은 전통주의 정통 이론을 떠나 교의와 성경까지도 더욱 진지하게 학자다운 공정한 태도로 연구하려 하고 있다. 그래서 또 신도들도 어느 정도 이런 새로운 자유와 개방성을 발휘할 용기를 얻고 있다 — 교리상으로나 윤리상으로나 교회 제도상으로나.

아직도 물론 여러 교회들이 허다한 **교회 내內 문제**를 해결하지는 못한 채다. 가톨릭교회에서는 로마의 절대권이, 동방정교회에서는 비잔틴 전통주의가, 개신교회에서는 분열 현상이 충분히 극복되지 못했다. 또 끝없이 '대화'를 계속하고 수없이 위원회를 구성하면서도 '신앙과 교회 질서'에 관한 비교적 간단한 문제인 일련의 **교회 간間 문제**에 관해서도 뚜렷한 실제 타개책을 발견하지 못하고 있다: 교회 직분의 상호 승인, 성찬례의 상호 소통, 교회 건물의 공동 사용, 종교교육의 공동 수행 ….

그러나 한편, 사회에 대한 교회의 요청이라는 **교회 외**外 **문제**에 관해서는 좀 더 쉽게 합의가 이루어져 왔다. 로마에서도 제네바에서도, 캔터베리와 모스크바와 솔트레이크시티에서도 인도적 설계들을 인준하는 일이 — 역시 적어도 이론적으로는 — 가능했다: 인권과 종교 자유의 옹호, 경제·사회·인종적 불의에 대한 항쟁, 국제적 이해 증진, 군비 제한, 평화의 회복과 유지, 문맹·기아·음주벽·윤락행위·마약 거래의 퇴치 운동, 의료봉사·보건 사업 기타의 사회 원호 활동, 불우한 사람들과 천재지변(지진·화산 폭발·태풍·홍수)의 희생자들에 대한 구호 사업 ….

교회의 이런 발전은 반갑잖은 일? 물론 반가운, 때로는 흐뭇한 미소마저 금할 수 없는 일이다. 그러나 교황 회칙들을 보나 세계교회협의회(WCC) 문서들을 보나 판에 박힌 재래의 정책 노선이 그대로 견지되고 있다 — 정작 교회 자신보다 남들에 대한 요구를 더 크게 내세워 '대외 정책'에서 성과를 추구함으로써, 겉으로는 의기투합한 듯 속으로는 배짱이 맞지 않고 흔히 보람 없이 끝나고 마는 교회 간의 '대내 정책'에서는 짐을 벗어던지려고.

그러나 그런다고 교회의 공식 태도에 일관성 없음이, 대외적으로 남들 앞에서는 진보적이면서도 대내적으로 자기네끼리의 보수적 내지 반동적임이 감추어지는가. 예컨대 바티칸은 바깥 세상에 대해서는 사회정의·민주주의·인권을 힘차게 옹호하면서도 안으로는 여전히 권위주의 지배 체제를 고수하고 종교재판을 존속시키며 공공재산을 공적 통제 없이 사용하고 있다. 또 세계교회협의회는 서방의 자유화 운동에 대해서는 과감한 지원을 아끼지 않으면서도 소련의 그것에 대해서는 그렇지도 않은가 하면 동아시아 평화를 위해서는 무진 애를 쓰면서도 자체 내의 교회 간에는 화합을 달성하지 못하고 있다.

그러나 어떻든, 현시점의 중대한 요청들에 대한 교회의 개방성은 진정 반가운 일임에 틀림없다. 교회는 너무나 오래 사회의 양심으로서의 비판 기능을 등한히 하면서 '왕좌와 제단祭壇의 결합'이라는 불행스러운 집권 세력과의 제휴를 견지해 왔고, 너무나 오래 정치 · 경제 · 사회의 '현상 유지'(status quo)를 두호하면서 근본적 체제 개혁에는 반대 내지 유보 태세를 지켜 왔으며, 너무나 오래 민주 체제에서나 독재 체제에서나 인간의 자유와 존엄성보다는 교회 자신의 제도와 특권 보존에 더 부심하면서 수백만 비그리스도인의 살육을 보고도 분명한 항변을 꺼려 왔다. 양심과 종교의 자유, 고문의 폐지, 마녀 박해의 종식 같은 인도적 노력과 인권의 인정을 달성해 낸 것은 정작 그리스도인 교회가 — 개신교회들도 — 아니고 (흔히 교회도 세속 사가도 '피상적'이라느니 '무미건조하다'느니 '시시하다'느니 하면서 멸시하던) '계몽사상'이다. 나아가 교회 — 특히 제2차 바티칸공의회 때부터야 비로소 개혁이 일반화된 가톨릭교회 — 에 대하여 알아들을 만한 전례, 보다 효과적인 설교, 좀 더 시대에 적합한 방법의 사목 활동 · 직무 수행을 요구한 것도 계몽사상이다. 교회사 참고서들을 그대로 믿을 양이면 특히 근대 가톨릭교회의 전성기라는 그때야말로 자유화 역사에 대한 반동의 시기들이다: 반反종교개혁 · 반계몽사상 ·

복고주의 · 낭만주의 · 신新낭만주의 · 신고딕주의 · 신그레고리오주의 · 신스콜라 사상 …. 이때의 교회는 실상 인류의 후위 노릇이나 하던, 새것이라면 무엇이나 두려워하고 으레 마지못해 끌려가면서 근대사의 발전에 아무 창조적 기여도 못하던 그런 교회였다.

이런 매우 어두운 과거를 배경으로 해서만 현재의 발전을 제대로 이해할 수 있다. 이제는 그야말로 보수적인 교회들도 개인 · 사회 생활을 막론한 모든 영역의 인종 · 계급 · 민족적 증오에 대항하여 인간성을, 자유 · 정의 · 인권을 외치고 있다. 여기서 중요한 것: 이것은 만시지탄이나마 **인간 복귀**의 호소다. 더욱 중요한 것: 사회에 대한 이 인간성의 호소는 비단 교회 지도자들의 선언이나 신학자들의 저술에 의해서만 이루어지고 있는 것이 아니다.

인간성을 위한 노력은 세계 곳곳에서 수많은 사람들에 의하여 소박하게 실행되고 있다 — 그것도 위대한 그리스도교 전통을 이어받는 동시에 새로운 경각심을 가진 무수한 무명의 그리스도인 복음 전령사(남녀노소의 목자와 평신도)들에 의하여 혹은 저마다의 범상한 나날 속에서 혹은 매우 특이한 상황 속에서: 브라질 동북부의 공장 지대에서도, 남부 이탈리아와 시칠리아의 마을에서도, 아프리카 숲속의 선교지에서도, 첸나이와 콜카타의 빈민굴에서도, 뉴욕의 감옥과 '게토'에서도, 소련 한가운데서도, 이슬람교도의 아프가니스탄에서도, 수많은 병원에서도, 이 세상 온갖 곤경을 돌보아 주는 집들에서도 …. 물론 남미에서 사회정의를 위하여, 베트남에서 평화를 위하여, 북미와 남아에서 흑인의 인권을 위하여, 두 차례의 세계대전 후에 유럽의 화합을 위하여 능동적 그리스도인 지도자들이 솔선 투쟁해 온 것도 사실이다. 히틀러나 스탈린과 그 앞잡이들 같은 금세기 최대의 공포 인물들이 그야말로 설계적 반反그리스도인이라면 거꾸로 만인의 평화 조성자이며 희망의 표징으로 빼어난 인물들은 요한 23세, 마틴 루서 킹, 존 F. 케네디, 다그 함마르셸드 등 공공연히 신앙을 고백하는 그리스도인이거나 적어도 마하트마 간디처럼 그리스도의 영감을 받은 사람들이다. 그러나 평범한 개인에게는 살아가며 몸소 접촉한 사람 중에서 참으로 그리스도인다운 사람이야말로 위대한 지도자보다 더 중요한 사람이리라.

나아가 오늘날 그리스도교계에서 나타나는 여러 적극적 움직임들도 특정한 교회에 가입하지는 않은 많은 사람들에게까지 주목을 끌고 있다. 무신론자 · 마르크스주의자 · 자유주의자 등 천차만별의 세속 인본주의자들과 그리스도인들과의 건설적 대화와 실천적 협력도 이미 드문 일이 아니다. 오늘의 그리스도교계와 교회들은 일찍이 인류의 기술 발전에만 심취했던 일부 서구 미래학자들이 예상한 것처럼 '하찮은 것'(quantité négligeable)이 되고 만 것이 결코 아니다 ― 하기야 아직도 더러 '그리스도교 이후 인본주의자'들은 '그리스도교계의 참상'을 두고 글을 쓰지 않고는 못 배기는가 하면, 이는 또 그리스도인 쪽에서도 기회만 있으면 놓칠세라 고소한 마음으로 '인간계의 참상'을 두고 글을 써 온 것과 피장파장인 셈이지만.

그리스도교계의 참상과 **인간계의 참상**은 실상 밀접한 관계가 있다. 일찍이 천견淺見의 불성실한 그리스도인이 아니고서야 그리스도교계의 일들도 인간적인, 매우 인간적인 방식으로 이루어져 나감을 부인한 사람은 없다. 고작 그리스도교계의 인간적인, 너무나 인간적인 크고 작은 추문을 감추고 얼버무리려 했을 뿐, 그것마저 대개는 허사였다. 거꾸로 그리스도교 이후 인본주의자들도 적어도 은연중에나마 그리스도교 가치척도의 영향을 받고 있음을 부인할 수는 없다. 세속화는 신학자들이 곧잘 그러듯이 그리스도 신앙의 당연한 결과라고만 이해할 수 없거니와 철학자들이 즐겨 그러듯이 본디 그 자체에 뿌리박고 있다고만 설명할 수도 없다. 현대의 진보 사상은 그리스도교 종말 사관이 세속화한 결과만이 아니고 그 자체의 철학적 근원에서 유래한 것만도 아니다. 역사는 오히려 변증법적으로 전개되어 왔다. 그리스도교의 그것만이 아니라 그리스도교 이후의 문화유산도 실은 순수한 단일성을 띤 것이 아니다. 본디 인간적이며 인도적인 요소라는 것도 — 온갖 잔인성을 드러낸 최근세사가 입증하듯이 — 그리스도교의 배경 없이는 규정될 수 없다. 그렇다면 역시 천견의 인본주의자가 아니고서야 현대의 그리스도교 이후 인본주의가 갖가지 다른 연원 — 특히 그리스 사상과 계몽사상 — 이외에도 그리스도교의 덕을 입은 바 막대함을 부인할 수는 없으리라. 흔히 그리스도교의 가치·규범·해석들은 제대로 인정받지 못한 채 다소간에 묵묵히 채택·흡수되어 왔다. 그리스도교는 서양의 또 따라서 온 지구상의 문화·문명에, 그 인간·제도와 욕구·이상에 사실상 두루 현존하고 있다 — 우리 모두가 함께 숨쉬는 대기의 일부처럼. 증류수같이 순수한 의미의 세속 인본주의란 없다.

따라서 일단 내려 두어 무방한 결론: **그리스도교와 인본주의는 모순이 아니다**. 그리스도인이 인본주의자일 수 있고 인본주의자가 그리스도인일 수 있다. 그리스도교란 철저한 인본주의로 이해되어야 바르게 이해된다는 것은 앞으로 계속 입증되려니와 어떻든 여기서도 이미 하나만은 분명히 말할 수 있다: 무릇 (자유주의·마르크스주의·실증주의 등, 그 유래야 어떻든) 그리스도교 이후 인본주의자들이 그리스도인보다 더 훌륭한 인본주의를 실행하는 — 근세 이래로 허다히 보아 온 — 경우, 그것은 인본주의자로서만이 아니라 그리스도인으로서도 실패한 그리스도인들에 대한 하나의 도전이다.

2
희망을 버리지 말자

너무나 오래 세상을 격하시켜 온 신학자들이고 보면 한꺼번에 세상 만사를 격상시키려는 유혹을 느끼게 된 것도 무리는 아니다. 탈속적 세계 단죄에서 환속적 세계 예찬에로의 일대 전환! 그러나 둘 다가 신학적 세계 소외의 표지다. 흔히는 신학자 아닌 '세속' 학자들이 도리어 더 세밀히, 더 현실적으로 세계의 긍정적·부정적 양면을 동시에 바라보고 있지 않은가. 여기서 요청되는 것은 환상 없는 냉철한 안목이다. 바로 금세기에도 너무나 많은 신학자들이 시대정신에 눈이 먼 나머지 민족주의와 전쟁 선전을, 흑색·갈색·(마침내는) 적색의 전체주의 정책을 밑받침하는 구실을 했다. 이처럼 신학자도 자칫 이념가나 이념 옹호자가 되기 쉽다. 여기서 '**이념**'이라 함은 가치중립적이 아니라 가치척도적인, '사상'·관념·확신의 체계이자 해석·동기·행동의 규범을 뜻한다 — 대개는 특정한 이해관계에 좌우되면서 세계의 실상을 곡해하고 현실의 비리를 은폐하며 감정적 호소로 이성적 논증을 대신하는.

   인간을 부르짖기만 하는 것이 능사인가. **인본주의**들도 격변하고 있다. 일련의 인간 격하를 통하여 — 첫째로 (인간의 지구가 우주의 중심이 아님을 입증한) 코페르니쿠스를 통하여, 둘째로 (인간의 조건이 비인간적 사회에 의존함을 논증한) 마르크스를 통하여, 셋째로 (인간의 기원이 인간 이하의 세계에서 유래함을 예증한) 다윈을 통하여, 넷째로 (인간의 지능적 의식이 본능적 무의식에 뿌리박고 있음을 설명한) 프로이트를 통하여 — 인간이 크게 환멸을 겪고 난 지금도 르네상스 인본주의(인문주의)에 속한 것으로서 남아 있는 것이 무엇인가. 물리학·생물학·정신분석·경제학·사회학·철학에 의하여 태어난 각양각색의 인간상 속에 아직도 과거의 통일된 인간상에 속한 것으로서 남아 있는 것이 무엇인가. '성실한 인간'(honnête homme)을 내세우던 계몽적 인본주의, '인간다운 속성'(humaniora)을 추구하던 학구적 인본주의, 허무 속에 내던져진 개인의 '실존'을 파고들던 실존적 인본주의 — 이 모두가 한때 한창이었다. 하물며 파쇼주의와 나치주의랴. 이들은 니체의 '초인'에 매료되어 처음에는 그래도 인간적이며 사회적임을 표방하더니 마침내는 '인민과 총통'이니 '피와 땅'이니 하는 광란의 이념을 낳아 인류에게 인간 가치의 파괴와 수백만 인명의 손실이라는 미증유의 희생을 치르게 했다.

　이처럼 숱한 환멸을 겪고 난 마당에 인본주의에 회의를 느낀다는 것이 어디 이상한 일인가. 오늘날 철학·언어학·인류학·사회학·개인심리학·사회심리학에 종사하는 많은 세속 분석가들은 여러모로 복잡 미묘한 비논리적 자료들에서 어떤 의미를 얻고자 모색하기는 하되 거기에 어떤 의미를 부여하는 일은 일체 삼가고 마치 자연과학에서처럼 실증적 자료(실증주의)와 형태적 구조(구조주의)에만 터하여 개별적 연계 과정을 측정·산출·조절·설계 또는 예후하는 데 몰두하는 것이 통례다. 세속 인본주의의 — 음악·문학 같은 예술에서는 이미 일찍부터 적신호가 나타나기 시작했던 — 위기가 가장 뚜렷이 드러나는 곳은 종래에 인본주의의 최대 세력으로서 대중 속에 널리 지지의 저변을 확보하고 있던 바로 거기다: 과학·기술 발전의 인본주의, 그리고 정치·사회혁명의 인본주의.

발전으로 인간성을?

과학·기술의 발전은 절로 인간성을 달성한다는 이념은 흔들리고 있다. 오늘날 과학·의학·기술·공업·통신·문화의 발전은 사상 유례를 볼 수 없을 만큼, 쥘 베른 같은 과거의 미래학자들이 최대의 예리한 상상력을 발휘하여 내다본 것까지도 능가할 만큼 대단한 경지에 이르렀건만, 그런데도 진화의 '종(Omega)점'에서는 아직 먼 것으로, 흔히는 도리어 멀어져 가는 것으로 보인다. 현 사회 '체제'를 전면 비판하는 견지에서 선진 공업 사회의 전면 개혁에 모든 희망을 거는 신新좌익 인사가 아니라도 현실을 직시하는 사람이라면 누구나 이 눈부신 양적·질적 발전에 어딘가 잘못이 있다는, 생각할수록 더욱 괴로운 진단을 피할 길이 없다. 수많은 — 여기서 일일이 분석할 수는 없는 — 요인으로 말미암아 기술 문명에 대한 **불안**은 삽시간에 일반화되었다.

과학과 기술은 인간의 보편적 행복에 이르는 열쇠이며 발전은 필연적으로, 이를테면 자동적으로 성과를 얻게 마련이라는, 오래도록 믿어 온 신조에 대하여 바로 가장 발전된 서방 공업국에서야말로 더욱 의문이 고조되고 있다. 핵무기에 의한 문명 파괴의 위협만이 가장 큰 불안 요인은 이미 아니다. 이것도 여전히 매우 절실하기는 하나 초강대국들의 정치적 조정으로 다소 완화되었다. 정작 불안한 것은 갖가지 불안 요인이 복합적으로 작용하고 있다는 사실이다. 정치 · 경제의 심각한 국제적 대립 관계, 임금 · 물가의 악순환적 상승작용, 서구에서도 억제되지 못하는 통화팽창, 고질적으로 잠재했다가 종종 날카롭게 양성화되는 세계 통화위기, 부익부 · 빈익빈 현상 ― 이 모두가 국가적 차원에서 정부들의 골치 아픈 문제로 자라나고 있다. 이로 말미암아 서방 민주 체제에서마저 안정의 결여가 드러나고 있으니 하물며 남미나 그 밖의 군사독재 체제에서랴.

　그야말로 골치 아픈 것은 장소 문제다. 예컨대 뉴욕 같은 도시의 과밀 지역에서 뚜렷이 드러나는 암담한 미래의 위협을 보라 ― 세계에서 가장 위풍당당한 지평선과 수평선을 등지고 일견 끝없이 퍼져 나갈 듯한 이 도시 풍경 속에서 실상 나날이 늘어나는 것: 오염된 대기에 부패된 물, 썩은 내 나는 거리에 교통 체증, 부족한 주택에 치솟는 임대료, 차량 기타 온갖 문명의 소음에 건강 장애, 폭력과 범죄와 '게토'들에 인종 · 계급 · 민족 집단의 날카로운 대립 …. 어떻든 이런 것이 바로 60년대 초에 신학자들이 꿈꾸던 '세속 도시' 그것일 리는 만무하다!

　기술 발전의 부정적 결과는 그저 우연인가. 어디서나 ― 상트페테르부르크 · 타슈켄트에서도, 멜버른 · 도쿄에서도, 심지어 개발도상국의 뉴델리 · 방콕에서마저 ― 같은 현상들이 나타나고 있다. 이들을 단순히 위대한 발전에 불가피하게 따르는 어두운 일면이라고만 일컬으며 방치해 둘 수 있는가. 물론 더러는 애매한 속단과 망발도 있겠지만 전반적으로 보아 이 모든 현상은 그토록 동경하면서 설계하고 추진해 온 발전 자체의 양면성에서 연유한다. 발전 자체는 진정한 인간성을 증진시키는 동시에 파괴시키기도 한다. '성장'·'확대'·'전진'·'대량생산'·'이윤 증대' 등, 전에는 그처럼 긍정적으로 여겨지던 개념들이 이제는 오히려 혐의의 대상이다. 끊임없이 번영하고 개선되는, 점증하는 능률과 점고하는 생활수준의 사회가 동시에 바로 그 때문에 극도의 낭비를 자행하고 있으며 막강한 파괴 수단을 태연히 생산하고 있다. 고도의 기술 세계가 동시에 바로 그 때문에 전멸의 위험마저 안은 채 여전히 결핍·고통·불행·역경·가난·폭력·잔혹에 가득 차 있다.

발전은 그 양면을 함께 고려해야 한다: 옛 (인간에의) 의존관계의 소멸과 더불어 새 (사물·제도·무명 세력에의) 의존관계의 등장을, 정치·학문·성性·문화의 해방 또는 (오히려) '방임'과 더불어 소비 강박이라는 새로운 형태의 노예화를, 생산의 능률화와 더불어 기구의 거대화를, 상품 공급의 다양화와 더불어 개인적 소비욕의 극대화와 수급 계획 입안자나 광고계의 숨은 유혹자들에 의한 소비욕의 조작을, 교통·통신의 신속화와 더불어 생활의 분망화를, 의료의 개선과 더불어 정신 질환의 증가와 종종 무의미한 생명 연장을, 복지의 증진과 더불어 소모와 낭비 풍조의 팽배를, 인간의 자연 지배와 더불어 자연의 파괴를, 대중매체의 완벽화와 더불어 언어의 기능주의화·약어화·빈곤화와 주의·주장 주입의 대규모화를, 국제 교역의 증대와 더불어 다국적 기업에 대한 의존(과 덩달아 날뛰게 되는 매판)의 심화를, 민주주의의 전파와 더불어 사회와 그 지배 세력들에 의한 획일적 능률화와 사회통제의 가중을, 기교의 세련화와 더불어 교활한 (때로는 가위 천재적인) 조작 가능성을, 철두철미한 개체적 (분석적) 합리성과 더불어 전체적 (종합적) 의미의 결여를 ….

누구나가 몸소 겪어서 얼마든지 확인할 수 있는 사실들에 대한 이 정도의 약술만으로도 기술 발전은 절로 인간성을 달성하리라는 이념이 얼마나 크게 흔들리게 되었는가가 분명하고도 남으리라. 파괴를 낳는 발전이요 부조리를 안은 합리성이며 비인간에 이르는 인간화가 아닌가. 요컨대 발전 이념의 인본주의는 **인간의 비인간화**라는 뜻하지 않은 사실상의 결과를 수반하고 있다.

흑백 논리? 물론 아니다. 실은 흑백이 어울려 회색으로 보이는, 본디 비관론자는 아닌 사람에게도 불확실하게 나타나는 미래상이다.

그러나 이념을 버리자고 희망조차 버리랴. 목욕물이 더럽다고 아이마저 쏟아 버릴 수는 없다. **버려야** 할 것은 이해관계에 좌우되면서도 세계의 실상을 보지 못한 채 사이비 합리성으로 세계를 마음대로 주무를 수 있는 양 착각을 일으키는 **이념으로서의 발전**이다. 과학과 기술에 대한 관심마저, 따라서 사람다운 발전마저 버려야 하는 것은 아니다. 버릴 것은 오직 과학으로 만사를 설명하려는 '**세계관**'**으로서의 과학 신봉**이요 기술로 만병을 통치하려는 '**대용 종교**'**로서의 기술주의**다.

그러므로 기술 발전이 올바른 궤도에 오르고 인간 실존이 발전 강박에서 해방되는 새로운 종합이 이루어질 '**고등 기술 사회**'**에의 희망**

을 버려서는 안 된다. 희망을 가지고 보다 사람다운 노동 형태, 보다 긴밀한 자연 관계, 보다 균형 있는 사회구조를, 나아가 그야말로 삶을 삶답게 하는 것이면서도 금전 가치로 물량화될 수는 없는 인간 가치인 비물질적 욕구도 충족시킬 길을 모색해야 한다. 인류의 미래는 어떻든 인류 자신의 책임이다. 변화의 여지가 없을 리 있으랴.

그런데 혹시 사회질서를, 그 대표자들과 그 가치들을 철저히, 폭력으로라도 변혁시킴으로써? 곧, 혁명으로?

혁명으로 인간성을?

정치·사회의 혁명은 절로 인간성을 달성한다는 이념도 흔들리고 있다. 이 진단은 방금 거론한 바와 쌍벽을 이룬다. 앞에서 과학·기술·발전의 중요성을 위축시킬 뜻은 없었듯이 다음에서도 가장 유력한 사회 개혁 이론임을 자처하는 마르크스주의를 단번에 비민주·비인간·비그리스도교적이라고 단죄해 버릴 생각은 없다.

마르크스주의야말로 얼마나 큰 **인본주의적 잠재력**을 안고 있는가를 그리스도인도 인정하고 이해해야 한다. 과연 자본주의사회의 비인간적 조건은 퇴치되고 참으로 인간다운 조건이 창출되어야 한다! 민중이 멸시받고 빈곤해지고 착취당하는, 재화 가치가 최고 가치이고 재화 중의 재화인 돈이야말로 물신物神이며 이익·욕심·자기 위주가 행동 동기요 자본주의가 사실상 대용 종교 노릇을 하는 그런 사회는 사라져야 한다. 그 대신 사람이 참으로 사람일 수 있는, 저마다가 자유로운 존재로서 당당하고 품위 있게 자율적으로 살아가며 자신의 모든 가능성을 실현할 수 있는 그런 사회가 생겨나야 한다. 인간의 인간 착취가 불식되어야 한다!

설계로 말하면 이만큼이나 원대하다. 그 실현으로 말하면 그러나 곧장 모스크바나 베이징부터 바라보지 않는 것이 차라리 나으리라. 마르크스의 본의를 보존·발전시키기로는, 사실상 일반화되어 마르크스주의를 권위 있게 공식적으로 대표하면서 세계사의 일익을 담당해 온 저 거대한 정통파 (마르크스·레닌주의) 체계보다는 일부 유고슬라비아나 헝가리 이론가들의 공적이 더 크리라. 물론 오늘의 마르크스주의는 일단 저들 공식 대표자들이 해석해 온 바에 따라 판단될 수밖에 없다 — 그리스도교도 세계사의 일익을 담당해 온 거대한 그리스도인 교회들 편에서 그리스도의 설계를 실현한 바에 따라 평가되어야 하듯이. 하나의 설계란 그것이 실현되어 온 역사와 거기서 나타나는 제도들에서부터 비판적으로 본디의 설계를 되찾아 올라갈 수는 있을지언정 그 실현의 역사와 완전히 분리시켜 놓고 볼 수는 없다.

그러나 현실의 결과가 나쁘다는 사실 자체가 훌륭한 설계에 대한 반증은 아니다. 즉각 부정적인 면에만 몰두하다 보면 러시아가 (교회와 귀족들에 의하여 민중으로부터 단절되어 있던 황제 체제와 비교할 때) 레닌에게 입은 공덕, 중국이 (혁명 전의 사회체제와 비교할 때) 마오쩌둥에게 입은 공덕, 실로 온 세계가 카를 마르크스에게 입은 공덕을 간과하기 쉽다. 마르크스주의 사회 이론의 중요한 점들은 사실상 일반적으로 서방에서도 채택되어 왔다. 인간의 사회성을 중시하는 오늘의 인간관은 자유방임적 개인주의의 그것과는 사뭇 달라지지 않았는가. 우리의 주요 관심사는 이미 관념론의 그것과는 아주 달리 구체적으로 변하는 사회 현실, 비인간적 조건 속의 현실적 인간 소외, 어떤 이론이든 그 실천적 증거가 발견될 필요가 있다는 사실에 있지 않은가. 노동과 노동과정이 인류 발전과 관련하여 본질적으로 중요시되고 사상과 이념의 역사에 대한 경제적 요인의 영향이 면밀히 검토되고 있지 않은가. 노동계급의 전진, 나아가 세계사와 결부된 사회주의 이상들이 일반적으로 서방에서도 인정되고 있지 않은가. 마르크스주의자가 아니라도 마르크스가 제시한 수단을 이용하여 자본주의 경제의 모순과 구조적 불의를 날카롭게 분석하고 있지 않은가. 그 결과 수요 충족에 의한 개인 소득의 극대화를 목표로 삼던 무제한의 자유방임 경제는 마침내 보다 사회주의적인 경제 형태들에게 밀려났지 않은가.

그러나 오늘날 비판의 자유가 있고 마르크스주의가 교조적 체계로서 지배하지는 않는 곳에서는 분명히 시인되고 있는 사실: 유감스럽게도 모든 공산국가에서 만사의 설명 — '세계관' — 으로 주장하는 그런 의미의 마르크스주의 사회 이론과 역사 이론은 **약점**이 있다. 마르크스가 혁명 없이는 '무산계급'의 운명을 개선할 수 없다는 기본 견지를 취한 것이 착각이라는 것은 '유산계급'의 편견이 아니라 객관적 사실의 확인이다. 서방에서 아무리 자본이 축적되어 왔어도 이로 말미암아 마르크스의 (막대한 노동 예비군의 전면적 무산계급화가 초래된 나머지 변증법적 역전逆轉에 의하여 필연적으로 사회주의에로, 그리고는 공산주의와 자유의 지배에로의 혁명이 마침내 성취되리라는) 예상이 실제로 적중된 바는 없다. 이 가설의 배경을 이루는 부가가치 (노동자에 의하여 생산되고 자본가에 의하여 착취되는 가치) 이론은 적어도 통속 마르크스주의 경제학의 대들보 구실을 하고 있고 사실상 여전히 정통파 마르크스주의자들이 되풀이하고 있지만 다른 마르크스주의 경제학자들은 도외시하고 있으며 비마르크스주의 경제학자들은 전적으로 배격하고 있다. 계급투쟁 (두 계급의 싸움) 이론은 인류 역사의 해석 체계로서는, 특히 지금처럼 무산계급이 대부분 유산계급화하여 사실상 '중산계급들'이라는 복수형의 말을 사용할 수도 있게 된 복잡한 사회 계층에 대한 분석으로서는 지나치게 단순한 논리라는 것이 드러났다. 마르크스주의 역사 이론(유물사관)은 적잖이 낙후된 인위적 역사 재구성과 그릇된 전제에 터해 있다.

계급 없고 자유로운 공산 사회가 도래하리라는 징조가 나타나기는커녕 도리어 위압적 국가 권력이 국가와 사회를 동일시하면서 노동 인구를 무자비하게 희생시켜 서방에서와는 판이한 사회주의 중앙집권 체제를 구축하고 있고 그 속에서 개인들은 먼 장래의 인류 행복이라는 아름다운 약속과 더불어 그야말로 소외된 채 가혹한 노동조건 아래 생산 수치의 증대를 강요당하고 있다.

훌륭한 설계가 나쁜 실천에 의하여 반증되는 것은 아님은 물론이다. 잘만 했던들 결과는 달랐을 수도 있으리라. 그러나 마르크스주의의 실천 과정에서 드러난 문제점들은 혹시 마르크스주의 설계 자체에서 연유하는 것이 아니겠느냐는 의문이 제기될 수도 있다. 마르크스주의 이론을 가장 자주 내세우는 저 중앙집권화한 **소련 공산주의** 체제보다 크게 이 이론에 대한 불신을 조장한 것도 없다. 이미 스탈린 치하에서부터 사회주의에서 공산주의로 옮아감을 표방해 온 소련은 그 체제가 오래 계속될수록 마르크스주의 인본 정신의 빛나는 귀감으로서의 좌익 사회 비판자 구실을 하는 것과는 거리가 멀어져 왔다. 국가의 과두정치적 지도 체제와 혼동되는 당의 찬양에 따른 마르크스주의 교설의 존재론화와 교조화는 사회주의자들에게마저 '타락'으로 여겨지고 있다. 레닌에게도 일부 책임이 있는 스탈린주의로 고발당하는 이 정통파 공산주의는 인본주의적 사회주의와는 아무 상관도 없이 사회주의 '형제 인민'(위성국)들에 대한 제국주의 정책으로 인간에 의한 인간 지배의 고도로 조직화된 체제를 드러내면서 마그데부르크에서 블라디보스토크까지 세계사상 유례없이 사상·언론·행동의 자유를 탄압하고 있다. 국내에서는 전체주의·관료주의·국가 자본주의 독재정치를, 국외에서는 민족주의·제국주의 팽창정책을 휘두르고 있다.

소련 공산주의는 당의 요원이라는 '새 계급'과 '종교적' 특징(메시아 사상, 절대적 희생)과 '교회적' 측면(정통 경전, 準전례적 공식 행사, 신조, 무류적 위계, 인민에 대한 계속적 후견과 감시, 이단설에 대한 재판과 처벌)을 갖춘 새로운 인간 소외 형태로 나타나 있다. (중국 마오이즘도 마찬가지다.) 11월혁명 이래 반 세기 동안 이 집단 수용소와 감옥을 구비한 '노동자들의 낙원'을 탈출하는 수백만의 사람들을 저지하기 위하여 수백 킬로미터에 걸친 '죽음의 지대'가 필요했던 반면에 서방에서 동방으로 사람들이 집단 도주할 우려는 ― 동·서방 간의 국가적 중앙집권화에 구조적 유사성은 있는데도 ― 전혀 없었다. 알렉산드르 솔제니친의 『수용소 군도』(1974)가 출판되자 소련 정부가 보인 반응은 이 경제·사회·이념적 부동 체제가 대외적으로는 긴장 완화정책을 표방할지언정 대내적으로는 가까운 장래에 인간 자유를 증진시킬 의사가 없다는 괴로운 사실을 명백히 보여 주고 있다.

 그리스도인 교회들이 권위주의 내지 전체주의 권력 체제를 구축하여 사람들을 화형에 처하고 희생시켰다면 그것은 두말할 나위도 없이 ― 교회 반대자들도 시인하고 있고 또 아무리 강조해도 오히려 부족하듯이 ― 그리스도교 설계를, 나자렛 예수를 거스르는 것이었다. 공산당이 집단적으로 실력을 행사하고 일 계급·일당 독재 정권을 수립하여 반대자를 가차 없이 숙청하고 무고한 희생자가 나건 말건 '반동분자'를 모조리 타도한다면 그것도 공산주의 설계를, '공산당 선언'을, 카를 마르크스 자신을 거스르는 것이 아닌가.

 처음에 마르크스주의의 뜻깊은 인본주의적 잠재력에 관하여 말한 바는 물론 어디까지나 진실이다. 그러나 여러 사회주의자들도 분명히 확인하고 있는 사실: 비단 동방의 정통파 마르크스·레닌주의만이 아니라 서방 신新 마르크스주의의 "혁명적 인본주의"(J. Habermas) 역시 그것을 만사의 설명으로 삼아 사회혁명을 주장하는 그런 의미에서는 실패했다. 일찍이 혁명적 인본주의가 착취나 강압 없이 ― 그네들이 수없이 외쳐 온 ― 사회의 인간화와 보다 나은 세계를 실현할 수 있었던 사례는 아무 데도 없다. 이념적·심미적인 면을 중시하고 경제적인 면을 경시한 나머지 구체적 설계가 빈약하다는 점은 고사하고도 이 이론이 경제·사회·정치적으로 어떻게 실현될 수 있느냐는 것은 여전히 미지수다. 혁명적 도약과 사회주의에서 공산주의로의 진화에 의하여 압제에서 해방된 사회가 도래한다는 사상은 지금도 마르크스 자신의 때와 마찬가지로 막연할 뿐, 아니 지금이야말로 어느 때보다 더 이념적 혐의의 대상이다.

물론 여러 형태의 마르크스주의 이론과 실제에 대하여 보다 긍정적인 판단을 내릴 수도 있다. 보다 나은 사회를 위한 사회주의의 비판적 정신과 인본적 활력을 과소평가해서는 안 된다. 그러나 누구나가 자신이 처한 정치적 상황에 비추어 쉽사리 보충할 수 있는 앞의 (불가불 거두절미된) 약술만으로도 혁명은 폭력을 구사해서라도 절로 인간성을 달성하리라는 이념이 얼마나 크게 흔들려 왔는가를 능히 짐작할 수 있으리라. 사실상 실행되지 못하고 있는 자기비판 이론이요 스스로 목적을 배반하고 있는 실천이며 그 자체가 '인민의 아편'임을 입증하고 있는 혁명이 아닌가. 요컨대 혁명 이념의 인본주의 역시 **인간의 비인간화**라는 뜻하지 않은 사실상의 결과를 수반하고 있다.

그러나 이념을 버리자고 희망조차 버리랴. 여기서도 목욕물이 더럽다고 아이마저 쏟아 버릴 수는 없다. **버려야** 할 것은 폭력으로 사회를 뒤엎어 새삼 인간의 인간 지배를 구축하려는 **이념으로서의 혁명**이다. 어떤 종류의 마르크스주의도, 사회를 근본적으로 개혁하려는 어떤 노력도 버려야 하는 것은 아니다. 버릴 것은 오직 마르크스의 이론으로 만사를 설명하려는 '**세계관**'으로서의 **마르크스주의**요, 혁명으로 만병을 통치하려는 '**대용 종교**'로서의 **혁명 노선**이다.

그러므로 혁명도 무비판적 현실 용납도 전면적 체제 비판도 극복될 '**고등 혁명 사회**'에의 **희망**을 버려서는 안 된다. 프라하에서 감행된 보다 인도적인 마르크스주의의 좌절이나 학생 봉기의 후퇴와 더불어 마르크스주의와 신마르크스주의의 안목이 무력해지고 말았다고 여긴다면 피상적이며 위험한 생각이리라. 옳든 그르든 서방 젊은이들이 내세워 온 정신적 조상들, 혁명 사상의 역사적 배경들을 따져 올라가는 것만이 능사는 아니다. 여기서 폭발된 것은 실상 매우 특정한 요인이다: 그토록 격찬되어 오던 발전에 대한 큰 환멸! 구래·신생의 불의한 인간 조건에 대한 사회적 분노요 기술 정치 구조의 압제에 대한 저항이며 과학적 분석과 조명에 대한 깊은 욕구다. 참으로 충족된 실존, 보다 나은 사회, 자유·평등·행복이 깃든 세계, 개인 생활과 인류 역사의 의미를 찾는 외침이다.

여기서 제기되는 심각한 물음: 신진 세대의 '위대한 거부'를 기성 세대의 '위대한 거부'로 맞서야 할까? 혁명에 대한 대답은 현상 유지라야 할까? 불만은 그저 거듭 억제되고 발전은 다만 계속 추진되어야 할까? 체제는 또 좀 더 개선되기만 하면 그만이고 자유·진리·행복이란 주로 선진 공업 사회의 미덥잖은 소비재 광고 구호로나 남아 있어도 좋을까? 아니면 그래도 역시 인간과 사회의 뜻 없는 삶을 뜻있는 삶으로 변화시킬 가능성은 있다고 해야 할까? 따라서 또다시 폭력·공포·파괴·무질서·혼란을 낳지는 않을 어떤 질적 변화를 찾아야 할까?

분명히 말해 두자: 앞의 두 가지 시대 비판이 '발전적' 기술주의자나 '혁명적' 마르크스주의자(더구나 사회주의자)가 그리스도인일 수 없음을 뜻하는 것은 아니다. 문제는 과학과 기술을 어느 자리에 놓고 어떻게 평가하느냐, 특히 이로써 무엇을 실행하느냐에 있다. 또 마찬가지로 마르크스주의를 어떻게 알아듣느냐에 있다. 마르크스주의야말로 때로는 실증적 사회과학이나 윤리·경제·사회·과학적인, 또 그런 의미에서 '혁명적'인 인본주의의 한 경향일 뿐, 반드시 신에 대한

믿음을 배제하는 것은 아니다. 그렇다면 마르크스주의자만이 그리스도인일 수 있는 것은 아닐지언정 그리스도인이 때로는 (비판적!) '마르크스주의자'일 수도 있다. 또 기술주의자만이 그리스도인일 수 있는 것은 아닐지언정 그리스도인이 때로는 (비판적!) '기술주의자'일 수도 있다. 실력 행사·계급투쟁·평화·사랑 등의 문제에 관하여 마르크스가 아닌 그리스도 신앙을 궁극적 결단의 동기로 삼는 사람인 이상 그는 '마르크스주의자'이면서도 진정으로 그리스도인임을 자처할 수 있다. 또 기구·조직·경쟁·조작 등의 문제에 관하여 기술이 아닌 그리스도 신앙을 궁극적 결단의 동기로 삼는 사람인 이상 그는 '기술주의자'이면서도 진정으로 그리스도인임을 자처할 수 있다.

과학과 기술을 종교로 삼지는 않는 기술주의자는 얼마든지 많다. 또 마르크스주의를 종교로 삼지는 않는 마르크스주의자도 — 서방은 물론 동방에서도 — 날로 늘어나고 있다. 갈수록 뚜렷이 드러나는 사실: 기술 발전에 대해서도 사회혁명에 대해서도 전면 배격이냐 전면 수용이냐란 그릇된 양자택일이다! 서방에서도 동방에서도 사회 발전을 위하여 새로운 종합이 요청되고 있지 않은가. 아마도 보다 먼 장래에는 정치혁명적 인본주의(인간 조건의 근본적 변화, 보다 낫고 보다 의로운 세계, 참으로 보람찬 삶)의 추구와 기술 발전적 인본주의(인간 실현의 구체적 가능성, 폭력의 회피, 문제점에 대한 개방적 자세로 누구에게도 특정한 믿음을 강요하지는 않는 다원주의적 자유 질서)의 추구라는 두 요청이 하나로 결합될 수 있지 않을까. 그리스도인이야말로 여기에 어떤 결정적 기여를 해야 하지 않을까.

2장
다른 차원

기술 발전과 사회혁명이라는 커다란 이념들에게 복고도 혁신도 진정한 대책으로 주어져 있는 것은 아니고 보면 결국 남은 것은 방향 상실? "세계는 방향을 잃었다. 방향을 제시하는 이념들이 없는 것은 아니나 이들이 가는 방향이 없다." "사람들은 하늘을 쳐다볼 수 있다는 것을 잊은 까닭에 지구라는 우리 속을 맴돌고 있다 …. 우리는 살기만 바라는 까닭에 살 수가 없게 되었다. 주위를 둘러보라!" 이름난 부조리극 창시자 에우제네 이오네스코의 이 말은 옳은 말? 아마 반쯤.

1
신의 추구

현대인은 개미 쳇바퀴 돌 듯 맴돌기만을 원하는 것이 아니다. 오늘이야말로 우리네 현대 실존의 **일차원성**을 '초월'(trans-scendere)하여 해방되는 문제가 절실히 제기되고 있다. "일차원성"이라는 허버트 마르쿠제의 말은 진정한 대책이 없는 현대인의 실존을 매우 적절히 설명해 준다. 기술 발전적 인본주의는 — 신 좌익의 근본적 비판에 의해서야 비로소 자체의 일차원성을 의식하게 되어 — 이 문제를 검토하기 시작은 했으나 아직 아무런 대책도 내어놓지는 못하고 있다. 사회혁명적 인본주의도 끊임없이 문제의식·위기의식을 표방하고는 있으나 동방에서도 서방에서도 실제적 해방의 길을 보여 주지 못하고 있다.

초월자?

그렇다면 인간의 인간성을 구제하기 위해서는 교회와 신학의 모든 권위에서 해방되고 속권俗權을 신장하여 종교 아닌 자율을 인생 설계와 행동 규범의 기초와 방향으로 삼는 것만이 능사는 아니리라. 이론과 실천의 **진정한 초월**, 기존 사회의 일차원적 사고·발언·행동에서 벗어나 실제적 대책에 이르는 진정한 질적 상승이 필요하리라.

그러나 초월의 필요성을 역설하는 이론가들도 어쩔 수 없이 확인하고 있는 사실: 오늘의 우리네 상황에서야말로 이런 초월의 전망이 보이지 않는다. 바로 최근세사에서 더욱 뚜렷이 드러나듯이 직선적이며 (되도록) 혁명적인 초월은 일차원성에서 벗어나지 못한다. 다른 '유토피아'들과 마찬가지로 여기에는 유한한 세계 내적 요소들을 최후의 해방으로 삼는 나머지 인간이 인간을 전체주의적으로 지배하는 위험이 도사리고 있다. 이것은 물론 이미 '민족'이나 '인민'이나 '인종'의 지배는 아니고 '교회'의 지배도 아니다. 오히려 '노동계급'이나 '당'의 지배, 아니면 이미 (유산계급화한) 노동계급이나 (전체주의적인) 당과도 동일시될 수는 없는 소수 정예 지성인층의 '진정한 의식'의 지배라고 할 수 있겠다. 그러나 여기서도 역시 경험이 거듭 말해 주듯이 인간은 인간 자신의 성숙과 자율에 의하여 방출시킨 바로 그 세력에 예속되고 있다. 인간 자신이 해방시킨 세계의 기계장치에 인간의 자유가 속박되고 있다. 이런 일차원적 부자유의 세계 속에서 인간은 (개인도 집단 — 민족·인종·계급 — 도) 불가불 끊임없이 (남도 자기도) 불신하고 두려워하고 미워하면서 고통을 겪고 있다. 어떻든 이런 것이 바로 보다 나은 사회, 만인을 위한 정의, 개인을 위한 자유, 진정한 사랑일 리는 만무하다!

그렇다면, 이런 인류의 처지를 두고 본다면, 직선적·수평적·순인간적인 유한한 평면에서는 참으로 **다른 차원**이 발견될 수 없다는 결론을 — 물론 온갖 '형이상학'에 대한 두려움은 신중히 다짐하면서도 — 내릴 수 있지 않을까. 진정한 초월은 진정한 초월자를 전제하는 것이 아닐까. 이제야말로 우리는 새삼 개방적으로 이 문제에 임할 수 있게 된 셈이다:

- **비판 이론**은 사회의 모순과 개인 생활의 불가피한 슬픔·불행·고통·노쇠·죽음이라는, 단순히 개념적으로만 파악되고 (헤겔이 말하는 "부정적 변증법"의 의미에서) 지양될 수는 없는 경험의 인식에서 출발하여 초월자 문제(또 따라서 종교 문제)를 간접적으로만 논의 대상으로 삼지만, 그러면서도 사실상 부분적으로는 (완전한 정의에 대한 희망, 확고한 '타자에의 동경'으로서의) '부정신학'(theologia negativa)의 경지에 이르렀다.

- **마르크스·레닌주의**는 인생의 의미, 죄와 죽음 문제를 보다 면밀히 검토하기 시작했다. 현행 정통파의 (삶의 의미·행복·성취는 오로지 노동과 투쟁적 단합과 대화적 실존에 있다는) 대답이 동·서방의 진보적 마르크스주의자들의 (그렇다면 과오·고통·죽음이 따르는 각자의 운명, 개인적 정의와 사랑은 어떻게 볼 것이냐는) 절박한 질문을 묵살해 버릴 수는 없게 되었고, 그래서 결국 종교의 잠재적 의미가 새삼 노출되고 있다.

- **자연과학과 인문과학**은 오늘날 종종 유물론·실증주의 세계관과 현실 이해의 부당성을 더 잘 인식하게 되었고 그 자체의 방법론을 절대시하는 주장을 상대화하기 시작했다. 책임성 있는 과학·기술 활동은 윤리 문제를, 윤리는 또 의미·가치·모형·종교 문제를 내포한다.

- **심층심리학**은 인간 정신의 자기 발견과 치유를 위한 종교의 적극적

의의를 발견했다. 근래의 정신분석학자들은 종교심의 쇠퇴가 우리 시대의 전형적 노이로제인 방향 상실·규범 상실·의미 상실의 만연과 깊은 연관성이 있음을 확인하고 있다.

이런 학문·문화의 새 경향 못지않게 중요한, 소장 세대의 뚜렷한 움직임에서 나타나는 종교적 발언도 되새겨 볼 필요가 있다. 여기서는 동·서방이 상통한다: 동방에서는 밀란 마호베츠 같은 진보파 마르크스주의자가 정통파 마르크스주의를 향하여 '도덕적으로 영향력이 있는 **이상·모형·가치척도**'를 요구하는가 하면 서방에서는 예컨대 찰스 A. 라이시가 자본주의 체제에 대한 요구로 소장 세대를 대변하고 있다. 오늘날 아메리카의 '제1·제2·제3의식(意識)'이라는 소리들이 경험적 또는 체계적으로 어떻게 판별되든 여기서 종래의 대답들이 충분히 해결하지 못한 현대의 중대 문제가 성토되고 있는 것만은 부인할 수 없다. 또 라이시가 '새 세대'의 의식 분석에서 '반反문화'의 특징들을 과장한 것이 사실이라면 그가 비판한 대로 자유주의자들과 급진 혁명가들이 문제 해결의 결정적 요소를 등한시했던 것도 분명한 사실이다. 우리 시대의 가장 중대·절실한 요청은 **초월자**의 재인식이라고! 현대 기술 세계의 필수적 요청은 **새로운 생활양식**을 택함으로써 기존 여건을 뛰어넘어 해방되는 일이라고. 기계적으로 움직이는 전문 기구들을 통어할 수 있는 새로운 독립성과 인격적 책임성·감수성·심미감을, 새로이 함께 살며 함께 일할 수 있는 사랑의 힘을 개발할 필요가 있다고. 이런 의미에서 라이시가 참으로 새 인간과 새 사회를 가능하게 할 **가치 순위의 재정립**을, 또 따라서 종교와 윤리의 재고를 요구하고 있다는 것은 정당한 일이다: "새 의식의 힘은 소송 절차를 조작하는 권력이나 정치적 세력이나 도시 게릴라의 무력이 아니라 새 가치와 새 생활양식의 힘이다."

종교의 미래

19세기와 20세기 초에는 더러 종교의 최후를 예상·소망·선언하는 사람들이 있었다. 그러나 이것이 근거 있음을 입증한 사람은 아무도 없다. 신은 죽었다는 선언은 거듭 되풀이된다고 더 진리가 되지는 않았다. 도리어 성취된 일이 없는 이 예언이 되풀이되고만 있다는 사실로 말미암아 수많은 무신론자마저 과연 언젠가는 종교의 최후가 올 수라도 있을지 회의하게 되었다.

아널드 조지프 토인비: "과학과 기술이 종교를 대신하여 존립할 수는 없다고 나는 믿는다. 과학과 기술이 이른바 '고등' 종교들의 일부 전통 교의를 불신할 수는 있더라도 종교가 충족시키려는 모든 종류의 정신적 욕구를 충족시킬 수는 없다. 역사적으로 종교가 먼저 생겼고 과학은 종교에서 자라났다. 일찍이 과학이 종교 위에 군림한 일은 없거니와 앞으로도 그런 일은 없었으면 한다. 그래서야 어떻게 진정한, 따라서 영속적인 평화에 이를 수 있으랴 …. 진정한 영속적 평화를 위해서는 종교적 혁명이 절대 요건이라고 나는 믿는다. 내가 말하는 종교란 … 우리가 개인으로서나 공동체로서나 우주의 배후에 현존하는 영적 실재와의 친교에 이르고 우리의 의지를 이와 조화시켜 자기중심성을 극복함을 뜻한다. 내가 생각하기로는 이것이 평화에 이르는 유일한 열쇠이건만 우리는 이 열쇠를 집어서 사용하는 것과는 거리가 먼 실정이다. 우리가 과연 그렇게 하기까지 인류의 생존은 계속 불확실한 상태에 머물리라."

하고많은 무신론자들이 종교 문제를 벗어나지는 못했다. 아무리 철저한 무신론자라도, 무신론을 공언함으로써 스스로 해방되었다고 믿던 니체와 포이어바흐조차도 매우 인간적인 일생의 마지막까지 신과 종교 문제에 그야말로 붙들려 있었다. 이 사실은 도리어 ― 의기양양하게가 아니라 냉정하게 바라볼 때 ― 그처럼 자주 죽었다고 선언되어 온 신의 죽음보다 신의 두드러진 생명력을 말해 주지 않는가.

포이어바흐의 영향을 받아 혁명 후에 종교가 사멸할 이상향을 꿈꾸던 마르크스는 바로 **사회주의국가**의 발전 거기서 가장 뚜렷한 배반을 겪었다:

○ 종교가 절로 '사멸'하리라는 것을 자신할 수 없던 소련의 (사멸하지 않은) 국가는 호전적·공격적 무신론을 교조의 일부로 삼았고 그래서 종교와 교회는 그들의 말살을 겨냥하는 스탈린주의 탄압과 스탈린 이후의 억압에 내맡겨져 왔다.

○ 그러나 11월혁명 이래 60년을 두고 교회와 개인이 형언할 수 없는 박해와 모략을 겪어 온 지금 소련 안의 그리스도교 교세는 감소 아닌 증가세로 나타나고 있다. 최근의 (아마 과장된) 통계에 따르면 소련 인구의 거의 반을 차지하는 러시아인 성인成人의 3분의 1, 소련 전체 성인의 5분의 1이 교회 생활을 실천하는 그리스도인이라 한다.

서방에서도 많은 예측들이 잘못임이 드러났다. 사회학자도 신학자도 **세속화 과정**(24-26)을 과장하거나 너무 단순하게 관찰해 왔다. 종교 없는 세속성을 내세우며 '사신死神 신학'의 서곡을 연주했던 신학자들이 이제는 다시 종교를, 그것도 민중 종교를 공언하고 있다. 일방적인 이론의 배후에는 흔히 시대정신의 유혹을 불공정하게 비판하는 괴리 현상만이 아니라 매우 특정한 이념적 관심이 숨어 있었다: 지나간 황금시대의 동경(쇠퇴설)이나 다가올 이상 시대의 열망(해방설) 같은, 엄밀한 경험적 연구가 아니라 거창한 선험적 이론들.

세속화 과정을 설명하는 모형들은 결국 획일적이었다: 세속화를

○ 혹은 탈교회와 동일시할 수 있는가 ― 비교회·비제도적 종교의 영역도 얼마든지 있지 않은가.

○ 혹은 합리화와 동일시할 수 있는가 ― 삶의 한 영역이 합리화한다 해서 비합리적 또는 초합리적인 다른 영역의 의의가 배제되는가.

○ 혹은 탈성역과 동일시할 수 있는가 ― 종교를 성역에만 귀착시킬 수는 없지 않은가.

오늘날 종교의 미래에 대하여 대체로 가능한 **세 가지 예측**:

- 세속화 과정이 종교의 부흥 또는 혁신에 의하여 역류할 수도 있다. 세속화의 역류 불가능성이란 입증된 것이 아니다. 미래란 뜻밖의 일이 있게 마련이라면 역류 가능성도 처음부터 배제되는 것은 아니다. 다만 현황으로 보아 개연성은 적다.

- 세속화 과정이 그대로 속속 진행될지도 모른다. 그렇다면 교회들은 점점 더 합법적인 소수자 집단에 지나지 않게 될 것이다. 이 예측은 개연성이 더 크기는 하나 곧 살펴볼 바와 같이 강력한 반론들이 있다.

- 세속화 과정이 수정된 형태로 계속되리라. 교회 안팎에서 종교적 요소들이 종래에는 알려져 있지 않던 새로운 형태로 세분되어 나

타나리라. 이 예측이 가장 개연성이 크다.

세속주의 이념은 진정한 필연적 세속화에서 신앙 없는 세계관을 만들어 내려 했다: 종교의 최후, 아니면 적어도 조직화된 종교의 최후, 또 아니면 그리스도인 교회의 최후라도 임박했다고. 그러나 근자에 사회학자들은 세속화 과정을 오히려 매우 세밀히 관찰하고 있다. 이제는 종교의 쇠퇴보다 **기능 변화**가 거론되고 있다: 사회가 복잡화·세분화되었고 본디 종교와 사회가 널리 일치되어 있던 시대는 이미 지났으니 종교는 다른 구조들에서 분리되어야 한다고. 토마스 루크만이 종교적 상징 세계로부터의 제도적 영역들의 분리를, 탤컷 파슨스가 각종 제도의 발전적 **세분화**(분업화)를 말하는 것은 이 때문이다: 가정과 비슷하게 종교도 (교회도) 이차적 (예컨대 경제적 및 교육적) 기능의 발전적 분업화에 의하여 해방되어 왔고 그래서 이제는 고유한 본분에 몰두할 수 있게 되었다고. 이런 의미에서 세속화 내지 분업화는 매우 다행스러운 기회가 되고 있다고.

그리스도교가 세계의 인간 자신에 대한 인간의 해석 체계 안에 인간의 근원과 운명, 세계와 역사 일체를 추구하는 새삼 큰 문제를 제기한 이래, 인간은 어디서 와서 어디로 가느냐는 이 중대 문제는 잠들어 버리는 일이 없이 근본적으로 모든 시대를 좌우해 왔다. 근대 이래의 세속 시대에도 이 절실한 문제는 약화됨이 없이 계속되고 있다. 대답의 연속성은 없을지언정 문제의 연속성만은 여전하다. 그러나 현대 세속 과학은 온갖 성과를 거두고도 이 중대 문제에 대답하기에는 정작 무력함을 드러내고 있다. 순수이성에게는 이 문제가 너무 큰 부담으로 보인다.

종교의 미래에 관한 예측을 더 깊이 파고들어 가지 않더라도 과학에 의한 종교의 소멸이란 입증된 일도 없을 뿐더러 무비판적 과학 신봉에 대하여 방법론적으로 무리한 외삽법外揷法을 미래에 적용시켜서 나온 결론에 지나지 않는다. 이성과 과학 발전에 대한 회의가 날로 커가는 지금이야말로 과학이 대용 종교 노릇을 할 수 있거나 하리라는 생각은 그 어느 때보다도 더 의문시되고 있다.

2
신의 실재

지금까지는 신의 존재 문제를 고스란히 남겨 두었거니와 이제 이 문제를 현대적인 문제와 개념의 지평에서 파악하면서 동시에 그리스도교 특유의 신을 이해할 수 있게시리 — 두 단계로 — 대답해 보자. 여기서는 이 대답이 극히 간략한 체계적 형태를 취할 수밖에 없고 보면 이 문제에 관심이 있는 독자는 불가불 제법 수고스러운 '개념의 씨름'을 면할 수 없겠다. 다만 신의 존재를 믿음으로 확신하는 분은 더욱 철학적인 이 사고 과정을 마음 놓고 뛰어넘어도 무방하겠다.

어느 때보다 오늘이야말로 신이란 무엇이냐가 누구에게나 — 무신론자에게도 그리스도인에게도 — 잘 알려져 있다고 전제하기는 어렵다. 여기서 우리로서는 일단 일종의 선입견, 곧 분석 자체에 의해서만 비로소 어느 정도 밝혀지는 그런 **예비 개념**에서 출발할 수밖에 달리 방도가 없다 — 신이 존재하느냐는 문제와 신이란 무엇이냐는 문제는 사실 밀접한 관계가 있기에. 신의 예비 개념이란 그러니까 사람들이 신이라는 말로 다른 것을 달리 표현하면서도 공통으로 이해하고 있는 것을 말한다: 만사에 있어서 뜻있는 삶의 신비롭고도 확고한 바탕을; 인간의, 인간 사회의, 실재 일체의 깊은 진수를; 만물이 의존하는 최종·최고의 권위를; 함부로 좌우할 수 없는, 책임의 근본이 되는 상대자를.

가정

칸트에 따르면 인간 이성의 모든 관심사를 연결 짓는 최종(궁극) 문제는 동시에 원초(근원) 문제이자 평소(일상) 문제이기도 하다: '나는 무엇을 알 수 있는가?' — 진리 문제; '나는 무엇을 해야 하는가?' — 규범 문제; '나는 무엇을 바라도 좋은가?' — 의미 문제.

 인간이 인간 자신과 실재 일체의 이해를 포기하지 않는 한, 이들 — 동시에 첫 물음으로서 불가피하게 대답이 요청되는 — 마지막 물음은 대답이 주어져야 한다. 여기서 신앙인은 무신론자와 경쟁 관계에서 누가 더 인간의 근본 경험을 설득력 있게 해석할 수 있느냐를 겨루고 있다.

1) 삶의 불안정성, 앎의 불확실성, 갖가지 두려움과 방향 상실이라는 — 여기서 굳이 구체적으로 설명할 필요도 없는 — 극히 구체적인 인간 경험에서 불가피하게 제기되는 물음: 이처럼 존재와 비존재, 의미와 무의미 사이에 떠 있고 버틸 데 없이 버티고 있으며 갈 데 없이 나아가고 있는, 근본적으로 **불확실한 실재는 어디서** 오는가?
 신이 존재한다는 **사실**을 믿지 않는 사람이라도 최소한 동의할 수는 있는 (물론 신의 존재 여부를 결정짓는 것은 아닌) **가정**: 만일 신이 존재한다면 끊임없이 불확실한 실재라는 수수께끼의 해답이 원칙적으로 주어져 있고 '어디서'라는 문제의 원칙적인 (물론 전개되고 해석될 필요는 있는) 대답이 발견되어 있는 셈이다.

이 가정을 극히 간략한 형태로나마 바꾸어 표현하건대:
- 만일 신이 존재한다면 생성하는 실재는 이미 궁극적으로 근거가 없는 것이 아니리라 — 신이 모든 실재의 **원근거**(Ur-Grund)이기에.
- 만일 신이 존재한다면 존속하는 실재는 이미 궁극적으로 기초가 없는 것이 아니리라 — 신이 모든 실재의 **원기초**(Ur-Halt)이기에.
- 만일 신이 존재한다면 발전하는 실재는 이미 궁극적으로 목적이 없는 것이 아니리라 — 신이 모든 실재의 **원목적**(Ur-Ziel)이기에.
- 만일 신이 존재한다면 존재와 비존재 사이에 떠 있는 실재는 이미 궁극적으로 허무라는 의혹에서 벗어나 있으리라 — 신이 모든 실재의 **존재**(Sein) 자체이기에.

이 가정을 긍정적·부정적 양면으로 나누어 설명하건대:

① **긍정적인 면**에서, 만일 신이 존재한다면 이해할 수 있으리라:

○ 왜 온갖 괴리성 속에도 궁극적으로 통일성이, 온갖 무의미 속에도 궁극적으로 의미가, 온갖 몰가치 속에도 궁극적으로 가치가 숨어 있다고 확신을 가지고 인정할 수 있는가?

신이 존재하는 모든 것의 **원유래**(Ur-sprung)요 **원의미**(Ur-sinn)이며 **원가치**(Ur-wert)이기 때문이다.

○ 왜 온갖 허무 속에도 궁극적으로 실재의 존재가 숨어 있다고 확신을 가지고 인정할 수 있는가?

신이 존재하는 모든 것의 **존재** 자체이기 때문이다.

② **부정적인 면**에서, 만일 신이 존재한다면 역시 이해할 수 있으리라:
○ 왜 생성하는 실재가 그 자체로는 궁극적으로 근거가 없고 존속하는 실재가 그 자체로는 궁극적으로 기초가 없으며 발전하는 실재가 그 자체로는 궁극적으로 목적이 없는 것으로 보이는가?
○ 왜 존재와 비존재 사이에 떠 있는 실재가 궁극적으로 비실재이며 허무라는 의혹을 받고 있는가?

원칙적인 대답은 어느 경우에나 마찬가지: 불확실한 실재 자체가 **신은 아니기** 때문이다. 나를, 사회를, 세계를 이들의 원근거 · 원기초 · 원목적이요 원유래 · 원의미 · 원가치이며 존재 자체인 신과 혼동해서는 안 되기 때문이다.

2) 특별히 인간 실존의 불확실성에 비추어 성립될 수 있는 가정적 대답: **만일** 신이 존재한다면 끊임없이 불확실한 인생의 수수께끼도 원칙적으로 해결되어 있는 **셈**이다. 역시 좀 더 자세히 설명하건대: 만일 신이 존재한다면,

- 그렇다면 나는 정당한 근거를 가지고 운명과 죽음이라는 온갖 위협 앞에서도 나의 실존이 통일된 정체가 있음을 긍정할 수 있으리라. 나의 삶에서도 신이 원초적 근원이리라.
- 그렇다면 나는 정당한 근거를 가지고 공허와 무의미라는 온갖 위협 앞에서도 나의 실존이 참된 뜻이 있음을 긍정할 수 있으리라. 나의 삶에서도 신이 최종적 의미이리라.
- 그렇다면 나는 정당한 근거를 가지고 범죄와 단죄라는 온갖 위협 앞에서도 나의 실존이 선한 가치가 있음을 긍정할 수 있으리라. 나

의 삶에서도 신이 포괄적 희망이리라.
- 그렇다면 정당한 근거를 가지고 허무와 비존재라는 온갖 위협 앞에서도 나의 인간 실존의 존재를 확신에 차서 긍정할 수 있으리라. 신이야 말로 인간 생명의 존재 자체이리라.

이 가정적 대답 역시 부정적인 면에서도 확인될 수 있다. 나의 실존과 관련해서도 **만일** 신이 존재한다면 이해할 수 있는 **셈**이다:
○ 왜 인간 실존의 통일된 정체, 참된 의미, 선한 가치를 끊임없이 운명과 죽음, 공허와 무의미, 범죄와 단죄가 위협하고 있는가?
○ 왜 나의 실존의 존재를 끊임없이 비존재가 위협하고 있는가?
원칙적인 대답은 매양 한결같이: 인간이 **신은 아니기** 때문이다. 인간인 나를 인간의 원근거 · 원의미 · 원목적이며 존재 자체인 신과 혼동해서는 안 되기 때문이다.

요컨대: 만일 신이 존재한다면 불확실한 실재가 **존재할 수 있는 조건**이 주어져 있는 셈이다. '어디서'라는 것이 — 가장 넓은 의미에서나마 — 지적되어 있는 셈이다. 만일! 그러나, 신의 가정에서 신의 실재가 결론지어지는 것은 아니다.

실재

성급한 결론은 금물이라면 여기서도 새삼 차근차근 단계를 밟아 나가야겠다. 어떻게 해야 선택 가능성을 판별하여 하나의 해답에 이를 수 있는가?

1) 우선, 무신론에 대하여 처음부터 인정해 주고 들어가야 한다: **신을 부정할 수 있다**. 무신론을 합리적(윤리적)으로 따져서 배격할 수는 없다. 무신론은 입증되어 있는 것이 아니지만 반증될 수 있는 것 또한 아니다. 왜?

    무릇 실재의 근본적 **불확실성**이라는 경험이야말로 무신론을 주장·고수하기에 넉넉한 계기가 된다: 실재의 원근거·원기초·원목적이란 없다거나 원근원·원의미·원가치란 애당초 거론될 수 없다고; 아예 이 모든 것은 알 수 없는 것이라거나(불가지론) 정작 혼돈·부조리·착각·외양·비존재, 요컨대 허무야말로 궁극적인 것이리라고(허무주의).

    결국, 무신론의 **불가능성**을 결론지을 논거란 사실상 없다. 신은 존재하지 않는다고 말하는 사람의 주장을 실증적으로 반박할 수는 없다. 그런 주장 앞에서는 아무리 엄밀한 신 논증도 필경 부질없다. 입증되어 있지는 않은 이 주장은 궁극적으로 하나의 **결단**, 실재 일체에 대한 근본 결단에서 나온다. 신 부정의 윤리적 반증이란 없다.

2) 거꾸로, 무신론 편에서도 다른 선택 가능성을 실증적으로 배격할 수는 없다: 신을 부정할 수 있듯이 **신을 긍정할 수도 있다**. 왜?

    무릇 온갖 불확실성을 띤 실재의 **실재성**이야말로 신의 실재를 긍정·신뢰하기에 넉넉한 계기가 된다: 비단 실재의 정체·의미·가치를 긍정할 수 있을 뿐 아니라, 나아가 온 가지로 생성하면서도 궁극적으로는 근거가 없어 보이고 온 가지로 존속하면서도 궁극적으로는 기초가 없어 보이며 온 가지로 발전하면서도 궁극적으로는 목적이 없어 보이는 모든 불확실한 실재의 원근거 · 원기초 · 원목적인 실재도 신뢰 · 긍정할 수 있다고.

결국, 무신론의 **필연성**을 결론지을 논거란 사실상 없다. 신은 존재한다고 말하는 사람의 주장도 실증적으로 반박할 수는 없다. 실재 자체의 신뢰에서 나오는 그런 힘찬 확신 앞에서는 무신론도 그 자체만으로는 필경 무력하다. 반증될 수 없는 이 신 긍정도 궁극적으로 하나의 **결단**, 실재 일체에 대한 근본 결단에서 나온다. 신 긍정의 유리적 반증이란 역시 없다.

결국, 신의 긍정 또는 부정이란 순수이성으로는 입증 또는 반증되지 않는다. 막다른 골목?

3) 선택 가능성은 뚜렷해졌다. 그리고 여기야말로 신의 존재 문제를 — '자연신학'이나 '변증 신학'이나 '윤리적 요청'을 넘어서 — 해결하는 결정적 실마리가 있다:

- **만일** 과연 신이 존재한다면 신이 실재의 근본적 불확실성에 대한 대답이다.
- **과연** 신이 존재한다는 것은 그러나 혹은 필연적으로 순수이성의 실증적 논거에 의하여, 혹은 절대적으로 실천이성의 윤리적 요청에 의하여, 혹은 언제나 오로지 성서의 증언에 의해서만 인식될 수 있는 그런 것이 아니다.
- **과연** 신이 존재한다는 것은 궁극적으로 — 실재 자체에 터하여 — 신뢰하는 투신 행위 속에서만 인식될 수 있다.

실재의 궁극적 근거 · 기초 · 의미에 투신 · 신뢰하는 행위를 두루 일컬어 이미 '믿음' 또는 '신앙' — '신 신앙'·'신 신뢰' — 이라고 부르는 것은 옳은 일이다. 이런 넓은 의미의 신앙은 반드시 그리스도교 복음 선포만이 촉구하는 것은 아니고 비그리스도인들에게도 있을 수 있다. 이런 믿음을 고백하는 사람은 그리스도인이든 아니든 '신앙인'이라 불러 마땅하다. 한편 무신론을 신에 대한 신뢰의 거부라는 의미에서 '불신(앙)'이라고 두루 지칭하는 것도 옳은 일이다.

어떻든 인간은 불확실한 실재 그것만이 아니라 실재의 원근거·원기초·원의미에 관해서도 자유로운, 그러나 독단은 아닌 **결단**을 회피할 수 없다. 실재와 실재의 원근거·원기초·원의미는 필연적 논리로 강요되는 것이 아니므로 인간의 자유는 언제나 남아 있다 — 지성의 강요가 없이 의지의 결단을 내리도록. 무신론도 신 신앙도 단행이며 모험이다. 이른바 신의 존재 증명들에 대한 모든 비판은 신을 믿는 신앙이 결단의 성격을, 또 역으로 신을 긍정하는 결단이 신앙의 성격을 띠고 있다는 데서 나온다.

신 문제는 그러므로 불확실한 실재 그것의 긍정 또는 부정에 관한 — 허무주의 앞에서 요청되는 — 결단보다는 정작 훨씬 깊은 차원의 결단 문제다. 한 개인에게 이 궁극적 깊이가 의식되고 문제가 제기되는 즉시 결단은 불가피하다. '선택하지 않는 사람은 선택하지 않기로 선택하는 사람이다'라는 말은 신 문제에서도 진실이다. 신 문제에 있어서 신뢰의 회피란, 곧 신뢰의 거부다.

여기서 찬반이 모두 가능하다 해서 찬반이 모두 마찬가지라는 결론이 나오는 것은 아니다. 신 부정은 궁극적으로 실재에 대한 근본 신뢰의 **근거가 없다**는 것을 — 이미 근본 불신 자체는 아니더라도 — 뜻한다. 그러나 신 긍정은 궁극적으로 실재에 대한 근본 신뢰의 **근거가 있다**는 것을 뜻한다. 신을 긍정하는 사람은 왜 자기가 실재를 신뢰하는가를 알고 있다. 그렇다면 — 곧 밝혀지려니와 — 막다른 골목이란 어불성설이다.

4) **무신론자**는 적어도 — 이미 허무주의적 근본 불신에까지 이르지는 않았더라도 — **근거 없는 근본 신뢰**에 터하여 살아간다. 신을 부정할 때 인간은 실재의 궁극 근거·궁극 기초·궁극목적을 거부하는 결단을 내린다. 불가지론적 무신론에서는 실재의 긍정이 궁극적으로 근거가 없고 일관성이 없다. 정처 없이 우왕좌왕하는, 따라서 역설적인 근본 신뢰로 나타난다. 이보다는 덜 피상적이며 일관성 있는 허무주의적 무신론에서는 철저한 근본 불신으로 말미암아 애당초 실재의 긍정이 불가능하다. 결국 어느 경우에나 무신론은 불확실한 실재가 **존재할 수 있는 조건**을 제시할 능력이 없다. 이런 의미에서 무신론은 근본적 합리성이 결여되어 있다 — 다만 흔히는 이 점이 합리주의(유리론)적인, 그러나 근본적으로는 불합리한 '인간 이성의 신뢰'에 의하여 감추어지고 있지만.

무신론자가 치르는 **부정의 대가**는 널리 알려진 사실이다. 무신론은 궁극적 근거 상실·기초 상실·목적 상실이라는, 실재 일체의 무의미·몰가치·허무성이라는 위험에 처해 있다. 무신론자가 이것을 의식하게 되면 매우 개인적인 체험상으로도 궁극적 좌절·위기·파멸에, 극도의 회의·공포에, 실로 절망에 빠질 우려가 있다 — 다만 이 모든 것은 심각한 경우의 무신론을 말하는 것이지 단순히 무신론이 주지적 취향이나 속물적 변덕이나 피상적 무분별로 나타나는 경우를 말하는 것은 아니다.

무신론자에게는 한계상황에서만이 아니라 인간(개인·사회) 생활 한가운데서 제기되는 저 궁극적이면서도 직접적인 물음, 묻지 말라고 억눌러 버릴 수만은 없는 영원한 물음에 대한 대답이 주어져 있지 않다. 칸트의 표현을 그대로 옮기건대:

○ 우리는 무엇을 **알 수** 있는가?
도대체 왜 무엇인가가 있는가? 왜 아무것도 없지 않은가? 인간은 어디서 와서 어디로 가는가? 왜 세계는 지금의 이런 세계인가? 모든 실재의 궁극적 근거와 의미는 무엇인가?

○ 우리는 무엇을 **해야** 하는가?
왜 우리는 우리가 하고 있는 그것을 하고 있는가? 왜 또 누구에게 우리는 궁극적으로 책임이 있는가? 모름지기 경멸하여 마땅한 것은 무엇이고 사랑하여 마땅한 것은 무엇인가? 신의와 우정의 의미는 무엇이며 고통과 죄의 의미는 또 무엇인가? 인간에게 결정적으로 중요한 것은 무엇인가?

○ 우리는 무엇을 **바라도** 좋은가?
무엇 때문에 우리는 여기 있는가? 도무지 무엇을 어쩌자는 것인가? 결국은 만사휴의인 죽음, 거기서 우리에게 남는 것은 무엇인가? 무엇이 우리에게 삶에의 용기를, 무엇이 우리에게 죽음에의 용기를 줄 것인가?

이 모두가 우리 모두의 물음이다. 죽어 가는 사람만이 아니라 살아가는 사람도, 무력하고 무식한 사람만이 아니라 과감하고 박식한 사람도 하는 물음이다. 행동하지 않으려는 핑계가 아니라 행동을 자극하는 물음이다. 만사에 있어서 우리를 지탱하는 무엇인가가, 결코 절망하지 않을 수 있게 하는 무엇인가가 있는가? 갖은 변화 속에서도 영속하는, 별별 제약 아래서도 무조건인, 온갖 상대성 가운데서도 절대적인 무엇인가가 있는가? 무신론자에게는 이 모든 물음이 궁극적으로 대답되지 못한 채 남아 있다.

5) **신앙인**은 그러나 궁극적으로 **근거 있는 근본 신뢰**에 의하여 살아간다. 신을 긍정할 때 인간은 실재의 궁극 근거·궁극 기초·궁극 의미를 시인하는 결단을 내린다. 신 신앙에서는 실재의 긍정이 궁극적으로 근거가 있고 일관성이 있다. 가장 깊은 바탕, 근거 중의 근거에 닻을 내린, 따라서 철저한 근본 신뢰로 나타난다. 또 따라서 신 신앙은 불확실한 실재가 **존재할 수 있는 조건**도 제시해 준다. 이런 의미에서 신 신앙은 근본적 합리성을 보유하고 있다 — 물론 이것을 단순히 합리주의(유리론)와 혼동해서는 안 되지만.

신앙인이 받는 **긍정의 대가**도 널리 알려진 사실이다. 나는 근거 상실 아닌 원근거, 기초 상실 아닌 원기초, 목적 상실 아닌 원목적을 신뢰·승복하기로 결단하고 있으므로 세계와 인간이라는 실재의 온갖 괴리성 속에서도 통일성을, 온갖 무의미 속에서도 의미를, 온갖 몰가치 속에서도 가치를 정당한 근거를 가지고 인식할 수 있다. 또 나 자신의 실존도 온갖 불확실성과 불안정성, 위험과 공포, 좌절과 파멸을 안고 있는데도 나에게는 궁극적 원유래·원의미·원가치에 근거한 궁극적 확실성·안전성·안정성이 **주어져** 있다. 이것은 물론 남으로부터의 나의 추상적 고립을 뜻하는 것이 아니라 인간으로서의 '너'와의 구체적 관계를 내포한다. 어떤 타인에게도 받아들여지지 못하는 인간이라면 신에게 받아들여진다는 것이 무엇인지를 어떻게 깨달을 수 있으랴. 궁극적 확실성·안전성·안정성이란 내가 스스로 얻어 내거나 만들어 낼 수 있는 것이 아니다. 궁극 실재가 직접 여러 모양으로 나에게 긍정의 대답을 촉구한다. 이를테면 '주도권'이 궁극 실재 자체에 있다. 친히 궁극 실재에 의하여 내가 온갖 회의·불안·절망 속에서도 현재를 인내하고 과거를 감사하며 미래를 소망한다는 것이 궁극적으로 근거 있는 일임을 깨달을 수 있게 된다.

그래서 신앙인에게는 앞에서 칸트의 표현에 따라 언급한 저 궁극적이면서도 직접적인 물음, 묻지 말라고 억눌러 버릴 수만은 없는 종교적·사회적 물음에 대하여 적어도 원칙적인 대답이 주어져 있다 ─ 인간이 의지하며 살아갈 수 있는, 신의 실재에서 나오는 대답이.

6) 그러면 신 신앙은 얼마만큼 **합리적 책임성**이 있는가? 무신론이냐 신 신앙이냐의 결단에 인간은 무관심하지 않은 듯하다. 본디 그런 것이 인간이다. 인간은 세계와 인간 자신을 이해하고 실재의 불확실성에 대처하며 불확실한 실재가 존재할 수 있는 조건을 인식하기를 원한다. 실재의 궁극 근거·궁극 기초·궁극목적을 알고 싶어 한다.

그러나 여기서도 인간은 어디까지나 자유가 있다. 실재의 궁극 근거·기초·목적에 대한 신뢰를 거부하거나 회의할 수 있다. 그 실마리부터 무시하거나 잘라 버릴 수도 있다. 철두철미 정직하고 진실하고자 아무것도 알 수 없다고 선언할 수도 있고(불가지론적 무신론) 나아가 실재란 어떻든 불확실하고 보면 결국은 아무 근거 · 목적 · 의미도 없이 허무하다고 주장할 수도 있다(허무주의적 무신론). 실천적 결과를 내포하는 신의 신뢰 · 승복이 없이 유리적으로 의미 있는 신의 인식이란 없다. 또 이미 신을 긍정한 사람에게도 언제나 신을 부정하고 싶은 유혹이 따른다.

그러나 자기 앞에 열리는 실재 앞에서 자기를 닫아 버리지 않고 활짝 열어 놓는 사람, 실재의 궁극 근거 · 기초 · 목적을 회피하지 않고 거기에 과감히 접근 · 투신하는 사람, 그는 바로 그런 행위 속에서 자기가 바르게 행동하고 있음을, 바로 그것이 모든 이성적 행위 중에서도 가장 이성적인 행위임을 인식한다: 인정하는 인식(이성적 승복) 행위 자체 **속에** 논증으로 **미리** 강요될 수는 없는 실재가 궁극적으로 깊은 차원에서 드러남을. 실재의 궁극 근거 · 기초 · 목적, 원유래 · 의미 · 가치, 그것은 인간이 자기를 여는 그 순간에 인간에게 열린다. 또 바로 그때 인간은 자신의 이성이 온갖 불확실성 속에서도 궁극적 합리성을 지니고 있음을 체험한다 ─ 이런 의미에서 인간 이성의 원칙적 신뢰는 불합리한 것이 아니라 합리적으로 근거가 있는 셈이다.

여기서 말하는 합리성이란 그러므로 확인된 **확실성**을 낳을 수 있는 **외적 합리성이 아니다**. 신의 존재는 먼저 합리적으로 엄밀히 입증한 다음에 믿는 그런 것이 아니다. 그런 식으로 신 신앙의 합리성이 보장되어 있는 것은 아니다. 먼저 합리적(유리적) 인식이 있고 다음에 신앙적(신뢰적) 승복이 있는 것이 아니다. 신의 숨은 실재는 이성을 강제하지 않는다.

여기서 말하는 합리성이란 오히려 근본적 **확신**을 보증할 수 있는

내적 합리성이다. 신의 실재에 대한 과감한 신뢰를 '실천'할 때 인간은 온갖 회의의 시련 속에서도 그런 신뢰의 합리성을 체험한다: 자신의 신뢰가 실재의 체험될 수 있는 궁극적 정체·의미·가치에, 바야흐로 드러나는 원근거·원의미·원가치에 근거함을. 신 신앙은 그러므로 **합리적으로 책임을 지는 단행**이다. 이로써 인간은 궁극적 확신에 이른다: 온갖 회의를 무릅쓰고 거듭 다짐해 나가야 하는, 그런가 하면 어떠한 한계상황도 ─ 불안이나 좌절도 불가지론적 또는 허무주의적 무신론도 ─ 인간 자신의 동의가 없이는 몰아낼 수 없는 그런 확신에.

인류 계몽(개명)의 역사가 안고 있는 위험성과 가능성을 동시에 인식하면서 앞으로의 모든 신관은 다음과 같은 지평에서 이루어져야 마땅하다:

- 그것은 원시적 인간론의 관념이어서는 안 된다. 글자 그대로 공간적 의미에서 세계 '위'에 사는 '최고 존재'로의 신이어서는 안 된다.
- 그것은 계몽적 이신론理神論의 관념이어서도 안 된다. 유심론적 또는 형이상학적 의미에서 세계 '밖'(피안)의 객체화된 대상으로서의 신이어서는 안 된다.
- 그것은 통일된 실재의 이해라야 한다. 세계 안의 신, 신 안의 세계라야 한다. 단순히 실재의 일부로서 유한한 사물과 병존하는 (최고의) 유한자가 아니라 유한자 안의 무한자, 상대자 안의 절대자라야 한다. 현세적이자 내세적이고 초월적이자 내재적이며 사물과 인간과 인류 역사의 핵심을 이루는 가장 현실적인 실재로서의 신이라야 한다.

이런 지평에서 특히 그리스도교 신관을 위하여 명기되어야 할 점: 그리스도교 신관은 원시적 신인동형설의 성서주의나 겉으로만 그럴듯한 추상적 사변의 신학적 철학을 극복해야 하고 '철학자의 신'과 그리스도인의 하느님을 (고금의 호교론자나 스콜라학자처럼) 안이하게 피상적으로 조화시키려 하거나 거꾸로 (계몽주의 철학자나 성서주의 신학자처럼) 단절시켜서는 안 될진대, 철학의 신을 그리스도교의 하느님으로 ― 헤겔이 말하는 최선의 (부정·긍정·능가의) 의미에서 ― '지양'시켜야 한다. 이렇게 비판적으로 부정되고 적극적으로 긍정되며 초월적으로 능가될 때 비로소 저마다 저 나름으로 이해되는 일반인과 철학자들의 **애매한** 신 개념은 그리스도교 신 이해 안에서 오해와 혼동 없이 **명석한** 의미가 드러나리라.

3장
그리스도교의 특징

'그리스도교'(기독교)・'그리스도인'(크리스천) ─ 오늘날 이 말은 각성제라기보다 수면제가 되어 있다. 많은, 너무나 많은 것들이 이 이름을 달고 있다. 교회・학교・정당・문화단체들은 물론, 유럽・서방・중세에도 이 이름이 붙어 있다. 어디 그뿐인가. '가장 그리스도인다운 왕'이라는, 로마에서 수여되는 존칭조차 있다. 때로는 다른 수식어들('로마'・'가톨릭'・'로마 가톨릭'・'교회'・'성' 등)을 달기를 더 좋아하는 경우도 따지고 보면 ─ 오래 따질 것도 없이 ─ 모두가 '그리스도교'를 표방하자는 뜻이다. '인플레이션'이란 으레 그렇듯이 그리스도교 개념의 인플레이션도 평가절하를 낳고 있다.

1
그리스도

사도행전에 따르면 안티오키아에서 처음 나타났다는 '그리스도인'이라는 말(사도 11,26; 참조: 사도 26,28; 1베드 4,16)이 세계사와 관련해서 보면 저 옛날 교회 초창기에는 존칭 아닌 비칭이었다는 사실을 기억들이나 하고 있는지.

위험한 기억

○ 그 옛날 112년경, 소아시아 비티니아 지방의 로마 총독이던 **플리니우스 2세**가 갖가지 죄목으로 고발된 '그리스도인'들에 관하여 트라야누스 황제에게 보낸 보고서에 따르면, 그들은 과연 황제 숭배를 거부하나 다른 면에서는 고작 '그리스도라는 잡신'에게 찬미가(아마 신앙고백문?)를 바치고 절도·강도·간음·배교의 죄를 범하지 않기로 서약을 하는 정도인 모양이라 했다.
○ 그 옛날 얼마 후, 플리니우스의 친구이며 로마제국사 편술에 종사하던 **타키투스**가 전한 다소 정확한 (일반적으로는 네로 황제가 장본

인으로 여겨졌으나 황제 자신은 '그리스도인'들에게 누명을 전가했더라는) 로마 대화재 이야기에 따르면, 여기서 '그리스도인'이라는 이름인즉 티베리우스 황제 때에 빌라도 총독에 의하여 처형된 '그리스도'라는 사람에게서 유래하는 것으로, 이 사람이 죽은 다음 이 '해로운 미신'이 갖가지 다른 사악하고 수치스러운 것들과 마찬가지로 로마에 번져 들어와 막대한 다수의 추종자를 얻게 되었다고 했다.

○ 그 옛날 또 얼마 후, **수에토니우스**가 쓴 (정확성은 훨씬 낮은) 『황제 열전』에 따르면, 클라우디우스 황제가 유다인을 로마에서 추방한 이유인즉 그들이 선동자 '그리스도로 말미암아'(impulsore Christo) 끊임없이 혼란을 조성했기 때문이라 했다.

○ 그 옛날 이미 90년경, 당시 로마의 유다인으로서는 최초의 증언을 남긴 **요세푸스**도 야고보가 62년에 돌에 맞아 죽은 사건을 언급하면서 분명한 단서를 달기를, 그는 "이른바 그리스도라는 예수와 형제 간"이라고 했다.

이 정도가 최초의 이방인과 유다인이 남긴 증언이었다. 오늘도 그리스도교란 분명 무슨 세계관이나 관념 철학이 아니라 그리스도라고 부르는 이와 관련된 것임이 기억되었던들 이미 많은 일이 성취되었으리라. 그러나 **기억**이란 정작 괴로운 일, 아니 숱한 정당들이 정강을 수정하려 할 때에도 겪는 것처럼 **위험한** 일일 수도 있다. 오늘의 사회 비판도 이 위험한 기억을 새삼 환기시켜 주고 있다. 기억이 위험한 까닭인즉 비단 죽은 이의 세대들이 우리의 모든 상황에 큰 영향을 끼치고 있고 그런 의미에서 인간이란 역사에 의하여 미리 규정되어 있기 때문만이 아니다. 실상 과거의 기억이란 아직 해결되지 못하고 성취되지 못한 점들을 폭로하여 표면화시키는 것이고 보면, 무릇 구조적으로 경직화한 어느 사회나 기억이 내포하는 이런 '파괴적'인 면을 두려워하는 것도 무리는 아니리라.

그리스도교 — 그것은 **기억의 활성화**다. 그것도 — 요한 밥티스트 메츠가 에른스트 블로흐와 허버트 마르쿠제의 영향을 받아 옳게 주장했듯이 — "위험한 해방적 기억"의 활성화다. 신약성서의 봉독, 기억 잔치(성찬례)의 거행, 그리스도 추종의 삶, 교회의 모든 세계 참여 — 이 모두가 본디 기억을 되살리자는 것이다. **무엇**에 대한 기억을? 방금 소개한, 이방인과 유다인에 의한 최초의 그리스도교 증언에서도 이미 분명하듯이 이 기억은 불안을 일으키고 있었다. 이들 증언은 후기의 신약성서 기록들과 같은 시대에 해당하거니와 사실 세상을 변형시키는 이 기억을 전해 주는 것은 무엇보다도 그리스도인들 자신의 증언들이다. **무엇**에 대한 기억을? 이 물음은 오늘날 우리에게 신약성서와 그리스도교 역사 전체에 관하여 제기되는 근본 물음이다.

① **신약성서**에 수록된 내용은 — 흔히 또 옳게 강조되듯이 — 다양하고 우발적이며 일부 모순도 있다. 상당히 체계적인 질의에 대한 응답도 있고 우연한 기회에 어느 도망간 노예의 주인에게 보낸 두 쪽도 채 못 되는 짧은 편지도 있는가 하면 초대교회의 여러 활약상과 주요 인물을 두루 설명한 것도 있으며 주로 과거의 이야기를 전하는 복음서가 있는가 하면 미래를 지향하는 예언자적 편지도 있다. 문장이 더러는 격식을 갖추고 있는가 하면 더러는 오히려 파격적이고 어휘와 발상이 혹은 유다계인가 하면 혹은 헬라계이며 기록 연대가 매우 이른 것도 있는가 하면 거의 1세기 후에야 쓰인 것도 있다!

그래서 당연히 제기되는 물음: 이처럼 각양각색인 신약성서 스물일곱 권의 '책들'이 다 같이 간직하고 있는 것은 무엇인가? 대답인즉 이들 증언 자체에 따르면 놀랄 만큼 간단하다: 단 한 분, '그리스도' — 그리스어로 '크리스토스' Χριστός, 히브리어로 '마시아', 아람어로 '메시아'(기름부음을 받은 이) — 라고 부르는 예수에 대한 기억이다.

② **그리스도교 역사**와 전통 전체도 — 역시 흔히 또 옳게 강조되듯이 — 괴리와 단절, 대조와 모순을 내포하고 있다. 몇 세기 동안 그리스도인들은 작은 공동체를 이루고 있다가 여러 세기에 걸쳐 대규모의 기구를 이룩했다. 소수 집단이었다가 다수 집단이 되었고 박해받는 처지에 있다가 권력자가 되었을 뿐더러 자주 스스로 박해자가 되기도 했으며 지하 교회였다가 국가 교회가 되었다. 네로 시대 이래의 순교자 세기들에 이어 콘스탄티누스 시대 이래의 어용 주교 세기들이 왔다. 수도자들의 시대도 학자들의 시대도 흔히는 여러 계열이 복합된 교회 정치인들의 시대도 있었다. 야만인들이 개종하고 유럽이 흥기하던 세기들에 이어 신성로마제국이 창건되었다가 다시 그리스도인 황제들과 교황들에 의하여 멸망한 세기들이 따랐다. 교황을 중심으로 한 공회(synodus) 시대도 교황권 개혁을 도모하던 공의회(concilium) 시대도 있었다. 그리스도인 인문주의자에게나 세속 인문주의자에게나 황금시대이던 르네상스 시대에 이어 종교개혁자들의 교회 혁명이 일어나더니 그다음에는 가톨릭이나 개신교 정통 교회의 세기들이, 또 그다음에는 복음주의 각성의 시대가 이어졌다. 적응의 때가 있었는가 하면 저항의 때가 있었고 암흑의 시대가 있었는가 하면 개명의 시대가 있었으며 혁신의 세기가 있었는가 하면 복고의 세

기가 있었고 절망의 시기가 있었는가 하면 희망의 시기가 있었다!

여기서도 당연히 제기되는 질문: 이처럼 천태만상의 대조를 이루는 2천 년 그리스도교 역사와 전통이 다 함께 간직해 온 것은 무엇인가? 대답인즉 역시 다를 것이 없다: 역시 단 한 분, 역시 '그리스도'라고 — 세세 대대로 하느님의 최종적·결정적 대리자로서 — 불리어 온 예수에 대한 기억이다.

개념을 분명히

앞의 개요는 물론 앞으로 내용이 보충되려니와 어떻든 오늘날처럼 신학적으로도 개념의 혼동·혼란이 일어나고 있는 때일수록 분명한 표현이 필요하다. 신학자가 만일 사물을 그 이름대로 부르지 않고 개념을 그 낱말대로 파악하지 않는다면 그리스도인에게나 비그리스도인에게나 아무 기여도 못하리라.

오늘날 그리스도교는 **세계종교**와 마주쳐 있다(21-47). 이들도 진리를 계시하고 구원의 길을 제시하는 '합당한' 종교로 행세하고 있다. 아니 이들도 인간성의 소외·속박·참상과 신성의 현존·은총·자비를 인식할 수 있다. 그래서 절실히 제기되는 물음: 그렇다면 그리스도교에 특유한 점은 무엇인가?

아직 개요에 불과하나마 이미 정곡을 찌르는, 그리스도교의 시초와 전통 전체의 그리스도인·비그리스도인 증언에 따른 대답: 그리스도교에 특유한 점은 오늘도 새삼 **그리스도**라는 옛 이름으로 불리는 **예수 자신**이다. 이 대답이 결코 진부한 동어반복이 아님은 나중에 다시 구체적으로 지적하려니와 우선 간단히 사실이 그렇지 않은가: 크든 작든 다른 종교들은 예수를 아무리 높이 받들고 심지어 신성한 사원이나 경전에서까지 공경하고 있다 하더라도 인간의 신·타인·사회와의 모든 관계에서의 결정적 척도로 여기지는 않는다. 그리스도교의 고유한 특색은 예수를 모든 차원의 인간 조건에서 인간의 결정적 **척도**로 여긴다는 거기에 있다. 이것이 본디 '그리스도'라는 칭호의 의미다. 이 칭호가 초대교회 적부터 '예수'라는 이름과 결합되어 마치 성명처럼 되었다는 것은 우연이 아니다.

오늘날 그리스도교는 동시에 **그리스도교 이후 인본주의**들과도 마주쳐 있다. 혹은 기술 발전적 인본주의든 혹은 사회혁명적 인본주의든 이들도 진·선·미를 옹호하고 자유·평등·우애 등의 모든 인간 가치를 숭상하며 흔히는 더 효과적으로 전인全人과 만인萬人의 발전에 헌신하고 있다. 한편 그리스도인의 교회와 신학자들도 새삼 스스로 또 남과 더불어 사람답기를 원하고 있다 — 현대성·적응성·계몽성·해방성·대화성·다원성·참여성·성숙성·현세성·세속성을, 한 마디로 인간성을. 여기서도 절실히 제기되는 질문: 그렇다면 또는 적어도 그래야 한다면 그리스도교에 특유한 점은 무엇인가?

역시 개요에 불과하나마 정곡을 찌르는, 시초와 전통 전체의 증언에 따른 대답: 그리스도교에서 특유한 점은 역시 거듭 **그리스도**로서 전파·고백되고 있는 **예수 자신**이다. 역시 사실이 그렇지 않은가: 기술 발전적이든 사회혁명적이든 인본주의는 예수를 아무리 훌륭한 인간으로 보고 때로는 귀감으로까지 삼고 있다 하더라도 인간의 신·타인·사회와의 모든 관계에서의 결정적 척도로 여기지는 않는다. 그리스도교의 고유한 특색은 인간의 신·타인·사회와의 모든 관계에서 예수를 결정적 **척도**로 삼는다는 거기에 있다. 이것이 본디 '예수 그리스도'라는 말의 의미다 — 신약성서에서의 '예수스 크리스토스' Ἰησοῦς Χριστός(예수는 그리스도이시다)라는 말(문장)은 하나의 짧은 신앙고백문이다.

앞의 두 관점에서 나오는 결론: 오늘날 그리스도교가 세계종교와 인본주의에 제대로 대처하자면 그저 남들이 먼저 말한 바를 따라 말하고 남들이 먼저 행한 바를 따라 행하는 것만으로는 어림도 없다. 그런 앵무새 그리스도교라면 다른 종교인·인본주의자들 앞에서 알맹이 없는 껍질이다. 활성화·현대화·연대화**만**이 능사는 아니다. 그리스도인은 — 개인도 교회도 — 자기가 원하는 것이 무엇인지, 자기와 남에게 할 말이 무엇인지를 알아야 한다. 남에게 거침없이 개방적인 — 새삼 강조할 나위도 없는 — 자세를 취하면서도 자신의 고유한 것을 표명·실행·실현해야 한다. 요컨대 그리스도교는 그리스도로서의, 그저 하나의 '위인'이 아니라 **결정적 척도로서의 예수에 대한 기억**을 이론상으로나 실천상으로나 끊임없이 활성화함으로써만 올바른 자세를 취해 나갈 수 있다.

그리스도교의 식별이라는, 그리스도인에게나 비그리스도인에게나 다 절실한 이 문제에 대한 대답은 오로지 그리스도 한 분에게서만 나온다는 이 엄연한 사실을 우선 간단하게나마 구체적 실례에 의하여 확인해 두자:

○ 카불의 그리스도인과 이슬람교도가 깊은 신 신앙을 가지고 그리스도교와 수피 교파의 전통에 따른 기도문을 사용하면서 잔치를 거

행하는데, 그것은 그리스도교 성찬례인가? 대답: 그 잔치는 참으로 매우 칭송할 만한 예배일 수 있다. 그러나 그것이 그리스도교 성찬례가 되자면 특별히 '주님의 기억'(memoria Domini)으로 이루어져야 한다.

○ 바라나시의 경건한 힌두교도가 신 신앙을 가지고 갠지스강에 들어가 목욕을 하는데, 그것은 그리스도교 세례와 맞먹는가? 대답: 종교적으로 볼 때 이런 방식의 정화 예식은 확실히 매우 깊은 구원의 의미가 있다. 그러나 그것이 그리스도교 세례가 되자면 예수 그리스도의 이름으로 이루어져야 한다.

○ 베이루트의 이슬람교도가 쿠란에서 예수에 관하여 말하는 모든 — 사실상 상당히 많은 — 것을 존중하는데, 그는 이미 그리스도인인가? 대답: 그에게 쿠란이 구속력을 가지고 있는 그만큼 그는 훌륭한 이슬람교도이며 그래서 구원을 받을지도 모른다. 그러나 그가 그리스도인이 되자면 그에게 무함마드는 **예언자**이며 예수는 무함마드의 선구자인 것이 아니라 예수 그리스도야말로 궁극 척도가 되어야 한다.

○ 시카고 · 리우데자네이루 · 오클랜드 · 마드리드 등지에서 인도주의 이상과 인권과 민주주의가 옹호되고 있는데, 그것이 곧 그리스도교 복음 선포인가? 대답: 이런 사회참여는 그리스도인 개인에게나 교회에게나 과연 절실히 요청되는 바이다. 그러나 그것이 그리스도교 복음 선포가 되자면 거기서 말하는 바가 현대사회에서 구체적으로 예수 그리스도에 터하여 실현되어야 한다.

앞에서 이미 명시한 바와 앞으로 더 구체적으로 논의할 바를 전제로 다음과 같은 냉정한 구분을 감히 — 독단적으로 다른 견해를 배격하자는 것은 아니나 확신을 가지고 — 시도함으로써 불필요한 혼란

과 오해를 피할 수 있고 또 그래야겠다:
- **그리스도교(적)**이라 함은 참되고 선하고 아름답고 인간적인 무엇이나를 뜻하는 것이 아니다. 그리스도교계 밖에도 진·선·미와 인간성이 존재함을 누가 부인하랴. 그러나 이론상으로나 실천상으로나 예수 그리스도와 분명한 적극적 관계가 있는 모든 것이 그리스도교적이라고 일컬어질 수 있다.
- **그리스도인**이라 함은 진정한 확신과 성실한 믿음과 선량한 의지를 가진 인간 누구나를 뜻하는 것이 아니다. 그리스도교계 밖에도 진정한 확신과 성실한 믿음과 선의가 존재함은 아무도 무시할 수 없다. 그러나 자신의 삶과 죽음에 예수 그리스도께서 궁극적으로 결정적인 구실을 하고 있는 모든 사람들이 그리스도인이라고 일컬어질 수 있다.
- **그리스도 교회**라 함은 어떤 명상 또는 활동의 모임이나를, 구원을 위하여 건전한 삶을 추구하는 어떤 인간 공동체나를 뜻하는 것이 아니다. 교회 밖의 다른 집단 속에도 헌신적 활동과 명상, 건전한 삶과 구원이 존재할 수 있음은 결코 부정될 수 없다. 그러나 크든 작든 예수 그리스도께서 궁극적으로 결정적 구실을 하고 있는 모든 인간 공동체들이 그리스도 교회라고 일컬어질 수 있다.
- **그리스도교계**라 함은 비인간성에 항쟁하며 인간성을 실현하고 있는 어디나를 뜻하는 것이 아니다. 그리스도교계 밖에서도 곳곳에서 — 유다교·이슬람교·힌두교·불교도들도 그리스도교 이후 인본주의자들도 또 공언하는 무신론자들도 — 비인간성에 항쟁하며 인간성을 실현하고 있음은 엄연한 사실이다. 그러나 오로지 이

론상으로나 실천상으로나 예수 그리스도에 대한 기억이 활성화되고 있는 거기에만 그리스도교계는 존재한다.

자, 이 모두가 그리스도교의 식별을 위하여 익혀 둘 공식이며 결코 알맹이 없는 공식이 아니다. 왜?

○ 매우 구체적인 한 인물과 관련되어 있기에;
○ 그리스도교의 시초와 큰 전통을 배경으로 하고 있기에;
○ 동시에 현재와 미래의 분명한 방향을 제시하고 있기에;
○ 따라서 그리스도인에게 유익할 뿐더러 비그리스도인에게도 수긍될 수 있기에.

이들 공식을 전제로 할 때 비그리스도인들의 확신과 가치도 교의적 요술에 의하여 그리스도교와 교회의 것인 양 사칭되는 일이 없이 참으로 존중·긍정될 수 있다. 그리스도인이 그리스도교 개념을 둔화 또는 확신시키지 않고 엄밀히 낱말 그대로 파악할 때 비非그리스도교적인 모든 것에 대하여 개방 자세를 유지하면서도 반反그리스도교적인 온갖 혼란·혼동을 방지하는 두 가지 일이 동시에 가능하다. 이런 의미에서 이들 공식은 사뭇 중요하다. 일단은 개요적인 것으로 보일 수밖에 없으나 이들이야말로 무엇이 그리스도교냐를 판가름하는 식별 공식이다!

그리스도교의 — 흔히 선의이기는 하나 그릇된 — 확산·혼합·혼동·곡해에 대항하여 사물을 정직하게 이름 그대로 부르도록 명심해야겠다. 그리스도인들의 그리스도교계는 그리스도교적이어야 한다! 그러자면 한 분이신 그리스도와 분명한 관계를 보존해야 한다. 이 그리스도는 단순히 어떤 원리나 지향이나 진화의 목적 지점이 아니다.

앞으로 소상히 보려니와 이분은 전혀 특정한, 착오나 혼동이 있을 수 없는 분이다. 전혀 특정한 **이름**을 가진 분이다! 바로 이분의 이 이름으로 말미암아 그리스도교는 이름 없는 그리스도교, '익명의 그리스도교'로 낙착 또는 '지양'될 수 없다. '**익명**의 **그리스도교**'란 두 낱말을 조금만 생각해 보아도 이내 드러나듯이 그야말로 어불성설이다 — 마치 나무로 된 쇠라는 격으로. 인간적으로 좋은 것은 교회의 축복이나 신학의 인준이 없이도 이미 좋은 것, 그리스도교란 하나인 이름에 대한 신앙고백을 뜻한다. 그러나 어떻든 그리스도교 신학자라도 피할 수는 없는 물음: 이 이름 뒤에는 과연 무엇이, 누가 있는가?

2
참 그리스도

웬일인지 곰곰이 생각해 볼 일이 아닌가: 당대에 적수들에게 패배당했고 후대에 추종자들에게 거듭 배신당해 온 그런 사람이 오랜 인류역사를 통하여 ─ 하고많은 신들이 몰락하고 만 금세기에 와서까지도 ─ 무수한 사람들에게 가장 큰 영향을 미쳐 온 인물이라는 엄연한 사실! 여러모로 비범하고도 불가사의한 이 인물은 혁명가도 발전론자도 고무하고 있고 지식인도 무학자도 매료하고 있으며 권력자도 약자도 자극하고 있다. 신학자는 물론 무신론자마저 거듭 다시 생각하도록 촉구하고 있고 교회들에게는 죽은 유물이냐 산 증인이냐를 끊임없이 자문하도록 요망하고 있으며 동시에 초교파·초교회적으로 유다교와 그 밖의 다른 종교에까지 영감을 불어넣고 있다. 간디: "힌두교도들에게 이르노니 그대들이 만일 예수의 가르침도 존중하며 배우지 아니한다면 그대들의 삶은 불완전하리라."

그러기에 더욱 절실한 진리 문제: 어느 그리스도가 참 그리스도인가? '착한 사람이 되어라, 예수님이 너를 사랑하신다'는 대답만으로는 모자란다. 이런 대답은 자칫 무비판적 근본주의나 '히피' 옷을 입은 경건주의가 되기 쉽다. 감정에만 의존하다 보면 제멋대로 이름을 섞바꿀 수도 있다. 이를테면 쿠바의 게릴라 대장 게바라를 예수의 모습으로 삼았다가, 예수를 게바라의 모습으로 삼았다가, 이렇게 왔다 갔다 할 수도 있다. 교의적 근본주의의 예수와 감상적 경건주의의 예수, 저항·행동·혁명의 예수와 감정·감상·환각의 예수라는 틈바구니에 서야말로 더욱 엄밀히 밝혀져야 할 진리 문제: 몽상의 그리스도냐 실재의 그리스도냐? **꿈속의** 그리스도냐 **참** 그리스도냐?

신화가 아니다

교의·경건·혁명·광신에 의하여 조작·윤색된 꿈속의 그리스도를 따르는 것을 무엇으로 막을까? 무릇 그리스도의 조작·이념화·신화화에는 역사에 의한 한계가 있다! 고금의 온갖 통합주의(Synkretismus)에 대항하여 아무리 강조해도 지나치지 않으려니와 그리스도교의 그리스도는 단순히 초시간적 관념이나 영구불변의 원리나 심오한 신화가 아니다. 힌두교 신전의 제신상諸神像에 그리스도상도 섞여 있음을 보고 좋아하는 그리스도인이라면 물론 미숙한 그리스도인이다. 초대 그리스도인들은 만신전(Pantheon)에 그리스도를 기꺼이 모셔들이겠다는 것을 전력으로, 자주 목숨까지 바쳐서 대항했다! 그보다는 차라리 무신론자라는 모함을 당하는 편이 낫다고.

 그리스도교의 그리스도는 전혀 구체적인 역사상의 한 인간이다: **나자렛 예수**. 그만큼 그리스도교는 본질적으로 역사에 터하여 있다. 그리스도 신앙은 본질적으로 역사적 신앙이다. 힌두교의 '라마야나'

를 공관복음서와 비교해 보면 얼마나 딴판인가. (자와섬 프람바나인 人들이 신전 앞에서 밤새워 읊고 수많은 신전의 프레스코화에 그려져 있는 이 유명한 시는 산스크리트어로 2만 4천 연聯이나 되는 대작이다. 내용인즉 고매한 라마 왕자 — 비슈누의 화신 — 의 아내 시타가 실론으로 거인 왕 라바나에게 끌려갔는데 라마는 원숭이 무리의 도움을 받아 대양을 가로지르는 다리를 놓고 끝까지 정조를 지킨 아내를 구출했으나 마침내는 그녀를 물리쳐 버렸더라는 얘기다.) 이미 처음부터 그리스도교는 온갖 신화·철학·비의秘儀를 거슬러 역사적 신앙으로서만 존립할 수 있었다.

물론 무수한 사람들이 예수에게서 초인성과 신성을 발견해 온 것도 사실이고 처음부터 예수에게 드높은 존칭들을 바쳐 온 것도 사실이다. 그러나 예수의 동시대인도 후대의 교회도 언제나 예수를 **참 인간**으로 여겨 왔다. 이미 말한 바와 같이(76-80) 소수에 불과하며 별로 큰 도움이 되지 않는 이방인·유다인의 증언들을 제외하면 신약성서만이 의존할 만한 유일한 전거이거니와 (탈무드와 미드라시에도 그런 증언은 없다) 이 모든 기록에 따르면 예수는 전혀 특정한 시기에 전혀 특정한 환경에서 살았던 전혀 특정한 한 인간이다. 과연 실재 인물인가?

한때 나자렛 예수의 **역사적 존재**도 석가나 그 밖의 옛 인물의 확실시되는 사실들과 비슷하게 논란의 대상이 되었다. 19세기에 브루노 바우어가 그리스도교란 본디 복음사가들의 창안이며 예수란 하나의 '관념'이라고 설명하자 대단한, 그러나 부질없는 소동이 일어났다. 1909년에 아르투어 드레브스가 예수를 순전히 "그리스도 신화"라고 해석했을 때에도 그랬다(영국의 존 매키넌 로버트슨과 미국 수학자 윌리엄 벤저민 스미스도 비슷한 경우다). 이런 극단적 주장들이 나온 것은 그 나름으로 유익한 면도 없지는 않다 — 이들로 말미암아 진상이 뚜렷이 드러났고 대개는 이들 자체가 절로 무력해지고 말았기에. 그 이래로는 진지한 학자라면 예수의 역사적 존재를 논란하는 일은 없다. 그렇다고 경솔한 저자들이 경솔한 글들을 (예수는 정신장애자라느니 별의 신화라느니 헤로데의 아들이라느니 비밀 결혼을 한 자라느니 따위로) 쓰지 않는 것은 아니지만 그런 것들이 대수로울 것은 없다. 다만 어떤 언어학자가 '예수'라는 말을 초대 그리스도인들의 예식에서 사용되던 환각제 독버섯(광대버섯)의 비밀 명칭이라고 해석하여 자신의 명성을 훼손시키는 것을 보면 좀 한심한 노릇이랄까. 장차 또 무슨 더욱 기발한 착상이 나올지.

우리는 나자렛 예수에 관하여 역사적으로 확실한 사실들을 아시아의 커다란 종교 창설자들에 관해서보다도 비교가 안 될 만큼 많이 알고 있다:

○ **석가**(기원전 563~483년)에 관해서보다 많이 알고 있다. 불전(수트라)들에 담긴 석가상은 뚜렷이 틀에 박힌 모습이다. 석가의 일생은 역사적이라기보다는 매우 이상적으로 체계화된 형태의 전설로 남아 있다.
○ 석가와 동시대인인 중국의 **공자**(기원전 551~479년)에 관해서보다도 훨씬 많이 알고 있다. 실재 인물임에는 틀림없는 공자의 정체도 믿을 만한 사료가 없어 정확히 파악할 수는 없다. 공자에 관한 사료들은 사후에 '유교'라는 중국의 국가 이념과 결부되어 이루어졌을 따름이다.
○ **노자**에 관해서보다도 더욱더 많이 알고 있다. 노자도 중국 전통에

따르면 실재 인물로 인정되지만 전기적 의미에서는 전혀 파악될 수 없다. 신빙성이 매우 희박한 사료에 따르면 노자가 살았던 시기는 ─ 선택하기에 따라 ─ 혹은 기원전 14세기라 할 수도 있고 혹은 13세기, 혹은 8세기, 혹은 7세기, 혹은 6세기라 할 수도 있다.

비평사적으로 전승을 비교하면 놀랄 만한 차이가 드러난다:

○ **석가**의 가르침은 석가 사후 적어도 5백 년 이상이 지나 본래의 종교가 상당한 진전 과정을 겪고 나서야 기록된 경전들에 의하여 전승되어 왔다.

○ **노자**가 『도덕경』의 저자로 지칭된 것은 고작 기원전 1세기부터의 일이다. 도덕경이란 사실상 여러 세기에 걸친 기록의 수집서로서 이것이 마침내 도교의 형성에 결정적 구실을 하게 되었다.

○ **공자**에 관한 전승의 가장 중요한 사료에 속하는 것으로 사마천의 『사기』는 공자가 죽은 지 4백 년 뒤에, 『논어』(제자들이 구체적 상황과 관련된 스승의 말씀을 모은 수집서)는 약 7백 년이나 뒤에야 나왔으니 좀체 믿을 만한 전거가 못 된다. 공자가 친히 지은 것으로 확인된 저술도 공자에 관한 진정한 전기도 없다. (노나라 사기 『춘추』도 공자의 친저인 것 같지는 않다.)

유럽의 사료들도 마찬가지다. 현존하는 최고最古의 호메로스 서사시 사본이 13세기의 것이다. 소포클레스의 비극은 8세기나 9세기의 것인 단 하나의 사본에 의거하고 있다. 신약성서로 말하면 그러나 고대의 다른 어떤 책과 비교해도 현존하는 사본이 시간적으로 원본과 훨씬 가깝고 숫자적으로 훨씬 많으며 내용적으로 훨씬 일치한다. 3세기와 4세기로 때매김되는 정확한 복음서 사본들이 현존한다. 최근에는 특히 이집트 광야에서 더욱더 오래된 파피루스 사본이 발견되기도 했다. 네 복음서의 마지막 책인 요한 복음서의 가장 오래된 단편으로서 지금 영국 맨체스터의 존 릴랜드 장서로 소장되어 있는 이 사본은 2세기 초에 속하며 우리의 인쇄된 그리스어 원문과 한 마디도 어긋나는 데가 없다. 네 복음서는 그러므로 100년경에 이미 존재했다. 그러나 예컨대 '위경' 복음서들과 같은 신화적 부연 · 전의는 2세기 이후부터야 나타나기 시작한다.

사실의 진행 과정인즉 따라서 신화에서 역사에로가 아니라 역사에서 신화에로였음에 틀림없다.

때와 곳이 뚜렷하다

나자렛 예수는 신화가 아니다. 예수의 역사는 **장소**가 뚜렷하다. 빌헬름 텔처럼 — 스위스 애국자에게는 차라리 애석하게도 — 동에 번쩍 서에 번쩍하는 영웅담이 아니다. 예수 사건은 정치적으로는 중요하지 않은, 로마제국의 한 변방 팔레스티나에서 일어났다. 이곳은 그러나 오랜 문화를 대표해 온 '비옥한 초승달 지대'(Fertile Crescent)의 한가운데다. 문화 · 정치의 중심 세력이 이 지역 양단에 자리잡은 이집트와 메소포타미아로 옮겨지기 전, 기원전 제7천 년대 무렵에 이곳에서 옛 빙하시대의 큰 변혁이 이루어졌으니 수렵과 유목에서 농경과 목축으로 정착 생활을 하게 되면서 인간은 역사상 최초로 자연에서 독립하여 자율적 생산자로서 자연을 지배하기 시작했다. 그 후 거의 4천 년 만에 비옥한 초승달 지대 양단의 이집트와 메소포타미아에서 둘째 단계의 변혁이 이루어졌으니 이번에는 최초의 문명이 창조되고 문자가 발명되었다. 그리고 그 5천 년 후인 지금 우리는 일단 마지막 단계인 변혁의 거보를 내디뎌 별들을 향하여 도약하고 있다.

착한 사마리아인의 비유에 이름이 나와 있고(루카 10,30) 근자에 다시 발굴된 바 있는 이곳의 예리코는 세계 최고最古의 도시라고 할 수 있다(기원전 7000~5000년). 나일 · 유프라테스 · 티그리스 유역의 열강 틈에 끼어 각축의 전장이 될 수밖에 없었던 이 조그만 땅 팔레스티나는 예수 당시에는 유다인의 미움을 사던 로마 점령군과 로마에 의하여 임명된 반半유다계 통치자의 지배 아래 있었다. 일부 나치주의자들은 예수를 아리아 인종으로 삼으려 한 일도 있지만 예수는 두말할 나위도 없이 팔레스티나 출신, 좀 더 정확히 말하자면 갈릴래아 북부 출신 유다인이다. 이 고장은 주민 전부가 유다인 혈통은 아니고 다른 인종도 섞여 있었으나 그러면서도 — 유다와 갈릴래아 사이의 사마리아와는 달리 — 예루살렘과 예루살렘 성전을 예배의 중심지로 받들고 있던 곳이다. 예수의 활동 무대는 어느 모로 보나 작은 영역이다. 북으로 쾌적한 겐네사렛 호반의 카파르나움에서 남으로 산악 지역의 수도 예루살렘까지, 직선거리로는 고작 130킬로미터이며 당시의 대상隊商에게는 불과 일주일의 여정이던 곳이다.

나자렛 예수는 신화가 아니다. 예수의 역사는 **시대**가 뚜렷하다. 인류 최초의 문명에 특징적으로 나타났던 이집트의 영생불멸 신화, 메소포타미아의 우주 질서 신화, 인도의 천지개벽 신화, 그리스의 인간 완성 신화처럼 초시간적 신화가 아니다. 예수 사건은 한 인간의 역사다: 우리의 기원 원년元年으로 삼게 된 해(정확히는 곧 볼 바와 같이 그보다

전)에 로마 황제 아우구스투스 치하의 팔레스티나에서 태어났고 그 후계자 티베리우스 황제 때에 공중 앞에 등장했으며 마침내 이 황제가 임명한 총독 본시오 빌라도에 의하여 처형당한 인간의.

불확실한 점들

상세한 때와 곳에 관해서는 물론 의심스러운 점도 있다. 그러나 그런 것들은 사실상 별로 중요한 것이 아니다.

○ **어디 출신인가**: 예수의 출생지를 정확히 규명할 수는 없다 — 마르코와 요한은 말이 없고, 마태오와 루카는 베들레헴을 (아마 다윗의 후손과 미카의 예언이라는 신학적 근거에서) 말하나 세부 사항에서는 서로 어긋나며, 더러 학자들은 나자렛으로 추정한다. 그러나 어떻든 이 '나자렛 사람'의 본향이 갈릴래아 고을의 조그만 마을 나자렛이었던 것만은 신약성서 전체로 보아 썩 분명하다. 마태오와 루카의 예수 족보는 다윗에서 일치하는 점을 빼고는 서로 조화될 수 없을 만큼 거리가 멀다. 여러 전설적 요소가 가미된 유년기 설화들도, 또 루카만이 — 교훈적 의도에서 — 전하는 열두 살 적 성전에서의 이야기도 문학적 특성을 띤 복음사가의 신학적 해석 수단이라는 것이 오늘날 학계의 통설이다. 예수의 어머니 마리아와 아버지 요셉 그리고 형제·자매들에 관해서도 복음서는 단편적으로나마 아무 거리낌 없이 말하고 있다. 이 사료들에 따르면 예수의 친척도 그 밖의 나자렛 동향인도 모두 예수의 공적 활동을 달갑잖게 여겼음이 역연하다.

○ **언제 태어났는가**: 예수의 생년은 아우구스투스 황제(기원전 63~기원

후 14년)와 헤로데 왕(기원전 73~4년) 때였으니 늦어도 기원전 4년 이전이다. 더 나아가 이상한 별을 근거로 결론을 내릴 수는 없다 — 이 별을 특정한 성좌와 동일시할 수 없기 때문이다. 또 퀴리노의 호구조사(기원후 6 또는 7년)를 근거로 결론을 내릴 수도 없다 — 이것은 루카가 예언의 성취로서 중요시한 것이리라.

○ **언제 죽었는가**: 루카가 전하는 대로 일반적으로 역사적 사실로서 인정되듯이 세례자 요한에 의한 예수의 세례가 티베리우스 황제 15년(기원후 27/28 또는 28/29년)의 일이고 역시 루카의 말대로 이 최초의 공적 출현이 서른 살쯤의 일이며 모든 (타키투스도 포함한) 전승에 나오듯이 예수의 처형이 본시오 빌라도 총독 때(26~36년)의 일이라면 사망한 해는 30년경이었음에 틀림없다. 확실한 날짜는 처음 세 복음사가와 요한 복음서가 서로 달리 — '니산' 달 14일과 15일로 — 전하고 있어서 (사해 부근 쿰란 수도원의 달력을 참조하더라도) 알 길이 없다.

이처럼 예수 생애의 연대와 날짜도 고대사의 여느 시점과 마찬가지로 세밀히 확정될 수는 없다. 그러나 그렇기에 더욱 생각해 볼 만하지 않은가: 무슨 '공문서'·비명·연대기·심문조서 같은 것은 아무것도 없으면서도 넉넉히 뚜렷한 시기를 산 인간, 공적으로는 고작 (요한의 보고에 따르면 세 차례의 파스카 축제가 나타나므로) 3년이나 (공관복음서에서는 한 번의 파스카 축제가 언급될 뿐이므로) 단 1년 아니면 심지어 (극적인 사건으로 보아서는) 겨우 두어 달 동안 (주로) 갈릴래아와 (그러고는 잠시) 예루살렘에서 활약했을 따름인 한 인간,

바로 이 사람이 그의 생년을 세계사의 원년으로 삼아 연대를 매긴다는 것이 — 프랑스혁명이나 11월혁명이나 나치 지도자들에게는 원통한 노릇일지언정 — 조금도 무리가 아닐 만큼 역사의 흐름을 바꾸었다! 큰 종교의 창설자치고 예수처럼 좁은 지역에서 예수처럼 짧은 시간을 살다가 요절한 사람은 없다. 그런데도 이 예수의 영향은 어떤가: 세 사람에 한 사람 꼴로 지구상의 10억 인간이 그리스도인이라고 불리고 있다. 그리스도교는 모든 세계종교 중에서 단연 — 숫자적으로 — 선두에 있다.

전기만이 아니다

예수에 관한 수많은 소설 형식의 책들이 나왔지만 한 가지 엄연한 사실: 예수의 역사가 시대적으로나 장소적으로나 그처럼 쉽사리 밝혀지는데도 나자렛 예수의 **전기**를 쓰기는 **불가능**하다! 왜? 요컨대 그럴 만한 전제 조건이 갖추어져 있지 않기 때문이다.

이미 본 바와 같이(76-80) 옛 로마인·유다인이 남긴 사료들은 예수의 역사상 실재 사실을 말해 주는 정도 외에는 별로 쓸모가 없다. 또 예부터 교회에서 공인되어 온 복음서들 이외에도 그보다 상당히 뒤에 생겼고 공식적으로 사용되지는 못한 '위경'僞經(apocrypha = 숨은) 복음서들이 있으나 갖가지 신기한 전설로 윤색되어 있는 데다가 예수의 말씀들을 미덥잖게 재구성해 놓아서 극소수의 예수 어록을 제외하면 역사적으로 확실한 것을 전해 주는 바가 없다.

결국 남는 것은 **네 복음서**다: 고대 교회가 '정경'正經(canon = 지침·

표준·목록)으로 삼아 사용함에 따라 '신약성서'로 ― '구약성서'와 대비해서 ― 공인되어 온 복음서들. 이들은 크게 보면 ― 무릇 신약성서 정경 전부가 그렇듯이 ― 2천 년 역사를 통하여 오롯이 보존되어 온 그리스도 신앙의 근원적 증언이 수록된 책이다. 그러나 이 네 권의 '정경' 복음서도 예수의 생애가 밟은 과정을 시기별·사건별로 단계적으로 제시하는 것은 아니다. 예수의 어릴 적에 관하여 우리는 별로 아는 바가 없다. 서른 살이 될 때까지의 성장 과정에 관해서는 전혀 모른다. 더욱 중요한 사실: 어쩌면 겨우 몇 달에 지나지 않거나 길어야 고작 3년간인 '공생애'에 관해서마저 무릇 전기를 쓰자면 필수 요건인 사실 경과의 확인은 불가능하다.

물론 예수의 길이 고향 갈릴래아에서 수도 예루살렘으로, 다가오는 하느님 나라의 선포에서 유다교 공식 교권과의 분쟁과 로마인들에 의한 처형으로 나아갔다는 대충 줄거리는 알고 있다. 그러나 첫 증인들의 관심사는 분명히 이런 경과의 연대나 지리가 아니었다. 또 예수의 내적 발전도 아니었다: 종교적 의식(특히 메시아 의식)의 생성도 행동의 동기도 '성격 형성'·'인품'·'내면생활'도. 이런 의미에서 ― 또 이런 의미에서만 ― 19세기의 자유주의적 예수 생애 연구가 예수의 생애를 시기별·동기별로 구분하려다가 실패했다는 것은 알베르트 슈바이처의 고전적 『예수의 생애 연구사』에서 확인된 사실이다: 예수 생애의 외적 전개 그리고 특히 내면의 심리 발전은 복음서에서 읽어 낼 수 있는 것이 아니라 복음서 속으로 읽어 들어갈 수 있을 따름이라고.

어떻게 해서 그렇게 되었는가?

50~60년 세월 속의 **복음서 형성 과정**을 안다는 것은 신학자가 아니라도 무관심할 수 없는 중요한 일이다. 루카는 이 과정을 자기 복음서 첫머리에서 말해 주고 있다. 놀랍게도 예수 자신은 단 한 줄의 글도 남긴 바 없다. 자기 말씀의 충실한 재생을 보장할 방도를 강구한 바도 없다. 당초에 제자들은 예수의 말씀과 행적을 입으로 전했다. 그러면서 동시에 — 이야기꾼이란 으레 그렇듯이 — 저마다 저 나름으로 혹은 자신의 취향이나 혹은 청중의 필요에 따라 강조·선택·설명·해석 또는 부연하기도 했다. 그리고 아마도 처음부터 예수의 행적·말씀·운명을 그저 그대로만 전하는 이야기도 있었으리라. 복음사가들은 — 모두가 예수의 직제자는 아니나 근원적 사도전승의 증인으로서 — 이 모든 것들을 훨씬 나중에야 수집했다. 이렇게 복음사가들이 수록한 예수 사화들과 예수의 말씀들은 주로 구전口傳 자료였고 일부는 이미 글로 쓰인 것도 있었다. 이 서전書傳 자료도 예루살렘이나 갈릴래아의 무슨 공문서로 소장되어 있던 것은 아니고 교회의 신앙생활 속에서 설교나 교리 교육이나 예배에 사용되던 것이었다. 이 모든 자료는 그러므로 특정한 '삶의 자리', 형성 배경사를 지니고서 예수의 복음으로 전해지고 있었다. 복음사가들은 — 한때 생각했던 것처럼 수집·전승자만이 아니라 고유한 관견을 가진 독창적 신학자로서 — 이 예수 사화들과 예수의 말씀들을 자신의 구상과 판단에 따라 특정한 체재를 설정하여 일관성 있는 이야기로 편성했다. 네 복음서에서 모두 두드러지게 일치된 내용으로 전해지는 수난 사화는 비교적 일찍부터 이미 단일한 사화로 형성되어 있었던 듯하다. 그러나 여기서도 복음사가들은 — 그들 자신도 선교 활동·교리 교육을 실

행하고 있던 이들로서 — 전승 자료를 자기가 속한 공동체의 필요에 적응시키는 동시에 예수 부활에 비추어 이들을 해석하면서 필요하다고 생각되면 확대해석하기도 했다. 이렇게 해서 각 복음서는 온갖 공통점이 있으면서도 동시에 매우 다른 신학적 면모를 지니게 되었다.

70년의 예루살렘 함락 직전, 그리스도인 첫 세대와 둘째 세대 사이의 전환기에 처음으로 복음서를 쓴 것은 **마르코**였다. (마태오 복음서를 최고最古의 복음서로 보는 재래설에 비하여 이 마르코 우선설이 오늘날 가장 널리 인정된다.) 이 마르코 '복음'(1,1)서는 문학적인 표현이 적으면서도 전혀 새로운 문학 유형을, 일찍이 없던 문학 장르를 이룩한 독창적 작품이다.

예루살렘 함락 후에는 (아마 유다계 그리스도인인) **마태오**와 (헬라계 그리스도인으로서 지식층을 상대로 복음서를 쓴) **루카**가 더 큰 복음서를 썼다. 이들은 마르코의 복음서와 '어록 출전'(Logien-Quelle, 약칭: Q)이라는 하나(혹은 여럿?)의 예수 어록을 원전으로 이용했다. 이것이 19세기부터 연구되기 시작하여 그동안 개별적 원문 주석에서 여러모로 성공적으로 입증되어 온 고전적 '두 출전 가설'(Zwei-Quellen-Theorie)이다. 이 학설에 따르면 또 각 복음사가는 이들 공통 자료 이외에 따로 '특수 자료'도 사용했는데, 이것도 각 복음서를 비교해 보면 뚜렷이 드러난다. 네 복음서를 대조해 보면 나아가 마르코·마태오·루카의 세 복음서는 자료의 선택·배열이 대체로 같고 매우 자주 말마디까지 일치함이 드러난다. 나란히 인쇄해 놓고 쉽사리 대조할 수 있을 정도로 '공통 관점'(Syn-opse)을 이루고 있다. 그래서 이들을 '공관共觀복음서'라고, 이들의 저자들을 '공관 복음사가'라고 부른다.

이에 비하여 **요한**이 헬라 문화권에서 쓴 복음서는 문학적으로나 신학적으로나 성격이 판이하다. 예수의 말씀이 매우 유다인답지 않게 기다란 독백 형식으로 되어 있는 데다가 내용이 예수의 활동보다 예수 자신에 집중되어 있다. 이 넷째 복음서는 그러므로 역사상 나자렛 예수 문제에 대한 대답으로서는 매우 한정된 의미밖에 없다. 예컨대 수난 사화와 그 직전의 사건 전승들에 관해서만 이 문제가 논의될 수 있을 뿐, 전체적으로 보면 분명히 공관복음서보다 예수의 생애와 행적의 역사적 현실과는 거리가 더 멀다. 또 19세기 초에 다비트 프리드리히 슈트라우스가 발견한 바와 같이 마지막으로 — 100년경에 — 쓰인 복음서라는 것도 의심 없다.

신앙의 증언이다

이 모든 점으로 보아 명백한 결론: 복음서를 무슨 사건 보도 기사 같은 것으로 여기고 읽는 사람은 복음서를 오해한다. 복음서의 본디 의도는 예수에 관한 역사상 사실의 보도, 사건 '경과'의 설명에 있는 것이 아니다.

처음부터 끝까지 복음서의 의도는 예수를 예수의 부활에 비추어 메시아로, 그리스도로, 주님으로, 하느님의 아들로 선포하자는 데 있다. '복음'이란 본디 복음**서**를 뜻하는 것이 아니다. 복음서보다 먼저 쓰인 바오로의 편지들에도 이미 분명히 나타나듯이 이 말은 본디 입으로 전파되던 좋은 · 기쁜 · 반가운 소식('에우앙겔리온' εὐαγγέλιον)이다. 마르코가 쓴 첫마디, "[하느님의 아들이신] 예수 그리스도의 복음"이라는 말은 이 동일한 신앙의 복음을 이제부터 기록 형식으로 전하겠다는 뜻이다.

복음서는 그러므로 냉정한 객관적·중립적·과학적 보고나 사기가 아니다. 그런 것이라면 당시에는 애당초 기대되지도 않았다. 역사적 사건 묘사는 으레 그 의미와 영향도 내포했다. 어떤 형태로든 저자의 견해가 진하게 물든 **증언**으로 나타났다. 역사가 헤로도토스와 투키디데스가 매우 그리스를 편들었다면 리비우스와 타키투스는 못지않게 로마에 매료되어 있었다. 자기 견해를 뚜렷이 밝혔고 사건을 보도하면서 드물지 않게 교훈적 결론도 곁들였다. 설명적·보고적일 뿐 아니라 동시에 교훈적·실용적인 역사를 썼다.

복음서로 말하면 그러나 더욱더 깊은 의미에서 참으로 증언이다. 제1차 세계대전 후에 '양식사' 학파가 예수의 말씀과 사화들을 낱낱이 살펴 밝혀낸 바와 같이 복음서에는 여러 공동체의 여러 종교적 체험이 새겨져 있다. 복음서는 예수를 믿음의 눈으로 바라보는, **신앙에 투신했고 투신하고 있던 사람들의 증언**이다. 국외자가 쓴 것이 아니라 확신에 찬 신앙인이 예수 그리스도에 대한 믿음을 호소하고자 쓴 신앙 해설서 아니 신앙고백서다. 복음서의 보도 기사들은 동시에 — 넓은 의미에서 — 설교다. 복음사가들은 믿음에 의해서만 사로잡힐 수 있는 그런 식으로 예수에게 사로잡힌, 그래서 이 믿음을 전하려고 애쓴 증인들이다. 그들에게 있어서 예수는 과거의 인물만이 아니라 오늘도 살아 계신, 그래서 이 복음을 전해 듣는 청중(독자)에게 결정적으로 중요한 의미를 지닌 분이다. 이런 의미에서 복음서는 사실의 보도만이 아니라 신앙의 선포·촉구·계발이다. 복음서는 신앙에 투신한 사람들의 증언이다. 흔히 이에 해당하는 그리스어 단어로 표현되듯이 '케뤼그마'κήρυγμα다: 선포 · 포고 · 전갈.

이 정도로 우선은 그리스도교의 **식별**에 관하여 넉넉히 말한 셈이다. 되돌아보건대: 무엇이 그리스도교를 그리스도교답게 하는가? 그리스도교는 현대 인본주의나 세계종교나 유다교와 구별될 수 있다. 그리스도교의 남다른 점인즉 언제나 그리스도 그분, 역사상 나자렛 예수와 동일한 그분이다. 그리스도로서의, 결정적 궁극 척도로서의 나자렛 예수야말로 그리스도교를 그리스도교답게 하는 그것이다.

그러나 이것은 지금까지 말해 온 바와 같이 형식적으로 요약될 수 있을 뿐 아니라 이제부터 말할 바와 같이 내용적으로 규명될 수도 있고 또 그래야 한다. 내다보건대: 예수 그리스도 자신이 그리스도교의 **설계**다. 그러기에 이 단원을 시작하면서 한 말을 이 단원을 끝내면서도 되풀이하거니와 그리스도교란 이론상으로나 실천상으로나 예수 그리스도에 대한 기억의 활성화다. 그리스도교 설계를 내용적으로 규명하려면 그러나 우리가 예수를 어떻게 기억하고 있는가를 알아야 한다. "누가 예수인가를 글자 그대로 다시 물어볼 줄 알아야 한다. 그 밖의 모든 것은 핵심을 벗어난 물음이다. 그분이 우리의 척도이지 교회들 · 교의들 · 경건한 사람들이 그분의 척도는 아니다 …. 이들이 얼마만큼 훌륭하냐는 것은 이들이 얼마만큼 그 자신을 떠나 예수를 주님으로 따르도록 부르고 있느냐에 달렸다"(E. Käsemann).

제2부

설 계

1장

사회적 맥락

예수 그리스도야말로 그리스도교 식별의 특징이자 동시에 그리스도교 설계의 내용이라면, 그렇다면 이 예수는 과연 누구인가? 무엇을 원했던가? 예수를, 예수는 누구이며 무엇을 원했던지를 어떻게 이해하느냐에 따라 오늘의 그리스도교계는 달리 보일 수밖에 없다. 또 사실 이 물음은 비단 오늘의 물음만이 아니다. 바로 예수 당시에도 사회·문화·종교 전반에 걸쳐 제기된, 마침내는 생사가 걸리게 된 물음이었다: 예수 — 그는 무엇을 원하는가? 누구인가? 체제의 지지자 아니면 혁명가? 법과 질서의 수호자 아니면 급진적 개혁의 투사? 순수한 내면성의 주창자 아니면 자유분방한 세속성의 옹호자?

1
체제?

흔히 예수는 교회 안에서 '길들여진' 모습으로 보여 왔다: 교의 · 전례 · 교회법으로 매사를 정당화하는 종교 · 정치 체제의 대표자로, 매우 뚜렷이 보이는 교회 기구의 보이지 않는 우두머리로, 신앙 · 도덕 · 계율을 주장하는 모든 것의 보증인으로. 그리스도교 2천 년의 교회와 사회에서 얼마나 많은 것이 예수에 터하여 정당화 또는 합법화되어 왔던가! 그리스도인 통치자, 교회 영주, 그리스도교 정당 · 계급 · 인종이 얼마나 자주 예수의 이름을 내세워 왔던가! 갖가지 사상 · 법률 · 전통 · 관습 · 척도가 얼마나 기괴하게 예수를 빙자해 왔던가! 예수를 길들이려는 온갖 시도에 대항하여 분명히 해 두어야 한다: **예수는 교회와 사회의 기성 체제를 수호하는 그런 사람이 아니었다**.

교정일치 체제

시대착오의 문제 제기? 결코 아니다. 예수 당시에는 견고한 종교 · 사회 · 정치 체제, 일종의 신정 교회 국가가 존재했다 — 이것이 예수를 파멸시킬 것이었다.

　권력 구조 전체가 최고 주권자로서의 하느님에 의하여 정당화되고 있었고 종교·법제·행정·정치가 서로 얽힌 구조 일체를 같은 사람들이 지배하고 있었다. 세습 사제(제관과 레위)들과 그 밖의 소수 특권층이 성직 위계(hierarchia)를 구축하여 결코 동질사회는 아닌 유다인 사회의 통치권을 백성의 지탄 속에서 행사하고 있었다. 이들은 또 물론 로마 점령군의 통제 아래 있었다. 정치적 결정, 질서의 유지, 특히 사형 선고권은 로마인들이 장악하고 있었다.

　집권층을 대표하는 70인으로 구성된 예루살렘 최고 의회 ― 아람어로 '산헤드린', 그리스어로 '시네드리온'(집회) ― 가 중앙의 입법·행정·사법 기관으로서 종교 생활·시민 생활 일체를 통할했다. 최고 의회 의장인 대제관은 로마에 의하여 임명되었지만 그래도 언제나 유다 백성의 최고 대표자로 행세했다.

　그러면 예수는? 예수는 세 부류의 권력자들과 아무 상관도 없었다: '대제관'(짐작건대 일종의 추밀원을 이루고 있던 현직·전직 대제관과 몇몇 중견 제관)과도, '원로'(제관은 아닌 수도의 명문 부호)와도, '율사'(반드시는 아니나 대부분이 바리사이 계열인 율법가·신학자로서 몇십 년 전부터 역시 최고 의회 의석을 차지해 온 부류)와도. 이 모두가 미구에 예수의 적수가 되려니와 물론 처음부터도 예수는 그들 중의 한 사람이 아니었다.

사제도 신학자도 아니다

역사상 예수는 **사제가 아니다**. 예수를 '영원한 대사제'로 설명하는 히브리인들에게 보낸 서간을 오해해서는 안 된다. 히브리서는 예수 부활 후의 사후事後 해석이다. 예수는 하나의 '평신자'였다. 처음부터 평신도 운동가로서 제관들의 의혹을 사고 있었다. 예수의 추종자들도 평민이었다. 수많은 인물이 등장하는 예수의 대중적 비유 말씀들에도 제관이 등장하는 경우는 한 번밖에 없다(루카 10,31) ― 그것도 모범 사례가 아닌 경고 사례로: 이단자인 사마리아 사람과는 달리 강도들에게 맞아 쓰러진 사람을 보고도 그냥 지나가 버리는 사람으로. 예수는 일부러 주로 성역聖域이 아닌 일상의 소재를 택했던 듯하다.

역사상 예수는 ― 신학 교수들에게는 애석할지 모르나 ― **신학자도 아니다**. 나중에 생긴 전설로서 루카가 소년기 사화로 전하는, 성전에서의 열두 살 적 예수 이야기(2,41-52)는 이 사실의 간접증거다. 반대자들이 비평한 대로 예수는 '배우지 못한' 시골내기였다(마르 6,2 이하; 참조: 요한 7,15). 예수는 신학 교육을 받았다는 증거를 내세운 일이 없다. 상례대로 수년간 어느 스승(라삐)에게 사사한 일도 없다. 많은 사람들이 예수를 '라삐'라는 존칭으로 ― 마치 요즘의 '박사님'처럼 ― 부른 것은 사실인 듯하나 정식으로 안수按手에 의하여 라삐 직분이 부여된 일은 없다. 예수는 교리 · 윤리 · 율법에 관한 모든 문제의 전문가로, 무엇보다 먼저 신성한 전통의 보존 · 해석자로 행세하지 않았다. 물론 구약성서에 터하여 살았으나 성서 신학자인 양 성서를 주석하지 않았고 조상들의 권위에 호소하지도 않았다. 방법상으로나 내용적으로나 예수는 놀랄 만큼 자유롭게 직접 자신의 생각을 자연스러운 이치로 피력했다.

이를테면 예수는 오늘도 동방의 광장에 모인 수백 명의 사람들 앞에서 볼 수 있는 그런 대중 설화자였다. 다만 무슨 동화나 전설이나 기적담을 이야기한 것은 아니다. 예수는 자기와 남들의 경험을 끌어다가 청중의 경험으로 삼았다. 뚜렷이 실천적인 관심을 가지고 사람들에게 조언·조력해 주려 했다.

예수의 가르치는 방식은 서민적·대중적·직접적이다. 필요하면 날카롭게 논쟁적이고 종종 일부러 야릇하게 역설적이면서도 언제나 함축적이고 구체적이며 생생하다. 정확한 관찰, 시적 영상, 수사적 열정이 희한하게 결합된 표현으로 정곡을 찌른다. 공식이나 교의에 집착하지 않고 심오한 사변이나 해박한 율법 결의론을 구사하지 않는다. 누구나가 마주치는 일상사에서 누구에게나 이해되고 적용될 수 있는 격언·예화·비유들을 이끌어 낸다. 예수의 말씀 가운데서 많은 것들이 만국의 격언이 된 것은 이 때문이다.

하느님 나라에 관한 말씀들도 무슨 은밀한 천국 사정의 계시가 아니다. 후대의 그리스도교계에서 기발하게 이용되어 온 것처럼 여러 미지의 우의寓意가 내포된 심오한 우화가 아니다. 인간의 현실을 냉철하게 관찰하여 거기에 하느님 나라의 다양한 실상을 제시하는, 날카롭게 요점을 지적하는 상징이며 비유들이다.

예수의 견해와 요청은 단호하되 특정한 지성적·윤리적·세계관적 성격의 전제가 없다. 여기서 인간에게 요망되는 것은 듣고 깨달아 구체적 결론을 이끌어 내는 일이다: 진정한 신앙, 정통 교리의 이론적 사변이 아니라 절실한 실천적 결단.

집권자 편도 아니다

역사상 예수는 **자유·보수 집권당의 일원 또는 동조자가 아니다**. 예수는 **사두가이**파에 속하지 않았다. ['사두가이'라는 이름은 솔로몬 때의 대제관 '사독'이 아니면 '사딕'(= 의로운)이라는 형용사에서 유래한다.] 정규적으로 대제관을 배출해 온 사회 특권층인 이 귀족·성직자 정당은 대외적 자유주의와 대내적 보수주의를 결합시키고 있었다. 외교상으로는 현실 적응과 긴장 완화정책을 구사하면서 로마의 종주권을 무조건 존중하는 한편, 내정상으로는 어떤 수단으로든 일종의 성직자 중심 교회 국가를 수호하여 자기네 권력을 유지하려고 부심하고 있었다.

예수는 그러나 일견 개방적인 듯 세상의 시류를 따르던 이 헬라계 생활양식을 택하여 기존 질서의 유지를 지지함으로써 다가오는 하느님 나라라는 당시의 대사조를 물리칠 의도는 없었다. 이런 성격의 자유주의를 예수는 배격했다 — 또 이런 성격의 보수주의도:

예수는 사두가이파 집권층의 보수적 **율법관**에 동조하지 않았다. 그들은 기록된 모세법(오경)만을 구속력 있는 것으로 보았지만 바로 그 때문에 덜 엄격한 편인 후기 바리사이파의 여러 해석을 배격했다. 특히 성전 전통을 고수했고 따라서 안식일법의 타협 없는 준수와 율법에 의한 엄격한 제재를 주장했다. 다만 실제로는 그들도 보다 대중적인 바리사이 율법관에 적응할 수밖에 없었다.

예수는 또 사두가이파 귀족 제관들의 보수적 **신학**에도 동조하지 않았다. 이 신학은 기록된 성서 말씀만을 유다교 정통 교의로 고수했다. 이에 따르면 하느님은 세상과 인간을 대체로 그 운명에 맡겨 두시며 부활 신앙은 하나의 혁신 사상인 셈이다.

철저한 변화를

예수의 관심사는 교정일치 체제의 현상 유지가 아니었다. 보다 나은 미래 곧, 세계와 인간의 개선된 미래만이 예수의 생각을 사로잡고 있었다. 예수는 다가오는 철저한 상황 변화를 기다리고 있었다. 그래서 말로나 행동으로나 철저히 기존 질서를 비판하고 기성 체제를 문제 삼았다.

성전 전례와 율법 신봉은 — 이스라엘이 바빌론유수에서 돌아와 기원전 5세기에 율사 에즈라의 개혁이 이루어진 이래 — 유다교와 유다 민족의 양대 기초였다. 예수에게는 그러나 이런 것들이 최고 규범은 아니었다. 예수는 로마 세속 권력과 헬라 세속 문화에 매료된 성직자·정치가들의 세계와는 다른 세계에 살았다. 성전 신학자들처럼 이스라엘에 대한 하느님의 영원한 주권, 세계 창조 자체에 내포된 하느님의 항존·영속하는 세계 지배만이 아니라 당시의 많은 경건자들과 함께 가까운 장래에 도래할 하느님의 세계 통치, 최종적·결정적 세계 완성을 믿고 있었다: '그 나라가 임하기를' — 바로 '에스카타' ἔσχατα(종말사終末事), 곧 신학 전문 용어로 '종말론'적 하느님의 다스림이라는 **하느님의 마지막 미래 왕정**을.

예수는 열렬한 **종말 대망**을 품고 살았다. 현 체제가 최종적이기는커녕 역사는 마지막을 향하여 나아가고 있다고. 그것도 지금 그 마지막이 박두해 있다고. 바로 현세대가 그것을, 영원한 시대 전환과 하느님의 마지막 계시(그리스어로 '아포칼립시스'ἀποκάλυψις)를 보리라고(마르 9,1; 13,30; 마태 10,23).

예수의 세계는 그러므로 의심 없이 '묵시(계시)문학' 운동이라는 영향권 안에 있었다. 이 운동은 에녹·아브라함·야곱·모세·바룩·다니엘·에즈라 등의 이름을 빌려 쓴 묵시문학가들의 기록에서 영향을 받으면서 기원전 2세기 이래로 유다교계의 대부분을 사로잡아 왔었다. 물론 예수의 관심사가 사회적 사변이나 점성적 예고에 대한 사람들의 호기심을 만족시키는 데 있었던 것은 아니다. 예수는 묵시문학가처럼 하느님 나라가 이루어질 때와 곳을 규명하고 묵시적 사건과 비밀을 열어 보이려 하지는 않았다. 그러나 예수도 하느님이 곧 ─ 자신의 생애 중에 ─ 세계사의 흐름을 끝내시리라고 사람들과 더불어 믿고 있었다. 하느님을 거스르는 악마의 세력은 파멸되리라고. 역경과 고통과 죽음은 제거되고 예언자들이 선포했던 구원과 평화가 도래하리라고. 악화일로를 걷는 기존 세계는 사라지고 세계 전환과 세계 심판, 죽은 이들의 부활, 새로운 하늘과 땅, 하느님의 세계, 한마디로 하느님 나라가 이루어지리라고.

예언자들의 특정한 발설과 묵시문학가들의 기록에 의하여 때가 흐를수록 초조하게 고조되어 온 종말 대망이 나중에 예수의 **선구자**로 불릴 세례자 요한 때에는 절정에 이르러 있었다. 요한은 다가오는 하느님 나라를 심판이라고, 그러나 일반적으로 묵시문학가들이 이해해 온 그런 심판은 아니라고 선포했다. 남들·이방인들·하느님의 원수들이 멸망하고 이스라엘이 최후의 승리를 거두는 그런 심판이 아니라 대예언자들의 전통에 따라 바로 이스라엘 자신에 대한 심판이라고. 아브라함의 후손이라고 해서 구원의 보장은 없다고!

요한이라는 예언자상은 도시와 촌락의 유복한 사회에 대한, 헬라계 생활양식에 대한 생생한 반발을 표출한다. 요한은 이스라엘을 자기비판적으로 하느님과 대면시킨다. 단식 준수와 전례 거행을 능가하는 경지의 '참회'를 하느님 나라의 준비로서 호소한다: 자신의 온 삶을 하느님께로 향하는 회개를.

이것이 요한이 세례를 주는 이유다. 이 **참회 세례**가 각자에게 한 번씩만 주어졌다는 것, 그리고 선택된 일부만이 아닌 온 민족에게 제안되었다는 것은 요한의 특징적인 점이다. 이것이 당시에 요르단강 근처에 자리 잡고 있던 쿰란 수도원의 반복되는 속죄 침수례나 후대에야 알려진 유다교 개종 세례(율법상의 공동체 영입례)에서 유래한 것일 리는 없다. 요르단강 물속에 잠기는 것은 다가오는 심판이라는 관점에서 정화와 선택의 종말론적 표징이다. 이런 성격의 세례는 요한의 독특한 면모다. '세례자'라는 이름은 부질없이 붙여진 것이 아니다.

모든 복음서가 **예수의 공적 활동 개시**를 요한의 저항·각성 운동 속에서 이루어진 것으로 보도하고 있다. 나중에 신약성서가 기록될 때까지도 일부에서는 예수의 경쟁자로 여겨지던 세례자 요한을 마르코는 '복음 시작'(1,1)으로 삼고 있고 그 후의 복음서들도 — 마태오·루카의 첫 부분 유년기 설화들과 요한의 서문을 제외하면 — 같은 노선을 지키고 있다.

교의적으로는 불편한, 또 바로 그래서 역사적으로는 일반적으로 인정되는 사실: 예수도 요한의 세례를 받았다(마르 1,9-11). 예수는 요한의 예언자적 활동을 긍정한다. 예수의 설교는 — 요한의 투옥 후에, 혹은 이미 그 이전부터 — 요한과 결부되어 있고 요한의 종말론적 회개 호소를 받아들여 거기서 철저한 실천적 결론들을 이끌어 낸다.

장면 묘사에 그리스도론적 승화(하늘의 소리)와 전설적 윤색('비둘기처럼' 내려온 영)이 있다 해서 예수 자신의 소명이 이 세례와 관련하여 체험되었다는 것이 있을 수 없는 일이 되는 것은 결코 아니다. 모든 보도가 한결같이 전하는 바에 따르면 이때부터 예수는 하느님의 영에 사로잡혀 있었고 하느님으로부터의 권위를 의식하고 있었다. 예수에게는 요한의 세례 운동과 특히 그의 체포야말로 때가 이르렀다는 표징이었다.

이리하여 예수는 이 고장 저 마을로 오르내리며 '좋은 소식'을 선포하고 제자를 — 처음에는 아마 세례자의 제자 중에서(요한 1,35-51 참조) — 모으기 시작한다: 하느님의 나라가 다가왔다고, 회개하고 복음을 믿으라고(마르 1,15). 그러나 이것은 고행자 요한이 음울하게 외치는 심판의 위협과는 달리 처음부터 고맙고 반가운, 다가오는 하느님의 호의와 정의·기쁨·평화의 나라를 알리는 소식이다. 하느님의 나라는 심판이라기보다 먼저 만인을 위한 은총이라고. 질병·고통·죽음만이 아니라 가난과 압제도 끝나리라고. 가난하고 고달프고 죄에 짓눌린 이들에게 해방을 전하는 소식이다: 용서·정의·자유·우애·사랑의 전갈.

그러나 백성에게는 반가운 이 소식이야말로 물론 성전 예배·율법 준수 같은 기성 질서의 보존에 목적이 있었던 것은 아니다. 예수는 특별히 제사만을 상대적인 것으로 보는 견지를 취한 것이 아니다(마르

12,33-34). 임박한 종말에 성전 자체가 파괴될 것도 예상하고 있었다 (마르 13,2). 미구에 예수는 유다교 기성 체제 집권자들에게 심상찮은 위험인물로 보일 만큼 율법과 충돌하게 되었고 그래서 성직자들과 어용 신학자들은 자문하지 않을 수 없었다: 이 사람은 사실상 혁명을 설교하고 있는 것이 아닌가?

2
혁명?

혁명이란 기존 상황의 근본적 변화를 뜻한다면 예수의 가르침은 의심 없이 혁명적이었다. 사실 이 말은 이런 의미로 — 반드시 선전 목적에서만이 아니라도 — 널리 통용되고 있다: 의술 혁명·경영 혁명·교육혁명·유행 혁명…. 그러나 이런 값싸고 막연한 상투어식 용법이 여기서 도움이 되지는 못한다. 여기서는 문제가 엄밀히 제기될 필요가 있다: 예수는 사회질서를, 그 가치들과 그 대표 기관들을 힘으로 왈칵 뒤엎어 버리려 했던가? 이것이 — '혁명'(Revolution)의 어원인 라틴어 re-volvere(뒤엎다)가 뜻하듯이 — 엄밀한 의미의 혁명이다: 프랑스혁명이나 11월혁명처럼 우익 혁명이든 좌익 혁명이든.

혁명운동

이 문제 제기도 시대착오가 아니다. '혁명 신학'은 현대의 발명이 아니다. 고대의 호전적 묵시록파나 순결파 운동도, 중세의 급진적 종파들(특히 콜라 디 리엔초의 정치적 메시아사상)도, 또 좌익 종교개혁(특히 토마스 뮌처)도 그리스도교 역사상 이 경향을 대표하는 전형적 사례들이다. 일찍이 역사 비판적 복음서 연구의 선구자 헤르만 자무엘 라이마루스(1694~1768)와 오스트리아 사회주의 지도자 카를 요한 카우츠키를 비롯하여 로베르트 아이슬러도, 오늘날 이 아이슬러의 연구를 계승·전개한 조엘 카마이클도, S. G. F. 브랜던도 예수 자신이 정치적·사회적 혁명가였다는 명제를 심심찮게 등장시켜 온 사람들이다.

의심 없이 예수의 고향 갈릴래아는 혁명적 외침에 특별히 민감했고 **열혈당(젤롯파) 혁명운동**의 본고장으로 통하던 곳이다. 예수의 제자 중에서 적어도 한 사람 시몬이 '열혈당원'이었다는 것도 의심 없다(루카 6,15; 사도 1,13). 유다 '이스카리옷'도, '천둥의 아들들'이라는 요한과 야고보도(마르 3,17; 참조: 루카 9,51-56) 그 별명으로 보아 역시 열혈당원이었으리라고 더러들 추정하고 있다. 무엇보다 중요한 사실: 본시오 빌라도의 신문에서 결정적 역할을 한 개념은 '유다인의 왕'이다(마르 15,2.9.12.18; 마태 27,11.29.37; 루카 23,3.37.38; 요한 18,33.37.39; 19,3.12.14-15 참조). 예수는 로마인에 의하여 정치범으로 처형되었다. 그것도 노예와 반역자에게만 적용되던 사형 형태인 십자가형을 받아야 했다. 그리고 여기서 예루살렘 입성과 성전 정화 같은 선행先行 사건들에 대한 고발도 ― 적어도 그 보도에 따르면(마르 11,1-11 및 마르 11,15-19; 참조: 요한 2,12-17) ― 상당한 몫을 했다고 할 수 있다.

정신적으로나 정치적으로나 유다인만큼 끈질기게 로마의 외세 지배에 저항한 민족은 없다. 반란에 대한 로마 집권자들의 우려는 한마디로 너무나 절실한 현실이었다. 그들은 상당히 오랫동안 팔레스티나에서 날카로운 혁명적 상황에 마주쳐 왔다. 예루살렘 기성 체제와는 달리 혁명운동은 로마 총독부에 대하여 어떤 협력도, 납세까지도 거부했다. 그리고 광범하게 — 특히 바리사이파와 — 접선 관계를 맺으며 영향력을 넓혀 오고 있었다.

특히 예수의 고향 갈릴래아에서는 수많은 유다인 민족주의자들의 게릴라 활동이 활발했다. 일찍이 로마 원로원이 '유다인의 왕'으로 임명한 이두매아 사람 헤로데는 그들을 사형으로 다스릴 수밖에 없었다. (예수는 이 헤로데 왕의 말기에 태어났다.) 잔인성과 간계를 겸비한 헤로데 왕이 죽자 다시 소요 사태가 빈발하게 되었고 이번에는 시리아의 사령관 바루스 휘하의 로마군이 이들을 가차 없이 진압했다.

갈릴래아에서 본격적 혁명당을 조직한 것은 통칭 '갈릴래아 사람'이라는 가말라의 유다였다. 그 후 얼마 안 되어 기원후 6년에 아우구스투스 황제가 헤로데의 아들이며 역시 잔인한 성격인 아르켈라오스를 유다 땅의 — 이제는 '왕'이 아닌 — '영주'로 봉했다. 이리하여 유다 총독이 지배하는 로마 직할령이 되었고, 온 주민이 시리아의 로마군 사령관(이때는 퀴리니우스)에 의하여 등록됨으로써 더욱 효과적인 과세 체제가 확보되었다. [이 사실을 루카(2,1 이하)는 예수의 탄생과 관련시켜 막연히 언급했다.] 이때 갈릴래아에서 — 거기서는 헤로데 왕의 다른 아들인 헤로데 안티파스가 영주였으므로 이 사실과는 간접적 관계밖에 없었는데도 — 격분한 열혈당이 반란을 일으켰다가 영도자 유다는 죽고 그의 일당은 뿔뿔이 흩어졌다.

그러나 로마 군사력의 절대적 우위에도 불구하고 항쟁 집단들이 완전히 소탕되지는 못했다. 그들은 주로 유다의 야산野山에 거점을 두고 있었다. 나중에 로마를 섬기며 역사를 쓰던 유다인 사학자 플라비우스 요세푸스가 그들을 가리켜 '강도'나 '산적'에 지나지 않는 자들이라고 — 로마인들과 마찬가지로 — 부르며 혹평한 것은 이 때문이다: "이래서 유다 땅은 산적 떼가 득실거리게 되었으니 누구든지 폭도들을 한 무리씩 모으기만 하면 스스로 왕이 되어 온 사회를 파경에 몰아넣고 별로 피해를 입히지는 못한 채 도리어 로마인의 화만 돋우어 동족에게 더 큰 살상과 학살을 자초하고 있었다"고.

일종의 도시 게릴라가 된 항쟁가들은 단검(라틴어: sica)으로 외적과 역적을 단숨에 해치웠다. 로마인들이 이들을 가리켜 '자객들'(sicarii)이라고 부른 것은 적절한 이름이다. 수많은 순례자들이 떼 지어 예루살렘 시내를 몰려다니는 대축제 날들이면 으레 위험이 특별히 더 컸다. 이런 때는 로마 총독이 이를 예방하러 자기 주재지인 호반湖畔의 가이사리아를 떠나 예루살렘으로 상경하는 것이 상례였다. 예수와 유다교 기성 체제와의 충돌이 절정에 이-르렀을 때 본시오 빌라도가 예루살렘에 있었다는 것도 바로 이런 경우였다.

이 점을 제쳐 놓고도 빌라도가 예루살렘에 있었을 이유는 넉넉하다. 부임(26년) 이래 줄곧 빌라도는 도발 행위를 자행하여 반란 분위기를 자극해 왔으므로 언제라도 일촉즉발의 위험이 도사리고 있었다. 로마인도 존중해 주고 있던 현지의 신성한 전통조차 거침없이 무시하고 빌라도는 황제상이 새겨진 — 국가신 숭배를 상징하는 — 로마 군기를 밤을 틈타 예루살렘으로 들여오게 했다가 맹렬한 반대 시위에 부딪쳐 양보할 수밖에 없었던가 하면, 예루살렘 수로 건설에 성전의 돈을 빼앗아 쓸 때에는 미리 반발의 싹부터 잘라 놓았다. 루카(13,1)에 따르면 예루살렘 성전에 제사드리러 올라온 수많은 갈릴래아 사람들을 제물로 쓸 동물들과 함께 — 이유는 모르나 — 학살한 일도 있다. 빌라도가 예수 대신 석방한 바라빠도 살인을 포함한 폭동에 가담했던 사람이다(마르 15,7; 참조: 요한 18,40).

예수 사후 기원후 36년에 결국 빌라도는 학정을 이유로 해임되었다. 그 후 불과 30년만에 게릴라전은 일대 민족 해방전으로 변모했다. 예루살렘 기성 체제는 이것을 예방할 능력이 없었다. 여기서도 갈릴래아 출신 열혈당 지도자 기스칼라의 요한이 큰 몫을 했다. 그가 — 다른 혁명군과의 오랜 분쟁을 거쳐 — 맡아 지키던 성전 구역을 포위한 로마군이 끝내 세 성벽을 뚫고 들어와 불사르고 말았다. 예루살렘 함락과 마지막 저항군의 소탕으로 혁명운동은 처절한 최후에 이르렀다. 그런 속에서도 저항군의 일단은 헤로데의 마사다 산성에서 3년 동안을 더 버틸 수 있었다. 로마 점령군에게 대항하던 최후의 항쟁 전사들이 결국은 자살을 하고 만 마사다, 이곳은 오늘날 이스라엘 민족의 성역이 되어 있다.

해방자 대망

의심 없이 혁명운동에는 '메시아'(= 그리스도 = 기름부음을 받은 이)라는, 하느님의 마지막 전권 사절로서 오실 위대한 해방자가 뚜렷이 중요한 몫을 하고 있었다. 유다인 집권자들은 차라리 묵살하고 싶던 것, 신학자들도 말하기 꺼리던 것, 그것을 백성들은 믿고 있었다. 묵시문학의 기록과 표상들에 의하여 메시아 대망은 여러모로 열광의 경지에까지 고조되어 있었다. 누구든지 지도자로 등장하기만 하면 그가 혹시 '오실 그분'이 아닐까, 적어도 그분의 선구자가 아닐까 하는 물음이 일었다.

다만 그 대망의 실질은 크게들 달랐다. 혹은 정치적으로 다윗 왕의 후손을 혹은 묵시문학적으로 심판자이자 구세주인 인자人子를 기다리고 있었다. 기원후 132년에 로마에 대항하여 두 번째이자 마지막으로 대폭동이 일어났을 때, 당시에 가장 존경받던 라삐 아키바와 그 밖의 율사들이 '별의 아들'이라는 열혈당 지도자 바르 코크바를 약속된 메시아로 환영한 일도 있다. 바르 코크바도 전사하고 말았다. 두 번째 함락 후로 예루살렘은 수세기에 걸쳐 유다인에게 금지된 도시가 되었으니 후대의 유다교 라삐들이 바르 코크바를 달갑잖게만 기억하게 된 것은 물론이다.

그러면 예수는? 아닌게 아니라 예수의 가르침은 **혁명 이념과 매우 가깝고** 열혈당 혁명가들에게 매력이 있었다. 정치적 철저주의(급진주의)자들과 마찬가지로 예수는 상황이 철저히 변화되기를, 인간의 지배가 아닌 하느님의 통치가 얼른 개시되기를 기다리고 있었다. 세상은 제대로 되어 있지 않다고, 근본적으로 달라져야 한다고.

예수도 집권층과 부호들을 날카롭게 비판했다. 사회 비리·권리침해·수탈·학정을 고발하고 가난한·억눌린·박해받는·불우한·잃은 자들을 변호했다. 궁궐에서 고운 옷 입고 사는 자들을 통렬하게 비난하고(마태 11,8) 백성의 은인으로 행세하는 폭군들을 신랄하게 비꼬았다(루카 22,25). 심지어 — 루카의 전승에 따르면(13,32) — 헤로데 안티파스를 무엄하게도 '여우'라고 부르기조차 했다. 예수도 집권층과 기성체제의 하느님이 아닌 해방과 속량의 하느님을 설교했다. 예수도 여러모로 율법을 더욱 강화했다. 예수도 추종자들에게 무조건의 충성과 타협 없는 투신을 요망했다: 쟁기에 손을 얹고 뒤를 돌아보지 말라고(루카 9,62). 사업이나 혼례나 장례를 핑계 삼지 말라고(루카 14,18-20; 마태 22,5; 8,21-22; 루카 9,59-60).

쿠바의 게릴라 대장 체 게바라가 예수와 닮은 데가 있음은 고사하고라도 콜롬비아의 혁명가 카밀로 토레스 신부에 이르기까지 수많은 혁명가들이 예수의 영향을 받았다는 것이 어디 놀라운 일인가. 전·후기 낭만파의 상냥한 예수나 교회의 싹싹한 그리스도가 복음서의 예수와 같은 모습은 분명 아니다. 복음서의 예수 모습에 영리한 외교가나 고위성직자 같은 '타협성'과 '세련미'라고는 도무지 없다. 복음서에 나타나는 예수는 매우 명확한 안목을 지닌, 단호하고 굽힐 줄 모르는, 필요하면 항변과 공박도 서슴지 않는, 그리고 언제 어디서나 두려움을 모르는 그런 예수다. 예수는 세상에 불을 지르러 왔다고 외쳤다(루카 12,49). 육신은 죽여도 더는 어떻게 할 수 없는 자들을 두려워하지 말라고(루카 12,4; 마태 10,28). 바야흐로 칼이 필요한 때, 최대의 위기가 임박했다고(루카 22,35-38).

혁명가가 아니다

그러나 복음서의 기사 전체를 곡해하지 않는 한, 다시 말해서 예수의 말씀과 공동체의 형성이 함께 작용한 개개의 대목들을 전혀 일방적으로 선택하고 함부로 독단적으로 해석하여 예수의 가르침을 전체적으로 크게 외면하지 않는 한, 요컨대 역사 비판적 방법이 아닌 소설가적 상상을 구사하지 않는 한 — 예수를 게릴라 전사·선동 정치가·반란자·혁명가로 여기고 예수의 하느님 나라 소식을 정치적·사회적 행동 강령으로 삼을 수는 없다. 예수를 일컬어 히틀러 때의 총통·사령관이나 제1차 세계대전 전쟁 설교의 영웅·애국자처럼 오늘도 항쟁가·혁명가라고 부르는 것이 유행하고 있거니와 그러기에 더욱 시대정신에 구애되지 말고 예수 자신에 터하여 오해의 여지도 없이 분명히 해 둘 필요가 있다: 예수는 기성 체제 수호자가 아니었듯이 **사회·정치혁명가도 아니었다**.

예수는 당시의 혁명가들처럼 군사적 내지 준準군사적 활동에 의하여 폭력으로 달성되는 민족적 교정일치 신정 체제나 민주 체제를 선포하지 않았다. 물론 분명한 정치적 또는 사회 비판적 참여 없이도 따를 수 있는 예수는 아니었다. 그러나 예수는 탄압 구조에 대한 돌격나팔을 불지 않았다. 우익이든 좌익이든 반정부 운동을 벌이지는 않았다. 예수는 하느님이 가져다주실 변혁을 기다렸다. 지금 이미 결정적 척도가 되어 있는, 그러나 **폭력 없이 기다려야 할 하느님 자신의 제한 없고 직접적인 세계 통치**를 선포했다: 아래로부터 쟁취되는 것이 아니라 위에서부터 안배되는 변동을, 그러나 물론 사람들은 시대의 표징을 깨달아 전력으로 여기에 투신해야 한다고. 이 하느님 나라야말로 맨 먼저 추구할 일이며 사람들이 걱정하는 다른 모든 것은 곁들여 주어지리라고(마태 6,33; 루카 12,31).

예수는 로마 총독부를 공박하거나 도발하지 않았다. 복음서에 예수의 활약지로 적지 않은 갈릴래아 마을·도시 이름들이 나오면서도 바로 갈릴래아의 수도이며 헤로데의 주재지인 (티베리우스 황제 이름을 딴) 티베리아스나 헬라 문화 도시인 세포리스가 전혀 없다는 것은 주목할 만한 일이다. 헤로데를 '여우'라고 부를 때도 예수는 정치적 오해를 분명히 배제하고 자신의 진정한 사명을 지적했다(루카 13,31-33). 로마에 대한 반감을 자극하는 일을 예수는 잘라 거부했다. 루카 복음서의 칼에 관한 상징어는 예수의 폭력 행사 거부와 결부시켜 보아야 한다(22,35-38.49-53; 6,29-30). 메시아나 다윗의 후손과 같은, 정치적 오해의 여지가 있는 모든 칭호를 예수는 의식적으로 피했다. 어떤 종류의 민족주의도, 이방인들에 대한 어떤 개탄도 예수의 하느님 나라 소식에는 없다. 어디에도 다윗 왕국의 권세와 영광이 재건되리라는 말씀이나 속권 장악의 정치적 목적을 암시하는 행동은 없다. 어떤 정치적 희망도, 어떤 혁명적 모의나 전술도, 자기 인기의 어떤 현실 정치적 이용도, 어떤 특정 집단과의 전략적 제휴도, 어떤 기구 조직에 대한 장기 계획 수행도, 세력을 축적하려는 어떤 경향도. 오히려 참으로 — 그야말로 사회적 의미로! — 선포된 것은 권력 포기·화해·은총·평화다: 폭력과 반폭력, 범죄와 복수의 악순환으로부터의 해방이다.

성서적 상징성이 짙은 **유혹 사화**(마르 1,12-13)에 역사적 알맹이가 있다면 이 세 가지 유혹은 결국 쉽사리 수긍되고도 남는 한 가지 유혹에 귀착된다: 정치적 메시아사상이라는 악마적 유혹. 예수는 처음만이 아니라 온 활약을 통하여 줄곧 이 유혹에 저항했다 — 베드로를 사탄이라고 부른 것도 이런 뜻이었으리라(마르 8,33). 예수는 대결 세력들의 어간에 있었을 뿐, 특정 집단과 결속하여 '왕'이나 수령이 되기를 수락하지는 않았다. 어떤 경우에도 하느님 나라를 폭력으로 앞당기거나 억지로 실현하려 하지는 않았다. '폭행'하는 자들이 하늘 나라를 강탈한다는 모호한 대목(마태 11,12)도 능히 열혈당 혁명운동에 대한 명백한 거부의 말씀이라고 할 수 있으리라. 절로 자라는 씨의 비유(마르 4,26-29)와 거짓 예언자를 조심하라는 경고(마르 13,22)에서 하느님의 때를 참고 기다리라는 말씀도 아마 열혈당에 대한 반박의 증거이리라. 열혈당에 대한 반박이란 실상 예루살렘 함락(70년)이 지난 다음의 복음사가들에게는 이미 별로 큰 의미는 없는 문제였던 것이다.

유다인 내부 문제인 종교적 분쟁에는 별로 관심이 없어도 민족운동이라면 무엇이나 예의 주시하던 로마인들은 물론 예수를 정치적 혐의자로, 결국은 소요의 장본인인 잠재적 반역자로 보았다. 빌라도 앞에서의 유다인들의 고발은 그럴듯한, 일견 타당한 것이었다. 그러나 실은 깊은 편견에서 나온, 아니 궁극적으로는 ― 복음서들이 한결같이 역설하듯이 ― 그릇된 것이었다. 예수는 정치적 혁명가로서 유죄 선고를 받았다 ― 실은 그렇지 않은데도! 예수는 저항 없이 자기를 적에게 맡겼다. 오늘날 진지한 학자들의 일치된 견해: 복음서의 어디서도 예수는 정치적 역모의 우두머리가 아니며 열혈당처럼 이스라엘의 원수를 쳐부술 메시아 왕이나 이스라엘의 세계 지배를 말하는 인물은 아니다. 복음서의 어디서나 예수는 비무장 유랑 전도사이며 상처를 가하지 않고 치유하는 은사恩賜적 의사다. 곤경을 덜어 주고 정치적으로 이용하지 않으며 무력 대결이 아닌 하느님의 은총과 용서를 만인에게 선포하는 예수다. 구약 예언자들을 메아리치는 예수의 사회 비판까지도 사회적·정치적 설계에서 나오는 것이 아니라 단연 예수 자신의 새로운 신관과 인간관에 터해 있다.

비폭력 혁명을

새끼 나귀를 탄 예수의 **예루살렘 입성** 사화(마르 11,1-10)는 역사상 사실이든 아니든 예수의 특성을 바르게 보여 준다. 지배자를 상징하는 백마가 아니라 가난한 약자의 탈것인 나귀를 타고 입성하는 예수다. 공관복음서에서 이에 뒤이어 일어난 일로 전하는 **성전 정화** 사화(마르 11,15-19; 참조: 요한 2,12-17)를 ― 마태오와 요한이 마르코와는 대조적으로 입성 설화를 매우 과장하고 마르코 역시 설화자답게 어느 정도 과장했듯이 ― 일종의 폭동에까지 이른 사건이라고 할 수는 결코 없다. 만일 그랬더라면 성전 경비대와 성전 앞뜰 서북쪽 안토니아성의 로마 보병대가 즉각 출두하는 결과를 초래했으리라.

일부 학계에서는 역사성을 전적으로 ― 물론 충분한 근거가 있는 것은 아니나 ― 의문시하는 이 사건의 역사적 골자가 무엇이든 주어진 자료에 따라 어떻든 분명한 점: 그것은 전형적 열혈당식 행동이 아니었다. 단순한 폭행이 아니며 노골적 폭동은 더욱 아니었다. 예수의 의도는 장사치들을 모조리 몰아내고 성전을 점령하여 성전과 제관 조직을 열혈당식으로 개혁하겠다는 그런 것이 아니었다.

그러나 물론 의식적 도전이며 예언자적 상징 행위의 한 사례였다: 기도의 장소로서의 성전의 거룩함을 옹호함으로써 거기서 부당한 상거래를 자행하는 장사꾼들과 그 이익을 뜯어먹는 성직자들을 단죄한 시위 행위. 이 단죄 행위는 ― 아마 성전에 대한 위협이나 아니면 오히려 이방인들에 대한 약속과 결부되어 있었으려니와(이사 56,7 참조) ― 예사로 넘길 만한 일이 아니었다. 의심 없이 성직자들에게는, 또 순례자의 돈주머니에 관심이 많던 부류에게는 파다하게 소문이 났을 만한 도발 행위였다.

여기서 새삼 입증되는 사실: 예수는 기성 체제의 수호자가 아니었다. 첫 단원(106-115)에서 언급한 모든 것이 여기서도 고스란히 진실이다. 예수는 현실의 영합자도 기존 상황의 옹호자도 평온과 질서의 변호자도 아니었다. 예수는 근본적 결단을 촉구했다. 이런 의미에서 예수는 칼을 가져다주었다: 평화가 아닌 싸움, 때로는 가정의 평화마저 흔들어 놓는 싸움을(마태 10,34-37; 루카 12,51-53). 예수는 종교와 사회의 기성 체제, 유다교 율법과 성전의 기존 질서를 근본적으로 문제 삼았고 그만큼 예수의 가르침은 정치적 결론을 내포하고 있었다. 그러나 동시에 알아야 할 일: 예수에게는 바로 **정치·사회혁명**이야말로 기성 체제·기존 질서에 대한 **대책**이 아니었다. 폭력을 새 사회의 산파로서 낭만적으로 예찬하던 게바라 대장이나 카밀로 토레스 신부보다는 간디 옹이나 마틴 루서 킹 목사가 더욱 예수를 귀감으로 삼은 분들이리라.

열혈당 혁명가들은 말만이 아닌 행동을 원했다: 부동 체제에 대항하여 현실의 신학적 해석만이 아닌 정치적 개혁을. 존재와 행동, 이론과 실천이 부합하는 일관성 있는 투신을. 사물의 '뿌리'(radix)를 붙들어 모든 비리를 발본색원하면서 세계에 대한 책임을 능동적으로 짊어짐으로써 세계를 진리와 일치시키고야 말겠다는 그런 철저주의(급진주의Radikalismus) 정신으로 그들은 마지막('에스카톤'ἔσχατόν) 하느님 나라의 마지막 실현을 위하여 싸웠다 ― 필요하면 하느님의 이름으로 무력에 의하여.

하느님을 거역하는 로마제국 세력의 타도를 하느님으로부터 오는 의무로 여기던, 그러나 궁극적으로는 복고주의 (민족의 숙원인 다윗 왕국의 재건) 정신에 젖어 있던 이 열혈당의 혁명적 철저주의에 대하여 예수는 그 방법도 목적도 찬동하지 않았다. 예수는 달랐다. 이 편에 대해서도 도전적이었다. 우익 혁명이든 좌익 혁명이든 예수는 혁명을 설교하지 않았다:

- 납세 거부를 호소하지 않았다: 황제에게는 황제의 것을 주되 하느님의 것을 주지는 말라고(마르 12,13-17).
- 민족 해방전을 선포하지 않았다: 아무리 악한 부역자의 식사 초대라도 받아들였고 거의 이방인보다도 더 미움받던 민족의 원수인 사마리아 사람을 본보기로 내세웠다.
- 계급투쟁을 선전하지 않았다: 당시의 수많은 호전가들과는 달리 사람들을 적과 동지, 빛의 아들과 어둠의 아들로 구분하지 않았다.
- 혁명가다운 음울한 금욕 생활을 하지 않았다: 정치적 예속과 사회적 곤궁의 나쁜 시절에 예수는 잔치를 벌이고 있었다.
- 혁명을 위하여 율법을 폐지하지 않았다: 도와주고 치유하고 구제하려 했을 뿐, 개인의 뜻대로 강행되는 민중 복지를 원하지 않았다. 먼저 하느님 나라를 찾으라고, 그러면 다른 모든 것은 곁들여 받으리라고(루카 12,31).

예수의 가르침에서는 무자비하게 권력을 휘두르는 집권자들에 대한 준엄한 비판에 폭군 살해 아닌 봉사에의 호소가 병행된다(마르 10,42-45). 그리고 이 호소는 폭력으로 보다 나은 미래를 쟁취하자는 데서가 아니라 폭력을 포기하자는 데서 절정을 이룬다: 칼을 쓰는 사람은 칼로 망하는 법(마태 26,52), 악한 사람에게 앙갚음하지 말라고(마태 5,39). 미워하는 사람에게 잘해 주고 저주하는 사람을 축복하며 박해하는 사람을 위하여 기도하라고(마태 5,44; 참조: 루카 6,27-28). 이 모든 것을 다가오는 하느님 나라를 내다보며 행하라고. 하느님 나라에 비추어 보면 기구·제도·조직 등 모든 기존 질서도 강자·약자, 부자·빈자 같은 온갖 차별도 애당초 상대적인 것, 따라서 지금 이미 하느님 나라의 규범이 적용되어야 한다고.

만일 팔레스티나에서 급진적 농지개혁을 단행한 그런 예수였다면 벌써 오래전에 잊히고 말았으리라. 만일 66년 예루살렘 폭동 때의 폭도처럼 채권 증서를 비롯한 공문서부터 모조리 불사르고 보자는 그런 예수였다면, 또 만일 그 2년 후 예루살렘 혁명 때의 지도자 바르 지오라처럼 모든 유다인 노예의 전면 해방을 선포한 그런 예수였다면, 저 노예해방의 영웅 스파르타쿠스와 그의 7만 노예와 '아피아 가도' (Via Appia)에 선 7천 십자가처럼 하나의 일화로나 남았으리라.

예수의 '혁명'은 — 굳이 이 다의적인 도발어를 쓰자 할진대 — 오히려 진정하고도 보다 엄밀히 규정되어야 할 의미에서 '철저한(radikal) 혁명'이었고 그래서 영속적으로 세계를 변화시켜 왔다. 예수는 체제냐 혁명이냐, 영합이냐 배타냐의 양자택일을 뛰어넘었다. 그런 의미에서 예수는 혁명가보다도 더 철저한 혁명을 촉구했다고 말할 수도 있다. 좀 더 자세히 말해서:

- 원수 타도가 아닌 원수 사랑을!
- 보복이 아닌 무조건 용서를!
- 폭력 행사가 아닌 인내 자세를!

● 증오와 복수의 예찬이 아닌 화해와 축복을!

초대 그리스도인들은 유다인이 크게 들고 일어날 때마다 예수의 발자취를 따랐다. 전쟁이 터지자 그들은 열혈당 혁명가들과 합작하지 않고 예루살렘에서 요르단강 건너편 펠라로 피난 갔다. 또 바르 코크바 휘하의 두 번째 대봉기 때에는 미친 듯한 박해를 받았다. 반면에 로마인들은 ― 네로 박해 때까지는 ― 그리스도인들을 별로 거스르지 않았다.

예수는 정치·사회 혁명을 촉구하지 않았고 추진한 것은 더욱 아니다. 예수에 의하여 추진되기 시작한 것은 단연 하나의 **비폭력 혁명**이다. 인간의 가장 깊은 내면, 인격의 중심, 마음에서부터 사회를 향하여 나아가는 그런 혁명: 구태의연하게 살지 말고 철저히 사람이 달라지라고. 자기로부터 하느님과 타인에게로 '메타노이아'μετάνοια를, 전인全人의 방향 전환을 이루라고. 정작 인간이 해방되어야 할 외세란 적국의 세속 권력이 아니라 악의 권세들, 곧 미움·거짓·불의·불화·폭력 따위의 온갖 인간 이기심의 발로요 또 고통·질병·죽음이라고. 그러므로 의식 변화·사고 혁신·가치전환을 이룰 필요가 있다고. 체제와 구조만이 아니라 인간 안에 있는 악의 극복을. 외적 세력에서 해방시켜 줄 내적자유를. 개인의 변화를 통한 사회의 변화를!

이 모두가 사실이라면 또 물론 제기되는 물음: 그렇다면 결국 이 예수는 절세·은둔·칩거의, 세상과는 담쌓은 경건의, 세상과 동떨어진 내면의, 금욕주의·고행주의 승려 생활의 옹호자?

3
탈속?

신앙에 터하여 필요하면 무력으로라도 세계를 정복하겠다는, 인간의 노력으로 세상에 하느님 나라를 실현하고야 말겠다는, 열혈당의 정치적 철저주의가 있는가 하면 마찬가지로 철저하면서도 정반대로 대립되는 대안도 있다: 생사를 건 '능동적 참여' 대신에 역설적인 '위대한 기피'. 맞붙어 들고일어날 것이 아니라 멀찍이 거리를 지키자고. 하느님을 거스르는 세상을 공격할 것이 아니라 아예 현세를 부인하자고. 역사의 수레를 억지로 밀고 나갈 것이 아니라 거기서 내려 버리자고.

비정치적 철저주의

이것이 수도승 — 그리스어로 '모나코스' μοναχός(홀로 사는 사람) 또는 '아나코레테스' ἀναχορητής [(광야로) 떠난 사람] — 들의 비정치적 (물론 정치와 전혀 무관할 수만은 없는) 철저주의다. 개인적이든 집단적이든, 외적·지역적이든, 내적·정신적이든, 조직적이든 산발적이든, 제자리에서 고립·칩거하든, 다른 데로 이주·정착하든 — 어떻게든 세상으로부터 도피·탈출·은둔·절연하는 것, 한 마디로 **탈속**이다. 이것이 매우 일반적인 의미에서 — 불교에도 '팔정도'라는 승려 생활 규범이 있듯이 — 그리스도교 역사의 수도 전통이다. 세속으로부터 비판적인 거리를 지키고 물러서는 전통: 광야('에레미아'ἐρημῖα)에서 금욕하며 도를 닦는 (3세기의 이집트 '광야의 아버지' 안토니우스가 그 전형적 인물이며 오늘도 그리스의 아토스 산상에서 볼 수 있는) '은자'隱者(Eremit)도, 조직적으로 공동생활('코이노비온'κοινοβιόν)을 영위하는 (4세기의 파코미우스가 그 창시자이며 나중에 교회의 애호를 받아 온) '수족'修族(Koinobitentum)도 이 전통에 속한다. 또 사실 이 '은둔주의' 전통은 오늘날 이따금씩 그야말로 세속적인 형태로도 되살아나고 있다: '히피', 갖가지 '제3의식(Consciousness Ⅲ)', 인도·네팔·아프가니스탄 등지의 광야로 야영 가는 젊은이들, 일부 '예수 운동'…. 이 모두가 예수를 귀감으로 내세우고 있다 — 옳게?

물론 전혀 그른 것만은 아니다. 예수는 결코 '훌륭한 시민상'은 아니었다. '출세 가도'를 달리기는커녕 아닌게 아니라 히피와 비슷하게 살았다. 유혹 사화(마르 1,12-13)의 광야 체류가 역사상 사실인지 아닌지 우리는 모른다. 그러나 생활양식이 매우 범상치 않았음을 우리는 안다. 의심 없이 예수는 '사회에 적응된' 인물은 아니었다. 물론 장인匠人의 아들이며 자신도 장인이었던 모양이나(마르 6,3; 마태 13,55) 직업을 활용한 사례는 없다. 오히려 정처 없이 떠돌면서 대중이 모인 데서 설교와 행적을 행했으며 자주 한데서 먹고 마시고 기도하고 자고 했다. 일가친척을 버리고 고향을 뜬 사나이, 예수의 측근자 중에 근친자는 없었다는 것이 놀라운 일인가. 마르코의 보다 오래된 — 마태오와 루카도 무언중에 이어받은 — 전승에 따르면 친척들은 심지어 예수를 정신 나간 사람이라면서 붙잡으러 나선 일조차 있다(마르 3,21; 참조: 요한 10,20). 이 대목을 기화로 더러 정신 분석가들이 예수의 정신장애에 흥미를 돋운 적도 있다 — 물론 이것으로 예수의 엄청난 영향력이 설명된 것은 아니지만. 복음사가들이 예수의 심리를 들여다보고 내다보이려 한 것은 — 관심사가 딴 데 있었으므로 — 아니지만 어떻든 복음서에 나타나는 예수의 외적 행장만 보아도 당시의 '정상적' 행동 양식 그대로였을 리는 만무하다.

예수는 자기 생계를 위하여 아무것도 하지 않았다. 복음서의 보도들에 따르면 예수는 친지들의 부양과 몇몇 여자들의 시중을 받고 살았다. 분명히 예수 자신이 부양하는 가족은 없었다. 복음서에다가 무엇을 더하지 않는 한 예수는 자기 이전의 세례자 요한이나 자기 이후의 바오로와 마찬가지로 독신이었다. 유다인은 어른이 되면 결혼하는 것이 의무요 하느님의 계명이라고 여겼다. 독신 생활은 — 곧 볼 바와 같이 — 알려져 있지 않던 일은 아니라도 이례적·도전적인 일이었다. 하늘 나라를 위한 고자라는, 마태오(19,12)만 전하는 말씀이 — 묵시록 14,1-5처럼 나중에 생긴 대목이겠지만 — 혹시 예수의 친언親言이라도 예수의 자기 해명으로 이해되어야 하리라. 예수의 미혼 사실이 독신 제도의 법적 근거가 되는 것은 결코 아니다. 앞의 유일한 대목에서도 제자들에게 계명이 선언되기는커녕 포기의 자발성이 동시에 강조된: 받아들일 수 있는 사람은 받아들이라고.

어떻든 예수의 독신 생활과 그 밖의 모든 면에서 짜장 뚜렷이 드러나는 점: 복음서의 본문을 거스르지 않는 한 예수를 — 19세기 자유주의 주석학자들이 꾀했던 것처럼 ─ 교양인 목자다운 윤리 교사로 삼을 수는 없다. 이 점에서도 예수는 달랐다. 과연 예수는 어딘가 탈속·광신적인, 거의 바보스러운 데가 있지 않은가. 어쩌면 온 세기의 하고많은 예수 괴짜·예수 바보들, 바로 승려·도사·수도자들이 예수를 귀감으로 내세워 온 것이야말로 당연하다고 할 만하지 않은가.

그런데도 말해 두어야 할 점: 예수는 내적으로 또는 가능하면 외적으로도 세상을 등지는 탈속으로 완덕을 추구한 **수도승이 아니다**. 그리고 이 문제의 제기도 시대착오가 아니다.

승려 제도

오래도록 인식 부족이었던 사실: 예수 당시에도 잘 조직된 **유다교 승려 제도**가 있었다. 또 유다인 사가 플라비우스 요세푸스와 예수 당시 알렉산드리아의 유명한 유다인 철학자 필론에 의해서 이미 알려진 사실: 바리사이파·사두가이파·열혈당(젤롯파) 외에도 또 하나의 파가 있었다: **에세네**파.

에세네파는 본디 저 마카베오 시대의 '경건자들'(아람어로 '하사야', 히브리어로 '하시딤')에서 유래하는 듯하다. 처음에는 마카베오 독립운동을 후원하던 그들이었지만 마카베오파의 정권 다툼이 갈수록 치열해지면서 마침내 ─ 사독의 후예도 아닌 데다가 전쟁을 이끌어 나가자니 줄곧 정화 예식을 치를 수밖에 없던 ─ 요나탄이 대제관직을 인수하자(기원전 153년) 마카베오파와는 물론 (묵시문학적이며 율법 엄수적인 견지가 덜한 편인) 바리사이파와도 관계를 끊었다. 필론과 요세푸스에 따르면 이들 에세네파는 그 수가 거의 4천 명에 달했고 여러 촌락에서 (더러는 도시에서도) 따로 견고한 공동체를 이루어 살았으며, 그 중심지가 사해 연안에 있었다고 한다.

그러나 예수 연구에서 에세네가 비로소 대단한 주목을 끌게 된 것은 1947년, 한 아랍인 양치기가 사해로 향한 유다 광야 동쪽 비탈의 쿰란 폐허(키르벳)에서 마주친 동굴의 항아리 속에서 두루마리 몇 개를 발견하고부터다. 이로부터 수백 개의 동굴이 탐사되었고 그중 열한 군데서 수많은 문헌과 단편이 발견되었다. 그 가운데서 성서 본문, 특히 이사야서의 두루마리 두 개는 종래에 알려져 있던 사본보다 천 년이나 더 오래된 것이다(지금 이들은 예루살렘 히브리 대학의 '사본 성전'에 함께 진열되어 있다). 그 밖에도 성서 (특히 하바쿡서) 주석이 있고 성서 외 문헌도 있는데, 이 마지막 자료야말로 여기서 우리가 다루는 문제에 결정적으로 중요하다: 특히 쿰란 수도원 규칙(IQS)과 보다 짧은 회칙(IQSa).

이 모두가 ─ 현대어로 이를테면 ─ 넓다란 취락을 이룬 한 수도원의 장서 유물이라고 할 수밖에 없다. 1951~56년에 주·부속 건물, 1,100기의 공동묘지, 정교하게 축조된 급수 시설(11개의 각종 물통) 등도 발굴되었기 때문이다.

그야말로 저서의 범람을 낳을 만큼 세상을 떠들썩하게 한 이 쿰란 장서와 취락의 발견은 예수 당시에 이미 그리스도교 '수족' 제도와 맞먹는 요소를 갖춘 유다교 승려 제도가 있었다는 극히 중대한 사실을 입증해 준다. 이집트인 파코미우스에 의하여 창설되었고 대 바실리우스에 의하여 신학적으로 밑받침되었으며 요한 카시아누스에 의하여 라틴 (서방) 교회로 도입되었고 누르시아의 베네딕도와 베네딕도회 규칙에 의하여 모든 서방 수도원의 모형이 된 이 제도의 요소: "① 주거·노동·기도 생활에 있어서의 장소적 공동성, ② 의복·음식·수덕 생활에 있어서의 형태적 통일성, ③ 순종에 바탕하여 문서로 확정된 규칙에 의한 이 공동생활의 보장"(K. Baus).

그래서 더욱 절실한 물음: 혹시 **예수**는 에세네나 쿰란의 수도승이었을까? 쿰란은 그리스도교의 발생과 관계가 있을까?

이 두 문제는 구별될 필요가 있다. 새 발견으로 기뻐하던 처음에는 연구가들이 저마다 어디서나 두 문제를 병행시켜서 보려 했으나 이제는 진지한 학자라면 누구나 첫째 문제에 대하여 부정적인 대답을 하고 있다. 둘째 문제에 대해서는 조심스러운 — 직접적이라기보다는 간접적인 영향이 있었다는 — 긍정적 대답이 가능하겠다. 전승에 따르면 특히 세례자 요한이 광야에서 성장했으며 장소적으로 쿰란과 가까이서 활약했기 때문이다.

어떻든 '의로움의 스승'이라는 쿰란 수도원 창설자도 세례자와 예수도 모두가 공식 유다교, 곧 예루살렘 기성 체제와는 대립되어 있었다. 모두가 이스라엘의 한가운데를 갈라놓고 있었고 모두가 임박한 종말을 기다리고 있었다: 현세대는 마지막 악한 세대라고. 심판이 다가왔다고. 결단이 절실하다고. 엄숙한 도덕적 요청이 불가피하다고.

그러나 이런 공통점이 있다 해서 차이점이 무시되어서는 안 된다. 이미 밝힌 바와 같이(111-115) 선택된 성도만을 위하여 규정되어 있었고 되풀이하여 주어지던 쿰란의 정화 침수례는 온 백성에게 제안되면서 각자에게 한 번씩만 주어지던 요한의 세례와 전혀 성격이 다르다. 요한은 다른 모든 사람들과 분리되어 특별히 엄격하게 율법을 준수하는 공동체를 창설한 것이 아니라 온 민족에게 회개를 호소하여 다가올 일을 준비시키려 했다. 더구나 예수의 경우에는 몇 가지 공통된 — 동시대인끼리는 조금도 놀라울 것이 없는 — 낱말·구절·표상이나 외적 유사점을 제외하면 예수 자신이 일반적으로 에세네나 특별히 쿰란과 어떤 직접 관계가 있었다는 것은 암시조차 찾아볼 수 없다. 신약성서에는 쿰란 공동체나 에세네 운동에 관하여 일언반구도 없는가 하면 쿰란 문서에도 예수에 관한 언급은 한 마디도 없다.

수도자가 아니다

그러나 이 정도로는 너무 일반적인 대답이고, 후대의 그리스도교계 발전에 비추어 극히 중대한 물음: 예수는 에세네 수도회 회원 및 쿰란 수도원 승려와 구체적으로 어떤 차이가 있는가? 더욱 날카로운 물음: 왜 예수는 '완전한' 사람이 되자면 무엇을 해야 하느냐고 묻는 부자 청년(마르 10,17-22)을 유명한 쿰란 수도원으로 보내지 않았던가? 혹은 신약성서에서 쿰란과 에세네에 관하여 말이 없는 까닭인즉 유다 전쟁(70년) 후에는 이미 그들이 사라지고 말았기 때문이라고 설명될 수 있다 하더라도 여전히 남아 있는 물음: 왜 예수 자신은 수도원을 창설하지 않았는가?

이 물음은 저자처럼 여러 이유로 수도원에 대하여 공감하고 많은 수도회를 높이 평가하며 그리스도교계의 사명·선포·신학과 서구의 식민·문명·문화와 세계의 교육·원호·사목 등에 크게 기여해 온 수도자들의 공적을 인정하고 있는 사람으로서도 눌러 버릴 수는 없는 절실한 물음이다. 여기서도 편견 없는 분석에 노력하는 사람이라면 말하지 않을 수 없는 대답: 예수와 수도자는 — 공통점이 있으면서도 — 세계가 다르다. 예수의 제자가 되는 데는 은자적 또는 수족적 특징들이 없다.

1) **속세의 기피가 없다**: 온갖 불결을 멀리하고자 **에세네** 수도자들은 다른 사람들과 관계를 끊었다. 그들이 원하는 것은 순수한 이스라엘 공동체였다. 내면적 탈속! 특히 **쿰란** 수도승들이야말로 바로 그 때문에 생겨났다. 현직 대제관(쿰란 문서에서는 '무법 제관'이라고만 부르나 앞에서 언급한 바와 같이 요나탄)과의 심각한 분쟁 끝에 일단의 제관·레위·평신도들이 항의의 표시로 사해 연안의 황량한 광야로 물러갔던 것이다. 또 따라서 지역적 탈속! 썩어 빠진 세상과 멀리 떨어진 이곳에서 그들은 '의로움의 스승'이라는 — 본명은 알려지지 않은 — 사람의 지도 아래 진정한 '경건자'가 되고자 했다: 어떤 불결에도 물들지 말고 죄인들과 분리되어 살면서 아무리 작은 하느님의 계명이라도 엄수함으로써 광야에서 주님의 길을 예비하자고. 이곳에서는 제관만이 아닌 공동체 전체가 제관의 정결례 규정을 준수하면서 나날이 — 그것도 손만이 아닌 온몸을 씻음으로써 — 정결성을 갱신했다. 완덕의 길을 걷는 선택된 성도들 — '완전히 다른 사람들' — 의 진정한 제관 공동체로서 언제나 마치 성전 안에 있듯이 살았다.

　예수는 그러나 외적(지역적)이든 내적(정신적)이든 탈속을 요구하지 않는다! 속사를 떠나고 세상을 피하는 자세를 취하라고, 자아를 버리고 세속과 절연함으로써 구원을 추구하라고 촉구하지 않는다. 동아시아 명상가들의 가르침은 예수와 거리가 멀다. 예수는 암자나 광야에서 살지 않았다. 이런 곳을 계시의 장소로 여기는 것을 명백히 배격하는 대목도 있다(마태 24,26). 예수는 공공연히, 마을과 도시 안에서, 사람들 속에서 활동했다. 사회적으로 악평이 난 사람들, 율법상으로 '불결한' 사람들, 쿰란 공동체에는 입회할 수 없도록 규정되어 있는 사람들과도 거리낌없이 ― 추문도 아랑곳하지 않고 ― 상종했으며 모든 정결 규정보다도 마음의 깨끗함을 더 중요시했다(마르 7,14-23). 악의 세력들을 피하지 않고 즉석에서 맞싸웠으며 적수들에게 등을 돌리지 않고 더불어 대화하고자 했다.

2) **실재의 양분이 없다**: 필론과 요세푸스에 의하여 **에세네** 신학은 간단히 또 다소 헬라 (영혼 불멸) 사상화하여 전해지는 반면에 **쿰란** 신학은 비교적 소상히 알려져 있다. 이 신학은 구약의 일신교적 창조주 신앙을 고수하면서도 이원론적이다: 쿰란 공동체는 빛과 진리가 인도하고 있으나 바깥에서는, 곧 이방인들과 율법 준수에 전념하지 않는 이스라엘 가운데서는 어둠이 지배하고 있다고. 쿰란 밖에서는 구원이 없다고! 빛·진리·정의의 아들들이 어둠·거짓·불의의 아들들과 맞서 있다고. 빛의 아들들은 서로는 사랑하되 어둠의 아들들은 미워해야 한다고. 태초부터 하느님에 의하여 사람들에게는 운명이 선택되어 있고 두 가지의 영이 할당되어 있으며 따라서 역사 일체가 진리, 곧 빛의 영과 불의, 즉 어둠의 영과의 끊임없는 싸움이라고. 그리고 후자는 빛의 아들들도 혼란에 빠뜨릴 수 있으며 마지막 때에 가서

야 비로소 하느님이 이 싸움을 끝내시리라고. 이 두 영의 대결은 구약성서의 사상이 아니다. 아마 선과 악의 두 원리가 영원히 공존한다는 페르시아 이원론에서 유래했으리라.

예수는 그러나 이런 이원론을 인정하지 않는다. 빛과 어둠의 대조가 중요한 구실을 하는 요한 복음서에서도 그렇다. 처음부터 인류를 선인과 악인으로 갈라놓지는 않는다. **누구나** 회개해야 하고 또 누구나 회개**할 수** 있다고. 쿰란의 그것과는 달리, 또 세례자 요한의 그것과도 달리 예수의 회개 설교는 하느님의 진노가 아닌 은총에서 출발한다. 예수는 죄인과 악인에 대한 심판이 아니라 한계 없는 하느님의 자비를 선포한다. 용서의 기회는 누구에게나 주어져 있다고, 또 바로 그렇기 때문에 원수도 미워하지 말고 사랑하라고.

3) **율법의 광신이 없다**: 극히 엄격한 율법 준수를 **에세네**들은 실천하고 있었다. 그들이 보기에는 지나치게 해이된 바리사이들과 관계를 끊은 것도 물론 그 때문이었다. 율법에 대한 그들의 열성은 특히 안식일 엄수로 나타났다. 음식은 미리 장만해 두어야 했다. 일은 아무리 작은 일이라도, 대변보는 일마저도 허용되지 않았다. **쿰란** 수도승들에게서도 비슷하게 엄격한 율법 준수를 볼 수 있다. 회개 · 참회란 모세의 율법으로 돌아감을 뜻했다. 율법 준수가 구원의 길이라고. 그리고 이것은 율법 전체를, 그 모든 규정을 타협이나 완화 없이 엄수함을 뜻했다. 안식일에는 아무것도, 약품마저도 운반할 수 없었다. 새끼 낳는 소를 도울 수도, 구덩이에 빠진 짐승을 건질 수도 없었다. 율법에 대한 충성심과 예루살렘 제관들에 대한 반항심에서 쿰란 승려들은

새로 도입된 성전의 음력도 거부하고 옛 양력을 고수했다. 그래서 그들의 축제 순서는 예루살렘 성전의 그것과 어긋났다. 수도원 안에서는 율법의 언어인 순수한 히브리어를 신성한 언어로 상용했다. 성전에서 제사를 드릴 수는 없었으므로 기도와 타협 없는 율법 엄수로 사람들의 죄를 보상하고자 했다.

예수는 그러나 이런 율법 충성과는 전혀 거리가 멀다. 도리어 모든 복음서에서 두루 율법에 대한 예수의 태도에는 놀라운 자유가 드러난다. 에세네 수도자들의 견지에서 보면 예수는 두말할 나위도 없이 벌받아 마땅한 율법 — 특히 안식일법 — 침해자였다. 쿰란에 있었던들 예수는 파문·추방되고 말았으리라.

4) **금욕의 고행이 없다**: 정결을 위한 노력의 일환으로 **에세네**는 금욕생활을 실천했다. 골수분자들은 여자 관계의 불결을 피하고자 혼인도 포기했다. 물론 기혼자도 있었으나 결혼은 3년간의 수련기를 거친 다음 자녀 출산만을 목적으로 허가되었고 임신 중의 성관계는 금지되었다. 또 사유재산을 포기하고 일종의 공산주의가 지배하는 공동체에 바쳤다. 음식은 허기를 채우기에 필요한 만큼만 먹었다. **쿰란** 수도원에서도 엄격한 도덕률이 지배했다. 그래야만 어둠의 아들들과 싸워 나갈 수 있다고. 여기서도 사유재산은 입회할 때 헌납되고 감독자에 의하여 관리되었다. 수도원 규칙(lQS)을 따르는 승려, 곧 적어도 수도원 안에서 사는 회원은 독신이라야 했다. 보다 짧은 회칙(lQSa)에만 기혼자 회원도 인정되어 있다. (이것은 쿰란 역사의 전기에 속하는 것일까 후기에 속하는 것일까? 아니면 종말의 이스라엘 공동체를 위한 규

정?) 수덕 생활 역시 예배 중심으로 규정되어 있었다. 모든 회원이 함께 밤의 3분의 1동안 깨어서 책 중의 책을 읽고 율법을 연구하며 하느님을 찬양해야 했다.

  예수는 그러나 고행자가 아니다. 희생을 위한 희생, 포기를 위한 포기를 요구하는 일이 없다. 보다 큰 행복을 기약하는 '초과 선업'이나 특별 고행을 촉구하는 일도 없다(149-152). 단식하지 않는 자기 제자들을 예수는 변호했다(마르 2,18-28). 찌푸린 얼굴의 단식과 겉치레 경건 행업을 역겨워했다(마태 6,16-17). 예수는 '희생혼'이 아니다. 순교를 요구하지 않는다. 예수는 인간의 삶을 함께 나누며 먹고 마시고 잔치에 초대받고 했다. 이런 의미에서 예수는 예외자가 아니었다. 세례자 요한과는 달리 예수는 먹보요 술꾼이라고 (의심 없이 역사상 사실인) 혹평을 받았다(마태 11,18-19). 예수의 견지에서는 혼인이란 조금도 불결한 것이 아니고 존중되어야 할 창조주의 뜻이다. 예수는 어느 누구에게도 독신 생활을 법적 의무로 부과한 일이 없다. 혼인의 포기는 자발적 결단 문제다. 개인적 예외이지 제자로서의 원칙이 아니다. 물질적 소유의 포기도 추종의 필수 요건은 아니다. 음울한 쿰란의 가르침이나 엄격한 요한의 참회 호소와는 대조적으로 예수의 그것은 여러모로 반갑고 해방스러운 소식으로 나타난다.

5) **신성한 위계가 없다**: 뚜렷이 구별되는 네 가지 신분 내지 계급에 따라 엄격한 서열이 **에세네**파에는 있었다: 제관 – 레위 – 평회원 – 지원자. 나중에 입회한 회원은 조금이라도 먼저 입회한 회원에게 아무리 사소한 일에서라도 종속적 지위에 있었다. 누구나 공동체 지도자들의

지시에 순종해야 했다. **쿰란** 승려들도 꼭 같은 네 계급으로 엄격히 조직되어 있었다. 모임마다 제관이 임석해야 했다. 식사 때에도 서열이 존중되어야 했다. 심지어 메시아가 와서 잔치할 때에도 제관이 윗자리를 차지할 것으로 예정되어 있었다. 하급 회원의 고위 회원에 대한 순종 의무는 거듭 강조되었다. 불순종은 엄벌로 다스려졌다. 예컨대 식사 배당의 4분의 1을 삭감하는 처벌 기간 규정: 재산을 거짓 보고하면 1년, 필요 없이 알몸이 되면 6개월, 어리석은 발언을 하면 3개월, 총회 중에 잠이 들거나 멍청하게 큰 소리로 웃으면 30일, 발언을 방해하면 10일. 무엇보다도 가혹한 처벌은 공동체로부터의 추방: 추방된 사람은 ― 일견 세례자 요한이 그랬을 성싶듯이 ― 허허벌판에서 목숨을 부지할 길을 찾아야 했다.

 예수에게는 그러나 어떤 처벌 조항도 없다. 예수는 무슨 제도를 창설하려고 제자를 불러 모으지 않았다. 다만 하느님의 뜻에 순종할 것을 촉구했고 그런 의미에서 순종이란 다른 모든 속박에서의 해방을 뜻했다. 여러 기회에 예수는 고위·영직의 추구를 책망했다. 관례적 서열을 예수는 뒤엎었다: 낮은 사람이 높은 사람이 되고 제일 높은 사람은 모든 이의 종이 되라고(마르 9,35) ― 서로가 서로를 섬기라고.

6) **수도 규칙이 없다**: 엄밀히 규정되어 있던 **에세네**의 일과: 먼저 기도, 다음에 들일, 정오에 목욕과 공동 식사, 또다시 일, 저녁에 또 공동 식사. 모였을 때는 주로 침묵을 지킨다. 입회하려면 2년 또는 3년간의 수련기를 거쳐야 하고 입회식 때는 규칙 엄수 의무가 엄숙히 부과된다. 이 일종의 서원식은 웃어른에 대한 충성 서약으로 절정을 이룬다.

특히 공동 식사 때는 제관만이 아닌 모든 회원이 정결한 사람의 옷, 제관의 제의인 흰 예복을 입어야 했다. **쿰란**에서도 모든 생활이 비슷하게 엄격한 규칙에 따라 영위되었다. 기도·식사·상담은 공동으로 행해졌다. 식사도 목욕도 예식으로 규정되어 종교적 의미를 띠고 있었다. 치밀한 전례 생활! 물론 성전과 관계를 끊고 성전 달력을 따르지 않게 된 후로 제사는 바치지 않았다. 그러나 해당 시편을 갖춘 규칙적 기도 예배가 짜여 있었다. 이를테면 교회 '시간경'(성무일도)의 원조인 셈이다.

예수에게는 그러나 이런 것이 전혀 없다. 수련 기도 입회 서약도 서원식도! 규칙적 경건 행업도 예배 지침도 기다란 기도도! 예식적 식사와 목욕도 특정한 예복도! 그 대신 쿰란 승려라면 용납할 수 없는 불규칙성·자명성·자발성이 있다. 자유가 있다! 예수는 어떤 원칙도 조례도 규정하는 일이 없다. 흔히는 영성이라는 미명 아래 인간이 인간을 지배하는 규칙 대신에 예수는 하느님의 다스림에 관한 비유를 제시한다. 낙심 말고 끊임없이 기도하라는(루카 18,1) 예수의 요구가 뜻하는 것은 여러 수도원에서 관례적으로 수행되는 그런 의미의 '영속 경배'(adoratio perpetua)가 아니라 언제나 모든 것을 하느님으로부터 기대하는 그런 뜻에서의 인간의 끊임없는 기도 자세다. 사람은 하느님께 자기 소망을 끊임없이 여쭐 수 있고 또 그래야 한다고. 그러나 마치 하느님이 이미 모든 사정을 알고 계시지 않은 양 많은 말을 늘어놓지 말라고. 기도를 남 앞에 경건을 과시하거나 하느님 앞에 공로를 쌓는 수단으로 삼지 말라고(마태 6,5-8).

소수 정예 아닌 만인을

여기서도 새삼 분명한 사실: 예수는 다르다. 체제의 수호자도 정치적 혁명가도 아닌 예수는 또 탈속의 옹호자, 고행의 수도승도 아니다. 예수는 많은 사람들이 성자나 도사나 예언자와 결부시켜 기대하던 그런 유형의 인물이 아니다. 그런 인물이라기에는 의식衣食 생활이나 평소의 거동이 너무나 정상적이다. 물론 두드러지게 남다른 데가 있다. 그러나 무슨 비의秘儀 종교적 생활양식으로 말미암아 그런 것은 아니다. 물론 두드러지게 충격적인 소식을 선포했다. 그러나 그것이야말로 '빛의 아들들'의 배타적 소수 정예 이념과는 정면으로 대립된다. 인간이 경계선을 그을 수는 없다고. 그것은 인간의 마음을 들여다보시는 하느님만이 하실 수 있는 일이라고. 예수는 세속과 암흑의 아들들에 대한 복수의 심판, 완덕의 소수 정예를 위한 왕국이 아니라 바로 잃은 자들을 위한 한계 없는 호의와 조건 없는 은총의 나라를 선포한다. 그야말로 음울한 쿰란의 가르침과 준엄한 세례자의 회개 호소와는 대조적으로 예수의 그것은 비상하게 반가운 소식으로 들려온다. 예수 자신이 이미 '복음'이라는 말을 사용했는지는 단정하기 어렵지만(마르 1,15 참조) 어떻든 예수에 의하여 선포된 소식이 위협의 소식이 아니라 극히 포괄적인 의미에서 '기쁜 소식'인 것만은 틀림없다. 누구보다도 먼저 소수 정예는 아니고 또 스스로 그런 줄을 알고 있는 사람들을 위한 소식이다.

그리스도의 모방(imitatio Christi)? 아무래도 불가피한 결론: 후대의 은자·수족 전통은 그 세속 절연과 생활 형태의 모형을 쿰란 승려 제도에서 찾을 수는 있을지언정 예수에게서 찾기는 어려우리라. 예수는 외적이든 내적이든 탈속을 요구하지 않았다. 생활양식으로서의 이른바 '복음 권고'(복음삼덕) : 공동체에 대한 사유재산 포기('청빈'), 독신 생활('정결'), 웃어른의 뜻에 대한 절대 복종('순명'), 그리고 이 모든 것의 맹세('서원')에 의한 보장 — 이 모두가 쿰란에는 있었으나 예수의 제자들에게는 없었다.

그렇다면 오늘의 모든 그리스도교 수도 단체는? 그들에게는 이런 연관성과 차이점이 미처 알려져 있지 않던 과거보다는 더욱더 쿰란이냐 예수냐, 그 어느 쪽을 더 큰 귀감으로 삼을 수 있느냐가 문제가 될 수밖에 없으리라. 쿰란이 아닌 예수의 정신으로 특별한 사명에 투신하는 온갖 종류의 단체와 기초 공동체들은? 그들에게는 오늘도 물론 그리스도교 안에서 설 땅이 있음에 틀림없다.

쿰란 수도원의 엄숙하고 경건한 고행자들도 틀림없이 예수에 관하여, 적어도 예수의 십자가 처형에 관하여 소식은 들었으리라. 예언자들의 예고에 따라 종말을 위하여 심지어 두 메시아 — 구원 공동체의 제관과 왕(영적 지도자와 세속적 지도자) — 를 기다리던 그들, 메시아 잔치 때에 앉을 자리의 서열까지 이미 규칙에 정해 두었던 그들, 아마도 예수의 길을 예비하고 있었겠지만 결국은 예수를 스쳐 가고만 그들 — 그들은 열사熱砂의 광야에서 고행의 삶을 관철하다가 약 40년 후에 스스로 죽음의 길을 걸었다.

전쟁이 터지자 열혈당의 정치적 철저주의와 수도승의 비정치적 철저주의는 '극은 극으로 통한다'(Les extrêmes se touchent)는 격언을 입증이나 하려는 듯 손을 잡았다. 고립하여 살던 승려들도 물론 이미 언제나 마지막 싸움을 예비해 왔었다. 역시 당시의 것으로 발견된 '전쟁 두루마리'(lQM)에는 상세한 성전聖戰 지침이 적혀 있다. 결국 승려들도 혁명가들의 전쟁에 — 그것을 마지막 싸움으로 여기고 — 가담했고, 나중에 황제가 된 베스파시아누스 휘하의 로마 제10군단이 68년에 카이사리아에서 사해로, 마침내 쿰란까지 진군해 들어왔다. 틀림없이 이때 승려들은 사본들을 꾸려서 동굴 속에 감추었으리라. 그들은 그것을 찾으러 돌아오지 못했다. 틀림없이 그때 몰살당하고 말았으리라. 한동안 쿰란에는 로마 제10군단의 한 부대가 주둔하고 있었다. 그러다가 바르 코크바 봉기 때 유다인 게릴라들이 잔존 시설에서 재집결하자 쿰란은 끝내 완파되고 말았다.

그래서 남은 것은? 기성 체제의 무조건 수호를 지지하지는 못하겠다면, 그렇다고 폭력혁명의 정치적 철저주의도 인정하지 않겠다면, 일견 선택의 여지는 하나밖에 없는 듯: 타협?

4

타협?

 혁명가도 수도승도 하느님의 다스림에서 엄숙한 결론을 이끌어 낸다. 이처럼 '뿌리'(radix)에 이르는 단호한 결의에 그들의 철저주의(Radikalismus)가 있다. 깨끗한 해답, 정치적이든 비정치적이든 명쾌한 최종 단안을 내린다: 혁명 아니면 탈속. 이런 또렷한 자세에 대한 대안으로는 사실상 모호성·이중성·양면성의 태도가 있을 뿐인 듯하다: 보수적 기성 체제와 혁신적 철저주의 어간에서 요령껏 처신하면서 진리에의 무조건 충실이니 일정한 기준에 따른 삶이니 진정한 완덕의 성취니 따위는 포기하는 길밖에.

 곧, 외곬으로만 내닫지 말고 흔연히 모순도 용납하면서 합법적 조화, 의교적 조정, 도덕적 '타협'(Kompromiss)의 길을 두루 좋게 서로 '약속'(compromittere)해서 살아가자고. 어차피 인간이란 절대적 하느님 계명과 구체적 인간 조건 사이에서 어떤 조정을 꾀할 수밖에 없지 않으냐고. 불가피한 상황이라는 것이 있지 않느냐고. 크든 작든 가능한 일을 도모하는 기술이 곧 정치가 아니냐고. 해야 할 일은 하라 — 그러나 할 수 있는 테두리 안에서: 이것이 예수의 길?

경건자

도덕적 타협의 길 — 이것이 **바리사이**주의다. 바리사이주의는 실제로 존재했던 것보다 나쁘게 여겨져 왔다. 이미 복음서에서도 뒷부분(논쟁 부분)을 보면 바리사이는 흔히 무차별하게 '위선자'로 등장한다. 이것은 그럴 만한 이유가 있다. 바리사이파는 기성 체제의 보수파도 정치적 및 비정치적 혁신파도 모조리 쓸어버린 저 항抗로마 독립 전쟁에서 살아남은 유일한 당파다. 결국 바리사이주의에 터하여 당시의 — 또 오늘에 이르기까지의 — 탈무드 정통 유다교가 형성되었다. 이렇게 바리사이야말로 초대교회의 유일한 유다교 적수로 남아 있었고 이런 사정이 기원후 70년 후에 기록된 복음서의 배경이 되었다. 반면에 그 이름까지도 타협의 생생한 한 실례인 플라비우스 요세푸스는 『유다 고사古事』라는 친親유다적 후기 저술에서 친로마적 '유다 전쟁'을 보상하려고 바리사이를 지나칠 만큼 찬양했다.

바리사이를 간단히 율사와 동일시해서는 안 된다. 바로 사두가이 율사들도 제관 체제의 어용 신학자로서 율법 해석의 모든 문제를 전문적으로 다루고 있었다. '바리사이'란 '위선자'가 아니라 '분리자'라는 뜻이다(아람어로 '페리사야', 히브리어로 '페루쉼'). 외부 사람들이 처음 사용한 듯한 이 이름은 '분리' 운동의 급진파인 에세네와 쿰란 수도자들에게 더욱 잘 어울리는 셈이다. 바리사이들도 즐겨 경건자·의인·경신자·빈자로 자칭했다. 이미 말한 바와 같이(134-137) 일찍부터 **모든** '경건자'들이 기성 체제화한 마카베오 해방 전사들의 권력정치와 세속성을 — 마카베오 왕가도 그 후손으로 새 헤로데 왕실의 시조와 결혼하게 된 마리암네도 — 배격해 왔었다. 그들은 모두가 '토라', 하느님의 율법을 따라 살고자 했다. 다만 일부는 철저한 생활양식을 추구했고 나머지는 거기에 가담하지 않았는데, 그래서 경건자들은 에세네파와 바리사이파로 갈라졌다.

왕의 칭호를 다시 사용하기 시작한 마카베오가家의 얀네우스(기원전 103~76년)와 혈투를 치른 다음 바리사이파는 실력 행사에 의한 현실 개혁을 일체 포기하고 기도와 경건한 생활로 하느님 자신이 가져다주실 변화를 예비하고자 했다. 회원이 약 6천 명인 — 그러나 약 50만으로 추산되는 전체 인구에 대하여 매우 큰 영향력을 행사하던 — 이 평신도 운동은 다른 사람들과 섞여 살면서도 공고한 공동체들을 이루고 있었다. 주로 장인匠人과 상인商人인 그들은 율사들의 지도 아래 '동지 관계'를 맺고 있었다. 정치적으로 보면 예수 당시에도 바리사이들은 온건한 편이었으나 더러는 열혈당과 동조하고 있기도 했다.

잊어서는 안 될 일: 예수에 의하여 전형적 바리사이로 꼽힌 사람은 위선자가 아니라 오히려 정직하고 경건한 사람이다. 그는 순전히 진실을 말하고 있으며 자기가 말한 그대로 모든 것을 실천해 온 사람이다(루카 18,11-12 참조). 바리사이들은 모범적 도덕가들이었다. 또 따라서 그들만 한 경지에 이르지 못한 사람들의 신망을 누리고 있었다. 율법 준수에 있어서 그들이 특별히 중시한 두 가지: 정결례 규정과 십일조 계명.

제관을 위한 **정결례** 규정을 바리사이들은 사실상 비교적 소수만이 제관인 모든 회원의 일상생활에서도 준수하도록 요구하고 있었다. 이런 식으로 그들은 종말의 사제적 백성임을 자처했다(탈출 19,6 참조).

그들이 손을 씻는 것은 위생과 예모를 위해서가 아니라 예배상 정결을 위해서였다. 특정 종류의 짐승, 피, 시체나 죽은 짐승과의 접촉은 물론이고 육신의 배설까지도 예배적 정결을 잃는 요인이었다. 그리고 정결을 되찾기 위해서는 정화 침수례나 일정 기간의 근신이 필요했다. 기도하기 위해서 손을 씻어야 했다. 그래서 식사 전에 손을 씻는 것이 그처럼 중요했고 그래서 잔과 접시를 애써 깨끗이 보존했다.

사제 부족인 레위와 성전을 유지하기 위하여 모든 수확이나 소득의 10분의 1을 바치는 **십일조** 계명은 백성 가운데서 크게 등한시되고 있었다. 바리사이들은 그래서 그만큼 더 그것을 중요시했다. 가능하면 무엇이나, 채소류까지도 10분의 1은 따로 떼어 제관과 레위들에게 공급했다.

이 모든 것을 바리사이들은 계명으로 보고 지켰다. 그러나 모든 계명이 요구하는 것 이상으로 자발적으로도 많은 것을 행했다. 바리사이 사상을 재생시킨 후대의 그리스도교 윤리신학이 일컬어 '초과 선업'(opera supererogatoria)이라 했듯이, 의무적으로 요청되는 것만이 아니라 보충적으로 여분의 선업을 행함으로써 마지막 큰 셈을 치를 때 각자의 범죄가 상쇄되고 그래서 하느님의 정의의 저울이 선행 쪽으로 기울어질 수 있으리라고. 사람들의 죄를 대속하자고 매주 두 번씩 (월요일과 목요일에) 행하던 자발적 단식, 하느님을 기쁘게 해 드리자고 행하던 자선 행위, (꼿꼿이 서서 드리는) 삼일 기도의 시간 엄수 ─ 이런 것들이 모두 바리사이들에게는 도덕적 균형을 바르게 유지하기에 특별히 적합한 일들이었다.

사실상 어떤가: 이 모두가 후대의 그리스도교(특히 가톨릭)에 의하여

'그리스도교다운' 것으로 내세워져 온 것과 별로 다른 데라도 있는가. 기성 체제와 혁명운동의 틈바구니에서 사실상 예수는 이 일파, 이 진정한 경건자들의 일파를 지지했을 수밖에?

도덕적 타협

그러나 너무나도 뚜렷한 사실: 예수는 바로 이 경건자들의 도덕이야말로 고약한 것이라고 보았다.

　이 도덕은 **타협**이 특징이다. 하느님의 계명을 그 자체로는 끔찍이 섬긴다. 아니 명령된 것보다 더 많은 것도 행한다. 그러나 하느님의 모든 계명을 꼬치꼬치 해석하고 그래서 그 주위에다가 온갖 계명의 담장들을 계속 쌓아 올린다. 곳곳에 도사린 죄의 위험에 확실히 대처하고 평소의 아무리 사소한 일에라도 율법을 적용하자면 의심스러운 모든 사례에 대하여 무엇이 죄이며 무엇이 죄가 아닌지를 결정해야 한다고. 율법을 지키려면 율법을 알아야 한다고: 안식일에 얼마만큼 걸어도 되는가, 무엇을 가지고 다닐 수 있는가, 무슨 일을 해도 무방한가, 결혼을 할 것인가, 안식일에 낳은 달걀을 먹어도 좋은가 …. 한 가지 규정 안에서만도 갖은 세칙이 즐비하다. 예컨대 손 씻는 일: 아주 특정한 때에, 반드시 손목까지, 손을 똑바른 자세로 들고, 물을 두 번 (첫 번은 손의 더러운 것을 씻기 위하여, 두 번째는 첫 번에 더러워진 물을 헹구기 위하여) 부어야 한다고.

　이렇게 경건자들은 하루살이를 걸러 내는 법, 세련된 경건 기술을 연마한다. 계명 위에 계명을, 규정 위에 규정을, 개인·사회 생활 일체를 포괄할 수 있는 도덕 체계를 쌓아 올린다. 곳곳에 도사린 죄에 대한 두려움에서 **율법**에 충성을 다한다. 성서에서는 윤리적 계명과 예배적 계명을 동등한 가치로 보는 좁은 의미의 율법('토라' = 모세오경)이 예언서보다 더 중요하다고. 그리고 이 서전書傳 율법인 '토라'만이 아니라 구전口傳 율법인 '할라카'('조상들의 전통', 율사들의 저술)도 마찬가지로 중요하다고 — 마치 후대의 트리엔트 공의회가 표현한 것처럼 성서와 '동등한 경외심으로'(pari pietatis affectu) 존중해야 한다고. 바리사이파가 사두가이파와 맞서서 부활 교리를 고수하는 것도 이 '할라카'에 근거한다.

그리고 이 모든 일에 있어서 율사들의 '교도직'敎導職이 중요성을 띠게 된다. 개개의 계명을 복잡하게 적용하는 일의 전문가인 율사들은 어떤 사례에 대해서나 보통 사람이 해야 할 일이 무엇인지를 말할 수 있다고. 이 율법 적용 기술은 — 마치 후대의 '결의론'決疑論이 그리스도교 윤리 신학자들의 방대한 저서들을 가득 메웠듯이 — 새벽부터 밤까지의 모든 일상생활을 율법의 '사례'(casus)라는 작은 상자들 속으로 일일이 갈라서 포장해 넣을 수 있다고.

나아가 많은 바리사이는 이것이 바로 인간에 봉사하는 기술이라고 여긴다. 인간에게 참으로 도움이 되게 율법을 시대적 현실에 기술적으로 적용해 **실제적**인 것으로 만들자고. 사람들에게 안전한 길을 제시하여 양심의 부담을 덜어 주고 어느 정도까지 행해도 죄가 되지는 않는지 명시해 주자고. 지나치게 어려운 사례에 대해 탈출구를 열어 주며 (요한 23세가 가톨릭 교회법 학자들에게 한 표현을 빌리자면) 하느님과 인간 사이에 쌓인 계명의 산더미 아래로 굴을 뚫어 주자고.

이렇게 엄격한 동시에 온유하고 매우 전통적이면서도 매우 현실적이다. 율법을 주장하되 면책 사유도 인정하고 율법을 글자 그대로 따르되 그 글자를 신축성 있게 해석하며 율법의 길을 걷되 옆길도 마련한다. 이렇게 해서 죄를 짓지 않고 율법을 지킬 수 있다고. 안식일에 일(39개조로 요약해 놓은 안식일 금지 조항)을 해서는 안 되지만 예외적으로 생명이 위험할 경우 안식일법 준수 의무를 벗어날 수도 있다고. 안식일에는 아무것도 집 밖으로 운반할 수 없지만 여러 집으로 구성된 농장이나 저택은 동일한 주거로 이해된다고. 안식일이라도 소가 구덩이에 빠졌으면 — 쿰란에서와는 달리 — 건져 올려도 무방하다고.

사두가이파 성전 제관들의 가혹한 안식일법을 완화시키는 이런 해석을 백성들이 고맙게 여겼다는 것이 어디 이상한 일인가. 바리사이들은 멀리 성전에서 백성을 위압하던 사두가이 성직자들과는 달리 적어도 도시와 마을의 백성 속에서 배우고 기도하는 집인 회당과 가까이 한다는 의미에서 민중 편에 선 지도자들이었다. 그들은 성전에 안주하는 보수적 반동분자가 아닌 도덕 쇄신 운동의 지도자로 자부하고 있었다.

그러나 율법을 모르거나 알려 하지 않은 사람들에게만은 가차가 없었다. 그래서 '분리'가 불가피했다: 비단 헬라화한 예루살렘 기성 체제만이 아니라 율법 지식이 없고 따라서 율법을 실천하지 않거나 중노동자로서 좀체 정결례에 신경을 쓸 수가 없던 천민('암 하 아레츠')에게도, 또 특별히 율법을 지킬 뜻이 없던 갖가지 형태의 소문난 죄인에게도 — 창녀는 물론이고 못지않게 세관원에게도. 로마 총독부는 최고액을 갖다 바치는 사람들에게 징세권을 위임하고 있었고 그래서 그들은 또 공식 세액을 무시하고 파렴치하게 사복을 채울 수도 있었다. '세관원'이란 사기꾼·불량배와 동의어였다. '분리자'들이 이런 자들과 같은 식탁에 앉을 수는 도저히 없는 일이라고. 이 모든 악인들이 하느님 나라와 메시아의 도래를 막고 있다고. 만일 온 민족이 자기네처럼 깨끗하고 거룩한 자세로 율법을 충실히 엄수하게 된다면 그때는 메시아가 오셔서 이스라엘의 흩어진 부족들을 모으고 하느님 나라를 세우시리라고. 율법이 선택의 표징이며 은총이라고!

율법 신봉자가 아니다

예수는 바리사이와 일견 **가까운 듯**, 실은 한없이 **멀었다**.

산상 설교의 대구對句들이 입증하듯이 예수도 율법을 강화했다. 성을 내는 것부터가 이미 살인을, 남의 아내를 탐내는 것부터가 이미 간음을 뜻한다고(마태 5,21-22.27-28). 그러나 이것이 무슨 결의론을 전개하자는 뜻이던가. 또 한편 놀랄 만큼 율법을 완화하기도 했다. 아니 도덕 일체를 완전히 뒤엎어 놓았다. 집을 떠나 방탕한 생활을 하던 아들이 집에 머물러 있던 떳떳한 아들보다 결국은 자기 아버지에게 더 좋은 대우를 받는다고(루카 15,11-32). 심지어 협잡배·난봉꾼인 세관원이 하느님에게는 이런 다른 사람들과는 과연 달리 경건한 바리사이보다 더 의로운 사람으로 여겨진다고(루카 18,10-14). 이런 — 잃은 양과 잃은 은전의 비유(루카 15,4-6.8-9)도 포함한 — 예수의 언사는 행실 바른 이스라엘 사람이라면 누구에게나 부도덕하고 수치스러운 망발로 들렸다.

예수와 바리사이 사이에는 공통점이 컸기에 더욱 갈등이 날카로워질 수밖에 없었다. 바리사이처럼 예수도 예루살렘 제관 체제를 멀리했고 열혈당 혁명도 내적·외적 탈속도 거부했다. 바리사이처럼 예수도 세상 한가운데서 경건하게 살고자 사람들과 어울려 행동하고 담론하고 회당에서 가르치고 했다. 사실 라삐처럼 바리사이들의 집에 거듭 초대를 받기도 하고(루카 7,36; 11,37; 14,1) 또 바로 바리사이들에게서 헤로데의 염탐을 조심하라는 충고도 받았다(루카 13,31). 바리사이처럼 예수도 원칙적으로 율법을 지켰다. 율법의 말살이나 폐지를 주장하면서 전면 공격을 가하기는커녕 율법을 폐지하러 온 것이 아니라 완성하러 왔다고(마태 5,17).

그렇다면 예수는 — 오늘날 일부 유다교 학자들이 생각하듯이 — 특별히 자유로운 경향에 속하기는 하되 결국은 하나의 바리사이? 비상하게 관대하기는 하되 근본적으로는 율법에 충실한 경건한 도덕가? 예수의 말씀과 비슷한 문장은 라삐들에게도 더러 있지 않은가. 그러나 반문: 그렇다면 어째서 바리사이 가운데서도 예수에 대한 적의가 점점 커 가고 있었던가?

비슷한 문장은 — 유다계에서는 물론이고 때로는 헬라계에서도 — 과연 더러 있다. 그러나 제비 한 마리로 봄이 오는 것은 아니듯 라삐 한 사람의 문장 하나로 역사가 이루어지는 것은 아니다. 예컨대 안식일 문제의 경우 한 사람의 문장이 수많은 다른 사람의 그것과 대립되어 있지 않은가. 여기서는 누가 언제 무슨 말을 했더냐란 실상 둘째 물음이다. 먼저 중요한 물음은 그런 말이 어떤 선행조건 아래 어떤 전체 맥락에서 어떤 근본 의미로 발설되었더냐, 또 거기서 발설자와 청취자에게 어떤 실천적 결론이 나오게 되었더냐. 예수라는 한 사람의 유다인이 역사를 이룩하고 세계사의 흐름과 유다교의 위치를 근본적으로 바꾸어 놓았다는 것이야말로 결코 우연일 수는 없다.

어떻든 여기서 ― 유다교와 유다교로 되돌아간 그리스도교와는 구별하여 ― 단언하지 않을 수 없다: 예수는 **경건한 율법 충성의 도덕가가 아니었다**. 역사상 예수는 율법을 일반적으로 충실히 지키며 산 것이 의심 없지만 필요하다고 생각되면 서슴없이 율법을 거슬러 행동했다는 것도 못지않게 의심 없다. 아니 예수는 율법을 폐지함이 없이 사실상 율법 **위에** 있었다. 아무리 비판적인 주석학자라도 인정하는 세 가지의 뚜렷한 사실:

- 예수에게는 **예배적 금기가 없다**: 밖에서 안으로 들어가 사람을 더럽힐 수 있는 것은 아무것도 없고 사람에게서 나오는 것이야말로 사람을 더럽힌다고(마르 7,15; 마태 15,11). 이것은 비단 마음 없는 겉치레 정결례를 ― 쿰란에서도 그랬듯이 ― 책망하는 말씀만이 아니다. 정결례 규정을 ― 역시 쿰란에서도 그랬듯이 ― 강화하는 말씀도 아니다. 오히려 유다계에서는 일찍이 유례가 없던, 예식의 정확성에 유념하던 유다인들에게는 중대한 망발로 여겨질 수밖에 없던 말씀이다. 물론 이런 예수의 말씀도 구체적 특정 상황에서 발설된 것이지 무슨 원칙으로 선언된 것은 아니다. ('토라' 자체보다는 '할라카'를 반박했으리라.) 그러나 어떻든 분명한 점: 예수는 모든 정결례 규정을 무의미한 것으로 여겼으며 깨끗하고 더러운 짐승과 음식이라는 구약성서적 구별을 아예 인정하지 않았다. 예배의 정결성과 예식의 정확성이 중요한 것은 아니라고. 마음의 정결만이

하느님 앞의 정결이라고! 궁극적으로 이것은 성聖과 속俗의 영역이라는, 구약성서와 고대 종교 일반의 예배적 전제가 되어 있던 구별에 대한 도전이었다.

- 예수에게는 **단식의 고행이 없다**: 세례자 요한은 먹고 마시지 않는 동안에 예수는 먹고 마셨다 — 단식과 관련하여 먹보요 술꾼이라는 비난을 받았다(마태 11,18-19). 속죄일이나 그 밖의 기일에 단식 의무를 지키지 않는다고 비난을 받은 것은 아니다. 그러나 바리사이는 물론이고 요한의 제자들도 자발적으로 실행하던 개인적 단식을 예수는 실행하지 않았다. 혼인 잔치 손님들이 신랑이 함께 있는 동안에 단식할 수 있느냐고(마르 2,17). 숨은 뜻인즉, 때는 바야흐로 기뻐할 때이지 단식할 때가 아니라고. 기다리던 마지막 잔치 때가 이미 시작되어 단식은 잔치로 변하고 있다고. 예수의 이 가르침도 새삼 큰 충격이었음에 틀림없다. 공로를 세워 하느님의 호의를 얻으려는 그런 식의 보속·금욕·자학을 예수는 분명히 무시했다. '초과 선업'(149-152)에 대한 사실상의 정면공격이다: 바리사이와 세관원의 예화에서 단언하듯이 초과 선업이 사람을 의롭게 할 수는 없다고(루카 18,12.14).

- 예수에게는 **안식일 엄수가 없다**: 이에 관한 증언이야말로 다른 어떤 율법 침해에 관해서보다도 많이 있다. 이를테면 전형적 사례다. 예수는 악명이 높을 만큼 안식일 규정을 범했다. 제자들이 안식일에 밀이삭을 따는 것을 허용했을뿐더러(마르 2,23) 거듭 안식일에 병자를 치유했다(마르 3,1-6; 루카 13,10-17; 14,1-6). 이렇게 예수는 오늘도 유다인들이 극진히 실천하고 있고 당시에 성전 체제도 열혈

당도 에세네도 쿰란 승려도 단호히 수호하던 계명을 침해하고 있었다. 이방인 세계와 구별짓는 이스라엘의 표지를! 게다가 위급할 때만이 아니라 쉽사리 달리 행동할 수 있을 때조차. 예수의 치유 중에 이튿날이면 늦었을 경우는 한 번도 없었으리라. 여기서도 예수의 관심사는 각 규정에 대한 해석을 강화 또는 약화하는 결의론의 온갖 조건과 단서가 아니다. 원칙의 예외만 인정되는 것이 아니라 원칙 자체가 도전받고 있다. 예수는 단순한 — 역사상 예수의 친언임에 틀림없는 — 말씀으로 안식일에 대한 인간의 기본 자유를 선언한다: 사람을 위하여 안식일이 있는 것이지 안식일을 위하여 사람이 있는 것은 아니라고(마르 2,27)! 유다인에게는 이런 발언이 극도로 불경스럽게 들렸을 것이 틀림없다. 무릇 유다인은 안식을 최고의 예배 행위로 여긴다: 안식일은 사람을 위하여 있는 것이 아니라 — 당시의 유다인이 생각하던 바에 따르면 하늘에서 모든 천사와 더불어 예식적으로 정확하게 안식을 지키시는 — 하느님을 위하여 있다고. 언제 어디선가 어느 라삐가 안식일이 유다인에게 맡겨진 것이지 유다인이 안식일에 맡겨진 것은 아니라고 말했다 하더라도 그것은 이미 지적한 대로 한 마리의 제비 격에 지나지 않는다. 그런 문장이 근본적으로 중요한 것은 아니다. 하나의 다른 경향일 뿐, 안식일 자체에 대한 비판적 자세를 촉구하는 것은 아니다. 예수에게는 그러나 안식일 자체가 이미 종교적 목적은 아니고 사람이 안식일의 목적이다: 안식일에는 아무것도 해서는 안 되는 것이 아니라 옳은 일을 해야 한다고, 안식일에 짐승도 건질 수 있을진대 하물며 인간이랴고(마르 3,4; 참조: 루카 14,5). 이리하여 언제 안식을 지키고 언제 지키지 않을 것이냐는 것은 사실상 근본적으로 인간에게 맡겨진 문제가 된다. 이것은 다른 계명의 준수에도 중요한 의의가 있다. 예수는 율법의 존재 자체에 대항한 것은 물론 아니나 사실상 인간을 율법의 척도로 삼았다. 이것이 정통파 유다인들에게는 사물을 뒤엎는 것으로 보였다.

적어도 이 정도는 전승의 역사적 핵심에 속한다고 할 수 있다. 전통적 경건 행업에 대한 예수의 처신 일체가 얼마나 충격적이었던가는 안식일에 대한 예수의 말씀을 담은 전승(마르 2,23-28)이 얼마나 완곡한 방식을 취하고 있는가를 보아도 능히 짐작된다:

○ 혹은 예수의 말씀을 삭제해 버린다 — 앞의 (예수의 친언인) 혁명적 문장이 마태오와 루카의 병행구에는 없다(마르 2,27).

○ 혹은 이차적 근거를 추가한다 — 구약성서의 선례와 규정이 (입증하려는 바의 근거가 되는 것도 아닌데도) 인용된다(마르 2,25-26; 마태 12,5).

○ 혹은 그리스도론적으로 그 대목의 의미를 격상시킨다 — 단순히 인간이 아니라 인자가 (마르코에서부터 이미 가필되어 있듯이) 안식일의 주인이라고(마르 2,28).

정직한 자기비판을

그 밖에도 — 얼마만큼 예수 자신에까지 소급되느냐를 단정하기는 어려우나 — 바리사이를 향한 책망은 많다(특히 마태 23,13-36; 참조: 루카 11,37-52):

○ 혹은 십일조로는 야채류마저 갖다 바치면서 정의 · 자비 · 신의라는 하느님의 큰 요청은 무시한다고 — 하루살이는 걸러 내면서 낙타는 통째로 삼킨다고(마태 23,23-24);

○ 혹은 정결례 규정은 사소한 조항조차 실행하면서 마음은 불결하다고 — 겉은 회칠을 했으나 속은 해골이 가득찬 무덤이라고(마태 23,25-28);

○ 혹은 선교적 열성은 과시하면서 그래서 얻은 사람들은 타락시키고 있다고 — 개종자들은 갑절로 악한 지옥의 자식들이 되고 있다고(마태 23,15);

○ 혹은 자선을 베풀고 기도 시간을 세심하게 지키지만 그런 경건은 과시욕과 허영심의 발로라고 — 이미 보수를 받은 연극이라고(마태 6,1-18).

율사를 향한 책망도 대부분이 바리사이에게도 그대로 통한다:

○ 혹은 남의 어깨에는 무거운 짐을 지우면서 자기네는 손가락 하나 까딱하지 않는다고(마태 23,1-4);

○ 혹은 영예 · 존칭 · 아첨을 추구하면서 하느님의 자리를 참월한다(마태 23,5-12);

○ 혹은 옛 예언자들의 기념비는 세우면서 오늘의 예언자들은 죽인다고(마태 23,29-30).

요컨대: 알고는 있으나 그대로 살지는 않는다고.

이들 책망 하나하나보다 더 중요한 것은 그 뒤에 숨은 뜻이다. 이런 성격의 경건 행업을 책망하는 예수의 참뜻은 무엇인가? 예수는 인간의 정확한 율법 준수와 도덕 쇄신에 의하여 예비 · 건설 · 달성될 수 있는 그런 하느님 나라를 선포하지 않는다. 어떤 성격으로든 도덕 재무장이 하느님 나라를 이룩하는 것은 아니다. 예수는 **하느님의 해방·축복 행위에 의하여 창조되는 나라**를 선포한다. 하느님 나라는 하느님의 행업, 하느님의 해방·축복하시는 다스림이라고.

그렇다고 진지한 도덕적 노력을 비꼬고 있었던 것은 결코 아니다. 물론 '죄'와 '죄짓다'라는 낱말을 사용하는 일은 유난히 드물다. 예수는 아브라함 아 산타 클라라 같은 비관적 단죄 설교가가 아니다. 그러나 장 자크 루소처럼 계몽주의 낙관론자도 아니다. 성선설을 전제로 죄의식과 도덕적 노력에 대해서는 어떤 반감을 품고 있는 것이 아니다. 예수에 따르면 예수의 적수들이야말로 **죄를 경시**한다 ─ 두 가지 관점에서:

- **결의론**으로 죄를 **고립**시킨다: 하느님에 대한 순종이라는 요청을 세세한 개별 행위로 쪼갠다. 여기서 첫째 관심사인즉 그릇된 근본 자세·근본 경향·근본 심성이 아닌 개개의 도덕적 탈선이다. 일종의 고해 죄목! 이들 개별 행위를 각 계명에서 중죄와 경죄, 약함의 죄와 악의의 죄로 목록화할 뿐 죄의 깊은 차원은 안중에 없다.
  - 이런 결의론을 **예수**는 바로 뿌리까지 캐냄으로써 무의미하게 만든다: 살인 행위만이 아닌 성내는 심성까지, 간음 행위만이 아닌 음란한 욕정까지, 거짓 맹세만이 아닌 불성실한 말까지. 그때 사람들이 대수롭지 않게 여기던 혀로 짓는 죄야말로 사람을 더럽히는 것임을 폭로한다. 예수는 죄가 존재하는 영역과 죄를 두려워할 필요가 없는 영역을 구별하는 일이 없다. 실례를 들되 이러저러한 경우에는 이러저러하게 행동해야 한다는 식으로 개별 사례를 정의하

는 일이 없다. 예수의 관심사는 죄목의 나열이 아니다. 경죄와 중죄의 구별도, 용서받을 수 있는 죄와 용서받을 수 없는 죄의 구별도 아니다. 더러 라삐들은 살인·간음·배교 그리고 '토라'의 경시를 용서받을 수 없는 죄로 여기는 반면 예수는 단 한 가지, 성령을 거스르는 죄를 용서받을 수 없는 죄로 인정한다(마르 3,28-29): 용서받을 수 없는 것은 오직 용서의 거부 그것이라고(마태 11,20-24 참조).

- **공적론**으로 죄를 **보상**한다: 선업·공적의 무게로 악업·죄책의 무게를 상쇄할 수 있다고, 나아가 능가할 수도 있다고. 여기서는 또 자신의 공로만이 아니라 다른 사람(조상·사회·민족 전체)의 그것도 편리하게 이용된다. 결국 이 대차 대조·손익계산의 유일한 관심사: 마지막에 가서 부채가 남아 있는 것이 드러나지 않게시리 되도록 많은 공로를 천국의 자본으로 축적해 두자고.

  ○ 이런 공적론을 **예수**는 아예 인정하지 않는다(루카 7,10). 예수도 '품삯'·'보수'라는 말을 — 당시의 관용에 따라 매우 자주 — 사용하나 그 뜻인즉 '공로'가 아니다: 인간이 자기 노력의 대가로 주장할 권리가 있는 봉급奉給이 아니라 하느님이 자기 뜻대로 논공행상과는 아무 상관없이 주시는 은급恩給이다. 모두가 같은 품삯을 받는 포도원 일꾼의 비유(마태 20,1-15)에 생생히 나타나듯이 중요한 것은 공로의 계산이 아니라 하느님 자비의 법칙이다. 시민적 분배 정의와는 전혀 대조적으로 여기서는 일을 오래 했든 짧게 했든 어느 일꾼에게나 온전한 품삯이 치러진다 — 일의 대가 이상으로. 그러니 사람은 자신의 선행일랑 마음 놓고 잊어버리라고(마태 6,3-4). 사람이 아무 적선도 없다고 생각할 때도 하느님은 갚아 주시리라고

(마태 25,27-40). 하느님은 참으로 갚아 주신다 — 이것이 보수에 관한 말씀들의 뜻이다. 사람에게는 기억조차 없는, 물 한 잔을 베푼 일에도 보답은 있다고. 공로를 말하는 사람은 자신의 업적을, 보답을 말하는 사람은 하느님의 신의를 우러른다.

결의론과 공적론으로 죄를 경시하는 사람은 자신을 비판할 줄 모르고 자만·자신·자의自義에 빠진다. 이것은 동시에 남에게는, 자기와는 다른 '죄인'들에게는 지나치게 비판적이고 부당하게 냉혹함을 뜻한다. 이런 사람은 남과 자기를 비교한다. 남 앞에서 행세하려 들고 남에게서 경건한 도덕가로 인정받으려 하며 남과 구별되려 한다. 여기에 일반적으로 바리사이를 위선자라고 부르게 된 근본적 — 피상적인 것만은 아닌 — 이유가 있다. 자기비판이 없는 사람은 자신을 너무 중시하고 남과 특히 하느님을 너무 경시한다. 그래서 집에 있던 큰아들은 아버지를 멀리하며(루카 15,11-32), 그래서 바리사이파 시몬은 용서를 알고 있으면서 정작 무엇이 용서인지를 모른다(루카 7,36-50).

여기서 사실상 하느님과 사람 사이를 가로막고 있는 것은? 역설적이게도 사람 자신의 도덕과 경건이다: 인간 자신이 고안해 낸 당당한 도덕 이념과 세련된 경건 기술. 회개하기가 가장 어려운 사람은 — 당시에 그렇게들 생각했듯이 — 세관원들, 얼마나 많은 사람을 속여 먹었으며 보상해야 할 돈이 얼마나 많은지 기억조차 할 수 없던 그런 사기꾼들이 아니었다. 그렇다, 바로 경건자들, 회개할 필요가 없다고 자신하던 그 사람들이었다. 그들이 예수의 최악의 적수가 되었다. 복음서의 심판 말씀들은 대부분이 대죄인 아닌 경건자들을 겨냥하고 있다. 살인자·협잡배·난봉꾼 아닌 고고한 도덕가들이 예수를 마침내 파멸시켰다 — 그것이 하느님을 섬기는 일이라고 여기면서.

바리사이 정신은 줄기차게 버티어 왔다. 유다 독립 전쟁의 승전국은 로마였다. 열혈당 혁명운동은 좌절되었고 에세네 승려 제도는 말살되었으며 사두가이 보수 신학은 성전과 제사를 잃었다. 그러나 바리사이 타협 정신은 기원후 70년의 대파국을 겪고도 살아남았다. 율사들만이 노예화한 백성의 지도자로 남았다. 그리고 이 바리사이주의에서 후대의 정통 유다교가 형성되었다. 유다교계는 그 — 여러모로 온건하게 수정된 — '분리성'에 터하여 세상 한가운데서 온갖 적의에 마주치면서도 생명을 유지해 왔고, 거의 2천 년 만에 유다인 국가(오늘의 이스라엘 나라)를 재건하게 되었다. 그러나 바리사이주의는 그리스도교계 안에도 역시, 때로는 더욱 크게 살아남아 있다 — 물론 예수 자신을 거슬러.

5
사방을 향한 도전

체제·혁명·탈속·타협 — 예수의 **좌표**座標 위에 나타나는 이 사분면은 역사적 상황이 사뭇 다른 오늘도 의미를 잃지 않았다. 사회적 제약성으로 말하면 신학자도 — 그리스도 신앙의 사회적 의미를 강조하는 신학자들이야말로 예수와 관련해서는 흔히 그러듯이 — 추상적으로만 말해서는 안 된다. 따라서 지금까지 간단히나마 되도록 구체적으로 당시의 사회적 맥락 속에서 나자렛 예수를 보아 온 것은 중요한 일이다: 그때 그분은 참으로 어떤 분이었던가를. 그러나 동시에 지금 그분은 어떤 분인가를 보는 것도 중요한 일이다: 오늘날 우리의 — 온갖 이질성을 띤 — 사회 맥락 속에서도 그분은 어떻게 뜻있는 분이 될 수 있는가를. 이런 조직신학적 좌표 설정에서 되도록 동시에 피해야 할 두 가지: 비현실적 사실史實化와 비사실적 현실現實化. 적극적으로 말하면 동시에 고려해야 할 두 가지: **사실적 거리**距離와 **역사적 적응**適應. 이렇게 함으로써 온갖 변수變數 속에서도 중요한 항수恒數를 찾아낼 수 있다.

지금까지 보아 온 바에서 나오는 미상불 주목할 만한 결론: 예수는 분명히 아무 데도 소속된 데가 없다 ― 집권자들에게도 혁명가들에게도 도덕가들에게도 은둔자들에게도. 좌우 사방으로 예수는 도전적이었다. 어느 일파의 배경도 없이 '모든 체계를 깨뜨리는 사람'이었다. 예수는 철학자도 정치인도 제관도 사회 개혁가도 아니다. 천재ㆍ영웅ㆍ성자? 혹시 종교개혁자? 그러나 종교개혁 이상의 철저한 혁신을 주장하지 않았던가. 아니면 예언자? 그러나 능가의 여지가 없는 '마지막' 예언자도 예언자인가. 통례적 유형론으로는 어림도 없다. 갖가지 유형의 특징들이 모두 웬만큼씩은 나타나는가 하면 (그중에서도 예언자와 종교개혁자의 특징이 특히 두드러진다고 하겠지만) 바로 그 때문에 그중 어디에도 속하지 않는다. 예수는 차원이 다르다: 제관보다도 더 하느님과 가깝고 고행자보다도 더 세상에서 해방되어 있으며 도덕가보다도 더 도덕적이고 혁명가보다도 더 혁명적이다. 예수에게는 이렇게 다른 사람들에게는 없는 깊이와 넓이가 있다. 동지로서도 적수로서도 예수를 이해하기는 분명히 어려운 일이다. 하물며 완전히 투시하기랴. 새삼 드러나는 것: **예수는 다르다**! 부분적으로는 온갖 유사성이 있으면서도 전체적으로는 결코 **혼동될 수 없는** 예수의 모습이다 ―그때도 지금도.

이 단원의 부수적 결론으로 단호히 지적해 둘 만한 점: 모든 '종교 창설자'를 ― 모두가 근본은 매일반이라고 ― 동렬에 놓는 것은 매우 피상적인 생각이다. 나자렛 예수는 종교를 창설하려 한 일이 없다는 것은 아예 제쳐 두고라도 ― 분명히 말해 두거니와 ― 역사상 예수를 모세나 석가나 공자나 무함마드와 혼동 또는 대치할 수는 없다.

잘라 지적하건대 예수는 모세처럼 궁중에서 자란 사람도, 석가처럼 왕자도, 공자처럼 학자이자 정치인도, 무함마드처럼 부자 상인도 아니었다. 이처럼 예수의 출신은 보잘것없었기에 그만큼 더 예수의 줄기찬 영향력은 가히 놀라운 일이다. 예수의 복음인즉 실상 얼마나 다른가:

- 절대적 효력을 떨치며 점점 많은 기록이 누적되어 내려온 구약 율법과도(모세);
- 수도자 공동생활 규칙 속에서 승려다운 잠심을 추구하는 고행 은둔과도(석가);
- 불신자와 싸우고 신정국가를 세움으로써 세계를 정복하려는 무력 혁명과도(무함마드);
- 영원한 우주 법칙과 숭고한 군자 도덕에 의한 전통 윤리와 기성 사회의 쇄신과도(공자).

분명히 이것은 다소 우연한 몇 가지 가능성만이 아닌 막중한 **근본 선택** 내지 **근본 견지** 문제다. **시대사적** 좌표 안에서 예수는 몇 가지의 **종교적** 근본 견지를 반영하고 있다. 그리고 이들은 혹은 그 자체로 혹은 **세속적** 근본 견지로 변형되어 오늘날까지 보존되어 오고 있다.

물론 다른 종교들의 진리는 그리스도교계에서도 인정되어야 하며 새삼 도입될 필요마저 있다. 그 어느 것도 무시될 수는 없다. 사실 결과적으로 그리스도교계는 플라톤·아리스토텔레스·스토아 사상만이 아니라 헬라 비의秘儀와 로마 국교國敎에서도 많은 영향을 받았으나 인도·중국·일본으로부터 배운 바는 별로 없다. 그러나 그렇다 해서 예수를 내세우는 사람이 모든 종교의 혼합을 정당화할 수는 없다. 앞에서 말한 바는 여기서도 진실이다: 개개의 위인상이 혼동될 수는 없다. 그들의 길은 동일한 인물에서 비롯하여 동일한 방향으로 나아가는 것이 아니다. 세계 해탈(석가)·세계 변형(공자)·세계 지배(무함마드)·세계 위기(예수)를 동일시할 수는 없다. 나자렛 예수를 모든 세계종교의 약호로, 고금 통합주의의 상표로 삼을 수는 없다.

어떻든 지금까지 말해 온 바는 우선 주로 부정적인 한계를 약술한 예수의 모습이다. 지금까지는 주로 간접적으로만 제기되어 온 물음: 정작 예수를 좌우하고 있던 것은 무엇인가? 무엇이 예수의 핵심인가?

2장

하느님의 일

여기서 묻자는 것은 예수의 의식이나 심리가 아니다. 여러 번 강조했듯이 그런 것을 말해 주는 사료는 없다. 그러나 예수의 선포와 행적의 핵심을 물을 수는 있다: 예수는 무엇을 위하여 투신했던가? 과연 무엇을 원했던가?

1
핵심

뚜렷이는 나중에 드러나겠지만 근본적으로 중요한 사실: 예수는 자기를 선포하지 않았다. 자기를 내세우지 않았다. '내가 하느님의 아들이니 나를 믿으라'고 외치지 않았다. 오리게네스가 반박한 켈수스에게도 알려져 있던 저 신인神人 유랑 전도사처럼 "나는 하느님이나 하느님의 아들이나 하느님의 영이다. 내가 왔으니 이미 세상의 멸망이 문앞에 이르렀다 …. 지금 나를 경배하는 사람은 복되도다"라고 주장하고 나서지 않았다. 예수 '자신'은 오히려 예수의 '일' 뒷전에 있었다.

그러면 이 예수의 일이란? **예수의 일은 세상 안에서의 하느님의 일이다.** 예수의 관심사는 어디까지나 사람이라는 주장이 오늘날 유행하고 있다. 물론 옳은 말이다. 그러나 예수의 관심사가 어디까지나 사람인 까닭인즉 예수의 관심사가 먼저 어디까지나 하느님이기 때문이다.

하느님 나라

다가오는 **하느님 나라**('말쿠트 야훼') ─ 이것이야말로 예수 선포의 핵심이 되는 말이다. 이 말을 예수는 정의한 일이 없으나 복음서 전승의 원생석原生石인 비유로 거듭 새삼 누구나 이해할 수 있게 설파했다.

　복음서 본문에 나타나는 예수의 말씀은 하느님 나라에 관한 말씀이지 교회에 관한 말씀이 아니다. 마태오 복음서의 '하늘 나라'도 ― 하느님의 이름을 부르기를 삼가는 유다인의 습관으로 말미암아 하느님 대신 하늘을 바꾸어 넣어 생긴 이차적 표현 형태일 뿐 ― 뜻은 똑같다. 여기서 '나라'란 영토·통치 영역을 뜻하는 것이 아니다. 하느님이 행사하실 주권·통치 활동을 뜻한다: '하느님의 다스림'. 하느님 나라는 "하느님의 일을 가리키는 지시사指示詞다"(Dibelius).

　예수 당시에 극히 일반화되어 있던 이 말은 예수의 적수들과의 논쟁 속에서 더욱 정확한 의미가 드러났다. 예수에게 있어서 하느님 나라란 무엇인가? 지금까지 보아 온 바(105-169)에 따라 요약하건대:

- 예루살렘의 성직자들이 이해하던, 단순히 창세 때부터 이미 주어져 있는 하느님의 영속 주권이 아니다. 앞으로 올, 하느님의 종말 통치다.
- 열혈당 혁명가들이 폭력으로 달성하려던, 제정일치 신정국가 또는 민주정치가 아니다. 폭력 없이 기다려야 할, 하느님 자신의 제약 없는 직접적 세계 지배다.
- 에세네파와 쿰란 승려들이 생각하던, 소수 정예 완덕자들을 위한 복수의 심판이 아니다. 누구보다도 잃은 자들을 위한, 하느님의 무한한 호의와 조건 없는 은총의 기쁜 소식이다.
- 바리사이파 정신에 따른, 인간의 율법 엄수와 도덕 개선에 의해 건설되는 나라가 아니다. 하느님의 자유 행위에 의해 창조되는 나라다.

그래서 이 나라는 무슨 나라가 될 것인가?

○ 이 나라에서는 예수의 기도대로(마태 6,9-13) 하느님의 이름이 참으로 거룩하게 드러나고 하느님의 뜻이 땅에서 이루어지며 사람들이 모든 것을 넉넉히 누리고 모든 죄가 용서되며 모든 악이 극복되리라.

○ 이 나라에서는 예수의 약속대로(루카 6,20-22; 마태 5,3-10) 마침내 가난하고 굶주리고 울고 짓밟히는 이들이 이 나라로 들어오고 고통과 수고와 죽음이 끝나리라.

이 나라는

묘사될 수는 없으나 여러 표상으로 — 새로운 계약, 뿌려진 씨앗, 익은 곡식의 추수, 큰 잔치, 왕의 축제로 — 예고될 수 있는 나라요;

따라서 예언자들을 통한 약속대로 모든 것이 — 충만한 정의, 드높은 자유, 단절 없는 사랑, 보편적 화해, 영원한 평화가 — 온전히 이루어질 나라이며;

이런 의미에서 — 구원의, 성취의, 완성의, 하느님 현존의 때인 — 절대적 미래다.

이 미래는 하느님의 미래다. 예수는 예언자를 통한 하느님의 약속에 대한 신앙을 결정적으로 구체화·집중화했다. 하느님의 일이 세상에서 실현되리라고! 이 희망에 하느님 나라 소식의 바탕이 있다. 하느님이란 어디까지나 피안의 존재며 세계사의 흐름이란 바꿀 수 없다고 체념하기는커녕 현재의 역경과 좌절에 한이 맺혀 사뭇 엉뚱한 세계상을 장밋빛 미래에 투사하는 심리와도 상관없는 이 희망은 하느님이 이미 이 세상의 창조자요 이 세상 모순 뒤에 숨은 주님이기에 또한 미래에 이 세상에 대한 약속을 이행하시리라는 확신에서 나온다.

묵시문학 지평

나라가 임하소서 — 당시의 모든 묵시문학 세대와 더불어 예수는 하느님 나라, 정의·자유·환희·평화의 나라를 **임박한 장래의 일**로서 대망하고 있었다. 이미 본 바와 같이(106-115) 예수의 신국관은 성전 제관 기타의 정태적 신국관과 달랐다: 현 체제가 최종적인 것은 아니며 역사는 종말을 향하여 나아가고 있다고 — 그것도 바로 현세대가 마지막 세대로서 갑자기 무섭게 돌입하는 세상의 종말과 쇄신을 겪으리라고. 그러나, 예상과는 달리, 매우 달리.

예수는 하느님 나라의 돌입을 자기가 죽을 때의 일로 예상했던가 아니면 그 직후의 일로? 이 문제에 관해서는 사료를 근거로 길게 사변해 볼 수는 있으나 확실한 말을 할 수는 없다. 그러나 어떻든 임박한 장래의 일로 기대했던 것만은 분명하다. 예수의 선포에서 비롯한 가장 어렵고도 가장 불편한 대목들이야말로 함부로 후대의 영향 탓이라고 속단·배제해 버린다는 것은 방법론적으로 용납될 수 없다.

예수의 선포에서 '바실레이아'βασιλεία(나라)란 어디서도 이스라엘과 세계에 대한 하느님의 영속 주권을 뜻하는 곳은 없고 어디서나 세계 완성의 미래 주권을 의미한다. 하느님의 (미래의) 나라가 가까움을 분명히 예고하거나 전제하는 말씀들은 허다하다(특히 마르 1,15 참조). 물론 정확한 시한의 제시는 피한다(마르 13,4-6.32; 루카 17,20-21). 그러나 종말 사건을 먼 장래의 일로 미루는 말씀은 한 마디도 없다. 오히려 공관복음서 전승의 가장 오래된 부분이 예수는 하느님 나라를 임박한 장래의 일로 예상하고 있었음을 말해 준다. 이런 '종말 임박설'을 말해 주는 고전적 대목들(마르 9,1; 13,30; 마태 10,23)이야말로 후대에 큰 문제가 된 대목이기에 더욱 의심 없이 본디부터 전해 온 것이고 따라서 결코 함부로 완화 해석할 수는 없다. 주도적 주석학자들의 대체로 일치된 견해: 예수도, 이 점에 있어서 부분적으로 이미 예수와 같은 말을 하고 있던 초대교회도, 또 분명히 사도 바오로도 자기들의 생전에 하느님의 다스림이 도래할 것을 고려하고 있었다.

예수의 표현이 당시의 묵시문학 형식이라는 테두리 안에 있었다는 것은 자명하다. 물론 예수는 종말 완성의 때를 정확히 계산하기를 거부했고 초기 유다교 묵시문학에 비해 하느님 나라의 표상적 묘사를 극히 제한했다. 그러나 원칙적으로는 예수도 오늘의 우리에게는 이미 생소해진 종말 임박설의 이해 구조 안에, 묵시문학의 지평 안에 머물러 있었다.

이런 이해 구조는 역사가 진전하면서 낡아 버렸다. 묵시문학의 지평은 이미 가라앉았다 — 이 점을 분명히 인식해야 한다. 오늘의 관점에서 우리가 말해야 할 점: 종말 임박설이란 하나의 착오라기보다는 예수도 그때 사람들과 공유하고 있던 **시대 조건 · 시대 제약적 세계관**이었다. 이 세계관을 인위적으로 재생시킬 수는 없다. 아니 재생시키려 해서는 안 된다. 이른바 '말세'에야말로 거듭 되살아나고는 하는 유혹인 이런 묵시문학적 세계관은 우리의 경험 지평과 너무나 다르다. 우리에게는 생소한 당시의 묵시문학적 표현형식과 이해 구조는 오늘날 오히려 그 뒤에 숨은 본디 뜻을 가리고 일그러뜨릴 따름이다.

오늘날 정작 문제가 되는 모든 것: 예수의 근본 사상, 다가오는 하느님 나라의 선포라는 예수의 **일**은 아직도 — 역사는 적어도 당분간이나마 계속된다는 사실과 원칙적으로 타협하게 된 인류의 전혀 달라진 경험 지평 속에서도 — 어떤 의미가 있는가? 혹은 더 적극적으로 당연히 제기될 수 있는 질문: 어떻게 해서 예수의 선포가 예수는 죽고 종말 임박설은 그대로 실현되지 않고 만 다음에도, 아니 그다음에야말로 정작 본격적으로 그처럼 큰 영향력을 미치게 되었는가? 사실상 이 문제는 매우 확실한 최후로 나타난 예수의 죽음과 관계가 있다. 그러나 실상 예수의 삶과 가르침과도 관계가 있다. 여기서 새로운 구별이 필요하게 된다.

현재와 미래 사이에서

바로 종말 임박설을 배경으로 '아직'과 '이미'라는 **양극**이 성립한다: 하느님 나라는 분명히 아직 미래의 일이나 예수를 통하여 이미 지금을 위해서도 유효한 권능을 뜻한다. 미래에 관한 예수의 말씀들은 묵시문학적 예고가 아니라 종말론적 호소로 이해되어야 한다. 현재의 사회를 위한 결론이 없이 미래의 하느님 나라를 말할 수는 없다. 또 거꾸로 절대적 미래에 대한 전망이 없이 현재의 문제점들을 말할 수도 없다. 예수를 따라 미래를 말하고자 하는 사람은 현재도 말해야 하며 또 거꾸로도 마찬가지다:

- **하느님의 절대 미래**는 인간으로 하여금 현재를 지탱하게 한다: 현재를 희생하여 미래를 고립시키지 말라고! 하느님 나라가 미래를 향한 위안, 경건자들의 미래에 대한 호기심 충족, 포이어바흐·마르크스·프로이트가 생각했듯이 성취되지 못한 소원과 불안의 투

사이어서는 안 된다고. 사람은 미래를 내다보면서야말로 현재에 뛰어들어야 한다고. 희망에 터해서야말로 현재의 세계와 사회는 해석될 뿐 아니라 개혁되어야 한다고. 예수는 종말에 관한 지식을 제공하려 한 것이 아니라 종말을 바라보며 현재를 위한 호소를 제기하고자 했다.

- **현재**는 인간으로 하여금 하느님의 절대 미래를 지향하게 한다: 미래를 희생하여 현재를 절대화하지 말라고! 하느님 나라의 미래 전체가 현재성 속으로 용해되어 버려서는 안 된다고. 불행과 죄악이 끊이지 않는 현재는 그것이 이미 하느님 나라라고 할 수 있기에는 너무나 비참하고 너무나 부조리하다고. 이 세상과 사회는 그것이 이미 완성 상태이며 최종 단계라기에는 너무나 불완전하며 비인간적이라고. 하느님 나라는 먼동에만 머물러 있지 않고 마침내 환히 밝아 오리라고. 예수와 더불어 시작된 것은 또한 예수와 더불어 완성되리라고. 종말 임박설은 실현되지 않았으나 그 때문에 종말 대망 자체가 끝난 것은 아니다.

신약성서 전체가 예수 안에서 이미 시작된 하느님의 다스림에 온 관심을 집중하면서도 동시에 아직 이루어지지 않은 미래의 완성을 고수하고 있다. 예수의 일은 하느님의 일이며 따라서 결코 헛일이 될 수 없다고. 태초 신화가 창조라는 태초 사건과 구별되어야 하듯이 종말 신화도 완성이라는 종말 사건과 구별되어야 한다. 구약성서가 태초 신화를 역사화하여 역사와 연결시켰듯이 신약성서도 종말 신화를 그렇게 다루었다. 시대에 제약된 종말 임박설이 역사에 의하여 이미 낡았다 해서 미래에 대한 기대 자체도 그런 것은 아니다. '아직'과 '이미'라는 양극은 언제나 인간 생활과 인류 역사의 긴장 관계를 이루고 있다.

하느님은 앞서 계시다

예수의 하느님 나라 소식은 매력을 보존해 왔다. 세상의 멸망은 오지 않아도 의미를 보유해 왔다. 묵시문학 지평은 가라앉았으나 종말 소식 자체, 예수의 관심사인 일 자체는 새로운 이해와 관념의 테두리 안에서도 끊임없이 활성화되어 왔다. 내일 올 것이든 오랜 세월 후에 올 것이든 종말은 빛과 그림자를 던지고 있다. 이 사실 앞에 눈감아 버릴 수 있는가. 세계는 영속하는 것이 아니다! 인간 생명과 인류 역사는 종말이 있다!

여기서 예수의 소식이 말해 주는 것: **이 종말에 자리 잡고 있는 분**은 하느님이다. 허무가 아니라 처음이듯이 마지막이신 하느님이다. 하느님의 일은 어떻게든 실현되고야 만다. 미래는 하느님의 것, 우리가 헤아릴 일은 이 하느님의 일이지 날과 시의 산출이 아니다. 이 하느님의 미래에 터하여 개인과 사회는 현재를 이룩해 나가야 한다 ― 이미 지금 여기서.

이 미래는 그러므로 공허한 미래가 아닌 계시되고 성취될 미래다.
○ 단순한 '미래': 미래학자들이 과거나 현재의 역사에 터한 외삽법外挿法에 의하여 구상해 볼 수는 있겠지만 그렇다고 더러 나타나게 마련인 뜻밖의 결과를 완전히 배제할 수는 없는 그런 미래가 아니라;
○ '종말'('에스카톤'ἔσχατόν): 참으로 다르고 질적으로 새로운, 그러면서

도 지금 이미 그 도래가 예고되고 있는 그런 미래의 종말이다. 그래서 일컬어 미래학만이 아니라 종말론이다. 진정한 (아직은 이루어지지 않은) 절대 미래가 없는 종말론이라면 진정한 (아직도 성취되어야 할) 희망이 없는 종말론이리라.

종말론이 뜻하는 것: 인간에게는 개개의 사례에 따른 잠정적 의미 설정만이 아니라 인간의 자유 앞에 제시된 **인간과 세계의 종국적 의미**가 존재한다. 모든 소외의 지양이 가능하다. 인간과 세계의 역사는 니체가 생각하듯이 같은 일의 영원한 반복으로 쇠진되어 가다가 마침내 어떤 부조리한 공허로 끝나는 그런 것이 아니다. 그렇다, 미래는 하느님의 것이며 따라서 종말에 그 성취가 있다.

여기서 (에른스트 블로흐의) "새로움"(Novum)이라는 개념이 중요성을 띤다. 참으로 다른 미래에의 희망은 이스라엘과 그리스도 교회만이 아니라 그리스도인과 마르크스주의자도 결합시키고 있다. 참으로 다른 이 절대 미래를 일차원적 기술 사상에서처럼 사회의 자동적 기술·문화 발전과 혼동해서는 안 된다. 혹은 교회의 기구적 진보·성장과도, 혹은 하이데거 같은 실존주의자들이 해석하듯이 각 개인의 실존 가능성이나 결단의 저마다 새로운 미래성과도. 이 미래는 동시에 현재의 조건을 근본적으로 개혁하도록 자극하는, 질적으로 새로운 미래다. 또 결코 다가오는 사회주의사회와도 혼동해서는 안 된다.

이 모든 **혼동**은 미래가, **하느님의** 나라가 중요함을 간과하는 데서 나온다. 대중 속에 제도화된 중세 교회나 반종교개혁의 가톨릭 사상도, 장 칼뱅의 제네바 신정국가나 토마스 뮌처 같은 선동적 묵시문학 광신자들의 말세 왕국도 하느님 나라는 아니었다. 관념주의와 자유주의 신학이 생각하던 건전한 도덕 정신과 완성된 시민 문화의 기성 질서도, 하물며 나치주의자들이 선전하던 민족과 인종 이념에 터한 정치적 천년왕국도, 또 마지막으로 공산주의가 지금까지 실현하려고 투쟁해 온 계급 없는 새 인간의 나라도.

예수의 가르침에 터하여 이 모든 성급한 혼동을 거슬러 확인될 수 있는 것: 하느님의 나라인 완성은 **사회의** (정신적 또는 기술적) **발전이나** (좌익 혹은 우익의) **혁명에 의하여 도래하는 것이 아니다**. 완성은 예견·외삽될 수 없는 **하느님의 활동**에 의하여 도래한다! 그리고 물론 이 하느님의 활동은 지금 여기서의, 개인 생활과 사회생활 현장에서의 사람의 활동을 배제하는 것이 아니라 내포한다. 과거에 하느님 나라의 그릇된 '내면화'를 피해야 했다면 오늘날 하느님 나라의 그릇된 '세속화'도 피해야 한다.

중요한 것은 그러므로 **참으로 다른 차원**, 하느님의 차원이다: **초월성** — 그러나 그것은 낡은 물리학이나 형이상학에서처럼 먼저 공간적으로 표상되는 세계 **위의** 또는 **밖의** 하느님이 아니고, 나아가 관념 철학이나 실존주의의 테두리 속에 내면화되는 우리 **안의** 하느님도 아니며, 예수에 따라 우선 시간적으로 이해되는 우리 **앞의** 하느님이다. 특히 그리스철학에 의하여 유명해진 것처럼 그저 동일한 형태로만 흘러가는 과거·현재·미래의 생성·소멸 뒤에 숨은 초시간적 영원의 신이 아니다. 이스라엘의 미래 약속과 예수 자신에 터하여 인식될 수 있듯이 **미래에 오실 분, 희망을 주시는 분으로서의 하느님**이다, 우리의 현재를 새로운 빛 속에 드러내는 미래의 권능으로 이해되는 하느님의 신성神性이다. 미래는 하느님의 것 — 이 말의 뜻: 살거나 죽거나 각 인간이 나아가는 곳, 그 어디에나 하느님이 계시다. 흥하거나 망하거나 온 인류가 전진하는 곳, 그 어디에나 하느님이 계시다. 처음이자 마지막 실재로서의 하느님이.

이것이 인간에게 무엇을 뜻하는가? 이 세상과 사회의 **기존 상황을 확정적인 것으로 받아들여서는 안 된다**는 것, 세계도 인간 자신도 인간에게 처음이자 마지막일 수는 없다는 것, 세계와 인간 자신이란 그 자체만으로는 도리어 극도로 상대적이고 불확실하며 불안정하다는 것, 인간은 따라서 싫더라도 어쩔 수 없이 위태로운 상황 속에 살고 있다는 것. 인간은 궁극 결단을 내리도록, 앞서 계시는 **하느님의 실재에의 투신**이라는 제안을 받아들이도록 요청받고 있다: 만사가 걸린 결단, 이것이냐 저것이냐는 하느님에 대한 찬반의 선택을.

묵시문학 지평은 가라앉았어도 **호소의 절박성**은 변함이 없다. **회개**하라는 호소는 여전히 절박하다. 새로운 사고와 행동이 절실히 요청된다 ― 궁극 선택: 삶의 재해석, 새로운 삶의 자제, 전혀 새로운 삶이. 하느님 없이 살아갈, 회개를 미룰 시간이 얼마나 남아 있는가를 묻는 사람에게는 미래와 현재가 없다 ― 하느님과 더불어 자기 자신도 없기에. 계산할 수 있든 없든 개인이나 인류의 최후에 가서야가 아니라 지금 당장이 최종 결단의 시각이다 ― 그것도 각자에게 온전히 개인적으로. 흔히 정신분석에서처럼 윤리적 요청이 없는 행동의 규명만으로 개인이 만족할 수는 없다. 결단과 책임을 사회에, 사회의 결함 있는 구조와 부패한 제도에 전가할 수만도 없다. 여기서 요청되는 것은 각자의 참여 · 투신이다. 각자가 온전히 개인적으로 ― 비유로 말해서 ― 값진 진주(마태 13,45), 밭에 묻힌 보물(마태 13,44)을 찾는 일이다. 지금 이미 만사가, 생사가 문제다. 지금 이미 인간은 자기를 바침으로써 자기를 얻을 수 있다. 지금 이미 유효한 말씀: 제 목숨을 얻으려는 사람은 잃을 것이요 잃은 사람은 얻으리라(루카 17,33; 마태 10,39).

이 회개는 복음에, 하느님 자신께 신뢰심을 가지고 자신을 맡김으로써만 가능하다. 회개는 **신앙**이라고 불리는 확고한 신뢰를 전제로 한다: 산이라도 움직일 수 있는(마태 17,20; 참조: 루카 17,6), 그러나 겨자씨 한 알처럼 극히 빈약한 형태로도 약속에 참여할 수 있는, 따라서 언제라도 "믿습니다. 제 믿음이 부족하오니 도와 주십시오"(마르 9,24)라고 감히 말할 수 있는 그런 신앙을. 신앙은 간단히 소유물이 되지는 않고 언제나 선물로서만 주어지며 미래를 바라보는 희망의 차원을 지닌다: 희망 속에 신앙이 도달하는 목적이 있고 거꾸로 신앙 속에 희망이 영속하는 기초가 있다.

하느님의 미래에 대한 이 희망에 터하여 세계와 세계사가 해석되고 개인의 실존이 규명될 수 있을뿐더러 기존 상황에 대한 비판 정신으로 세계와 사회와 실존이 개혁될 수 있다. 그러므로 일시적이든 영구적이든 현상 유지가 예수에 터하여 참으로 정당화될 수는 없다 — 또 물론 어떤 대가를 치르든 폭력으로 달성하려는 전면 개혁도.

신앙에 의한 회개의 의미는 앞으로 더 뚜렷이 밝혀지려니와(210-213) 여기서는 최초의 복음사가가 자기 복음서의 첫머리에서 자기 나름으로 예수의 복음을 요약한 — 오늘도 어느 정도 능히 이해될 만한 — 표현을 인용하는 것으로 넉넉하리라: "때가 차서 하느님의 나라가 다가왔습니다. 여러분은 회개하고 복음을 믿으시오"(마르 1,15).

2
기적?

예수는 말만 하지 않았다. 행동도 했다. 예수의 말씀처럼 예수의 **행적**도 도전적이었다. 흔히 현대인에게는 예수의 행적이야말로 예수의 말씀보다 더 큰 난제가 되고 있다. 기적 전승이 말씀 전승보다 더 크게 논란되고 있다. 괴테에 따르면 '신앙의 총아'라던 기적이 자연과학·기술 본위 시대에는 '신앙의 문제아'가 되었다. 과학적 세계관과 기적 신앙, 유리적·기술적 세계상과 기적 체험 사이에 개재하는 긴장 관계를 어떻게 극복할 수 있겠느냐고.

그러나 실상 예수 당시의 사람들도 복음사가들도 합리주의·기술주의 시대의 인간인 현대인이 그처럼 모든 관심을 쏟고 있는 바로 그것, 곧 자연법칙에는 아무 관심도 없었다. 그때 사람들은 **자연과학적으로 사고하지 않았다**. 따라서 기적을 자연법칙의 침해, 빈틈없는 인과관계의 손상으로 여기지 않았다.

일찍이 구약성서에서는 자연법칙에 부합하는 기적과 자연법칙을 깨뜨리는 기적이라는 구별이 없었다. 무릇 야훼의 능력이 드러나는 사건이면 무엇이나 기적, 표징, 야훼의 위업으로 통했다. 어디서나 세계의 '원근거'요 창조자인 하느님이 활동하신다고. 어디서나 인간이 기적을 경험할 수 있다고. 세계의 창조와 보존, 완성에 이르기까지, 큰 일로서나 작은 일로서나, 민족의 역사에서나 개인의 구제에서나 ….

기적이 있다는 것, 어디서나 기적이 있을 수 있다는 것, 그것은 신약성서 시대에도 — 이방인 세계에서도 — 그저 당연히 전제되었다. 그때 사람들이 이해하던 기적이란 무슨 자연 질서에 어긋나는 것이 아니라 어떤 경탄을 불러일으키는, 범인의 능력을 초월하는, 인간으로서는 설명할 수 없는, 그 뒤에 다른 힘이 — 하느님의 힘이든 혹은 심지어 악령의 힘이든 — 숨어 있는 그런 것이었다.

예수도 기적을 행했다는 것은 복음사가들과 그때 사람들에게 중요한 일이었다. 그러나 그때는 자연과학도 역사과학도 발달되어 있지 않았다. 그러니 서사시·찬미가나 신화·전설 같은 서술 형식·표현 수단이 살아 계신 하느님의 활동을 증언하기에 적용되지 못할 까닭이 있었으랴. 당시의 누구도 기적의 과학적 설명이나 사후 검증을 생각한 사람은 없다. 복음서의 어디에도 기적 사건의 경과 자체를 묘사한 곳은 없다. 어떤 병의 의학적 처방도 어떤 치료 요인의 제시도 없다. 그럴 까닭이라도 있으랴. 복음사가들은 보도된 사건에 개입하려 하지 않는다. 다만 그 사건을 들어 높인다. 해설하지 않고 부각시킨다. 설명이 아니라 경탄에 기적 설화의 의도가 있다: 그처럼 큰일을 하느님이 한 인간을 통하여 행하셨다고! 기적이 과연 존재한다거나 이러저러한 사건이 참으로 기적임을 믿으라는 것이 아니다. 그런 일을 행하는 인간 안에서 활동하시는 하느님을 믿으라는 것이다: 기적의 행적이란 하느님 활동의 표징임을.

실제 사건

따라서 복음서의 기적 보도를 해석하기 위한 출발점: 그것은 현장 취재도, 과학적 조사 보고도, 역사학이나 의학이나 심리학 연구 기록도 아니다. 탄복시켜 믿게 하자는 소박한 민간설화다. 그 자체로는 전적으로 그리스도를 선포하려는 것일 따름이다.

오늘날 개개의 기적 설화에 대하여 아무리 회의적·비판적인 주석학자라도 기적 보도라고 해서 모조리 비역사적이라고 배제할 수는 없다는 점에 의견이 일치한다. 세부적으로는 수많은 전설적 수식이나 과장이 있으면서도 몇 가지는 일반적으로 인정된다:

1) 적어도 그때 사람들에게는 놀라운 **각종 질병의 치유**가 있었음에 틀림없다. 일부는 '정신 원인적'(psychogen) 질환이리라. 그중에는 또 아마 '나병'이라는 고대의 통칭通稱에 속하는 정신 원인적 피부병도 있으리라. 예수는 마술을 부린다는 (귀신 두목인 베엘제불의 힘을 빌려 귀신을 쫓아낸다는) 여러 차례의 ― 그 충격적 표현으로 보아 복음서에서 마음대로 창안된 것은 아닌 ― 모함은 예수에게 도전하던 실제 사건을 근거로 해서만 생각될 수 있다. 역사적으로 반론의 여지가 없는 안식일 논쟁도 치유와 결부되어 있다. 치유 요소를 전승에서 도려낼 이유는 없으리라.

오늘도 의학적으로 설명할 수 없는 치유는 허다하다. 또 오늘이야말로 대부분의 질병이 '심신상관적'(psychosomatisch) 성격을 띠고 있음을 인식한 현대 의학은 비상한 정신적 영향, 무한한 신뢰, '신앙'에 터한 놀라운 치유를 인정하고 있다. 한편 최초의 복음서 전승에서도 예수는 예컨대 고향 나자렛에서처럼 신앙과 신뢰의 부족으로 말미암아 아무 기적도 행할 수 없었더라는 사례를 인정하고 있다(마르 6,5a; 참조: 마르 6,5b의 가필과 마태 13,58의 개작에 의한 충격적 표현의 완화). 인간이 자기 의지에 반하여 압도되는 그런 마법이나 최면술은 예수의 치유와 아무 상관도 없다. 예수의 치유는 오히려 신앙에의 호소다(마르 5,34; 루카 7,50 참조). 때로는 신앙이야말로 진정한 기적으로 나타나고 이에 비하면 치유는 둘째 구실을 할 뿐이다(마르 9,14-29 참조). 신약성서의 치유 사화는 신앙 사화로 이해되어야 한다.

2) 특히 '**부마자**'의 **치유**야말로 두드러진 사실이었음에 틀림없다. 구마 요소도 전승에서 도려낼 이유는 없으리라. 여러모로 병은 죄와, 죄는 또 귀신과 결부되고 있었다. 또 바로 심각한 인격 파탄을 낳는 병, 유난히 야단스러운 증상(예컨대 간질 병자 입의 거품)이 나타나는 정신 질환이야말로 당시에는 — 후대에도 오래도록 — 병자 안에 깃든 귀신 탓으로 여겨졌다. 그러나 정신병원이 없던 때이므로 항간에서도 종종 자신을 제어할 수 없는 뚜렷한 정신병자와 마주치게 되었다. 그런 병 — 예컨대 회당 예배 중의 경련(마르 1,26)이나 간질(마르 9,18) — 의 치유는 병자를 지배하던 귀신에 대한 승리로 여겨졌다.

이스라엘만이 아니라 고대의 온 세계가 귀신 신앙과 귀신 공포에 차 있었다. 하느님이 멀수록 더욱 천지간·선악 간의 중간 존재에 대한 욕구가 컸다. 흔히 사탄이나 벨리아르나 베엘제불을 두목으로 하는 모든 악령의 거창한 위계를 사변하고 있었다. 각종 종교의 어디서나 구마사 · 제관 · 의원들이 귀신을 몰아내려고 애를 쓰고 있었다. 구약성서는 귀신 신앙에 대하여 매우 신중한 태도를 취했다. 그러나 기원전 538~331년의 이스라엘은 페르시아 제국의 속국이었으므로 모든 선의 근원인 선신과 모든 악의 근원인 악신을 인정하는 이원론적 조로아스터교가 이스라엘에도 영향을 주었음에 틀림없다. 그래서 야훼 신앙에도 귀신 신앙이 후기의 이차적 요소로 뚜렷이 나타난다. 다만 후대의, 특히 현대의 유다교계에서는 이것이 또다시 아무 구실도 못하게 되었다.

이런 귀신 신앙이 대중 속에서 한창이던 시대인데도 예수 자신에게는 하느님과 악령이 동렬에서 세계와 인간을 지배하려고 싸우고 있다는 변장된 페르시아 이원론의 흔적조차 없다. 예수의 설교는 하느님의 다스림이라는 복음福音이지 사탄의 지배라는 화음禍音이 아니다. 분명히 예수는 사탄이나 악마의 모습, 천사의 죄와 타락에 관한 사변에 아무 관심도 없다. 어떤 '악령론'도 전개하는 일이 없다. 어떤 경우에도 당시의 유다인이나 이방인 구마자처럼 거창한 몸짓이나 특정한 예식 · 주문 · 조작을 행하는 일이 없다. 질병과 부마를 악령과 결부시키는 일은 있으나 온갖 죄악과 모든 세속 정권과 그 통치자들을 모조리 그렇게 하는 일은 없다. 예수의 치유와 구마는 하느님의 다스림이 다가왔다는, 곧 악마의 지배가 끝장에 이르고 있다는 표징이다. 이런 의미에서 루카(10,18)에 따르면 예수는 사탄이 번갯불처럼 하늘에 떨어지는 것을 보았다. 이렇게 이해할 때 예수의 악령 추방이야말로, 악령 지배로부터의 인간 해방이야말로 무슨 신화적 행적을 뜻하는 것이 아니라 인간과 세계를 진정한 인간성과 피조물성으로 해방하는 탈악령 · 탈신화의 일환을 뜻한다. 하느님 나라란 치유된 피조물계다. 예수는 부마자를 정신적 강박에서 해방하고 정신장애 · 귀신신앙 · 사회 추방의 악순환을 타파한다.

3) 마지막으로 다른 기적 사화들도 적어도 어떤 **역사적 계기**가 있었다고 할 수 있다. 예컨대 풍랑을 가라앉혔다는 설화(마르 4,35-41)는 조난을 당하여 기도와 절규 끝에 구출된 일에서, 물고기 입의 은전을 찾게 했다는 설화(마태 17,24-27)는 물고기를 잡아 성전세를 바친 일에서 유래했을 수도 있으리라. 물론 이것은 짐작일 뿐 실제의 계기를 재구성하기란 이미 불가능하다. 애당초 설화자들 자신도 그런 일에는 아무 관심도 없었다. 그들의 관심사는 증언, 그리스도로서의 예수를 되도록 인상적으로 증언하자는 것이었다.

이렇게 본다면 실제 사건이 40~70년간 입으로 전해져 내려오면서 부연 · 윤색 · 과장되었다 해서 놀라운 일인가. 이런 일이 어디 고대 동방에서만 예사로 있었던가.

증거 아닌 천명

기적이란 있을 수 없는 일이라고 전제하지 않더라도 사학적 연구로는 이 정도 이상의 결론이 나오지 않는다. 여기서 정작 중요한 것은 기적의 가능성 여부가 아니다. 엄밀한 의미의 기적을 주장하는 사람은 물론 입증책임이 있다. 그리고 자연법칙의 침해라는 엄밀한 근대적 의미의 기적이 사학적으로 입증될 수는 없다. 따라서 오늘에는 대개의 경우 차라리 '기적'이라는 표현을 피하는 것이 나으리라. 또 이것이 알고 보면 신약성서와도 상당히 부합한다. 호메로스와 헤시오도스 이래의 '기적'에 해당하는 상용 그리스어('타우마'θαῦμα)는 한 번도 나타나지 않고 라틴어 '불가타Vulgata 역譯'에서도 신약성서에는 '미라쿨룸'miraculum이라는 개념이 사용되지 않는다. 그러므로 신약성서, 특히 요한 복음서로 되돌아가서 '표징' 또는 '표적'('세메이온'σημεῖον)이라는 낱말을 쓰는 것이 나으리라.

이것은 상징성을 띤 은사(카리스마)적 — 의학적이 아닌 — 치유·구마 행적을 가리킨다. 물론 이런 행적 자체로 예수와 다른 비슷한 은사적 행적자들이 구별되는 것은 아니다. 이런 행적을 종교사에서 유례가 없다고 입증할 수는 없다. 비교나 오해의 여지도 없이 유독 예수 자신에게만 해당되며 다른 누구에게도 해당되지 않는다고 할 수는 없다. 그러나 이런 행적을 보고 적어도 그때 사람들은 놀라워하고 있었다. 그것도 너무나 놀란 나머지 예수는 그보다 더 큰 일도, 아니 결국은 무슨 일이라도 다 할 수 있다고 믿었다. 특히 예수 사후에는 시간적 거리에 비추어 예수의 행적을 아무리 찬양해도 오히려 부족하다고 여겼다.

결국 예수는 일종의 의학 이론·치료 과학을 시술하던 하나의 임상의臨床醫? '크리스천 과학' 운동은 사실상 나자렛 예수를 '크리스천 과학'의 첫 이론가이자 실천가라고 보고 있다. 예수를 신앙의 힘에 의한 치료라는 새 요법의 귀감이라고. 결국 예수는 모든 불완전, 온갖 — 궁극적으로는 환상으로 특징지어지는 — 질병·고통을 외적 수단의 개입 없이 극복하려 한 영검한 정신요법가?

이런 생각이라면 예수의 은사 행적에 대한 **오해**다. 예수의 치유와 구마는 본격적 또는 계획적으로 시술된 일이 없다. 오히려 흔히 예수는 사람들로부터 물러났고 치유된 사람에게 함구령을 내렸다(마르 1,35-38.44). 예수는 되도록 많은 병자를 낫게 하려던 헬라계 '하느님의 사람' 같은 기적가가 아니다.

본디 소박한 설화의 골자인즉 하느님으로부터 오는 예수의 권위다. 예수는 자기 소명, 자기에게 충만한 성령, 자기가 선포하는 소식이 자기의 은사 행적으로 확인되고 있다고 보았고 그 때문에 친척과도 신학자들과도 사이가 나빠졌다(마르 3,20-21.22-30.31-35; 참조: 요한 7,20; 8,48.52; 10,21). 중요한 것은 부정적인 면이 아니라 긍정적인 면: 복음서의 관심사는 자연법칙의 침범이 아니라 이런 행적을 통한 하느님 자신의 권능의 실현이다. 예수의 은사적 치유·구마 행적은 그 자체에 목적이 있는 것이 아니다. **하느님 나라를 선포하는**, 예수의 말씀을 해석 또는 강조하는 **구실**을 한다. 예컨대 중풍 병자의 치유는 예수의 사죄권을 입증하기 위함이다(마르 2,1-12). 행적 자체가 본격적·설계적으로 실행되지는 않는다 ― 세계의 변화는 어디까지나 하느님의 일이라고. 본보기·표징으로 일어난다 ― 이미 하느님이 인간 실존의 저주를 축복으로 변화시키기 시작하신다고.

놀라운 치유·구마 행적의 숫자나 정도보다 중요한 사실: 예수는 **아무도 돌보지 않는 사람들**을 동정하고 측은히 여겨 돌본다 ― 약자·병자·천민·소외자들을. 그때도 물론 이런 사람들은 천대받고 있었다. 약골·병자라면 귀찮은 존재, 나환자·'부마자'라면 누구나 꺼리게 마련. 경건한 쿰란 승려들은 (또 비슷하게 일부 율사들도) 특정 부

류의 사람들을 처음부터 배척하는 회칙을 충실히 지키고 있었다:

> 미치광이 · 정신이상자 · 천치 · 바보 · 소경 · 불구자 · 절름발이 ·
> 벙어리 · 미성년자 —
> 그중의 누구도 공동체에 입회할 수 없으니
> 거룩한 천사들이 그 속에 있음이니라.

이 모든 사람을 예수는 외면하지 않는다. 어느 누구도 물리치지 않는다. 병자를 죄인 취급하지 않고 고쳐 주며 받아들인다. '건장한 청년에게 탄탄대로를!' — 이것이 예수의 구호는 아니다. 예수는 건강 · 청춘 · 공적의 예찬자가 아니다. 모든 사람을 있는 그대로 사랑한다. 또 그래서 그들을 도와줄 수 있다: 영육 간의 병자에게 건강을, 약자와 노인에게 힘을, 무능한 자에게 능력을, 가난하고 희망 없는 모든 이에게 희망을, 새 삶을, 장래에 대한 신뢰를. 이 모든 것이야말로 — 단 하나의 자연법칙도 깨뜨리지 않으면서도 — 매우 이례적 · 예외적으로 탄복을 자아내는 기적 중의 기적이었다. 전승(마태 11,5)에 따르면 예수를 어떻게 생각해야 할지를 몰라 심부름꾼을 보내서 물어 온 감옥 속의 세례자 요한에게 예수는 하나의 하느님 나라 비유로써 대답한다. 시詩 형식으로 된 이 대목은 엄밀한 의미의 기적(더러는 심부름꾼 자신이 현장에서 목격했을지도 모르는 사건)의 열거가 아니라 하나의 메시아 찬가다. 쿰란과는 얼마나 대조적인가:

> 소경들이 보고 절름발이들이 걸으며

나병환자들이 깨끗해지고 귀머거리들이 들으며
죽은 이들이 일으켜지고 가난한 이들이 복음을 듣습니다.

이 대목이 말해 주는 뜻: 다가오는 하느님 나라의 놀라운 효과는 지금 이미 실감될 수 있다. 하느님의 미래는 이미 현재에도 영향을 주고 있다. 그렇다고 세상 자체가 이미 달라진 것은 아니다 — 먼저 하느님 나라가 오리라. 그러나 예수를 통하여, 예수의 말씀과 행적을 통하여 하느님의 권능이 이미 빛을 발하기 시작했다. 예수는 병을 낫게 한다면, 하느님의 영에 의하여 악령을 몰아낸다면, 그렇다면 **예수 안에 또 예수와 더불어** 하느님 나라는 이미 왔다(마태 12,28 참조). 예수의 행적으로 하느님 나라가 이미 세워진 것은 아니다. 그러나 예수의 행적으로 나타난 **표적** 속에 다가오는 나라가 뚜렷이 빛나고 있다. 상징적·구체적·전형적 예표 속에 우리가 '구원'이라고 부르는 저 결정적·포괄적인 영육 간의 복지! 이런 의미에서 예수는 말할 수 있었다: "하느님 나라는 이미 여러분 가운데 있습니다"(루카 17,21).

기적이란 자연법칙에 어긋나는 하느님의 개입이라는 초자연주의 기적관도, 자연법칙과 공명하는 삼라만상이 모두 기적이라는 보편 종교적 해석도 지지르는 정작 고약한 잘못: 이들은 기적을 예수와 예수의 말씀에서 분리시킨다. 신약성서 기적 보도를 이해하는 열쇠는 (역사적으로 검증될 수 없는) 자연법칙 침해나 (문제시되어서는 안 될) 하느님의 보편적 세계 지배가 아니고 예수 자신이다. **예수의 말씀에 터해서만** 예수의 은사 행적은 **뚜렷한 의미**를 띤다. 바로 이 때문에 저 세례자 요한에 대한 대답에서 예수의 복음 선포가 다가오는 나라의 표징 열거(마태 11,5)로 절정을 이루며 예수 자신에게 걸려 넘어지지 않는 사람이 복되다는 선언(마태 11,6)으로 끝난다. 예수의 은사 행적은 예수의 말씀을 천명한다. 또 거꾸로 예수의 말씀에 비추어 해석될 필요가 있다. 예수의 말씀에 터해서만 예수의 행적은 믿음성이 있다.

예수는 말만 하지 않고 질병과 불의의 현장에도 개입했다. 설교의 권위만이 아니라 치유의 은사도 있었다. 예수는 **전도사 · 조언자**인 동시에 **치유자 · 협력자**였다.

여기서도 예수는 제관 · 신학자 · 항쟁가 · 승려와 달랐다. 권위를 지닌 분으로서 가르쳤다(마르 1,22). '이게 웬일일까? 권위 있는 새로운 가르침이다!' — 이것이 마르코(1,27)에 따르면 첫 기적 후 사람들의 자문이다. 혹은 날카롭게 거부당하고 심지어 마술을 부린다는 모함까지 당하는가 하면 혹은 하느님의 권위와 마주치는 인상을 주는 그런 것이 예수에게서 시작되고 있었다: 용서와 회개만이 아니라 육신의 구제와 해방, 세상의 변화와 완성도 내포하는 하느님의 나라가. 이렇게 예수는 말로나 행동으로나 다가오는 하느님 나라의 전도사만이 아닌 보증자로 나타난다. 그렇다면 이제 물어보아야겠다: 예수의 규범은 무엇인가?

3
최고 규범

지적된 모든 제약 조건에 터하여 제기되는 절실한 물음: 정작 인간이 고수해야 할 것은 무엇인가? 체제를 수호하지는 않겠다면, 그렇다고 혁명을 지지하지도 않겠다면, 내적이든 외적이든 탈속을 결심하지도 않겠다면, 또 도덕적 타협도 거부하겠다면 ― 그렇다면 대체 무엇을 어떻게? 이 직교좌표 위에 제5의 상한이란 없다면 무엇을, 무슨 법칙을 따를 것인가? 대체 여기서 규범이, 최고 규범이 되어야 할 것은 무엇인가? 그때나 이제나 근본적으로 중요한 물음: 예수에게 정작 중요한 것은 무엇인가?

자연법도 계시법도

최고 규범은 본성적 도덕률, 곧 **윤리적 자연법이 아니다**. 이 점을 간단히나마 밝혀 둔다는 것은 예수 그리스도의 권위를 내세우는 한 중요한 교황 회칙이 '인공적' 산아조절의 반윤리성의 근거를 이런 자연법에서 찾을 수 있다고 주장한 때인만큼 전혀 부질없는 일만도 아니리

라. 예수는 이른바 확실히 인식될 수 있고 따라서 만인에게 구속력이 있다는 불변의 본성에서 출발하여 자기주장을 정당화한 일이 없다. 이것을 단순히 신학적 반성의 결여 탓이라고만 할 수 있는가. 애당초 예수의 관심사는 추상적 인간 본성이 아니라 구체적 인간 각자다.

최고 규범은 계시된 신법, 즉 **실정법적 계시법도 아니다**. 예수는 모세 · 차라투스트라 · 무함마드 같은 전형적 율법 종교의 옹호자가 아니다. 이들 종교에서는 (중국이나 스토아 사상에서처럼) 영원한 우주 법칙은 아니라도 모든 생활 영역을 지배하는 계시법이 일상생활을 규제하게 되어 있다. 예컨대 이슬람교에서는 책(쿠란)의 형태로도 이런 계시법이 존재한다: 하느님과 함께 선재先在하는 이 계시법이 이미 무함마드 이전부터 다른 예언자들을 통하여 만인에게 전달되었으나 그 후에 왜곡되고 말았다가 마침내 무함마드가 예수 후의 마지막 예언자, '예언자의 봉인封印'으로서 내림하여 이 태초의 계시를 재확립했다고.

물론 교회사상 거듭 예수는 '새 입법자'로, 복음은 '새 율법'으로 제시되어 왔다. 그리고 분명히 예수는 바리사이파(초기 유다교)의 율법주의를 공격하면서 구약의 율법 자체까지 배격한 것은 아니다. 예수 당시의 경건한 율법 준수 정신을 널리 만연되어 있던 율법주의(법률 만능주의)와 혼동해서는 안 된다. 그 자체로 보면 율법은 섭리하시는 하느님의 뜻을 알려 준다. 그 자체로는 하느님의 호의와 선의를 알려 주고 하느님의 자기 백성에 대한 은총과 사랑을 적어 증언하며 개개의 행위만이 아닌 마음을 요구한다. 예수는 자신의 복음 선포로 율법을 대신하려 하지 않았다. 율법을 ─ 이미 본 바와 같이(148-165) ─ 폐지하러가 아니라 완성하러 온 예수였다(마태 5,17). 예수는 무법을 옹호하는 무정부주의자가 아니다.

그렇다고 예수에게 율법이 어떤 면제 사유의 여지도 없는 최고 규범은 아니다. 그렇지 않다면 예수라고 감히 율법 위에 올라서려 했으랴. 그러나 — 역시 이미 본 바와 같이 — 분명한 사실: 예수는 과연 율법 위에 있었다. 그것도 구전('할라카' = 조상들의 전통)만이 아니라 성서('토라' = 모세오경) 자체 위에. 예수는 구전의 구속력을 일체 배격했다. 말로나 행동으로나 예배적 정결 규정과 단식 규정, 특히 안식 규정을 위반했고 이 모든 언행으로 말미암아 — 이미 설명한 바와 같이 — 바리사이들의 맹렬한 반감을 샀다. 이런 구전 '할라카'의 거부는 또 물론 '토라' 자체와도 사실상 직결되었다. 조상들의 전통이란 어디까지나 모세율법의 해석일 따름이라고 전제되고 있었기 때문이다 — '토라'에 규정된 깨끗한 음식과 더러운 음식(예컨대 레위 11장; 신명 14,3-21; 참조: 마태 15,11-20)이나 안식일(신명 5,12-14; 참조: 마르 2,27)을 상기해 보라. 이런 모세율법과 직접 정면으로 대립하여 예수는 이혼을 금하고(마르 10,2-9.11-12; 참조: 신명 24,1-4) 맹세를 금하고(마태 5,33-37) 복수를 금하고(루카 6,28) 원수 사랑을 명했다(마태 5,44).

예수의 율법 비판은 예배 비판으로 더욱 강화되었다. 대부분의 동족과 달리 예수는 성전을 영원한 것으로 여기지 않았다. 성전의 파괴를 예상하고 있었고(마르 13,2) 구원의 때에 옛 성전을 대신할 새 하느님의 성전이 이미 마련되고 있다고 했다(마르 14,58 참조). 그러면서 일반적으로 제사가 가장 중요한 것은 아님을 강조할 뿐 아니라(마르 12,33) 제사에 앞서 화해부터 하라고 요청했다(마태 5,23-24).

구약 율법에 대한 예수의 비판은 예사로 넘길 일이 아니었다. 예수는 비단 율법의 특정 조항을 달리 해석하기만 한 것이 아니다 ― 그런 일은 바리사이들도 했다. 또 비단 율법의 특정 조항을 근본적으로 (분노가 이미 살인이며 음욕이 이미 간음이라고) 강화 또는 철저화하기만 한 것도 아니다 ― 그런 일은 쿰란 수도원의 '의로움의 스승'도 했다. 그렇다, 예수는 남달리 자유롭게 언제 어디서나 옳다고 생각하면 서슴없이 율법 위에 올라섰다.

표현형식 그대로가 예수의 친언은 아니라 하더라도 지나치게 회의적인 비평이 아니고서는 의심할 수 없는 점:

○ '그러나 나는 여러분에게 말합니다'라는 산상 설교의 대구對句 형식에서도

○ '진실히(아멘) 나는 여러분에게 말합니다'라고 '아멘'이라는 말을 문장 첫머리에서 사용하는, 다른 누구에게서도 유례를 볼 수 없는 발설發說 형식에서도

예수에 의한 율법의 근본적 비판, 아니 지양적 쇄신이 엄밀히 표현되고 있는 동시에

율법 신학자들의 권위도 또 예언자들의 권위까지도 훨씬 초절하는 예수의 권위 주장 문제가 대두되고 있다(265-271).

무릇 '토라' 전체를 하느님으로부터 온 것이라고 인정하면서 예외적으로 이러저러한 조항은 하느님으로부터가 아니라 모세로부터 온 것이라고 주장하는 사람이라도 그때 사람들의 판단에 따르면 야훼의 말씀을 경시하는 사람이었다. 하물며 율법의 의로움보다도 '더 나은 의로움'(마태 5,20)이 있을 수 있다고? 이미 첫 복음서의 처음부터 보도

되듯이 예수의 청중들은 예수의 가르침이 율사들의 그것과는 다르다고 어리둥절해하고 있었다(마르 1,22).

율법도 아닌 하느님의 뜻

예수는 결국 무엇을 원했던가? 이미 분명해졌다: 하느님의 일을 옹호하자 — 이것이 하느님 나라의 도래를 선포하는 예수의 의도다. 마태오의 '주님의 기도'에서는 하느님의 거룩한 이름이 드러나고 하느님의 나라가 오기를 비는 기도가 하느님의 뜻이 이루어지기를 비는 기도로 연장된다(6,9-10). 하느님이 하늘에서 뜻하시는 것, 그것을 땅에서 실행하라 — 이것이 곧 다가오는 하느님 나라가 지금 여기서 인간에 대한 요청으로 이해될 때 말해 주는 의미다. 하느님의 뜻이 이루어지기를! 이것을 예수 자신은 자신의 수난에 이르기까지 실행했다: "아버지의 뜻이 이루어지게 하소서"(마태 26,42; 참조: 루카 22,42). 이것은 또 예수를 따르기 위해서도 실행해야 한다: "하느님의 뜻을 받들어 행하는 사람이야말로 내게는 형제요, 자매요, 어머니입니다"(마르 3,35); "나더러 '주님, 주님' 하는 사람마다 하늘 나라에 들어가는 것이 아니고 하늘에 계신 내 아버지의 뜻을 행하는 사람이라야 들어갈 것입니다"(마태 7,21; 참조: 마태 21,28-37). 따라서 오해의 여지도 없이 신약성서 전반에 걸쳐 확인되거니와 최고 규범은 **하느님의 뜻**이다.

하느님의 뜻을 행하라 — 이것이 많은 경건자들에게는 경건한 공식이 되어 있었다. 그들은 하느님의 뜻을 율법과 동일시했다. 하느님의 뜻을 행하라는 예수의 말씀이 매우 철저한 요청의 말씀임을 인식하자면 먼저 알아야 할 일: 여기서 하느님의 뜻이란 기록된 율법과 동일한 것이 아니다. 더구나 율법을 해석하는 전통과 동일한 것은 더욱 아니다. 율법이란 하느님의 뜻을 알려 줄 수도 있는 그만큼 하느님의 뜻을 은폐하는 수단이 될 수도 있다. 그래서 율법은 자칫 **율법주의** 자세를 낳기 쉽다: 율법이란 은총과 하느님 뜻의 표현이라는 라삐들의 말에도 불구하고 널리 퍼져 있던 그런 자세를!

율법은 안심을 준다. 무엇을 지켜야 할지를 알려 주기 때문이다. 더도 덜도 말고 꼭 율법대로만 지켜 나가면 때로는 부담스러울 수도 있지만 때로는 그야말로 편리하다. 오직 명령되어 있는 것만 내가 행하면 된다. 금지되어 있지 않은 것은 내가 얼마든지 행해도 무방하다. 개개의 사례에서 율법에 저촉되기 이전에 하거나 아니할 수 있는 일이 얼마나 많은가! 어떤 율법도 모든 가능성을 고려하고 모든 사례를 망라하여 모든 공백을 메꿀 수는 없다.

하기야 한때는 의미가 있었으나 어느새 의미를 잃고만 과거의 (윤리나 교리에 관한) 율법 규정을 인위적으로 새로운 생활 조건에 적용하거나 인위적으로 거기서 달라진 상황에 상응한 어떤 결론을 이끌어 내려고 거듭 애를 쓰기는 한다. 율법의 조문이 하느님의 뜻과 동일한 것이라면 이것이야말로 유일한 길인 셈이다: 율법 해석과 율법 적용에 의한 율법 축적! 구약의 율법으로는 613개조(『로마교회법전』*Codex Iuris Canonici*으로는 2,414개조)를 헤아린다.

그러나 법망이 세밀해질수록 구멍도 많아지고 명령·금령이 늘어날수록 결정적으로 중요한 것은 감추어진다. 더구나 율법 전체도 개개의 조항도 오로지 그것이 규정되어 있다는, 거기에 따르는 결과가 두렵다는 이유에서만 지켜질 우려도 있다: 그런 규정이 없었던들 행하지도 않았으리라고. 거꾸로 정작 해야 할 많은 것들이 해당 규정이 없고 따라서 아무도 강제할 수 없다는 이유만으로 행해지지 않을 수도 있다 — 강도의 피해자를 보고도 지나가 버리는 예화의 제관과 레위처럼(루카 10,31-32). 이리하여 권위도 복종도 형식화된다. 무엇이든지 율법이 명하기 때문에 행한다. 그리고 그런 의미에서 원칙적으로 어느 명령 또는 금령이든 중요성이 한결같다. 무엇이 중요하며 무엇이 중요하지 않은지 구별할 필요가 없다.

율법주의의 이점으로 말하면 예나 이제나 대단하다:

○ 어째서 그처럼 많은 사람들이 다른 **사람**에 대하여 스스로 결단을 내리기보다 차라리 율법 지키기를 택하는가는 쉽사리 알 만하다. 그렇게 하지 않는다면 명령이 없는데도 내가 해야 할 일, 금령이 없는데도 내가 하지 말아야 할 일이 얼마나 많으랴고. 그러나 그렇게 하면 한계는 분명하다고. 또 그렇게 하더라도 개개의 사례에 있어서는 언제나 토론의 여지가 있게 마련이라고 — 참으로 율법의 침해 행위가 있었던가: 참으로 그것이 혹은 이미 간음이었던가 혹은 직접 맹세였던가 혹은 바로 살인이었던가 …! 간음이 이미 율법으로 금지되어 있다 해서 음탕한 모든 사언 행위가 간음 행위로, 거짓 맹세가 직접 율법의 침해라 해서 온갖 사소한 거짓도 거짓 맹세로, 살인이 바로 율법에 어긋난다 해서 악의에 찬 생각마저 모두 살인 행위로 처벌되는 것이 아님은 누구나 아는 사실이라고. 내가 나 혼자서 행하는 것, 내가 내 마음속에서 생각하고 욕구하고 원하는 것, 그것은 나의 일이라고.

○ 마찬가지로 어째서 그처럼 많은 사람들이 **하느님** 자신과 관련해서

도 율법 지키기를 더 좋아하는지 역시 쉽사리 알 만하다. 이렇게 함으로써 내가 언제 나의 의무를 다했는지를 정확히 알게 된다고, 그래서 상당한 공적을 이루었다면 또 상당한 보수도 기대할 수 있다고 ― 나아가 나의 의무 이상으로 행한 공적이 있다면 특별한 상급까지도. 이렇게 함으로써 나의 공로의 차변과 대변을 정확히 계산할 수 있고 도덕적 결손을 초과 선업으로 충당하여 결국은 벌이 상으로 상쇄되게 할 수 있으리라고. 이것이 경우 바른 분명한 계산이며 하느님과의 관계를 아는 것이라고.

그러나 바로 이런 율법주의 자세를 예수는 **통박**한다 ― 물론 율법 자체가 아니라 율법이 벗어나야 할 율법주의, 특히 율법주의 경건자의 전형적 자세인 **타협**을. 한쪽은 하느님의 율법이고 다른 쪽은 인간의 율법 공적인 그런 인간 은폐의 방벽을 예수는 무너뜨린다. 인간이 율법주의로 율법의 참뜻을 회피하는 것을 예수는 용납하지 않고 인간의 공로를 인간의 손에서 앗아 버린다. 율법의 문자를 하느님의 뜻 자체에 따라 측정하고 그럼으로써 인간을 해방·축복하는 방식으로 직접 하느님 앞에 세운다. 사람의 하느님과의 관계는 사람이 하느님 앞에 자기를 내세울 수 있는 그런 법전화한 권리·의무 관계가 아니라고. 사람이 복종해야 할 것은 단순히 율법이 아닌 하느님 자신이라고: 하느님이 바로 인간 각자에게 원하시는 그런 하느님의 뜻이라고.

그래서 예수는 유식한 신론의 전개도, 보편적 도덕 원리의 선포도, 새로운 율법 체계의 도입도 피한다. 모든 생활 영역을 위한 지침을 일일이 제시하지 않는다. 예수는 **입법자가 아니다**. 입법자가 되려 하지도 않는다. 낡은 율법 질서를 새삼 의무화하거나 모든 생활 영역을 포괄하는 새로운 율법을 제정하지도, 윤리신학이나 행동 법전을 편성하지도 않는다. 어떻게 기도하고 단식하며 성시聖時와 성소聖所를 존중해야 하느냐에 관하여 도덕적으로든 예식적으로든 어떤 조례도 마련하지 않는다. '주님의 기도' 자체도 단 한 마디라도 의무적 기도 형식으로 선포된 것은 아니다. 첫 복음사가 마르코는 아예 전하지도 않는 이 기도문은 루카(11,2-4)의 (아마 원문인) 그것과 마태오(6,9-13)의 (보충된) 그것과 달리 편성되어 있다. 글자 그대로 따라 외우는 기도문에 예수는 아무 관심도 없다. 그리고 바로 사랑의 계명이야말로 새 율법이라고 할 수는 없다.

예수는 어떤 결의론이나 율법주의와도 상관없이 어떤 인습에도 구애되지 않고 전혀 구체적으로 직접 인간 각자에게 **하느님 순종**을 촉구한다. 하느님께 온 삶을 고스란히 바치라고. 예수의 호소는 단순하고 투명하며 해방적이다. 어떤 권위나 전통에 대한 논증도 없이 변형된 삶의 실례·표지·징조를 지적한다. 크게 유익한 지침을 제시하면서 어떤 조건이나 단서도 없이 흔히는 지나치게 날카로운 표현도 서슴지 않는다: 눈이 죄를 짓게 하거든 빼어 버리라고(마르 9,47); 말이란 그러면 그렇다, 아니면 아니라고만 하라고(마태 5,37); 먼저 형제와 화해부터 하라고(마태 5,24) …. 이런 훈시들을 자기 삶에 적용하는 것은 각자가 스스로 실행할 일이다.

산상 설교의 의미

마태오와 루카가 예수의 윤리적 요청 — 주로 어록 원전Q(96-100)에서 나온 단구短句와 어군語群 — 을 수록한 **산상 설교**는 하느님의 뜻을 철저히 엄숙하게 받아들이자는 데 목적이 있다. 산상 설교는 그리스도인에게도 비그리스도인에게도, 프랑스혁명의 자코뱅 당원들과 사회주의자 카우츠키에게도, 톨스토이와 알베르트 슈바이처에게도 거듭 새삼 큰 요청이 되어왔다.

하느님의 뜻이 이루어지기를! — 이것이 산상 설교의 공통분모다. 하느님의 뜻을 상대화시키던 때는 지났다고. 요청되는 것은 경건한 열광이나 순수한 내면성이 아니라 자세와 행동에 있어서의 하느님의 뜻에 대한 순종이라고. 사람은 가까이 계시는, 다가오시는 하느님 앞에 스스로 책임이 있다고. 조건없이 단호하게 하느님의 뜻을 행함으로써만 사람은 하느님 나라의 약속에 참여하리라고.

하느님의 해방적 요청은 근본적으로 철저하다. 어떤 결의론적 타협도 용납하지 않는다. 세속 한계와 율법 체계를 뛰어넘고 깨뜨린다. 산상 설교 요청의 본보기들은 단순히 율법적 한계선을 긋는 것이 아니다. 이를테면 왼뺨마저 대어 주기만 하라, 이천 걸음까지 함께 가 주기만 하라, 겉옷도 벗어 주기만 하라 — 바로 그만큼이 훌륭한 형제애의 한계다 하는 그런 뜻이 아니다. 하느님의 요청은 사람의 큰 도량을 촉구한다. 보다 많은 것을 요구하는 경향이 있다. 아니 무조건·무한정·전부를 겨냥한다. 하느님이 한정된, 조건부의, 형식적인 — 무엇이 명령 또는 금지되어 있느냐는 이유에서만의 — 순종으로 만족하실 리가 있는가. 그런 순종이라면 권리와 율법의 온갖 세칙을 다 모아서도 포착할 수는 없는, 실상 인간의 근본 자세를 결정짓는 궁극 실재를 배제하는 셈이다. 하느님은 더 큰 것을 요구하신다. 반만이 아닌 온 뜻을. 통제할 수 있는 외면만이 아니라 통제할 수 없는 내면도 — 인간의 마음을. 좋은 열매만이 아닌 좋은 나무를(루카 6,43-44; 마태 7,16.18). 행위만이 아닌 실존, 무엇인가만이 아닌 나 자신, 고스란히 나 자신을.

이것이 율법과 하느님의 뜻을 대립시키는 산상 설교의 놀라운 대구對句가 말해 주는 의미다: 간음 · 거짓 맹세 · 살인만이 아니라 본디 율법이 개입할 수조차 없는 음란한 지향, 불성실한 생각이나 말, 적의를 품는 태도도 하느님의 뜻에 어긋난다고. 산상 설교를 어느 일면에 **만** 한정시켜 해석함은 절대적인 하느님의 뜻을 위축 · 약화시킴을 뜻한다. 산상 설교가 요구하는 것은 어느 일면**만**이 아니다: 더 나은 율법 준수**만**도, 새로운 지향**만**도, 홀로 외로운 예수에 비추어 죄를 바라보는 양심 성찰**만**도, 완덕에로 부름받은 사람들에게**만** 해당하는 것도, 그 당시**만** 위한 것도, 당분간**만** 유효한 것도 ….

후대의 교회가 예수의 철저한 요구를 지켜 내기가 얼마나 어려웠던가는 이미 마태오의 공동체(시리아의 팔레스티나인 교회?)가 그 철저성을 **완화**시킨 데서도 역력하다:

○ 예수에 따르면 어떤 성도 내지 말라는데(마태 5,22a) 마태오에 따르면 적어도 '바보'나 '어리석은 놈' 같은 특정한 욕설을 말라고(마태 5,22b);

○ 예수에 따르면 아예 맹세란 말고 그저 시시비비로만 일관하라는데(마태 5,34a.37) 마태오에 따르면 적어도 특정 형태의 맹세는 피하라고(마태 5,34b-36);

○ 예수에 따르면 이웃의 잘못을 조심스럽게 꾸짖고 개전하면 용서

하라는데(루카 17,3) 마태오에 따르면 그런 경우에는 적법 절차를 따르라고(마태 18,11-17);

○ 예수에 따르면 남편에게 — 법적으로 현저하게 불리한 지위에 있던 아내를 보호하기 위하여 — 이혼이 무조건 엄금되는데(루카 16,18; 마르 10,11) 마태오에 따르면 적어도 아내의 음행이 드러난 경우에는 예외가 인정된다고(마태 5,32; 19,9).

이 모두가 그저 둔화 경향? 여기에 적어도 종말 임박설이 이미 영향력을 잃은 일상생활 속에서 예수의 절대적 요청의 영속적 효력을 보존하려는 정직한 노력도 있었다는 것만은 알아볼 수 있다.

예컨대 **이혼**을 생각해 보라. 예수는 전혀 유다인답지 않게도 부권父權 중심의 모세율법을 거슬러 명확한 논리로 이혼을 엄금했다. 혼인은 하느님이 맺어 주시는 관계이며 따라서 하느님이 짝지어 주신 것을 인간이 갈라놓는 것은 하느님의 뜻이 아니라고(신명 24,1-4; 참조: 마르 10,9). 샴마이와 힐렐의 두 학파가 격론을 벌이던 문제, 곧 아내를 소박할 수 있는 이유는 성관계의 과오뿐이냐(샴마이) 아니면 예컨대 음식을 태우는 것까지도 포함한 사실상 남편의 의사에 따른 모든 사유냐(힐렐 — 이것이 필론과 요세푸스에 따르면 통례였다) 하는 것은 예수에게 아무 의미도 없었다. 예수의 관심사는 결정적으로 중요한 것에 있었다. 그러나 물론, 종말의 지연에 봉착하여 절실해진 문제, 즉 하느님의 절대적 요청에도 불구하고 어떻게든 혼인은 파탄에 이르렀고 그래도 계속 살아가기는 해야겠고 그래서 어쩌면 좋으냐 하는 것은 예수에 의하여 대답된 바 없었고 바야흐로 대답이 필요하게 되었다. 이리하여 혼인의 단일성을 보존하라는 예수의 절대적 요청은 하나의 법규로 이해되기에 이르렀고 또 따라서 점점 더 법적으로 엄밀히 고정되어 갈 수밖에 없었다: 남편의 이혼과 재혼 금지 외에도 헬라 문화의 법적 상황을 감안하여 아내의 이혼 금지, 혼혼混婚을 위한 예외 규정(1코린 7,10-16), 쌍방의 재혼 금지(루카 16,18; 마르 10,11-12)를 추가하고 또 한편 간음을 예외적 이혼 사유로 인정하기도 하고(마태 5,32; 19,9) …. 이렇게 또다시 결의론을 구사하여 특수 사례를 법적으로 규정하면서 문제를 해결해 나갈 수밖에.

어떻든, 법률가는 아닌 예수 자신은 자신의 절대적 요청을 각자의 처지에 따라 적용하도록 각자에게 맡겼다. 이것은 예컨대 **재산** 문제에서도 역력하다. 나중에 또 보려니와(240-246) 예수는 누구나가 다 재산을 포기하거나 공유하도록 조처하지는 않았다: 혹은 가진 것을 다 팔아 가난한 이들에게 줄 수도 있고(마르 10,21) 혹은 반만 나누어 줄 수도 있으며(루카 19,8) 또 혹은 꾸어 줌으로써 남을 도울 수도 있다(루카 6,34-35). 혹은 하느님의 일을 위하여 마지막 한 푼까지 내놓을 수도 있고(마르 12,41-44) 혹은 봉사와 원호 활동을 할 수도 있으며(마르 10,42-45) 또 혹은 일견 어리석은 낭비를 감행할 수도 있다(마르 14,3-9). 여기서 법적으로 규정되는 것이라고는 아무것도 없다. 또 따라서 율법의 예외나 면책도 특권이나 면제도 필요 없다!

산상 설교는 상황 법칙만이 지배 원리인 양 생각하는 그런 피상적 상황 윤리에 목적이 있는 것이 아니다. 상황이 매사를 좌우해야 하는 것은 아니다. 그보다 주어진 상황에서, 인간의 모든 것을 요구하시는 하느님 자신의 절대적 요청이 매사를 좌우해야 한다. 하느님 나라라는 궁극·최종 실재에 비추어 인간의 근본 변화가 요망되는 것이다.

3장

사람의 일

요망되는 근본 변화 — 그것은 스스로 참여하는 사람만이 이해하는 새로운 탄생이다. 그러므로 혹은 소크라테스가 호소한 것처럼 올바른 행동을 위한 올바른 사고 과정에 의해서, 혹은 공자가 모색한 것처럼 본성적으로 선한 인간의 교화에 의해서 이루어지는 그런 변화만이 아니다. 또 혹은 명상의 고행자 싯다르타가 '깨달음'[覺(보리菩提)]의 길을 닦아 '깨달은 이'[覺者(불타佛陀)]가 된 것처럼, 번뇌의 연기緣起를 깨닫고 벗어나 마침내 해탈의 경지['니르바나'(涅槃)]에 이르고자 한 것처럼, 이렇게 관조에 의해서 이루어지는 그런 변화도 아니다. 예수에 따르면 근본 변화는 사람이 하느님의 뜻에 투신함으로써 이루어진다.

1
사람의 사람대접

예수는 다른 사람, 새 인간을 기대한다. 철저한 의식 변화, 근본적으로 다른 자세, 사고와 행동의 전혀 새로운 방향을.

의식 변화

예수는 근본적으로 **인간 생활 전체가 하느님을 향하는 태세**를 요망한다. 궁극적으로 두 주인이 아니라 한 주인만을 섬기는 헛갈림 없는 마음을. 세상 한가운데서, 사람들 속에서 사람이 하느님의 다스림을 기다리며 궁극적으로 일편단심을 바쳐야 할 데는 오로지 하느님 한 분뿐, 돈이나 재물도 아니고(마태 6,19-21.24-34; 마르 10,17-27) 권리나 명예도 아니며(마르 10,42-44) 심지어 부모나 친척도 아니라고(루카 14,26; 마태 10,34-39).

예수를 따름에는 평화만 구가하는 것이 용납되지 않는다. 여기서는 칼의 법칙이 지배한다. 이 근본 결단에 임해서는 아무리 친밀한 관계라도 둘째 일로 물러나야 한다. 이 길을 따르는 것이 가족 유대보다도 우선한다. 예수의 제자가 되려면 부모·형제·처자도 자기 자신도 '미워해야' 한다. 자기 자신도! 이런 변화의 진짜 적인즉 경험이 말해 주다시피 바로 나 자신이다. 따라서 곧이어 나오는 결론: 제 목숨을 지키려는 사람은 잃을 것이요 잃는 사람이 얻으리라(루카 17,33; 마태 10,39). 모진 말씀? 풍성한 약속이다.

여기서 **회개** —'메타노이아' μετάνοια(마르 1,15) — 라는 이미 잘 알려진 중심 개념의 의미가 뚜렷해진다. 과거에 이것을 '참회'나 '통회'라고 부른 것은 오해였다. 회개는 굵은 베옷을 입고 재를 둘러쓰고 행하는 외적 고행이 아니다. 혹은 지성을 숭상하거나 혹은 감정을 강조하는 종교적 체험도 아니다! 회개는 의지의 단호한 변화다. 근본적 의식 개조, 새로운 기본자세, 혁신된 가치척도. 전인全人의 철저한 사고 개혁·방향 전환·생활 혁신이다. 죄의 시인, 죄의 참회·고백이 스스로 변하고자 하는 사람에 대한 예수의 요망은 아니다. 문제스러운 과거는 물론 청산되어야 하지만 그것이 예수의 중요한 관심사는 아니다. 참으로 중요한 것은 단 하나, 개선된 미래다. 하느님이 약속·선사하시는 미래를 향하여 철회나 주저의 여지도 없이 — 쟁기에 손을 얹고 뒤돌아보는 일이 없이(루카 9,62) — 돌아서라고. 사람은 용서받고 살아갈 수 있다 — 이것이 하느님과 하느님의 언약에 대한 확고한 신뢰, 구약성서에서부터 이미 **신앙**이라고 불러 온 신뢰에서 나오는 회개다. 이 신앙하는 신뢰, 신뢰하는 신앙은 인도철학이 낳은 석가의 해탈적 관조나 그리스 사상이 낳은 소크라테스의 대화적 사고나 중국 전통이 낳은 공자의 군자적 근신과는 사뭇 다르다.

하느님 자신이 복음과 용서로써 믿음에서 나오는 새 출발인 회개를 가능하게 하신다. 인간의 영웅적 노력이 요구되는 것이 아니다. 사람은 누구나 밭에 묻힌 보물을 발견한 사람처럼, 값진 진주를 얻은 사람처럼 미쁘게 **감사**하며 살아갈 수 있다(마태 13,44-46). 새삼스레 율법 압박과 공적 강박에 예속되어서는 안 된다. 물론 본분은 다해야 하나 본분만 다했다고 훌륭할 것은 없다(루카 17,10). 훌륭한 본보기가 되는 것은 충실한 종보다도 오히려 어린이다. 이유인즉: 이른바 때 묻지 않은 동심을 낭만적 이상으로 삼아야 하기 때문이 아니라 속수무책인 어린아이는 주는 대로 도움을 받고 미쁜 마음으로 자기를 내맡기기를 당연히 여기기 때문이다(마르 10,15). 정작 훌륭한 자세는 그러므로 어린이처럼 고마워할 줄 아는, 집에서 머물며 충실히 일해 오고도 결국은 도리어 잃은 아들이 된 큰아들처럼(루카 15,29) 늘 보수를 — 은급도 — 추구하지는 않는 그런 자세다. 인간은 상벌을 이유로 행동해서는 안 된다.

상벌이 윤리 행위의 동기가 되어서는 안 된다 — 원시적 행복설(Eudaimonismus)에 대한 칸트의 반발은 옳았다. 그러나 물론 인간은 스스로 책임 의식을 가지고 행동해야 한다 — 자기의 모든 사언 행위가 하느님의 미래, 하느님의 최종 결정('최후 심판')을 향하여 나아가도록. 무릇 인간이 행한 무슨 일이든 — 목마른 사람에게 고작 물 한 그릇 준 일도(마태 10,42) 공연히 지껄인 말 한마디까지도(마태 12,36) — 사람에게는 아득한 옛일일지언정 하느님에게는 언제나 지금의 일이다.

이런 책임성은 율법에 예속된 경건자들의 근엄성과 아무 상관도 없다. 예수의 회개 호소는 **기쁨**에의 호소다. 산상 설교가 새로운 의무의 나열로 시작되는 줄로 생각하는가. 아니다. 행복 선언으로 시작된다(마태 5,3-12). 침통한 성인이란 예수에게는 매양 침통한 성인일 뿐이다(마태 6,16-18 참조). 하느님이 너그러우시다고 성낼 까닭이 있느냐는 것이 품삯 받는 포도원 일꾼들이 들은 말씀이다(마태 20,15). 그처럼 경우 바른 형님은 잃었던 동생이 아버지에게로 돌아온 것을 반가워하고 기뻐했어야 마땅하다(루카 15,32). 사람이 죄 많은 과거를 떨치고 오롯이 하느님께로 돌아오는 것, 그것이야말로 하느님에게나 사람들에게나 반가운 사건이다. 더구나 당자에게는 해방적 사건이다 — 어떤 율법의 의무도 새삼 부과되지 않는다. 하느님의 뜻에 순종할 때 멍에는 편하고 짐은 가볍다(마태 11,30). 기꺼이 견뎌 낼 수 있다.

그래서 지금까지도 현실 문제로 항존해 왔지만 이제야말로 새삼 절실히 대두되는, 인간 행동·인간 생활의 최고 규범으로서의 하느님의 뜻에 관하여 많이 거론한 다음인 만큼 더욱 분명히 제기되고 또 대답되어야 할 물음: 정작 무엇이 하느님의 뜻인가? 과연 무엇을 하느님은 원하시는가?

무엇이 하느님의 뜻인가

하느님의 뜻은 의심스러운 것이 아니다. 조작될 수 있는 것도 아니다. 지금까지 말해 온 예수 자신의 구체적 요청에서 이미 분명히 드러난 셈: 하느님이 자신을 위하여 원하시는 것은 아무것도 없다. 자신의 이익, 자신의 보다 큰 영광을 원하시는 하느님이 아니다. 하느님은 더도 덜도 말고 인간의 이익을 원하신다. 인간의 진정한 위대함, 인간의 궁극적 존엄성을. 하느님의 뜻이란, 곧 **인간의 복지**다.

성서의 첫 쪽에서 끝 쪽까지 하느님의 뜻은 모든 차원에서의 인간 복지를 겨냥하고 있다. 인간의 결정적·포괄적인 복락, 성서의 용어로 말하면 인간과 인류의 '구원'을. 하느님의 뜻은 돕자는·치유하자는·해방하자는 뜻, 구원 의지다. 하느님은 사람의 생명·기쁨·자유·평화를, 구원을 원하신다: 인간 각자와 인류 전체의 궁극 행복을. 인간의 전면적 해방·속량·만족·행복 ― 이것이 예수의 선포에서 하느님의 절대 미래, 하느님의 승리, 하느님의 나라가 말해 주는 것이다. 그리고 종말 임박설의 지평에서 취한 예수의 관점에서 하느님 뜻과 인간 복지를 근본적으로 동일시할 때 즉각 뚜렷해지는 것: 여기서는 단 한 조각의 새 헝겊도 헌 옷에 대어 기워지지 않으며 새 포도주가 낡은 가죽 부대에 부어지지 않는다(마르 2,22). 여기서 사실상 중요한 것은 어떤 새로운 것이다. 낡은 것에 대해서는 위험한 것이다!

더러들 예수의 자유에서 독단적 방종을 보려 하는 거기서야말로 더욱 힘차게 드러나는 결론: 사람을 떠나서는 하느님이, 하느님을 떠나서는 사람이 보이지 않는다. 하느님을 수락하면서 인간을 거부할 수는 없다. 경건하기를 원하면서 비인간적으로 처신할 수는 없다. 이것이 어디 그리 자명한 일인가 ― 그때나 이제나.

물론 예수는 하느님을 인간관계에 의하여 해석하거나 인간관계에 귀착시키지는 않는다. 인간의 우상화도 인간의 노예화만큼이나 인간을 비인간화한다. 그러나 인간의 인간애는 하느님의 인간애에 터하여 있다. 또 그래서 어디서나 이것이 궁극 기준이 되어야 한다: 하느님의 뜻은 인간의 복지다.

이리하여 많은 것이 다른 빛 속에 드러난다. **인간이 막중해서,**

○ 그래서 예수는 일반적으로 율법을 충실히 지키며 살면서도 율법을 거스르는 행동을 서슴지 않는다.
○ 그래서 예수는 예식의 정확성과 금기화를 책망하며 겉치레의 율법적 정결이 아닌 마음의 정결을 촉구한다.
○ 그래서 예수는 단식 금욕주의를 배격하고 사람 속의 사람으로서 차라리 먹보요 술꾼이라는 평판도 아랑곳하지 않는다.
○ 그래서 예수는 안식일법에 세심한 주의를 기울이기는커녕 사람 자신이 율법의 척도라고 선언한다.

전통·제도·위계의 상대화

그리고 이로써 경건한 유다인이라면 누구나 놀라 자빠질 **걸림돌**도 뚜렷이 드러나지 않는가. 엄청난 상대화: 한 인간이 한 민족의 신성한 전통과 제도를 대수롭지 않게 여기고 있다. 또 이로써 특히 제관·신학자들이 불공대천의 증오심을 품게 된 원인도 역력히 보이지 않는가. 율법 체계와 예배 규정의 상대화: 한 인간이 성직자들의 **위계** 체계를 뿌리부터 흔들어 놓고 있다.
● 예수는 **율법을 상대화**한다. 그리고 이것은 종교·정치·경계·질서 전체, 사회체제 일체를 모조리 상대화함을 뜻한다. 율법도 모든 하느님의 길의 처음이자 마지막은 아니라고. 율법도 그 자체가 목적은 아니고 궁극 기준은 아니라고.
○ 구태의연한 율법 신봉의 경건 행업은 이미 아무 의미도 없다. 율법의 보존과 정확한 율법 엄수가 구원을 보장하는 것은 아니다. 궁

극적으로 율법은 구원의 척도가 못 된다. 율법이 하느님의 좋은 선물임은 부인되지 않더라도 이런 자력 구원적 율법 종교는 지양된다. 여기서 중요한 것은 그 자체로 자명하고도 전통적 견지와는 혁명적으로 대립되는 명제: 사람을 위하여 계명이 있는 것이지 계명을 위하여 사람이 있는 것이 아니다!(마르 2,27 참조).

이것이 뜻하는 것: **인간 봉사가 율법 준수에 우선한다**. 어떤 규범이나 제도도 절대시되어서는 안 된다. 소위 절대적이라는 규범이나 제도에 사람이 희생되어서는 안 된다. 물론 규범과 제도가 간단히 폐지 또는 지양되는 것은 아니다. 그러나 무릇 규범과 제도, 율법과 계명, 기구와 법제, 규칙과 질서, 교의와 교령, 법전과 조례들이란 모두가 그런 것들이 사람을 위하여 존재하느냐 않느냐는 비판 기준에 의존한다. 사람이 율법의 척도다. 이 척도에 의하여 무엇이 옳고 무엇이 그르냐, 무엇이 중대하며 무엇이 사소하냐, 무엇이 건설적이고 무엇이 파괴적이냐, 무엇이 좋은 질서이며 무엇이 나쁜 질서냐가 비판적으로 식별되지 않는가.

하느님의 일은 율법이 아니라 **사람**이다. 절대화한 율법의 자리에 사람 자신이 들어선다: 율법주의 · 제도주의 · 합법주의 · 교의주의가 아닌 **인간 본위**. 그렇다고 사람의 뜻이 하느님의 뜻을 대신하는 것은 아니다. 그러나 하느님의 뜻은 인간관계의 구체적 상황에 터하여 구체화된다.

- 예수는 **성전을 상대화**한다. 그리고 이것은 제사 질서 전체, 엄밀한 의미에서의 전례 · 예배를 모조리 상대화함을 뜻한다. 성전도 모든 하느님의 길의 처음이자 마지막은 아니라고. 성전도 최후가 있고

영원한 것은 아니라고.

○ 구태의연한 성전 참배의 경건 행업은 이미 아무 의미도 없다. 성전의 보존과 정확한 예규 엄수가 구원을 보장하는 것은 아니다. 궁극적으로 성전은 구원의 척도가 못 된다. 성전이 하느님의 좋은 선물임은 부인되지 않더라도 이런 자기만족적 성전 종교는 지양된다. 여기서 중요한 것은 역시 그 자체로 자명하고도 전통적 견지와는 혁명적으로 대립되는 명제: 먼저 형제와 화해부터 하고 나서 제물을 바치러 오라!(마태 5,23-24 참조). 이것이 뜻하는 것: **화해와 평소의 사람 섬김이 하느님 섬김(예배)에 우선한다.**

어떤 제일祭日 준수나 제사 · 전례 · 예배 절차도 절대시되어서는 안 된다. 소위 절대적이라는 의무적 예식 규정이나 관례적 경건 행업에 사람이 제물이 되어서는 안 된다. 물론 예배와 전례가 간단히 폐지 또는 지양되는 것은 아니다. 그러나 무릇 경신과 전례, 의식과 관습, 관례와 의전, 축제와 축일들이란 모두가 그런 것들이 사람을 위하여 존재하느냐 않느냐는 비판 기준에 의존한다. 예배에서도 역시 사람이 척도다. 이 척도에 의하여 예배와 전례에서도 무엇이 옳고 무엇이 그르냐, 무엇이 중대하며 무엇이 사소하냐, 무엇이 건설적이고 무엇이 파괴적이냐, 무엇이 좋은 예배이며 무엇이 나쁜 예배냐가 역시 비판적으로 식별되지 않는가.

하느님의 일은 예배가 아니라 **사람**이다. 절대화한 전례의 자리에 인간 자신이 들어선다: 형식주의 · 예규주의 · 전례주의 · 성사주의 아닌 **인간 본위**. 그렇다고 사람 섬김이 하느님 섬김을 대신하는 것은 아니다. 그러나 하느님 섬김이 결코 사람 섬김을 멀리하는 구실이 될 수는 없다. 하느님 섬김은 사람 섬김에서 그 참됨이 드러난다.

사람에게는 하느님이, 또 따라서 하느님 예배가 결정적으로 중요한 일이라고 말한다면 또 즉시 하느님에게는 사람과 사람의 세계가 결정적으로 중요한 일임을 상기해야 한다. 하느님이 가리키시는 길은 사람을 돕고 섬기는 길이다. 따라서 인간과 인간의 복지를 엄숙히 인정함이 없이 하느님과 하느님의 뜻을 엄숙히 인정할 수 없다. 인간의 인간애는 하느님 자신의 인간애에 의하여 요청된다. 인간의 인간성 손상은 참된 하느님 예배의 길을 막는다. 사람의 사람대접이 참된 하느님 섬김의 전제 조건이다. 물론 간단히 하느님 섬김이 사람 섬김으로, 사람 섬김이 하느님 섬김으로 귀착되는 것은 아니다. 그러나 참된 하느님 섬김은 이미 사람 섬김이며 참된 사람 섬김은 이미 하느님 섬김이라고 말할 수 있고 또 그래야 한다.

의식 변화, 하느님의 뜻, 그리고 신성한 전통과 제도의 혁명적 상대화에 관하여 앞에서 말해 온 모든 것을 두고 볼 때, 예수에게 **투쟁적** ― 구약 예언자들과 전혀 동렬에 선 ― 요소가 얼마나 중요한 요소를 이루고 있는지가 이해된다. 예수는 그저 온순하고 선량하고 마음 좋고 말 잘 듣고 무던하게 참기나 하는 그런 사람으로만 여겨질 수 없다. 아시시의 프란치스코의 예수상에도 한계는 있다. 하물며 19세기 이래의 경건주의와 일부 성직주의 예수상이랴. 목사의 아들인 청년 니체가 이런 나약한 예수상에 반발한 것은 당연한 일이었다. 다만 이런 예수상을 니체는 성직자들과 신학자들에 대한 공박자로서의 복음서의 예수와 결부시켜서 볼 줄을 몰랐다. 그래서 '반反그리스도인'에서는 투쟁적 예수를 투쟁적 귀감이 필요했던 투쟁적 초대교회의 소산이라고 아무 사료의 참조도 없이 함부로 단정하기도 했다. 그러나 사료 자체에서는 예수에게 몰아 정신과 자기의식, 겸손과 강경, 온유성과 공격성이 구유되어 있음이 뚜렷하다. 그리고 이것은 이를테면 흔히 권장하는 '외유내강'(fortiter in re, suaviter in modo)의 인간형을 뜻하는 것이 아니다. 예수는 자주 어조도 신랄했다. 예수에게서 달콤한 말을 찾아보기는 좀체 어려울지언정 쓰디쓴 말은 물론 있다. 권력 ― 관료·제도·전통·위계 ― 의 저항에 부딪쳐 하느님의 뜻을 옹호할 필요가 있을 적마다 예수는 가차 없이 단호하게 맞싸웠다 ― 사람을 위하여: 사람에게 쓸데없이 무거운 짐을 지워서는 안 된다고(루카 11, 46). 그래서 아무리 신성한 제도·전통과 **그 대표자들**이라도 상대화시켰다 ― 하느님을 위하여: 하느님은 인간의 포괄적 복지, 구원을 원하신다고.

예수의 복음이 니체가 그처럼 혐오하여 마지않던 퇴폐적 나약성과 얼마나 거리가 먼가를 분명히 밝히자면, 니체 역시 백안시했거니와 그리스도인이나 비그리스도인이나 하도 오용해 왔고 경건자나 불경자나 하도 남용해 왔기에 지금까지는 우리가 의식적으로 ― 또 역사상 예수와 철저히 부합하고자 ― 매우 조심스럽게 회피해 온 낱말을 이제는 도입해야 하겠다: 사랑.

2
행동

이웃 사랑이라는 뜻에서의 '사랑'과 '사랑하다'라는 낱말도 '이웃'이라는 낱말도 공관복음서의 예수의 입에 오르는 일은 — 구약성서에서 계승된 으뜸 계명의 표현형식을 제외하면 — 극히 드물다. 그러면서도 예수의 복음 선포에는 언제 어디서나 사람에 대한 사랑이 현존한다. 사랑에서야말로 분명히 중요한 것은 말만이 아닌 행동이다. 사랑이 무엇인지를 밝혀 주는 것은 말이 아니라 행동이다. 실천이 척도다. 그러면 예수에 따라 사랑이란 무엇인가?

하느님과 사람을 동시에

첫째 대답: 예수에 따라 사랑이란 근본적으로 동시에 **하느님 사랑이자 사람 사랑**이다. 예수는 인간 복지를 겨냥하는 하느님 뜻을 실현함으로써 율법을 완성하러 왔다. 그래서 모든 계명이 사랑의 이중 계명에 포함되어 있다고 말할 수 있었다. 유다교에서도 이미 단편적으로나마 사랑을 이중 의미로 말해 오기는 했다. 그러나 예수에 이르러서는 이

이중 계명에 모든 계명이 전례 없이 단순하고도 구체적으로 **귀착·집중**된다. 하느님 사랑과 사람 사랑이 불가분의 관계로 결합되어 동시에 하나가 된다. 예수 이래로는 하느님과 사람을 따로 본다는 것이 있을 수 없다. 이리하여 사랑은 인간 생활 전체를 제한 없이 포괄할 수 있는 동시에 개별 사례 어디서나 정확히 적중되는 그런 요청이 된다. 이렇게 사랑이 경건 행업과 처신 일체의 판단 기준이 된다는 것이 예수의 남다른 점이다.

다만, 예수에 따르면 하느님 사랑과 사람 사랑이 **꼭 같다는 말은 아니다**. 예수에게 하느님과 사람이 같지 않다는 것은 너무나 자명하다. 하느님의 인격화에서나 사람의 신격화에서나 희생되는 것은 하느님이 아니라 사람이다. 하느님은 어디까지나 하느님, 세계와 인간의 하나인 주님이시다. 하느님이 인간관계로 대치될 수는 없다. 나에게 하느님이 될 수 있을 만큼, 전혀 조건 없는 사랑의 대상이 될 수 있을 만큼 한계도 결함도 없는 사람이 어디 있는가. 사랑의 낭만도 사랑의 비법도 이상화된 타인상을 그려 내어 갈등을 가리거나 늦출 수는 있을지언정 없앨 수는 없다. 그러나 만물을 포용하시는 하느님의 조건 없는 사랑에 터해서는 전혀 근본적으로 타인도 있는 그대로, 온갖 한계와 결함이 있는 그대로 사랑할 수 있다. 의심 없이 사람에 대한 예수의 관심에서야말로 **하느님의 절대 우위권**이 보존되고 있다. 그래서 사람 전부가 요구된다: 온 의지, 마음, 가장 깊은 내면, 사람 자신이. 또 그래서 신뢰하는 신앙에 의하여 회개·귀의하는 인간에게서 요망되는 것은 더도 덜도 말고 사랑, 헛갈림 없는 온전한 사랑이다: 네 마음을 다하고 네 정신을 다하고 네 힘을 다하여 네 하느님이신 주님을 사랑하라 — 이것이 가장 크고 첫째가는 계명이다(마태 22,37-38).

이 사랑은 사람이 세상에서 물러나고 다른 사람들을 떠나 홀로 하느님과 하나가 되려는 그런 신비적 신인神人 결합을 뜻하는 것이 아니다. 사람 사랑 없는 하느님 사랑이란 필경 사랑이 아니다. 그리고 어디까지나 하느님께 불가양의 우위권이 있어야 할진대, 따라서 하느님 사랑이 사람 사랑의 수단이나 명목이 되어서는 안 된다면 거꾸로도 마찬가지다: **사람 사랑이 하느님 사랑의 수단이나 명목이 되어서는 안 된다**. 내가 사람을 사랑하자면 하느님을 위해서만이 아니라 그 사람 자신을 위해서 사랑해야 한다. 내가 사람을 돌보면서 하느님을 엿보아서는 안 되며 그 사람을 도와주자면 경건한 말만 늘어놓아서는 안 된다. 종교적 이유를 끌어다 붙이면서 사마리아 사람이 도움을 베푼 것은 아니다: 강도에게 맞아 쓰러진 사람의 곤경만으로도 도와줄 이유는 넉넉, 그 순간에는 모든 생각이 피해자의 주변을 떠나지 않는다(루카 10,30-35). 최후 심판의 축복받은 사람들은 자기들이 먹여 주고 마셔 주고 입혀 주고 돌봐 주고 찾아 주고 했던 사람들에게서 주님 자신을 만났다고는 짐작조차 해 본 일이 없다. 그런가 하면 저주받은 사람들도 고작 주님을 위해서라는 명목으로나마 다른 사람을 사랑으로 대하기는 했으리라(마태 25,31-46). 그러나 이것이 그릇된 하느님 사랑일 뿐 아니라 그릇된 사람 사랑이다.

사람 사랑 — 그것만으로는 그러나 너무 일반적이다. 보편적 인간애, 박애 정신 — 물론 당연하나 좀 더 엄밀히 말할 필요가 있다. 베토벤 교향곡에 나오는 실러의「환희의 송가」시구처럼 '온 세상의 입맞춤'을 노래하는 따위의 말은 예수에게 흔적조차 없다. 그런 입맞춤이란 당장의 한 병자·수감자·탈권자·기아자에 대한 입맞춤과는 달리 아무 가치도 없다. 인본주의란 온 인류를 더 지향하고 각 개인과 개인의 곤경을 덜 고려할수록 그만큼 더 값싼 삶이 되기 쉽다. 이를테면 인도적인 유럽 사람으로서는 동아시아 평화를 말하기가 자기 가정이나 자기 영향권 안의 평화를 꾀하기보다는, 북미나 남아 흑인들과의 '연대 의식'을 부르짖기가 자기 나라 외국인 노동자와 함께 살기보다는 쉬운 법이다. 사람이 멀리 있을수록 말로 사랑을 고백하기는 쉬운 법이다.

당장에 나를 필요로 하는 사람을

예수는 실상 보편적·이론적 또는 시적 사랑에는 아무 관심도 없다. 예수에게 사랑이란 먼저 말이나 감상이나 감정이 아니다. 먼저 힘찬, 씩씩한 행동이다. 예수는 실천적인, 따라서 구체적인 사랑을 원한다. 그래서 우리의 사랑 문제에 좀 더 엄밀히 말할 필요가 있는 **둘째 대답**: 예수에 따라 사랑이란 그저 사람 사랑만이 아니라 근본적으로 **이웃 사랑**이다. 일반적으로 사람이나 멀리 떨어진 사람에 대한 사랑이 아니라 아주 구체적으로 가까운 사람과 이웃에 대한 사랑이다. 이웃 사랑에서 하느님 사랑의 참됨이 드러난다. 아니 이웃 사랑이 하느님 사랑의 척도다. 내가 이웃을 사랑하는 그만큼 나는 하느님을 사랑한다.

얼마만큼? 예수는 구약성서의 한 단편적인 ― 거기서는 동족에 한해서만 적용되는! ― 구절(레위 19,18)을 인용하여 아무 제한도 없이 잘라 대답한다: **너 자신처럼**(마태 22,39). 예수의 인간 이해에 따르면 이것은 즉각 전면적으로 유효하고 어떤 핑계나 회피의 여지도 없이 사랑의 방향이자 척도가 되는 자명한 대답이다: 사람이 자신을 사랑한다는 것은 당연히 전제되거니와 바로 이 자명한 인간의 자기 사랑이 이웃 사랑의 ― 사실상 능가의 여지가 없는 ― 척도가 되어야 한다고; 내가 나에게 책임이 있음을 나는 너무나 잘 알거니와 남에게도 못지않게 책임이 있다고; 우리가 생각하고 말하고 느끼고 행동하고 수고하는 매사에서 자기를 보존·방어하고 발전시키면서 우리 자신을 소중히 여기는 경향이 있음은 극히 자연스러운 일이거니와 이와 꼭 같은 배려를 이웃에게 기울일 것이 지금 우리에게 요망된다고. 이리하여 어떤 한계나 다 무너진다! 타고난 이기주의자인 우리에게 이것은 근본적 회개를 뜻한다: 남의 처지를 인정하라고; 우리가 우리 자신에게 책임이 있다고 생각하는 바로 그것을 남에게 행하라고; 남이 우리에게 해 주기를 바라는 그대로 남에게 해 주라고(마태 7,12: '황금률'). 물론 이것은 예수 자신이 이미 분명히 보여 주듯이 허약이나 나약, 자기의식의 포기, 불교적 또는 '그리스도교적' 의미의 경건한 명상이나 엄격한 고행에 의한 자기 해탈을 뜻하는 것이 아니다. 그러나 이것이 우리 자신의 다른 사람에 대한 자세임에는 틀림없다: 남에게 주의를 기울이는 개방 자세, 제한 없는 협력 자세. 나 자신을 위해서가 아니라 남을 위해 사는 것, 여기에 ― 사랑하는 사람의 관점에서 ― 헛갈림 없는 하느님 사랑과 한계 없는 이웃 사랑이 불가분의 관계로 하나가 되는 바탕이 있다.

하느님 사랑과 이웃 사랑의 **공통분모**는 그러므로 **이기심 탈피**와 **헌신 의지**다. 오로지 내가 나 자신을 위하여 살지 않을 때 나는 하느님께 나를 오롯이 열어 놓을 수 있고 하느님이 나 자신과 다름없이 인정하시는 남에게 나를 한계 없이 열어 놓을 수 있다. 사랑에서도 물론 하느님이 인간관계로 귀착되는 것은 아니다. 하느님에게는 어디까지나 직접 내가 책임이 있다. 이런 나의 책임을 남이 질 수는 없다. 그러나 하느님은 다른 사람 안에서 — 배타적으로 나만이 아니라 나 자신도 사람이므로 먼저 다른 사람 안에서부터 — 나와 만나시며 거기서 나의 헌신을 기대하신다. 하느님은 멀리 구름 위에서가 아니라 또 비단 직접 나의 양심 속에서만이 아니라 무엇보다 먼저 이웃을 통하여 나를 부르신다 — 결코 침묵하는 일이 없이 나날이 나의 세속 생활 한가운데서 나를 향하여 메아리쳐 오는 부르심의 소리로.

누가 나의 이웃인가? 예수는 개념을 정의하거나 성격을 상설하거나 율법을 인용하지 않고 흔히 그러듯이 한 예화로 대답한다(루카 10, 29-37). 이에 따르면 이웃은 그저 처음부터 나와 가까운 사람, 내 가족, 내 친구, 내 동지, 내 동료, 내 당파, 내 민족만이 아니다. 이웃은 낯선 사람일 수도 있다. 전혀 낯선 사람이라도 당장에 나에게 다가오고 있는 사람이라면 누구나가 이웃일 수 있다. 누가 이웃이냐는 것은 예측할 수 없다. 이것이 강도에게 맞아 쓰러진 사람의 예화가 말해 주는 것이다: **당장에 나를 필요로 하는 사람**이라면 누구나 내 이웃이다. 이 예화에서는 '누가 나의 이웃이냐'는 첫 물음이 마지막 되물음에서 '내가 누구에게 이웃이냐'는 방향으로 뚜렷이 전환되고 있다. 여기서 중요한 것은 이웃의 정의定義가 아니라 내가 구체적인 경우, 구체적인 곤경에 마주쳤을 때 인습적 도덕률 이전에 바로 나에게 기대되는 사랑의 절실성이다. 그리고 곤경이라면 없어서 탈은 아니다. 마태오는 심판 말씀(25,31-46)에서 예나 이제나 현실적으로 막중한 여섯 가지 사랑의 행업을 네 번 되풀이하고 있다. 여기에 무슨 새로운 율법의 의도가 있는 것은 아니다. 사마리아 사람의 경우와 마찬가지로 여기서도 기대되는 것은 경우에 따른, 각기 상황에 따른 능동적 처신, 건설적 창의, 단호한 행동이다.

이렇게 사랑에서 하느님이 정작 원하시는 것이 무엇인지가 뚜렷해진다. 계명이란 무엇을 위한 것인지도: 결코 이슬람교에서처럼 율법으로 계시된 하느님의 뜻을 따르는 그런 '순종'(= '이슬람')을 위한 것만은 아니라는 것도. 사랑에 대하여 **계명들은 통일된 의미**를 얻고 **수정**되기도 하며 또 때로는 **지양**되기도 한다! 계명을 사랑에 비추어 바라보지 않고 법적으로 이해하는 사람은 상충하는 의무들의 와중에 거듭 빠진다. 사랑은 결의론에 종지부를 찍는다. 사랑하는 사람은 기계적으로 개개의 명령·금령을 따르지 않고 현실 자체에 의하여 요구되고 있고 실현될 수 있는 그것을 추구한다. 어떤 명령·금령에서나 이웃 사랑이 내적 척도다. 여기에 "사랑하라, 그리고 네가 하고 싶은 대로 하라"(Ama et fac quod vis)는, 아우구스티누스가 갈파한 명언의 바탕이 있다. 이쯤 가는 것이 이웃 사랑이다.

원수도

어쩌면 너무 멀리 가는 것이나 아닐까? 당장에 나를 필요로 하는 누구나가 이웃이라면, 그래도 어디선가 내가 멈출 수 있는 데가 있을까? 예수에 따르면 아예 멈추어서는 안 된다. 그래서 사랑 문제에 대한 우리의 첫째와 둘째 대답에 이어 이제 마지막으로 감히 날카로이 강조하지 않을 수 없는 **셋째 대답**: 예수에 따라 사랑이란 비단 이웃 사랑일 뿐 아니라 근본적으로 **원수 사랑**이다. 그리고 사람 사랑이 아니고 이웃 사랑도 아닌 원수 사랑이야말로 **예수의 남다른 점**이다.

원수 사랑을 설계로 삼아 요청하는 것은 예수에게서만 볼 수 있다. 일찍이 공자도 이웃 사랑은 아닐지언정 사람 사랑은 말했거니와 그 뜻인즉 다만 존중 · 도량 · 정직 · 근면 · 친절이다. 이미 지적했듯이 (223-226) 구약성서에는 단편적으로나마 이웃 사랑도 언급되어 있다. 대부분의 큰 종교에서 볼 수 있듯이 유다인계에도 이미 언급한 (아마 그리스 · 로마 이방인계에서 유래한) '황금률'이 잘 알려져 있었다 — 그것도 부정문의 형태로, 또 '디아스포라'(국외에 흩어진 유다인들)에서는 긍정문의 형태로도: 남이 자기에게 하지 않기를 바라는 것은 자기도 남에게 하지 말라고; 남이 자기에게 해 주기를 바라는 그대로 남에게 해 주라고. 유명한 율사 힐렐은 이 황금률(물론 부정문)을 가리켜 '토라'의 총계라 했다. 그러나 이 황금률도 교활한 이기적 적용의 여지는 있었으니 이웃이란 동족이나 동지라고만, 이웃 사랑이란 숱한 다른 종교 · 도덕 · 예식적 계명 중의 하나라고만 이해될 수도 있었다. 공자도 부정문 형태의 황금률("己所不欲, 勿施於人")은 알고 있었으나 원수 사랑은 부당하다고 분명히 거부했다: 선은 선으로 갚되 악은 선이 아닌 정의로 갚으라고. 그리고 유다교계에서는 원수 증오가 상대적으로 용인되었다. 특정한 개인적 원수는 사랑 의무의 예외에 속했다. 쿰란 승려들에게는 더 나아가 '어둠의 아들'인 외부 사람들에 대한 증오가 계율로 명시되어 있었다.

여기서 새삼 상기할 일(155-160): 예수의 말씀과 유다교 지혜문학 및 율사들의 격언과의 사이에 비슷한 표현이 아무리 많이 있다 해도 이들은 서로 다른 — 율법과 구원, 인간과 인간관계에 관한 이해의 — 전체적 맥락 속에서 보아야 한다. 예수의 탁월성은 흔히 얼마든지 유례를 찾을 수 있는 개개의 문장이 아니라 혼동될 수 없는 전체에서 뚜렷하다! '네 원수를 사랑하라'는 설계적 요청이야말로 예수 자신의 말씀이며 어떤 한계도 인정하지 않는 예수의 이웃 사랑을 특징짓는 문장이다.

예수의 두드러지게 남다른 점은 체질화한 **동지·비동지의 한계·분리를 인정하지 않는다**는 데 있다. 물론 예수의 전도 활동은 유다인에게만 한정되어 있었다(마태 15,24 참조). 그렇지 않다면 초대교회에서 이방인 전도에 관하여 그처럼 격렬한 논쟁도 없었으리라. 그러나 예수는 민족과 종교라는 양보 없는 소속 의식을 사실상 타파하는 개방성을 보인다. 예수의 관심사는 동포나 교우가 아니라 어떤 사람에게서나 만날 수 있는 이웃이다: 누구에게서나, 적수·경쟁자·거역자·대항자·원수에게서도. 이것이 예수의 구체적인 **사실상의 보편주의**다. 자기 혈족, 자기 민족, 자기 인종·계급·당파·교회라는 자기가 속한 사회집단의 구성원만 두호하고 다른 사람들은 배격하는 그런 개방성이 아니다. 어떤 경계선이든 모두 극복하는 그런 제한 없는 개방성이다. 착한 사마리아인의 예화가 정작 겨냥하는 것은 단순히 일정한 특별 공적·자선 행업·'사마리아 사람의 행실'이 아니라 기존 한계선의 사실상 극복이다: 유다인과 이방인, 가까운 사람과 먼 사람, 선인과 악인, 바리사이와 세관원 …. 이 예화에서 유다인 고위층인 제관과 레위의 잘못을 지적한 다음에 본보기로 내세우는 것은 ― 청중의 예상과는 달리 ― 유다인 평신자가 아니라 혼혈·이단의 민족적 원수로 미움받던 사마리아인이다. 유다인과 사마리아인은 예배에서 공공연히 서로 저주하고 도움을 주고받기를 서로 거부하는 사이였다.

산상 설교의 마지막 대구에서 예수는 '네 이웃을 사랑하라'는 **구약의 계명**과 '네 원수를 미워하라'는 쿰란의 규정을 명백히 **수정**한다: "그러나 나는 여러분에게 말합니다. 여러분의 원수들을 사랑하고 여러분을 박해하는 사람들을 위하여 기도하시오"(마태 5,44). 그리고 이것은 루카 복음서에 따르면 박해·저주받는 사람들에게도 해당한다: "여러분을 미워하는 사람들에게 잘해 주고 여러분을 저주하는 사람들을 축복해 주며 여러분을 헐뜯는 사람들을 위해 기도하시오"(루카 6,27-28).

이 모두가 보통 사람으로서는 어림도 없는 일? 너무 과장된 말씀? **왜** 이 모두를? 이를테면 만인 공유의 본성을 이유로? 참상 속에서도 신성을 발견하는 인간애에서? 끝없는 세고에 시달리며 자신의 여린 마음을 달래려는 중생에 대한 연민에서? 보편 도덕률의 완성이라는 이상에서?

예수의 동기는 다르다. 완전하신 하느님을 닮자는 것이다(마태 5,45-48): 하느님을 바르게 이해하려면 하느님은 적과 동지를 구별하시지 않음을, 악인에게나 선인에게나 해를 비추고 비를 내리며 보잘것없는 사람들에게도 ― 하느님 앞에서 누가 보잘것없는 사람이 아닌가! ― 사랑을 베푸는 아버지이심을 알아야 한다고; 서로 사랑함으로

3장 사람의 일 229

써 사람들은 이 아버지의 아들딸임이 드러나야 하고 원수들도 형제자매가 되어야 한다고. 이렇게 하느님의 만인에 대한 사랑이 나에게는 하느님이 나에게 보내시는 사람에 대한 사랑, 바로 이웃 사랑의 이유다: **하느님의 원수 사랑** 자체가 **사람의 원수 사랑**의 바탕이다.

따라서 거꾸로 되물을 수도 있다: 적대자 앞에서야말로 **참사랑의 본성**이 비로소 드러나는 것이 아닐까. 참사랑은 사랑의 대가를 궁리하지 않고 공로를 계산하지 않으며 보수를 기대하지 않는다. 참사랑은 은근히 자기 속셈을 차리는 숨은 이기심에서 벗어나 있다: **나만 찾지 않고 남에게 활짝 열려 있다**.

참 철저성

하느님 일과 사람 일, 하느님 뜻과 인간 복지, 하느님 섬김과 사람 섬김을 하나로 보고 따라서 율법과 제사, 신성한 전통 · 제도 · 위계를 상대화하는 데서 예수는 체제 · 혁명 · 탈속 · 타협이 교차하는 **좌표**의 어디에 서 있는지, **어째서** 예수는 집권자 · 반란자 · 명상가 · 도덕가의 어디에도 속하지 않는지가 드러난다. 예수의 위치는 우익도 좌익도 또 그 중도만도 아니다. 예수는 **참으로 그들 위에** 있다. 모든 선택 가능성 위에 올라서서 그 모든 것을 뿌리(radix)에서부터 지양한다. 이것이 **예수의 철저성**(Radikalität)이다: 냉철성과 현실성이 있으므로 이념화한 철저주의(급진주의Radikalismus)와는 근본적으로 다른 **사랑**의 철저성.

이 사랑에서 위대한 행적, 크나큰 희생만을 연상한다면 전혀 잘못이다! 이를테면 특수 사례로 요청되는 가족과의 결별, 각자의 처지에 따라 요구되는 소유의 포기, 혹시 불가피할 수도 있는 순교 …. 사랑이란 우선은 또 대개는 **일상** 문제다: 누구에게 먼저 인사할까(마태 5,47), 잔치에 초대받아 가서 어느 자리를 찾아 앉을까(루카 14,7-11), 심판하지 말고 자비로이 판단할 것(루카 6,36-37; 마태 7,1), 조건 없이 진실하도록 애쓸 것(마태 5,37). 바로 평소에 사랑이 얼마만큼 철저한가를 매우 구체적으로 — 개인 생활에서나 사회생활에서나 또 민족·인종·계급·당파·교회 등 사회집단의 상호 관계에서나 — 설명해 주는 열쇠가 되는 세 낱말:

1) 사랑은 **용서**를 뜻한다: 형제와의 화해가 하느님 예배에 선행한다. 형제와의 화해 없이 하느님과의 화해란 없다. 그래서 주님의 기도에 나오는 청도請禱: "우리가 우리에게 빚진 이들을 용서했듯이 우리의 빚을 용서하소서"(마태 6,12; 참조: 루카 11,4). 이것은 하느님이 사람에게 용서를 위한 특별 행업을 기대하신다는 뜻이 아니다. 용서받기 위해서는 사람이 미쁜 마음으로 하느님께 돌아서고 믿으며 그 믿음에서 실천적 결론을 이끌어 내는 것으로 넉넉하다. 이렇게 사람은 자신이 이미 용서받아야 할 처지에 있고 또 용서받았을진대 이 용서의 증인이 되어 이 용서를 전달해 나가야 한다. 너그러운 왕과 무자비한 종의 비유에서 말해 주듯이(마태 18,21-35) 자기가 하느님의 큰 용서를 받은 터에 자기 편에서 다른 사람에게 작은 용서도 싫다 할 수는 없다.
- 예수의 남다른 점인즉 **한계 없는 용서**의 대범한 자세다: 일곱 번이 아니라 일흔일곱 번이라도 — 곧, 끝없이 거듭!(마태 18,22; 참조: 루카

17,4) 또 누구에게나 예외 없이!

이와 관련하여 역시 예수의 남다른 점은 — 역시 일반 유다교의 이론과 실천에는 어긋나는 — 심판의 엄금이다(마태 7,1): 나의 심판 아래 있는 남이란 없다. 만인이 하느님의 심판 아래 있다.

○ 용서하라는 예수의 요구를 법적으로 해석해서는 안 된다. 예수의 말씀인즉 일흔일곱 번은 용서하되 일흔여덟 번째는 용서하지 않아도 된다는 그런 식의 율법이 아니다. 처음부터 거듭 새삼 용서하라는, 사람을 사랑하라는 호소다.

2) 사랑은 **봉사**를 뜻한다: 겸손한 봉사 정신이야말로 참으로 위대해지는 길이다. 이것이 혼인 잔치의 비유가 말해 주는 뜻이다(루카 14,11). 자기를 높이는 사람은 결국 낮추어지고(강등의 창피) 자기를 낮추는 사람은 결국 높여진다(승격의 영예).

● 예수의 남다른 점인즉 **서열 없는 봉사**의 몰아적 실천이다. 섬김에 관한 예수의 같은 말씀이 여러 계기에 (제자들의 다툼에서도, 최후만찬에서도, 발을 씻길 때에도) 거듭 부각되어 전해지고 있다는 것은 주목할 만한 일이다: 첫째가 되고자 하는 사람은 모든 이의 종(식탁 시중꾼)이 되라고!(마르 10,43-44) 따라서 예수의 제자가 됨에 있어서는

권리와 권력만으로 구축되는, 국가 권력자의 직분과 맞먹는 직분도 지식과 품위만으로 성립되는, 율법 신학자의 직분과 맞먹는 직분도 있을 수 없다.

○ 봉사하라는 예수의 요구를 예수 추종자들에게는 상하 질서가

없어야 한다는 율법으로 알아들어서는 안 된다. 그러나 그것은 윗사람이 아랫사람에게도, 곧 모두가 서로 섬기라는 단호한 봉사에의 호소다.

3) **사랑은 포기를 뜻한다**: 예수는 약자 착취를 경고한다(마태 23,25; 마르 12,40). 하느님과 이웃을 섬기는 자세를 저해하는 모든 것을 단호히 버리라고 요구한다. 손이 유혹에 빠지게 하거든 손을 잘라 버리라고 극언하기도 한다(마르 9,43). 그러나 소극적으로 탐욕과 죄악의 포기만이 아니라 적극적으로 권리와 권력의 포기도 요망한다.

● 예수의 남다른 점인즉 **대가 없는 포기**의 자발적 수행이다. 구체적으로, 남을 위한 권리 포기: 천 걸음을 강요하는 사람과 이천 걸음을 함께 가라고!(마태 5,41).

나를 희생하는 권력 포기: 속옷을 가지려는 사람에게 겉옷도 마저 주라고!(마태 5,40).

대항하지 않는 폭력 포기: 오른뺨을 때리는 사람에게 왼뺨마저 돌려주라고!(마태 5,39).

○ 앞서 지적한 다른 모든 본보기보다 이 마지막 본보기들에서야말로 예수의 요구를 법적으로 해석해서는 안 된다는 것이 더욱 분명해진다. 예수의 말씀인즉 뺨을 맞았으면 보복하지 말 일이나 배를 맞았으면 보복해도 무방하다는 그런 식의 율법이 아니다. 물론 이 본보기들이 그저 상징적 의미만 있는 것도 아니다. 오히려 언제라도 현실이 될 수 있는 극한 상황의 매우 두드러진 (종종 전형적 동방식 과장법으로 표현된) 예시들이다. 그러나 물론 법적 의미는

없다. 오직 그대로만 또 거듭 그대로를 행하라는 양으로 알아들어서는 안 된다. 폭력 저항의 포기란 덮어놓고 어떤 저항이나 포기함을 뜻하는 것이 아니다. 복음서의 보도에 따르면 예수 자신도 법정에서 빰을 맞고 다른 뺨을 돌려주기는커녕 분명히 항의했다. 포기를 나약과 혼동해서는 안 된다. 예수의 요청에서 중요한 것은 그 자체로 의미가 있다는 윤리적 또는 더구나 고행적인 행업이 아니라 경우에 따라 남을 위하여 하느님의 뜻을 철저히 실행하라는 강력한 호소다. 무릇 어떤 포기나 새로운 적극적 실천의 소극적 측면일 따름이다.

이렇게 볼 때 구약의 십계명(탈출 20,1-17)도 예수의 산상 설교로 선포된 '보다 나은 의로움'(마태 5,20)에 의하여 헤겔이 말하는 삼중적 의미에서 '지양'된다 ― 폐기되면서도 보존되면서 보다 높은 차원으로 고양된다:

- 비단 하느님 한 분 외에 다른 잡신을 주님으로 섬기지 말 뿐 아니라
  온 마음과 온 정신과 온 힘을 다하여 하느님을 사랑하고 이웃을 원수까지도 자기 자신처럼 사랑하라고.
- 비단 하느님의 이름을 함부로 부르지 말 뿐 아니라
  하느님을 걸고 맹세도 말라고.
- 비단 안식일을 쉬면서 거룩히 지낼 뿐 아니라
  안식일에도 능동적으로 좋은 일을 하라고.
- 비단 부모를 지상에서 장수하시게시리 공경할 뿐 아니라
  참된 삶을 위하여 필요할 경우에는 부모와 결별하는 형태로까지

도 부모에게 경의를 표하라고.
- 비단 살인하지 말 뿐 아니라
  아예 성을 내는 생각과 말부터 삼가라고.
- 비단 간음하지 말 뿐 아니라
  이미 음란한 지향부터 피하라고.
- 비단 도둑질하지 말 뿐 아니라
  나아가 부당한 피해를 보상받을 권리마저 포기하라고.
- 비단 거짓 증언을 하지 말 뿐 아니라
  그저 조건 없이 진실하게 시시비비하라고.
- 비단 이웃집을 탐내지 말 뿐 아니라
  악을 감내하기도 하라고.
- 비단 이웃의 아내를 탐내지 말 뿐 아니라
  '합법적' 이혼조차 하지 말라고.

나중에 사도 바오로가 사랑은 율법의 완성이라고 확신한 것은 당연한 ― 이 점에 있어서도 역사상 예수와 두드러지게 일치하는 ― 일이 아니던가(로마 13,8-10 참조). 그리고 아우구스티누스 이래로 더욱 날카롭게 표현되기도 했다: "사랑하라, 그리고 네가 하고 싶은 대로 하라!" 새로운 것은 새로운 율법이 아니라 율법으로부터의 새로운 자유다.

그러나 바로 여기서야말로 절실해지는 물음: 예수 자신은 말만으로 호소만으로 그쳤던가? 편리한, 구속력은 없는, 결과는 따르지 않는, 실천에 관한 순수한 이론? 결국 예수는 무엇을 행했던가? 예수 자신의 실천은 어떠했던가?

3
유대

예수의 **말씀**도 이미 빼어난 의미에서 행동이었다. 예수의 말씀이야말로 전적인 투신을 촉구하고 있었다. 그리고 예수의 말씀에 의하여 결정적인 일이 일어났다: **상황이 근본적으로 달라졌다**. 사람이나 제도도 위계나 규범도 그 후로는 또다시 그전 그대로가 아니었다. 예수는 해방하는 말씀으로 하느님의 일과 사람의 일을 동시에 천명했다. 그럼으로써 사람들에게 완전히 새로운 가능성을 열어 주었다. 새 삶, 새 자유, **삶의 의미**라는 가능성을. 인간의 복지를 원하시는 하느님의 뜻에 따라 사는 사랑의 자유 안에서는 온갖 율법주의를 다 벗어날 수 있다고 ― 기성체제의 신성한 질서(법과 질서)라는 율법주의도, 폭력혁명이나 고행 은둔의 철저주의라는 율법주의도, 결의론으로 교묘하게 평계를 꾸미는 도덕률이라는 율법주의도.

예수의 말씀은 순수 '이론'이 아니다. 애당초 이론에는 별로 관심이 없는 예수였다. 예수의 선포 일체가 실천과 결부되어 실천을 지향하고 있었다. 예수의 요청들은 온전히 자유로우면서도 새로운 의무를 낳고 있었고 예수 자신에게나 다른 사람에게나 앞으로 볼 바와 같이 생사가 걸린 결론을 내포하고 있었다. 그러나 이것이 전부는 아니다.

못난이들의 한편

예수의 말씀이 빼어난 의미에서 행동이었던 그만큼 예수의 행위를 말씀의 행위에, 예수의 실천을 설교의 실천에, 예수의 생애를 선포의 생애에만 귀착시켜서는 안 된다. 예수에게서는 훨씬 포괄적인 의미에서 이론과 실천이 부합한다. 말씀의 선포에 **처신 전체**가 상응한다. 선포가 처신을 밑받침하고 정당화하는 한편 처신이 선포를 실천적으로 드러내어 공박의 여지도 없게 만든다. 예수는 자기가 말하는 그대로 살았고 그래서 청중의 정신과 마음을 사로잡았다.

예수의 이 생활화된 처신에 관해 작은 일부는 이미 본 바와 같다(184-194). 예수는 말과 행동으로 **약자 · 병자 · 천더기**를 돌보았다 ─ 약함이 아니라 강함의 표징으로. 사회의 척도에 따르면 약자 · 병자 · 천더기로 따돌려져 멸시받던 사람에게 예수는 사람답게 될 기회를 제공했다. 영육 간에 도와주었다. 육체적이든 정신적이든 병자에게 건강을, 수많은 약자에게 힘을, 모든 못난이에게 희망을 주었다 ─ 이 모두를 다가오는 하느님 나라의 표징으로. 예수는 **전인**全人을 위해 와 있었다: 정신생활만이 아니라 육체 생활과 세속 생활을 위해서도. **만인**萬人을 위해 와 있었다: 강자 · 젊은이 · 건강인만이 아니라 약자 · 늙은이 · 불구자를 위해서도. 이렇게 예수의 행동은 말씀을 천명하고 말씀은 행동을 해석한다. 그러나 이 정도만으로 실제 일어난 만큼이나 큰 말썽이 일어났을 리 있으랴. 실제로 문제는 훨씬 더 심각했다.

이처럼 터놓고 병자와 '부마자'를 받아들인 것도 예사스러운 일은 아니었지만 그런대로 두고 볼 만한 일이었다 — 어느 시대에나 기적에 대한 호기심은 기적가를 요구하게 마련이기에. 여기에도 물론 문제성이 없는 것은 아니었다. 당시의 판단에 따르면 병자란 자기 탓으로 불행을 자초한 사람, 병이란 죄의 벌이었다. 부마자란 악마에게 몰려다니는 사람, 나환자란 죽음의 맏아들에게 빠져 버린 사람으로서 상종할 가치조차 없었다. 그런데 여기서 예수의 관심사: 이들은 사회적으로 따돌려진 사람들이었다 — 그 이유야 운명 탓이든 자기 탓이든 혹은 그저 세인의 편견 탓이든 그것이 필경 중요한 것은 아니었다. 예수는 이 모든 사람들에게 근본적으로 긍정적인 태도를 취했고 — 여기서는 요한 복음서에 의존할 수도 있으려니와(9,1-3 참조) — 죄와 병과 사회적 멸시와의 인과관계를 인정하지 않았다.

그러나 더 나아가 — 이것도 결정적인 것은 아니지만 — 주목할 만한 사실: 예수는 풍습과 관례에 개의치 않고 사람들과 **상종**함으로써도 이미 의혹을 사고 있었다.

- **여자**: 그때 사회에서 여자는 하찮은 존재였고 공공연한 남자 교제를 피해야 했다. 당시 유다인들의 여자 멸시를 말해 주는 사료는 허다하다. 요세푸스에 따르면 여자란 어느 모로 보나 남자보다 열등하다. 여자라면 자기 아내하고라도 되도록 말을 적게 하라 했으니 하물며 다른 여자하고랴. 여자는 되도록 대중을 멀리하며 살았다. 성전에서는 '여자들의 앞뜰'까지밖에 들어갈 수 없었고 기도 의무에 있어서는 노예와 동렬에 있었다. 복음서는 그러나 전기적 의미에서 세부적으로 역사상 사실 여부는 어떻든 예수의 여자 관계

를 아무 거리낌 없이 말해 준다. 이에 따르면 예수는 여자를 멀리하는 풍습에서 벗어나 있었다. 여자를 멸시하지 않을 뿐 아니라 놀랄 만큼 스스럼없이 대했다. 갈릴래아에서 예루살렘까지 늘 여자들이 예수와 예수의 제자들을 따라다녔고(마르 15,40; 루카 8,1-3; 참조: 사도 1,14) 여자들과의 개인적 친분도 예수에게는 생소한 일이 아니었으며(루카 10,38-42; 요한 11,3.5.28-29.33) 예수의 임종과 장례를 지켜본 것도 여자들이었다(마르 15,40-41; 15,47). 이혼장 한 장이면 아내를 소박할 수 있던 남편의 이혼을 엄금함으로써 예수는 법적으로나 인간적으로나 약한 당시의 여성 지위를 현저히 격상시켰다(루카 16,18).

- **어린이**: 아무 권리도 없던 어린이를 예수는 우대한다. 제자들의 저지를 물리치고 맞아들여 어루만져 주며 축복해 준다(마르 10,13-16). 매우 유다인답지 않게도 어린이를 어른의 본보기로 내세운다 ― 어린이는 주는 것을 속셈 없이 받는 자세가 되어 있다는 이유로(마르 10,15).

- **종교적으로 무식한 민중**: 율법을 지키려고 애쓸 능력이나 의사가 없는 수많은 사람들 ― 어린이·무식꾼·낙오자·못난이·불경자 같은 슬기롭고 똑똑하기는커녕 '어리석은' 사람들(마태 11,25; 21,16), '작은' 이들이나 '보잘것없는' 이들(마르 9,42; 마태 18,10.14; 마태 10,42), 아니 '가장 작은' 이들이나 '가장 보잘것없는' 이들(마태 25,40.45; 마태 11,11; 루카 9,48)이야말로 참으로 예수의 칭송을 받는 사람들이다.

이를테면 '군자'와 '소인'을 갈라놓는 유교적 의미의 귀족 윤리가 아니다. 또는 수도 공동체에서 문제가 되고 있는 것처럼 소수 정예 '각자'覺者들을 위한 승려 윤리도 아니다. 하물며 '카스트'에 따라 갖은 차별과 더불어 '파리아'마저 사회 안에 용납하는 힌두교적 의미의 계급 윤리는 더욱 아니다.

무슨 가난?

가난하고 보잘것없는 사람들. 도발적이게도 예수의 소식은 **가난한** 이들을 위한 기쁜 소식으로 선포되었다. 예수의 첫째 외침 · 약속 · 구원 호소, 첫째 행복 선언이 가난한 이들을 향한 것이었다. 이 가난한 이들이란 누구인가?

쉽게 대답할 수 있는 물음이 아니다. 공관복음서에서도 이미 이 첫째 행복 선언이 서로 달리 이해되고 있다. 마태오는 분명히 종교적으로 이해한다: '영으로' 가난한 사람(5,3)이란 셋째 행복 선언의 온유한 사람들(5,5)과 일치하는, 하느님 앞의 거지로서 자신의 영적 빈곤을 의식하는 사람이다. 루카(6,20)는 그러나 — 마태오와 같은 수식어가 없이 — 이 표현을 사회적 의미로 이해한다: 실제로 가난한 사람, 예수 자신도 아마 이런 의미로 이해했으리라 — 보다 짧은 루카의 대목(6,20-23)이 아마 본디 말씀에 더 가까울 것이고 따라서 연장된 마태오의 대목 중에서 적어도 첫째 · 둘째 · 넷째 행복 선언(5,3.4.6)은 루카의 그것으로 거슬러 올라가서 이해되어야 하리라: **실제로** 가난한 사람, 굶주리는 사람, 우는 사람들 — 이 세상의 실패자 · 낙오자 · 국외자 · 피추방자 · 피압박자들.

예수 자신이 가난했다. 베들레헴 외양간은 사학자들이 무엇이라든 하나의 상징으로서는 정곡을 찌른다. "외양간, 목수의 아들, 보잘것없는 사람들 중의 광신자, 최후의 처형 — 이것은 역사적 소재에서 나온 것이지 영웅담이 좋아하는 황금 소재에서 나온 것이 아니다"라는 에른스트 블로흐의 문장에서 적어도 뒷부분은 옳은 말이다. 예수는 물론 광범한 최하층 출신의 무산자는 아니었다. 당시에도 이미 장인匠人은 제법 윤택하게 사는 소시민이었다. 그러나 의심 없이 공적 활약 중에 예수는 전혀 신분에 개의치 않고 거침없이 유랑 생활을 했다. 그리고 예수의 설교는 모든 사람, 특히 최하층을 상대로 행해졌다. 예수를 따르는 사람들은 이미 언급한 바와 같이(237-240) '작은' 이들(예컨대 마르 9,42; 마태 10,42)이나 '어리석은' 사람들(마태 11,25)이었다: 종교적 지식으로 보나 도덕적 처신으로 보나 '똑똑하고 슬기로운' 사람들과는 사뭇 판판인 불학·무식·무도한 못난이들. 반면에 예수의 적수들은 주로 소수의 중류 소시민(바리사이들)과 극소수의 상류층(특히 사두가이들)이었다. 종교적으로나 사회적으로나 그들은 예수의 가르침으로 인하여 양심의 불안을 느끼고 있었다.

이리저리 따져 피하려야 피할 수 없는 사실: 예수는 **가난한 사람**, 우는 사람, 굶주리는 사람, 재산도 권력도 지위도 없는 사람들 **편**이었다. 좀과 벌레가 갉아먹고 도둑이 훔쳐 갈 수도 있는 보물을 쌓으며 재물에 마음을 쏟는 부자들을 예수는 그들의 온갖 근검절약에도 불구하고 역겨운 본보기로서 지탄한다(마태 6,19-21). 성공도 출세도 예수에게는 아무 의미가 없다. 무릇 자기를 높이는 사람은 낮추어지고 낮추는 사람이 높여지리라고(루카 14,11). 무상한 세상 재물에 안주·애착하는 사람은 예수와 거리가 멀다. 결단이 필요하다고 — 두 주인을 섬길 수는 없다고(마태 6,24). 무릇 — 많든 적든 재물을 아끼는 사람에게 있어서 — 재물이 하느님과 사람 사이를 가로막고 있는 곳, 무릇 사람이 돈을 물신物神으로 섬기고 있는 곳이라면 어디에나 '불행하도다 부자들이여'라는, 루카 자신은 물론 가난한 사람들의 행복 선언과 대립시켜 놓은(6,20.24) 부자들의 불행 선언이 해당한다. 예수의 경고는 너무나 분명하다: 부자가 하느님 나라에 들어가기보다는 낙타가 바늘귀로 빠져나가기가 더 쉽다고(마르 10,25). 이 말씀을 아무리 인위적으로 완화시켜 보려 해야(혹은 '바늘귀' 대신 좁은 문을, 혹은 '낙타' 대신 배의 밧줄을 바꿔 넣어 봐야) 아무 소용도 없다. 구원을 위하여 재물은 극도로 위험하고 가난은 조금도 해로울 것이 없다. 원칙적으로 예수는 가난한 이들 편이다.

그러면서도 또 분명한 사실: 예수는 **부자들의 재산 몰수**를, 일종의 '무산계급 독재'를 선전하지 않는다.

예수의 요청은 착취자들에 대한 보복이 아니다. 피약탈자의 약탈과 피압제자의 압제가 아니라 평화 추구와 권력 포기다. 예수는 쿰란 수도원처럼 재산을 공동체에 헌납하기를 요구하지도 않는다. 무릇 가진 것을 포기하는 사람은 그것을 공동체에 넘길 것이 아니라 가난한 이들에게 주라고. 그렇다고 자기를 따르는 누구에게나 재산 포기를 요구하지도 않는다. 재산 포기도 이미 본 바와 같이(203-207) 율법은 아니다! 예수의 여러 추종자(베드로 · 레위 · 마리아 · 마르타)가 자기 집을 자기 집이라고 부른다. 자캐오가 자기 재산의 반만 나누어 주겠다는 것도 예수는 칭찬한다(루카 19,8-9). 부자 청년에게 추종의 전제로 요구한 것을(마르 10,17-22) 어떤 상황의 누구에게나 일반적으로 엄명하지는 않는다.

물론 예수를 따라다니자면 누구나 모든 것을 버리고 떠날 수밖에 없었지만 그렇다고 또 물론 아무것도 없이 살았을 리는 없다. 예수와 예수의 제자들은 유랑 생활을 하면서 대체 무엇으로 살았던가? 복음서는 이것을 무슨 신비로 삼지 않는다: 제자들, 특히 여자들(!) 중의 가진 이들이 부양해 주고 있었다(루카 8,1-3; 참조: 마르 15,40-41). 예수는 종종 초대를 받았다 — 부자 바리사이에게서도 부자 세관원에게서도. 오직 루카만이 초대교회의 현실을 사후에 이상화시켜 모든 재산 소유를 반박하는 — 마르코·마태오와 비교해 보면 역력하듯이 루카 자신의 해석에 의하여 엄격하게 강화된 — 예수의 말씀으로 정당화하고 있을 뿐, 사실은 초대교회에서도 재산 포기가 일반화되어 있었던 것은 아니다.

예수는 그러므로

○ 한편 역경을 덕행의 기회로 삼고 빈곤을 종교적으로 미화하는 그런 경제적으로 미숙한 광신자가 아니다. 가난은 기도의 스승일 뿐 아니라 저주의 스승일 수도 있다. 예수는 병을 예찬하지 않듯이 가난을 예찬하지도 않는다. 빈곤·고통·기아는 불행이지 축복이 아니다. 예수는 정신으로 불의를 초탈하거나 내세의 보상으로 값싼 위로를 제공하는 광신적 영성을 선포하지 않는다.

○ 또 한편 하룻밤 사이에 폭력으로 빈곤을 제거하려는, 대개는 새삼 빈곤을 조장하고야 마는 그런 환상적 혁명가도 아니다. 당시에 동방의 부자들이 아무리 잔인했다지만 그런 부자들에 대한 원한이 예수

에게는 보이지 않는다. 예수는 폭력과 반폭력의 악순환을 타파하기는 커녕 거기에 박차를 가하는 그런 폭력적 민생 복지가 아니다. 물론 사회의 기존 현실에 결코 찬동하지는 않는다. 그러나 결정적 해결책을 달리 보고 있다. 가난한 사람, 우는 사람, 굶주리는 사람들을 향하여, 현실의 참상 한가운데를 향하여 외친다: 구원은 여러분에게! 복되도다, 행복하도다, 여러분이!

가난한 이들의 행복? 불행한 사람들을 행복하다고? 행복 선언을 누구에게나 인식될 수 있고 언제 어디서나 유효한 보편적 법칙으로 이해해서는 안 된다: 마치 어떤 가난·고통·불행도 자동적으로 천국을, 또 지상 천국까지도 보장해 주는 양! 행복 선언은 일종의 호소로 알아들어야 한다: 냉정하게 듣고만 있지 않고 미쁘게 받아들이는 사람에게 성취되는 약속으로! 그에게는 하느님의 미래가 지금 이미 생활 속으로 돌입한다. 지금 이미 위로·유산·만족을 가져다준다. 그가 어디로 가든 하느님이 앞서 계시다 ― 거기 계시다(179-183). 이 선행·현존하시는 하느님에 대한 신뢰로 지금 이미 그의 상황은 달라진다. 지금 이미 달리 살 수 있다. 새로운 실천력을 얻는다 ― 특권 의식도, 더 많이 가진 사람에 대한 시기도 없이 한계 없는 봉사 자세를 취할 능력을. 사랑이란 물론 순전히 수동적으로 기다리고만 있는 그런 것이 아니다.

신앙인이야말로 하느님의 앞서 계심을 알고 있기에 능동적으로 투신할 수 있고 동시에 모든 능동적 투신 속에서 놀라운 초연성을 구사할 수 있다: 하늘의 새나 들의 백합꽃처럼 모든 것을 돌봐 주시는 하느님을 신뢰하고 즐거이 미래를 내다보면서 먹을 것이나 입을 것이나 혹은 아예 내일 일일랑 걱정하지 않는 그런 초연성을(마태 6,25-34). 이런 '소박한' 삶이 헨리 밀러 같은 작가에게도 감명을 준 예수의 삶이다. 물론 이것이 예수 당시의 예수의 나라에서는 의미가 좀 달랐다. 그때 거기서는 농경문화와 기후 조건상으로도 옷을 많이 입을 필요가 없었고 주택 문제가 절박하지도 않았으며 급하면 들에서 먹을 것을 마련할 수도 있었다. 바로 손에서 입으로 살아가면서 기도할 수 있었다: "우리가 일용할 빵을 오늘 우리에게 주소서"라고(마태 6,11). 아시시의 프란치스코와 그의 첫 제자들이 글자 그대로 본뜨려고 했던 것처럼.

그러나 이미 마태오도 그랬듯이 널리 해석하면 이것은 인간 **누구에게나**, 임박한 세상 종말을 예상하지 않는 사람에게도 적용되는 요청을 뜻한다: '영으로' 가난함을 — **욕심 없이 만족하고 걱정 없이 신뢰하는 근본 자세**로서의 영적 청빈을. 이런 영적 가난에 어긋나는 온갖 분수 없는 욕심과 자질구레한 걱정은 경제적으로 가난한 사람에게서도 볼 수 있다. 영적 가난이란, 곧 **재물로부터의 내적자유**다. 이런 자유는 여러 상황에서 여러 형태로 실현될 수 있다 — 그러나 어떤 경우라도 경제적 가치가 최고 가치일 수 없는 철저히 새로운 가치 기준에 따라!

예수의 요청은 특정 집단이나 계층만을 상대로 하는 것이 아니다. 하물며 종교적 존칭으로서의 '가난한'(예언자들과 시편에 따르면 '온유한') 사람을 자칭하던 그런 사람들만을 상대로 하는 것은 더욱 아니다. 예수의 철저한 요청은 어느 사회계층에나 적용되고 어느 개인 각자에나 적중한다 — 부자의 탐욕에도 빈자의 선망에도. 예수는 민중을 측은히 여겼다. 그리고 그것은 경제적 이유에서만이 아니었다. 빵만으로 살고자 하는 유혹은 누구에게나 있는 법 — 마치 인간에게 또 다른, 전혀 다른 욕구도 있는 것이 아닌 양! 요한 복음서 — 빵 이야기(6장) — 의 관점에 따르면 바로 이런 빵만을 바라는 그릇된 욕망이 큰 분쟁의 불씨가 되어 결국은 대다수의 사람들이 예수를 등지고 돌아섰다. 군중은 예수 아닌 빵과 배부름만을 찾고 있었다고(요한 6,26). 예수는 복지사회나 배급제 공산주의를 설교하지 않았다. "먼저 포식이고 다음에 도덕"(B. Brecht)이 아니라 '먼저 하느님 나라이고 다음에 다른 모든 것'이라고(마태 6,33). 지상의 저주받은 사람들에게도 예수는 어떤 다른 것이 더 중요함을, 그들도 경제적 욕구 충족만으로는 해결할 수 없는 훨씬 더 깊은 의미의 빈곤 · 불행 · 착취 · 욕구불만의 처지에 있음을 설파했다.

요컨대 사람은 누구나 또 언제나 하느님과 사람들 앞에서 '가난한 죄인', 자비와 용서를 빌어야 할 거지의 처지에 있다. 비천한 종도 위대한 왕처럼 마음이 모질 수 있다(마태 18,23-35). 세례자 요한에 대한 예수의 대답에서 인용되는 이사야서의 '가난한' 사람('아나윔')도 이미 넓은 의미의 억눌린 사람들을 뜻한다(이사 61,1; 마태 11,5): 학대받는 사람, 짓밟히는 사람, 절망한 사람, 좌절한 사람, 불행한 사람들. 예수는 외적 역경(루카)과 내적 고뇌(마태오) 속에 비참하게 내버려진 모든 사람들, 그야말로 살기가 고달프고 짐스러운 모든 사람들, 죄에 짓눌려 있는 사람들까지도 자기에게로 부른다. 이 모든 사람들의 대변자가 예수다. 그리고 바로 여기에 정작 걸림돌이 놓여 있다.

망나니들의 친구

아무래도 용납될 수 없던 예수의 처신: 그것은 병자·불구자·나환자·부마자를 돌본다는 것도, 아녀자·무식꾼과 가까이한다는 것도, 또 가난한 못난이들을 편든다는 것만도 아니고 사실인즉 드러난 **불경·불륜**의 **패덕자**들과 어울린다는 그것이었다. 윤리적으로나 정치적으로나 떳떳하지 못한 사람들, 어느 사회에서나 불식될 수 없는 필연적 악으로서 주변에 존재하는 수많은 문제아·패륜아·방탕자·배역자 같은 희망 없는 인간들과 예수는 상종하고 있었다. 정작 이것이 걸림돌이었다. 굳이 그렇게까지? 이런 처신은 사실상 일반의 종교적 처신과는, 특히 동방 종교들의 소수 정예(귀족·승려·계급) 윤리와는, 더구나 본격적 율법 종교(유다교·조로아스터교·이슬람교)의 엄격한 계율과는 사뭇 다르다.

이 일을 회고하면서 매우 일반적으로 설계화한 표현이 나타난 것은 초대교회에서였으리라: 예수는 잃은 자를 찾아 구원하러 왔다고(루카 19,10); 의인이 아니라 죄인을 부르러 왔다고(마르 2,17). 그러나 특정한 말씀의 역사상 배경이야 어떻든 아무리 비판적인 주석학자라도 부인할 수 없는 사실: 예수는 분명히 도발적이게도 불경자·패륜아·망나니들, 세인이 멸시하고 꺼리며 '죄인'으로 손가락질하던 사람들과 어울리고 있었다. '먹보요 술꾼'이라는, 이미 언급한(155-160) — 의심 없이 초대교회의 창안은 아닌 — 죄수들의 험담은 더욱 심한, 훨씬 더 중요한 의미를 띤 욕설로 연장된다: '세관원들과 죄인들의 친구'라고!(마태 11,19).

세관원 — 그들은 영락없는 죄인, 가련하기 짝이 없는 죄인이었다. 파렴치한 협잡배, 가증스러운 횡령자, 점령 세력에 빌붙어 부자가 된 부역자·민족 반역자, 누구를 얼마나 속여 먹었는지 기억조차 못할 지경이기에 속죄가 불가능할 만큼 더러운 죄인 — 바로 이런 직업적 사기꾼들도 예수는 친구로 사귀고 있었음에 틀림없다! 여기서도 세관장 자캐오 집에서의 추문스러운 잔치 이야기(루카 19,1-10)나 세관원 레위를 제자로 삼은 이야기(마르 2,13-17)가 얼마만큼 역사상 사실을 반영하느냐를 밝혀내는 것이 중요한 것은 아니다. 그런 것은 처음부터 전제해서는 안 되듯이 처음부터 배제해서도 안 된다 — 특히 이미 마르코도 전해 주는 알패오의 아들 레위의 부름이야말로 그렇다. 예수를 따르던 사람으로 적어도 세 사람의 세관원 이름이 복음서에 나온다는 것만 해도 주목할 만하지 않은가. 어떻든 역사적으로 확실한 사실로서 일반적으로 인정되는 적수들의 예수에 대한 비난: "이 사람이 죄인들을 맞아들이고 그들과 함께 음식을 먹는구나"(루카 15,2; 참조: 마르 2,16).

예수는 **죄인**을 피하지 않았다. 물론 의인과도 사귀었듯이 죄인인 무법자·범법자와도 어울렸다. 세관원·소문난 죄인들과도 상종했다. "이 사람이 [그] 예언자라면 자기에게 손을 대는 저 여자가 누구이며 어떤 여자인지 알 터인데. 사실 죄인이지" — 항간에 유명한 이 죄녀(아마 창녀)가 향유로 발을 씻겨 줄 때 예수는 매우 풍습에 어긋나게도 거절하기는커녕 친절하게 응했다(루카 7,36-50). 이 이야기도, 간음 현장에서 붙들린 여자를 율법 수호자들의 처벌에서 구해 주었다는 감동적인 이야기도(요한 7,53-8,11) 혹은 전설인지 혹은 회상인지 또 혹은 두 요소가 결합된 전형적 설화인지 검증할 길은 없다. 그러나 어떻든 확실한 전승의 요소: 예수에게는 도발적일 만큼 죄인들에 대한 관심, 불경자·패륜아들과의 연대 의식이 역력했다. 망나니도 못난이도 예수와 더불어서는 미래가 있었다 — 성적으로 이용당하던, 그래서 더더욱 멸시당하던 창녀들까지도. 한마디로 '의인' 사회의 모든 희생자들에게 앞의 두 장면에서 나오는 말씀들이 적중하고 있었다: "이 여자는 많이 사랑했기 때문에 많은 죄를 용서받았습니다!"; "당신들 가운데서 죄 없는 사람이 먼저 이 여자에게 돌을 던지시오!"(루카 7,47; 요한 8,7).

따라서 부인할 수 없는 사실: 예수는 '나쁜 친구들을 사귀고' 있었다. 복음서에는 문제아들이, 점잖은 사람이라면 차라리 멀리할 죄인으로 낙인 찍힌 사람들이 거듭 등장한다. 하느님 나라 설교자에 대한 그때 사람들의 기대를 완전히 뒤엎고 예수는 잔치를 삼가며 특정 부류의 사람들을 멀리하는 그런 경건한 고행자 노릇을 거부했다. 물론 예수의 이 부인할 수 없는 '하향성'下向性을 낭만화하는 것은 옳지 않다. 그것은 '끼리끼리 즐기자'는 부화뇌동이나 '달콤한 삶'(dolce vita)이라는 금지된 장난과는 아무 상관도 없다. '환경'의 핑계도 잘못의 변명도 예수는 인정하지 않았다. 그러나 복음서의 보도에 따라 부인할 수 없는 점: 예수는 모든 사회적 편견과 제약을 거슬러 특정한 부류나 불우한 소수자에 대한 **어떤 사회적 자격 박탈도 거부했다**.

소설가 귄터 헤르부르거가 『오사카의 예수』를 외국인 노동자들 속에 등장시켜 묘사한 것은 올바른 안목이랄까. 뒤돌아선 쑥덕공론도 맞대 놓은 공개 비판도 아랑곳없이 예수는 사회의 주변인들, 사회적 소외자와 종교적 파문자들, 탈권자와 강등자들을 사귀었다. 그저 스스럼없이 받아들이고 어울렸다. 예수는 만인에게 개방된 사랑을 설교만 한 것이 아니라 실천했다. 물론 한통속이 되어 평판 나쁜 짓거리에 어울려 든 것은 아니다. 자기가 그들과 같은 수준으로 내려간 것이 아니라 그들을 자기와 같은 수준으로 높였다. 그러나 예수는 이 소문난 악인들과 이야기만 나눈 것이 아니라 **동석·회식**도 했다 — 글자 그대로. 이럴 수가! 사람들은 펄쩍 뛰며 분개했다.

자기가 무엇을 하고 있는지도 모른담? 식사를 함께한다는 것이 — 그때나 이제나 — 얼마나 큰 위신 문제가 될 수 있는지도 미처 깨닫지 못했담? 무릇 초대를 받으면 누구의 초대인지를 생각하는 법, 따라서 누구의 초대이면 결코 응하지 말아야 할지도! 특히 동방인이라면 누구나 잘 알고 있던 일: **회식**이란 예모나 친절만이 아니라 평화·신임·화해·친교를 뜻했다 — 나아가 경건한 유다인들의 경우에는 사람만이 아닌 하느님 앞에서의 그것을. 오늘도 유다인 가정에서는 가장인 아버지가 식사 시작 때에 축복의 청도와 더불어 한 덩이의 빵을 쪼개어 나누어 준다. 그럼으로써 각자가 나누어 받은 빵을 통하여 가장이 청원한 하느님의 축복에 참여하게 된다고. 하느님 앞에서의 회식 — 이런 회식을 죄인들과 함께? 바로 여기 문제가 있었다: 마치 율법이 누구와 친교를 나눌 수 있는지, 누가 경건자들의 공동체에 속하는지를 확정하는 지엄한 척도가 아닌 양!

경건자들에게는 명문으로 금지되어 있던 이 죄인들과의 회식이 예수에게는 비단 보다 자유로운 관용과 보다 인도적인 성향의 표현만도 아니었다. 오히려 예수의 사명과 복음의 표현이었다: 예외 없이 만인을 위한, 불량배도 위한 평화·화해의 표징. 도덕가들은 이것을 모든 전통적 도덕규범에 대한 침해, 아니 도덕 자체의 파괴로 느꼈다. 부당하게도?

은총의 권리

유다교도 물론 하느님이 용서하실 수 있다고 인정하고 있었다. 그러나 누구를? 달라진 사람을: 모든 죄를 보속한, 참회 규정을 완수한, 선업(율법 준수·맹세·희생·자선)으로 죄의 빚을 다 갚고 개과천선을 백일하에 입증한 사람을. 요컨대 용서받는 사람이란 죄인이었다가 의인이 된 사람이라고. 그러나 죄인은 아니라고: 죄인은 심판을 받는다고, 벌을 받는다고. 그것이 정의라고!

그런데도 먼저 행업·참회이고 다음에 은총이라는 이 법칙이 이미 의미가 없다고? 이 모든 율법 체계가 효력을 상실했다고? 당연히 ― 구약의 신명기와 역대기에 넉넉히 명문화되어 있듯이 ― 율법에 충실하면 하느님으로부터 상을 받고 율법을 배반하면 벌을 받을 수밖에! 그런데도 이 세관원과 죄인의 친구에 따르면 하느님이, 거룩하신 하느님이 죄인을, 거룩하지 못한 **죄인을 죄인인 그대로 용서하신다**고? 그런 하느님이라면 죄인들의 하느님, **의인**보다도 죄인을 더 사랑하는 하느님이리라!

이래서야 분명히 **종교의 기초가 흔들린다**: 매국노·협잡배·난봉꾼에게 경건자·의인과 맞먹는 권리가 주어지다니(루카 18,9-14); 집 나갔다 빈털터리가 되어 돌아온 동생이 집에서 열심히 일한 형보다

도리어 우대를 받다니(루카 15,11-32); 미움받던 외국인을, 게다가 이단자를 본국인의 귀감으로 삼다니(루카 10,30-37); 그리고 마침내는 모두가 같은 보수를 받으리라니(마태 20,1-16)! 말끝마다 잃은 자를 옹호하고 나서니(루카 15장) 대체 어쩌자고? 죄인이 되고 만 사람이 의인으로 머물러 있는 사람보다 하느님과 더 가까이 있기라도? 과연 괘씸하게도, 죄인 한 사람이 회개하는 것을 회개할 필요가 없는 의인 아흔아홉보다 하늘에서 더 기뻐하리라고(루카 15,4-7.8-10)? 정의가 곤두박질치듯!

무법자에게 그처럼 동정적이니 자신인들 율법을 범하지 않으랴 — 하느님의 계명과 조상들의 전통에 따라 규정된 예식과 규범을! 아름답게도 마음의 정결이라! 단식 대신 잔치라! 사람이 하느님 계명의 척도라! 처벌은커녕 잔치라! 하기야 그런 조건 아래서라면야 창녀와 사기꾼이 경건자보다 먼저, 사방의 불신자들이 나라의 아들들보다 먼저 하느님 나라에 들어간다 한들 누가 놀라랴(마태 21,31; 8,11-12)! 사실상 모든 신성한 척도를 폐지하고 온갖 서열을 뒤엎어 꼴찌를 첫째로, 첫째를 꼴찌로 삼다니(마태 20,16) 이 무슨 얼빠진 정의인가! 사랑은 한계를 모른다니, 동포냐 아니냐도 동지냐 아니냐도 이웃이냐 먼 사람이냐도 직업의 귀천도 도덕가냐 불량배냐도 선인이냐 악인이냐도 구별하지 않는다니 이 무슨 위험한 풋내기 사랑인가! 마치 현실적으로 거리를 지키는 일이 불가피하고 사람을 판단할 수밖에 없으며 언제라도 용서만 해서는 안 되는 것이 아닌 양!

그렇다, 예수는 이 정도에까지 이르렀다: **용서할 수 있다**고 — 끝없이, 일흔일곱 번이라도 용서할 수 있다고(마태 18,21-22). 그것도 모든 죄를 — 성령을 거스르는 죄, 하느님 자신의 참뜻을 거슬러 용서를 원하지 않는 죄 외에는 무슨 죄라도(마태 12,31). 여기서는 분명히 사회·인종·정치·종교의 경계가 없이 **누구에게나 기회가 주어져 있다**. 그것도 회개하기 전부터 이미 받아들여져 있다. 먼저 은총이고 다음에 행업! 아무리 벌받아 마땅한 죄인에게라도 은총은 활동한다 — 은총의 활동을 인정하기만 하면 된다. 용서는 거저 주어진다 — 용서의 선물을 받아들이고 회개하기만 하면 된다. 그야말로 은사恩赦, 거저 주어지는 사죄다 — 이제부터 미쁜 마음으로 살아가기만 하면 된다. 유효한 것은 그러므로 **권리에 앞서 은총**이다. 아니 오히려 은총의 권리! 오로지 이렇게 볼 때 새로운 '보다 나은 의로움'(마태 5,20)이 가능하다. 그 출발은 한계 없는 용서다: 그 유일한 전제는 신앙하는 신뢰, 신뢰하는 신앙이요 그 유일한 결론은 너그러운 용서의 전달이다. 큰 용서를 받아 살아갈 수 있게 된 사람일진대 작은 용서를 거절해서는 안 된다(마태 18,21-35).

물론 자신의 위기를 깨달은 사람일진대 결단의 지연이 용납되지 않는다는 것도 알고 있다. 도덕적 파탄이 실존을 위협하는 곳, 매사가 위기에 처한 곳, 거기서는 예리하고 단호하고 지혜로운 행동이 필요하다 — 냉정하게 마지막 시간을 이용하는 저 거리낌 없는 청지기의 — 불쾌한 인상을 주는 — 본보기에 따라(루카 16,1-9). 그것은 어떤 하나의 기회가 아니라 생명이 걸린 기회다: 자기 목숨을 얻는 사람은 잃을 것이요 잃는 사람이 얻겠기에(마태 10,39; 16,25; 참조: 요한 12,25); 문은 좁기에(마태 7,13-14; 루카 13,24); 불린 사람은 많으나 뽑힌 사람은 적기에(마태 22,14); 인간의 구원은 어디까지나 은총의 기적, 무엇이나 하실 수 있는 하느님에 의해서만 가능하기에(마태 19,26).

그러나 큰 잔치는 이미 마련되어 있다 — 누구에게나: 한길과 골목의 거지와 불구자에게까지도(루카 14,15-24; 마태 22,1-10). 누구에게나 용서의 기회가 있음을 말해 주는 표징으로서, 점잖은 분들의 식탁 둘레에는 얼씬도 못하던 사람들까지 포함하여 원한다면 누구나가 동석할 수 있던 그런 예수의 **식사**들보다 더 뚜렷한 표징이 있던가. 여느 곳에서는 따돌림만 받던 이 사람들이 여기서는 적지 않은 기쁨을 느꼈다. 여기서 사람들이 체험한 것은 평소의 단죄 대신 관용이었다. 성급한 심판 대신 자비로운 용서, 예사스러운 수모 대신 뜻밖의 은총, 참으로 해방, 그야말로 속량! 여기서는 은총의 표징이 완전한 현실로 드러나고 있었다. 그래서 이 예수의 제자들은 예수의 사후에도 공동체의 기억 속에 언제나 남아 있었고 또 전혀 다른 깊은 차원에서 이해되었다: 여러 비유에서 예고된 마지막 구원의 잔치를 이를테면 예행 · 선취하는 놀라운 표상으로서(마르 2,15-17,19; 마태 8,11; 22,1-14; 루카 14,16-24).

그러나 남은 물음: 죄인의 용서 · 해방 · 속량이라는 **그런 은총의 근거**는 어디 있는가? 예수의 비유들이 뚜렷이 안내해 준다.

예수의 죄인 변호는 우선 의인 반박으로 이루어진다: 과연 회개할 필요가 없을 만큼 의인은 의로우냐, 경건자는 경건하냐고. 도덕과 경건을 자부하는 그것이 바로 죄가 아니냐고(루카 18,9-14). 대체 무엇이 용서인지 알고나 있느냐고(루카 7,47). 불행한 형제들에게 무자비하고(루카 15,25-32) 순종을 내세우면서도 사실은 순종하지 않으며(마태 21,28-31) 하느님의 초대를 피하는(루카 14,16-24) 그들이 아니냐고. 결

백자의 죄가 있다고: 자기는 하느님께 남은 빚이 아무것도 없다고 생각할 때. 죄인의 결백이 있다고: 자기는 하느님께 온전히 의지할밖에 달리 방도가 없다고 생각할 때. 이런 의미에서 죄인이 경건자보다 진실하다고. 예수는 죄를 인정하지 않으려는 사람에 비하여 죄를 숨기지 않는 사람을 의롭게 본다.

그러나 예수 주장의 근거는 또 다른 데 있다: 왜 단죄하지 않고 용서할 수 있는가? 왜 은총이 권리에 선행하는가? **하느님 자신**이 단죄하시지 않고 **용서**하시기에! 하느님 자신이 자유로이 은총을 권리에 선행시켜 은총의 권리를 행사하시기에! 그래서 모든 비유에서 거듭새삼 하느님은 너그러우신 분으로 나타난다: 자비로운 왕으로(마태 18,22-27) 빚을 탕감해 주는 채권자로(루카 7,41-43) 잃은 양을 찾는 목자로(루카 15,1-7) 잃은 은전을 찾는 여자로(루카 15,8-10) 아들을 향해 달려 나가는 아버지로(루카 15,11-32) 세관원의 기도를 들어주는 심판자로(루카 18,9-14) 새삼 가없는 자비와 모든 기대를 능가하는 호의를 베푸는 포도밭 주인으로(마태 20,1-15). 사람은 하느님의 베풂과 용서를 자신의 베풂과 용서로써 이를테면 그대로 본떠야 한다. 이렇게 볼 때만 '주님의 기도'의 청원도 이해될 수 있다: "우리가 우리에게 빚진 이들을 용서했듯이 우리의 빚을 용서하소서"(마태 6,12).

이 모든 것을 예수는 으레 그러듯이 비신학적으로, 무슨 대단한 은총론을 전개함이 없이 선포한다. '**은총**'이라는 낱말은 공관복음서에도 — 루카의 (물론 대부분 나중에 가필된) 몇 군데를 제외하면 — 요한 복음서에도 (서문을 제외하면) 없다. '용서'는 대개가 세례 양식에 나타나며 명사로서의 '자비'는 복음서에 전혀 없다. 유달리 주로 나타나는 낱말은 동사들이다: '용서하다'·'탕감하다'·'베풀다'·'측은해하다'…. 여기서 시사되는 결정적 요점: 은총과 용서에 관한 예수의 말씀이 뜻하는 것은 무엇보다도 먼저 **실행**이다. 탕자의 아버지가 처벌의 심판을 내리기는커녕 마주 달려가 얼싸안는 것, 죄의 고백을 중단시키고는 옷·가락지·신발을 가져오고 살진 송아지를 잡고 잔치를 벌이게 하는 것, 그것은 은총의 실행이다. 마찬가지로 종·채무자·세관원·잃은 양이 경험하는 것도 실행 중의 관용·용서·자비·은총이다. 과거에 대한 신문도 앞으로의 특별한 보속 의무도 없이 무조건 받아들여지는 것, 그래서 해방된 인간으로서 다시 살아갈 수 있는 것, 그래서 스스로 자신도 받아들이는 ― 세관원이 아니라도 ― 지극히 어려운 일이 가능한 것, 이것이 은총이다: 새 삶의 기회.

예수의 비유들은 그러므로 사랑하시는 아버지 하느님이라는 초시간적 관념을 표상하는 데서만 그치는 것이 아니다. 이들 비유에서 선언된 것, 그것은 죄인을 받아들이는 예수의 행동으로 실행된 것, 그것이다: 용서. 예수의 행동과 말씀에서 용서·해방하시는 하느님의 사랑이 죄인들에게 실제 사건이 되었다. **악인의 처벌이 아니라 죄인의 성의**成義 ― 여기서 이미 하느님의 나라, 다가오는 하느님의 정의가 시작되고 있었다.

예수의 모든 언행이 경건하면서도 예수만큼 관대·인자·양선하지는 못한 사람들의 불의를 폭로하고 있었다. 더구나 이 덜 관대한 경건자들을 더욱 분개하게 한 뚜렷한 사실: 예수는 하느님이 죄인을 사랑하시고 의인보다도 우대하신다고 주장하면서 비단 일반적으로 이 하느님의 은총·자비·용서를 예고하기만 한 것이 아니라 감히 은총의 나라를 선취하고 있었다. 아무리 비판적인 주석학자라도 역사상 사실로 인정하듯이 예수는 감히 **직접 각 죄인에게 사죄를 선언했다.**

첫 복음서에 따르면 예수와 적수들과의 본격적 첫 대결이 바로 이런 사죄 선언을 둘러싸고 일어난다(마르 2,1-12): "아들이여, 그대의 죄는 용서받았소"라고! 하느님이 용서하신다는 것은 경건한 유다인도 믿고 있다. 그러나 여기 이 사람은 전혀 특정한 한 인간에게 전혀 직접적으로 즉각·즉석에서 하느님의 사죄를 보장·선언하지 않는가. 무슨 권리로? **무슨 권위로?** 즉각 나타난 반발: "이 사람이 어쩌자고 이런 말을 하는가? 하느님을 모독하는구나. 하느님 한 분이 아니고서야 감히 누가 죄를 용서할 수 있단 말인가?"(2,7).

물론 예수도 용서하시는 분은 **하느님**임을 전제한다. 그래서 전승된 표현도 수동태('사해졌다')로 되어 있다. 그러나 그때 사람들에게 역력하던 사실: 이 사람은 일찍이 어느 누구도, 모세나 예언자도 엄두조차 못 낸 일을 감행하는구나. 대제관도 화해일에 성전에서 하느님이 제정하신 참회 규정의 치밀한 세칙에 따라 온 백성에게 일반적으로 선언할 뿐인 하느님의 사죄를 이 사람은 감히 아무 불량배에게나 전혀 구체적인 상황에서 전혀 직접적으로 선언하는구나. 이렇게 예수는 은총을 비단 설교할 뿐 아니라 즉각 즉석에서 권위 있게 행사했다.

이를테면 사형私刑 자구권自救權에 대립되는 은사恩赦 자구권의 행사? 한 인간이 하느님의 심판을 선취하다니! 이스라엘의 전통을 완전히 거슬러 오직 하느님만이 하실 수 있는 일을 스스로 자행하다니! 태초 이래 하느님 고유의 권리에 대한 범접·참월! 하느님의 이름을 저주하지는 않는다 하더라도 사실상의, 오만에서 나온 **신성모독**! 자기가 대체 무엇이기에? 다른 면에서도 이미 전대미문이던 예수의 주장은 이 사죄권 행사에서 절정에 이르러 격렬한 분개와 반발을 불러일으켰음에 틀림없다. 분쟁은 불가피해졌다: 예수와 예수에 대하여 그릇된 처신이 폭로되고 의롭지 못한 사람으로 규정된 모든 사람들과의 — 생사를 건 — 분쟁. 이미 처음부터 — 죄의 용서, 세관원과의 잔치, 단식의 해태, 안식 규정의 침해에 관한 보도 직후에 — 마르코 복음서(3,6)는 예수의 적수, 율법 · 권리 · 도덕의 수호자들이 모여 모의한 사실을 지적하고 있다: 어떻게 하면 예수를 제거할 수 있겠느냐고.

4장

분쟁

걸림돌 — '스칸달론' σκάνδαλον(Skandal, scandal): 걸려 넘어질 만한 돌. 예수 자신이 걸림돌이 되었다. 예수의 모든 언행이 끊임없는 '스캔들'이었다. 하느님 일을 사람 일과 근본적으로 하나로 삼는 예수의 남다른 언행 — 이로써 이론상으로나 실천상으로나 예수에게 얼마나 엄청난 결과가 초래되었던가! 자신이 사방을 향해 공격을 가하던 예수는 이제 사방으로부터 공격을 받는 처지도 되었다. 예수는 누구의 기대에도 부응하지 않는 인물이었다. 법과 질서의 수호자들에게는 반체제 위험인물임이 드러났고 능동적 폭력혁명가들에게는 비폭력 평화 애호자로서, 거꾸로 수동적 은둔 고행자들에게는 무금기 세속 자유인으로서 실망을 안겨 주었으며 세상에 적응하던 경건자들에게는 너무 비타협적인 사람으로 보였다. 항간의 말 없는 사람들에게는 너무 말 많은 사람, 말 많은 사람들에게는 너무 말 없는 사람으로 엄격한 사람들에게는 너무 유순한 사람, 유순한 사람들에게는 너무 엄격한 사람으로 여겨졌다. 치명적 사회 분규 속에서 뚜렷이 별난 사람으로서 예수는 집권 세력과도 집권 세력의 반대 세력과도 대립하고 있었다.

1
이것이냐 저것이냐

주장은 엄청나건만 배경은 보잘것없었다. 신통찮은 출신인 터에 친척의 후원도 특별한 학벌도 돈도 벼슬도 없었다. 가문의 세력도 당파의 지원도 전통의 근거도 없는, 그처럼 힘없는 사람이 그처럼 엄청난 주장을? 애당초 누가 권위를 인정해 줄 가망이라도? 그러나 치명적 공격의 대상이던 예수는 또 자발적 신뢰와 사랑도 받고 있었다! 요컨대, 예수와 접하면서 정신들이 구별되어 드러나고 있었다: '영들의 식별'.

직위도 칭호도 없는

이 가르침, 이 처신, 이 주장을, 결국은 이 사람 자신을 어떻게 생각할까? 피할 수 없는 물음이었다. 부활 전 문제로서 부활 후 복음서를 관류하고 있었고 오늘도 쉬지 않고 제기되는 물음: 그대들은 예수를 무엇이라고 생각하는가? 예수는 **누구**인가? 한 예언자? 혹은 그 이상?

그렇다, 예수는 복음 선포와 관련하여 무슨 '직분'을 수행했던가? 예수 자신은 자기 '일'을 어떻게 생각했던가? 당분간 인간으로 변신한

천상 존재는 물론 아니고 온전히 인간적으로 상처받을 수 있고 역사상으로 파악될 수 있는 그런 인간 존재인 예수, 제자들을 거느린 인물로서 '라삐'·'스승'이라고 불린 것은 부당한 일일 것도 없으나 다가오는 하느님 나라의 전도사로서는 오히려 혹은 '예언자'나 혹은 기다리던 종말의 예언자라고까지 여겨지면서 그때 사람들 자신에게도 확실히 분분한 의견 차이를 불러일으켰던 예수(마르 8,27-28), 이 예수는 누구인가? 주목할 만하게도 정작 예수의 소명 체험에 관하여 복음서에서 보도해 주는 것은 아무것도 없다 — 혹은 모세나 예언자들, 또 혹은 차라투스트라나 무함마드 같은 예언자적 체험도, 아니면 붇타(覺者) 같은 깨달음의 체험도.

많은 그리스도인들이 '예수는 하느님의 아들이시다'라는 표현을 그리스도 신앙의 핵심으로 보고 있다. 그러나 여기서 좀 더 정확히 알아야 할 점: 예수 자신이 선포의 핵심으로 삼은 것은 하느님의 나라이지 자기 자신이나 자신의 직분이나 품위가 아니다. 부활 후 공동체가 나자렛 예수의 완전한 인간성을 변함없이 고수하는 한편 이 인간에게 '그리스도'·'메시아'·'다윗의 자손'·'하느님의 아들'이라는 칭호를 부여했다는 것은 아무도 부인할 수 없다. 또 그들이 주위(유다·헬라) 세계에서 가장 중요하고도 의미가 풍부한 칭호들을 골라 예수의 칭호로 삼고 그럼으로써 신앙을 위한 예수의 의미를 표현하고자 했다는 것도 — 나중에 설명하려니와(335-351) — 능히 이해할 수 있다. 그러나 예수 자신도 이미 이런 칭호들을 자임했다는 것은 주어진 사료의 성격상 간단히 전제될 수 없다. 이것은 오히려 선입견 없이 검토되어야 할 문제점이다.

이것은 그리스도 신앙의 중심 문제 — 그리스도로서의 예수 문제 — 인 만큼 여기서야말로 소망적 사고에 비판적 사고가 무책임하게 압도되지 않도록 배전의 조심이 요청된다. 여기서야말로 복음서란 순수한 역사의 문서가 아니라 실천적 신앙 선포의 기록임을, 그 의도가 그리스도로서의 예수에 대한 신앙을 호소·강화하는 데 있음을 명기할 필요가 있다. 여기서야말로 발생한 역사와 역사의 해석, 사실의 보도와 신학적 반성, 부활 전 말씀과 부활 후 인식을 구별하기가 특별히 어렵다.

부활·현양되신 분의 말씀만이 아니라 지상 예수의 말씀도, 특히 그리스도론적 자기표현이야말로 초창기 그리스도인 공동체들의 예배·선포·계율·전도의 영향은 물론이고 복음서 편찬자들의 영향도 받았을 수 있다. 이것이 해석자들에게 말해 주는 뜻: 복음서에 전승된 예수의 말씀을 되도록 **많이** 예수의 친언으로 보는 사람이 가장 올바르게 믿는 신학자는 아니다. 또 물론 되도록 **적게** 그렇게 보는 사람이 가장 올바르게 비판하는 신학자도 아니다. 이 중심 문제에서는 비판 없는 신앙도 신앙 없는 비판도 진상을 말해 주지는 못한다. 진정한 비판은 신앙을 파괴하지 않고 진정한 신앙은 비판을 제거하지 않는다.

공동체들의 신앙고백과 신학이 특별히 영향을 미쳤음을 고려해야 할 몇 가지 **메시아 사화**:

○ 이미 언급한(94-96) 두 **족보**는 예수를 다윗의 자손, 약속의 소생이라고 알리자는 데 의도가 있다. 그러나 주목할 만하게도 가장 오래된 마르코 복음서에는 아예 족보가 없고 마태오와 루카에서도 다윗을

제외하고는 별로 공통점이 없다(마태 1,1-17; 루카 3,23-38).

○ 전설적으로 윤색된 **유년기 사화**들은 예수의 출신이라는 비밀을 설명하려 한다. 그러나 이들 역시 마태오와 루카에만 나오며 역사적으로 검증될 만한 점을 제공하는 바가 별로 없다(마태 1-2장; 루카 1-2장).

○ **세례 사화와 유혹 사화** 역시 특수한 문학적 성격을 띠고 예수의 사명을 제시하려는 교훈 실화다(마르 1,9-11.12-13).

○ **변모 사화**는 마르코에서도 이미 다른 계열의 전승을 내포하고 있고 예수의 메시아적 사명과 권위를 밝히고자 여러 가지 발현 동기發顯動機를 사용한다(마르 9,2-10).

물론 이 모든 설화들이 전설이나 신화일 **뿐**이라고 주장해서는 안 된다. 실은 여러모로 역사상 사건과 결부되어 있다 — 예컨대 예수의 세례를 상기해 보라(111-115). 그러나 흔히는 역사적 요소를 색출해 내기가 좀체 불가능하다. 어떻든 이들과 결부된 메시아적 표현들을 간단히 당연시해서는 안 된다. 이들 메시아 사화는 그 나름의 의미가 있지만 바로 이 의미를 놓치고 모순에 빠지지 않기 위해서야말로 문장 하나하나를 그대로 역사상 사실 보도처럼 알아들어서는 안 된다.

초대교회의 신앙과 신학이 특히 **메시아 칭호**에 영향을 미쳤다는 것도 오늘날 진지한 주석학자라면 누구나 인정하고 있다. 예수 자신이 메시아 칭호를 — '메시아'나 '다윗의 자손'도 '아들'이나 '하느님의 아들'도 — 자칭하지 않았다는 것은 자세히 살펴보면 능히 알 수 있다. 부활 후에는 예수 전승 전체가 메시아적 조명 속에서 회고적으로 — 그리고 나중에 밝혀지려니와(335-351) 옳게 — 인식되고 있었고 그래서 메시아 신앙고백이 예수 사화들의 서술에 도입되었다. 복음서 편술자들도 **부활 신앙에 터하여** 회고·서술했다. 부활 신앙에 터해서는 예수의 — 이제는 전혀 달리 이해된 — 메시아성이 이미 아무 문제도 되지 않았다. 부활 전에는 그러나 이 메시아성이 문제였다 — 정작 이것이야말로.

부정적 진단? 예수의 자칭이라는 면에서는 그렇다고 할 수 있으나 예수의 주장이라는 면에서는 결코 그렇지 않다. 분명히, **예수의 주장은 예수의 칭호와 맞먹는 것이 아니다**. 예수는 무엇이며 누구냐는 중대 문제는 이 진단에 의하여 해결되기는커녕 더욱 날카롭게 제기된다: 특별한 혈통·가문·학벌·직위·당파를 내세우지도 않고 그렇다고 특별한 칭호나 품위에 가치를 부여한다고 할 수도 없으며 그러면서도 이미 뚜렷이 드러난 대로 엄청난 주장을 제기하는 예수, 이 예수는 무엇이며 누구인가?

잊어서는 안 될 점: 여기서 문제로 등장하는 칭호들은 그때 사람들의 여러 전통과 다소 정치적인 기대라는 **장애 요인**을 — 각기 그 나름으로 — 내포하고 있었다. 예수는 사람들이 일반적으로 기대하던 '메시아'·'다윗의 자손'·'인자' 그대로가 아니었다. 또 어느 모로 보나 그대로이기를 원하지도 않았다. 분명히 어떤 혈통 개념·통상 관념·전통 직위·유행 칭호도 예수의 주장을 대표하기에는, 예수 자신과 예수의 사명을 설명하기에는, 예수의 숨은 진수를 열어 보이기에는 적합하지 못했다. 바로 메시아 존칭들이야말로 제관·신학자·혁명가·고행자·평민(경건자·불경자) 등 모든 사람들의 인간적인, 너무나 인간적인 기대와는 어긋나는 사실을 더욱 돋보이게 했다: 이 예수라는 사람은 다르구나!

또 바로 그래서 아무도 예수에게 무관심할 수는 없었다. 예수는 하나의 공인公人이 되어 주위 세계와의 갈등을 불러일으키고 있었다. 예수와 마주하여 사람들과 특히 성직자들은 불가피하게 막다른 문제에 봉착했다. 예수는 궁극 **결단**을 촉구하고 있었다 ― 그러나 특정한 칭호나 직위 혹은 나아가 특정한 교의·예규·율법에 대한 찬반 문제만은 아닌 결단을. 예수의 복음 선포와 친교 관계는 한 인간이 궁극적으로 어떤 방향으로 어떤 목적을 추구하며 자기 삶을 꾸려 나가겠느냐는 문제를 제기하고 있었다. 예수는 하느님과 사람의 일에 대한 궁극 결단을 촉구했고 이 '일'에 예수 자신도 전념했다 ― 자신을 위하여 무엇인가를 요구하거나 자신의 '직분'이나 칭호를 선포의 주제로 삼지는 않았다. **예수 자신**이라는 중대 **문제**는 간접적으로만 제기되고 있었다 ― 모든 칭호가 회피되고 있었기에 수수께끼는 더욱 심화되고 있었다.

대리자

거듭 의아하게들 여겨 온 점: 복음서의 송사訟事 보도에 나자렛 예수는 **왜** 사형 판결을 받았느냐는 동기 제시가 미흡하다. 대저 이 사람의 생애에 사학적으로 확실한 것이라면 바로 포학한 죽음이다. 그런데 예수의 메시아성에 대한 대제관의 신문은 부활 후 해석이라고 본다 하고, 어떻든 수난 사화만 읽어 보아서는 예수의 사형 언도가 아무래도 수긍이 안 된다. 메시아로 자임하던 사람은 더러 있었다. 그러나 그런 주장을 이유로 사형을 당한 사람은 아무도 없다.

○ 혹시 오늘날 더러 선의의 그리스도인과 유다인들이 주장하듯이 재심에 의하여 번복되어야 할 비극적 오판?
○ 아니면 역시 그리스도교 2천 년을 두고 무수한 유다인이 목숨으로 윤리적 과오의 대가를 치르게 된 장본이었다는 완악한 백성의 고의적 악의?
○ 혹은 그저 유다인은 아무 책임도 없었겠고 결국은 최종 결정권을 쥐고 있던 로마 당국의 저 유명한 독단적 처사의 하나?
○ 또는 실상 무고한 백성을 선동하고 ― 복음사가들도 이미 로마인 책임자들의 면책을 암시하듯이 ― 예수의 무죄를 확신하고 있던 로마인들을 이용한 유다인 지도자들의 계획적 모략?

"그가 무슨 나쁜 짓을 했단 말입니까?"라는 빌라도의 물음에 대한 대답인즉 마르코에 따르면 "그를 십자가형에 처하시오!"라는 더욱 높아 가는 외침 뿐이다(마르 15,14).

그러나 각도를 달리해서 물을 수도 있다: 사형선고의 충분한 이유가 될 만한 잘못이 과연 있었지 않은가. 수난 사화에서 예수 유죄판결의 근거가 그처럼 간단한 까닭인즉 복음서 전체에 이미 포괄적으로 충분한 근거가 제시되었기 때문이 아닌가. 이렇게 보면 고발 사유들을 정립하기란 어려운 일도 아니리라.

아니면 굳이 또 한번 되풀이하랴 ― 이 사람은 이 백성, 이 사회, 이 사회의 대표자들에게 신성한 거의 모든 것을 거역했음을: 성직자들을 개의치 않고 말로나 행동으로나 예식 금기·단식 관례와 특히 안식 규정을 무시했다는 것; 특정한 율법 해석('조상들의 전통')만이 아니라 율법 자체도 (명백히 이혼과 보복을 금하고 원수 사랑을 명함으로써) 침범했다는 것; 율법을 달리 해석하고 어떤 점에서는 강화하기도 했을뿐더러 개정하기도 하고 남달리 독자적으로 자유롭게 언제 어디서나 사람을 위하여 옳다고 여겨지면 배격하기도 했다는것; 율법의 그것과는 또 다른, '보다 나은 의로움'을 선포하면서 마치 그런 것이 있을 수 있고 하느님의 율법이 최종 권위는 아닌 양 처신했다는 것을.

그러므로 이 사람은 사실상

○ 우선: 유다교 율법의 기존 질서를, 또 따라서 사회체제 전체를 ― 설계적으로 개정·포고한 것은 아니더라도 ― 문제 삼지 않았던가. 기존의 규범·제도, 현행의 계명·교의, 기성의 질서·법제를 ― 물론 폐지하려 한 것은 아니더라도 ― 사실상 완전히 뒤엎을 만큼 그런 것들은 사람을 위하여 있는 것이지 사람이 그런 것들을 위하여 있는 것은 아니라고 주장하면서 절대 권위를 부인하지 않았던가. 그래서 대두된 물음: 이 사람이 율법을 준 모세보다도 더 크기라도?(마태 5,21-48; 참조: 마르 10,5)

○ 나아가: 성전의 전례를, 제사 일체를 ― 역시 설계적으로는 아니더라도 ― 문제 삼지 않았던가. 모든 예식·관례, 온갖 축제·행사를 ― 결코 폐지하려 한 것은 아니더라도 ― 사실상 격하시킬 만큼 사람 섬김을 하느님 섬김에 앞세우지 않았던가. 그래서 격화된 물음: 이 사람이 성전을 지은 솔로몬보다도 더 크기라도?(마태 12,42; 참조: 12,6)

○ 끝으로: 하느님 일과 사람 일, 하느님 뜻과 인간 복지를 하나로 삼음으로써 사람을 하느님 계명의 척도로 삼지 않았던가. 이에 터하여 사람 사랑·이웃 사랑·원수 사랑을 강변·강행하면서 가족·비가족, 동족·비동족, 동지·비동지, 친구·원수, 가까운 사람·먼 사람,

선인 · 악인이라는 당연한 구별을 무시하려 하지 않았던가. 가정 · 민족 · 당파의 의의를, 아니 율법과 도덕의 의의마저 상대화하지 않았던가. 그래서 집권자와 반란자, 말 없고 말 많은 일반인들의 반발을 살 수밖에 없지 않았던가. 한계 없는 용서, 서열 없는 봉사, 대가 없는 포기를 설교하여 모든 공인된 구별, 실용적 풍습, 사회적 장벽을 무너뜨리지 않았던가. 그 결과 사실상 무리하게도 약자 · 병자 · 빈자 · 천민을 편들어 강자 · 건강인 · 부자 · 특권층에 대항하고 '미풍양속'에 어긋나게도 아녀자 · 천민들을 상냥하게 대하며 실로 모든 도덕률이 무색하게도 불경자 · 패륜아요 무법자 · 범법자인 악인들과 어울리면서 그들을 경건자 · 도덕가요 준법자 · 수계자인 의인들보다도 우대하지 않았던가. 게다가 소문난 남녀 죄인들의 친구인 이 사람은 악인들의 처벌은커녕 용서를 선전할뿐더러 오만불손하게도 즉각 · 즉석에서 직접 각자에게 사죄를 선언하면서 마치 하느님 나라가 이미 와 있고 자신이 심판자인 양, 인간의 최종 심판자인 양 행세하기조차 하지 않았던가. 그래서 마침내 제기된 물음: 이 사람이 회개를 설교하던 요나보다도(마태 12,41), 예언자보다도 더 크기라도?

이렇게 예수는 신성한 위계 체제의 근본을, 신학과 이념 일체를 뒤엎었다. 그리고 또 한번 상기하건대 얼마나 큰 **대조**를 이루고 있는가: 무슨 좋은 것이 나올 수 있으랴던 나자렛(요한 1,46) 출신으로 가문도 대단할 것이 없고 따르는 사람도 일단의 젊은 남자와 몇몇 여자밖에 없으며 학벌도 돈도 지위도 무슨 권위나 전통이나 당파의 배경도 없는 일개 범인凡人 — 그러면서도 그처럼 엄청난 **주장**을 하고 나선 신인新人! 율법과 성전 위에, 모세와 왕과 예언자 위에 올라서서 문제의

'나'라는 낱말을 — 요한 복음서만이 아니라 이미 (문학 비판으로 배제될 수 없을 만큼) 공관복음서에서도 — 거침없이 자주 입에 올리는 이 사람의 주장에는 저 산상 설교의 '그러나 나는 여러분에게 말합니다'도, 두드러지게 많은 문장 첫머리에서 사용되는 '아멘'도 미상불 영락없이 잘 어울리지 않는가. 이 두 표현형식에는 물론 — 아무리 비판적인 견지에서 예수 아닌 초대교회에 이를 귀착시킨다 하더라도 — 라삐나 심지어 예언자의 그것을 초월하는 권위 주장이 내포되어 있지 않은가(195-199).

이 주장의 — 복음서에서도 예수의 언행과 관련하여 문제로 등장하는 — 근거를 예수는 어디서도 제시하는 일이 없다. 아니 권한 논쟁(마르 11,28-33)에서 근거 제시를 거부한다. 그저 권한을 주장할 뿐이다. 권한을 보유하고 행사할 뿐, 권위에 더하여 말하고 행동할 뿐, 더 높은 권위에 호소하는 일이 없다. 전혀 파생적이 아니며 극히 본유적인 자신의 권위를 전제한다. 제관과 신학자처럼 단순히 전문가·전공자로서가 아니라 어떤 유다와 근거의 제시도 없이 자신의 권한에 의하여 말로나 행동으로나 하느님의 뜻(= 인간의 복지)을 선포하고 하느님의 일(= 사람의 일)을 자기 일로 삼는다. 그리고 온전히 이 '일'에만 몰두하면서 어떤 존칭이나 위신도 내세우지 않는 '일꾼'으로서 극히 독자적으로 공공연히 스스로 **하느님과 사람의 대리자**가 된다!

하느님과 사람의 대리자? '복되도다, 나 때문에 걸려 넘어지지 않는 사람은?'(마태 11,6) 오히려 걸려 넘어질 수밖에?

- 모세와 어긋나는 율법을 가르친다면 이단 설교자가 아닌가?
- 모세의 전통에서 벗어난 예언을 한다면 거짓 예언자가 아닌가?

- 모세와 예언자들보다도 높다고 자처한다면, 죄의 최후 심판자 구실까지 자임한다면, 그래서 하느님의, 하느님만의 영역을 범접한다면, 그야말로 — 분명히 짚고 넘어가야겠거니와 — 신성모독자가 아닌가?
- 완악한 백성의 무고한 희생자이기는커녕 도리어 광신자요 이단자, 그 자체로 극히 위험할뿐더러 성직 체제의 지위를 매우 현실적으로 위협하는 질서 교란자 · 불안 조성자 · 혹세무민자가 아닌가?

이런 배경에서야 비로소 분명해지는 점: 예수는 특별한 칭호를 자임했더냐 아니했더냐는 문제란 실상 전혀 둘째 문제다. 그런 칭호들이 추후로 예수의 칭호가 되었다는 것은 — 예수의 죽음과 실패 다음에도 자명했던 것은 결코 아니지만 — 예수의 활약 전체와 결부되어 있었다. 예수의 모든 처신에 라삐와 예언자들의 그것을 능가하고 메시아의 그것과 전혀 맞먹는 주장이 드러나 있었다: 옳든 그르든, 사실상 예수는 말로나 행동으로나 이 세상에서 사람을 위한 하느님의 대리자로서 행세하고 있지 않던가. 따라서 동시에 분명해지거니와 예수 사화들의 메시아적 성격을 전적으로 사후에 추가된 것이라고 단정해 버린다면 얼마나 잘못인가. 예수의 활약 전체가, 그 주장도 **또** 그 영향도 메시아 대망을 불러일으키고 믿음도 얻는 그런 성격을 띠고 있었다 — 저 엠마오로 가는 사람들의 말로 분명히 전해지듯이: "우리는 그분이야말로 이스라엘을 속량하실 분이라고 희망을 걸고 있었습니다"(루카 24,21). 이렇게 볼 때에만 무조건 추종의 호소도, 제자들의 부름과 열두 사람의 선택도, 온 백성의 움직임도, 또 물론 적수들의 격렬한 반발과 줄기찬 적의도 능히 이해된다.

하느님과 사람의 공공연한 대리자로서 예수는 몸소 커다란 시대의 표징이 되었다. 예수의 실존 일체가 결단을 촉구하고 있었다 — 예수의 선포, 예수의 활동, 바로 예수 자신에 대한 찬반의 결단을: 여전할 것이냐 달라질 것이냐, 믿을 것이냐 안 믿을 것이냐, 반발할 것이냐 회개할 것이냐? 그리고 찬성자에게든 반대자에게든 예수는 다가오는 나라, 하느님 최후 심판의 표징이었다. 예수 자신이 사람들에게 하느님의 미래의 빛과 그림자를 던지고 있었다: 만일 하느님과 사람의 대리자로서의 예수의 언행이 옳다면, 그렇다면 과연 낡은 시대는 지났고 새 시대가 동텄으리라고. 그렇다면 새 세상, 개선된 세계가 도래 중이리라고. 그러나 옳든 그르든, 누가 그런 말을 하고 있느냐고. 그런 주장, 그런 권한, 그런 중대한 의의를 내세우며 등장하여 모세와 예언자들의 권위를 사실상 무효화하면서 스스로 **하느님**의 권위를 주장하고 있는 사람인즉 바로 힘없고 가난하고 보잘것없는 한 **인간**이 아니냐고. 그런데도 어떻게 이단 설교자·거짓 예언자·신성모독자·혹 세무민자라는 비난이 옳지 않다 할 수 있으랴고.

물론 예수의 모든 언행이 하느님을 내세우고는 있다고. 그러나 또 한번 만일 그런 예수의 언행이 옳다면, 그렇다면 그런 하느님이란 어떤 하느님이냐고. 예수의 선포와 활동 전체가 궁극적으로 불가피하게 제기하는 신神문제: 하느님은 어떤 분이며 어떤 분이 아닌가? 무엇을 하시며 무엇을 하시지 않는가? 궁극적으로는 싸움 전체가 하느님 자신을 둘러싼 싸움이었다.

2
하느님 싸움

유일신은 이스라엘 역사에서 잘 알려져 있다. 사람들의 체험 속에서 말씀하시고 사람들이 대답과 물음, 기도와 저주로 말씀드리는 하나이신 하느님, 이 하느님이 가까이 계시고 살아 계신 하느님, 사람스러운 모습을 지닌 하느님이라는 데 관해서는 다툴 필요가 없었다 — 오늘도 유다인과 그리스도인 사이에서는 그렇듯이. 심지어 예수는 이스라엘의 신관을 특별히 순수한 형태로 특별히 실천적인 결론과 더불어 파악하고 있었을 뿐이라고 말할 수도 있다. 그뿐?

신관의 혁명?

예수의 독창성을 사실상 과장해서는 안 된다 — 이것은 오늘날 유다인과의 대화를 위하여 중요한 점이다. 흔히 예수야말로 처음으로 하느님을 **아버지**라고, 사람들을 하느님의 자녀라고 부른 줄로 여겨 왔다 — 마치 온갖 다른 종교에서도 신을 아버지라고 부르지 않는 양. 일찍이 그리스인들에게서도 계보학적으로는 호메로스의 서사시에서

크로노스의 아들 제우스가 신족神族의 아버지로 나타나는가 하면 우주론적으로는 또 스토아철학에서 신이란 이성이 사무친 우주의 아버지이며 이성이 특별히 부여된 인간이란 신과 근친 관계에 있고 신이 돌보는 신의 자녀라고 설명된다.

그러나 이 종교사적 진단에서야말로 이미 이 **신 부칭의 문제성**이 뚜렷하다 — 여성해방 시대에는 마땅히 주의할 점이다. 신에게 성별을 부과한다는 것이 어디 그리 당연한 일인가. 하느님이 남자·남성인가. 여기서야말로 오히려 하느님이 사람 모습에 따라, 아니 더 정확히 말해서 남자 모습에 따라 창조되고 있지 않은가. 종교사상 일반적으로 신들은 성별을 띠고 있다. 물론 처음부터 이미 양성 또는 중성의 신들도 있었겠지만 나중에도 거듭 성별이 뚜렷한 신들이 등장한다. 여기서 생각해 볼 만한 점: 모권 문화에서는 삼라만상의 모태이자 귀소歸巢인 대지의 어머니가 천상의 아버지를 대신하고 있다. 모권 사회가 부권 사회에 선행했다고 — 사학계에서는 여전히 문제로 남아 있지만 — 가정한다면 (예컨대 소아시아에서 나중에 마리아 공경에 큰 영향을 준) 모신 숭배도 시간적으로 부신 숭배에 앞섰으리라.

이 사학적 문제가 어떻게 규정되든 신의 부칭은 야훼의 유일성에만 터한 것이 아니고 남성 본위 사회라는 사회학적 조건도 내포하고 있다. 어떻든 하느님이 곧 남성은 아니다. 이미 구약성서·예언서에서는 하느님이 여성·모성도 띠고 있다. 오늘의 관점에서는 또 좀 더 분명히 볼 필요가 있다. 신의 부칭을 오해하지 않기 위해서는 '아버지'를 '어머니'와 대립시키지 말고 상징적(유비적)으로 이해해야 한다. '아버지'란 초인간·초성별의 궁극 실재를 가리키는 부권 사회의 (모권 사회 요소도 포함된) 상징이라고. 오늘날이야말로 하나이신 하느님을 지난날의 지나친 남성 본위 신학에서처럼 남성 · 부성의 색안경을 쓰고 바라보아서는 안 된다. 하느님에게 여성 · 모성의 요소도 있음을 알아야 한다. 이렇게 이해할 때 하느님을 아버지로 부른다는 것이 여성을 희생하는 사회적 부권주의, 특히 교회(직무) 안에서의 여성 요소의 영구적 억제를 정당화하는 종교적 근거로 이용될 수는 없다.

다른 종교에서와는 달리 **구약성서**에 나타나는 하느님은 제신諸神이나 반신半神이나 영웅들의 생부生父가 아니다. 또 단순히 만인의 아버지도 아니다. 야훼는 하느님의 맏아들로 불리는 이스라엘 백성의 아버지다(탈출 4,22-23; 예레 31,9; 이사 63,16). 또 특히 왕의 아버지다. 왕은 특별한 의미에서 하느님의 아들로 인정된다: "너는 내 아들, 내가 오늘 너를 낳았노라"(시편 2,7) — 이것은 왕이 즉위할 때의 '야훼의 결정'을 뜻한다: 왕의 기적적 지상 탄생이 아니라 왕에게의 신자권 부여, 왕의 신자 입양神子入養을. 후기 유다교(지혜문학)에서는 나아가 하느님이 종말의 경건자(집회 4,10; 지혜 2,16-18)와 선민의 아버지로 약속되기도 한다. "그들은 내 계명들을 따르리니 나는 그들의 아버지가 되고 그들은 나의 자식들이 되리라"(희년서 1,24)고. 여기서는 어디서나 아버지라는 상징이 성별적 요소나 종교적 부권주의와는 상관없이 하느님의 부인할 수 없는 적극적 측면을 가리킨다. 하느님의 권능을, 동시에 현존 · 보호 · 배려를.

그러나 바로 여기서 예수의 뚜렷이 다른 점이 드러난다. 전승된 예수의 말씀 중에 그 자체만으로는 지혜문학에서도 비슷한 표현을 찾아볼 수 있는 것들이 더러 있다. 이들이 예수의 친언이냐 아니냐는 것을 실증하기는 흔히 그렇듯이 어렵다. 그러나 친언이든 아니든 이들도 전체 맥락 속에서는 특별한 색채를 띤다. 우선 두드러진 점: 예수는 하느님의 부성을 백성 자체와 결부시키는 일이 없다. 세례자 요한이 그렇듯이 예수도 선민의 일원임을 구원의 보장으로 여기지 않는다. 더욱 두드러진 점: 요한과도 전혀 달리 예수는 이 부성을 의롭지 못한 악인들에게도 결부시킨다. 그리고 이 완전한 하느님의 부성에 예수의 전형적 특징인 원수 사랑의 바탕이 있다(마태 5,44-48). 여기서 말해 주는 것은?

○ 물론 우선, 이 '아버지'라는 상징은 어디서나 하느님의 만물에 대한 능동적 섭리와 배려를 가리킨다: 아버지 하느님이 참새 한 마리와 머리카락 하나까지도 걱정해 주시고(마태 10,29-31) 우리가 청하기도 전에 우리에게 필요한 것을 알고 계시니(마태 6,8) 우리의 걱정들이란 부질없다고(마태 6,32). 결코 복되지는 못한 이 세상의 매사를 알고 계시며 그분 없이는 아무 일도 일어나지 않는 그런 아버지 — 세상의 고통·불의·죽음이라는 삶의 수수께끼를 묻는 변신론辯神論 문제에 대한 사실상의 대답이다! 무조건 신뢰하면서 고통·불의·죄·죽음 속에서도 온전히 의지할 수 있는 하느님, 까마득히 초월하여 계시지 않고 가까이서 불가사의하게 착하신 하느님, 내세를 가리켜 위안하면서 현실의 어둠·무상·무의미를 무시하지 않고 친히 어둠·무상·무의미 속에서 희망의 모험에로 초대하시는 그런 하느님이다.

○ 그러나 나아가, 여기서 유난히 눈에 띄게 솟아나는 모습은 저 비유의 아버지다(루카 15,11-32). 이 이야기의 주인공인즉 실은 탕자나 두 아들이 아니라 아버지다: 아들에게 집을 떠날 자유를 주고 미행도 추

적도 하지 않는, 그러나 그 아들이 역경에서 돌아오자 자기가 먼저 보고 마주 달려가서 죄의 고백도 중단시키고 아무 보상 요구·시험 기간·제약 조건도 없이 받아들이며 큰 잔치를 벌이게 하는 그런 아버지다 ― 집에 머물던 경우 바른 큰아들에게는 울화통이 터지게도.

○ 그렇다면 결국, 여기서 '아버지'라는 말이 뜻하는 것은 무엇인가? 분명히 비단 인간이 하느님에 대하여 자신의 자유를 보존해야 한다고 생각한다면 하느님에 대한 오해라는 그런 뜻만도 아니고; 비단 하느님의 섭리와 사람의 활동, 신명神命과 자율自律이 배타적인 것은 아니라는 그런 뜻만도 아니며; 비단 신의 예정과 인간의 자유, 하느님의 뜻과 사람의 뜻과의 '동행'(concursus)이라는, 신학자들이 많이 논해 온 문제가 정작 문제는 아니라는 그런 뜻만도 아니다 …. 정작 여기서 의미하는 것이야말로 ― 이미 본 바와 같이(247-258) ― 잃은 자를 찾아 구원해야겠다고 생각하는 이 '세관원들과 죄인들의 친구'가 여러 다른 비유에서도 (하느님을 가리켜 혹은 잃은 것을 찾아 기뻐하는 여자나 목자로, 혹은 도량 큰 왕으로, 혹은 너그러운 채권자로, 혹은 은혜로운 심판자로 표현할 때에도) 또 여러 다른 행동에서도 (혹은 스스로 불경·불륜·패덕자들과 어울리고 그들을 우대할 때에도, 혹은 심지어 즉각·즉석에서 그들에게 사죄를 선언할 때에도) 뜻하는 바로 그것이 아니고 무엇이랴: 예수는 하느님을 아주 똑똑히 '탕자'의 아버지, **잃은 자들의 아버지**로 제시한다!

이런 하느님이 예수의 하나이신 참하느님, 아무리 경건한 신이라도 다른 신이 있어서는 안 되는 구약의 ― 보다 잘 이해된! ― 하느님이다. 이미 이 하느님은 의심 없이 받아들여야 하되 교묘하게 조작될 수도 있는 그런 율법의 최고 보장자가 분명히 아니다. 또 이미 만사를 상부에서 지시하고 중앙에서 조종하는, 크고 작은 '성전'聖戰과 적들에 대한 '영벌'永罰로라도 자신의 계획을 가차 없이 달성하고야 마는 그런 전지·전능한 존재도 아니다. 이 아버지 하느님은 마르크스·니체·프로이트가 우려한 것처럼 사람에게 어릴 적부터 불안과 죄의식을 불어넣고 끊임없이 도덕적으로 다그치는, 따라서 사실은 교육에 의하여 조장된 불안·공포·지배욕·권력욕·자기 합리화·복수 심리의 투사에 지나지 않는 그런 신을 뜻하는 것이 아니다. 이 아버지 하느님은 또 온갖 전체주의 체제의 대표자들을 간접으로나마 합리화시켜 줄 수도 있는 그런 신정 체제적 신을 뜻하는 것도 아니다: 혹은 종교적·교회적으로든 혹은 비종교적·무신론적으로든 신의 권좌權座를 차지하여 선의 고권高權을 휘두르려는 사람들이 혹은 경건하게 혹은 불경하게 내세우며 인간을 무시하는 정통 교리와 절대 계율의 신도, 법과 질서의 신도, 독재와 조종의 신도 ….

그렇다, 이 아버지 하느님이 뜻하는 것은 속량하는 사랑의 하느님으로서 사람과 만나시는 그런 신이다. 너무나 남성적인 독단이나 율법의 신, 제왕·폭군이나 성직자·훈장들의 모습에 따라 창조된 신이 아니라 몸소 사람들과 사람들의 역경·소망에 참여하시는, ― 이처럼 위대한 말이 이처럼 천박한 말이 되었으니 얼마나 애석한가마는 ― **사랑의 하느님**이다. 하느님은 달라지 않고 주시고 억누르지 않고 북돋우시며 병들게 하지 않고 치유하신다. 하느님의 거룩한 율법, 따라서 하느님 자신을 범하는 그런 사람들을 아끼신다. 저주 대신 용서를, 처벌 대신 해방을, 권리 행사 대신 제한 없는 은총을 베푸신다. 하느님은 그러므로 의인이 아니라 악인을 돌보신다. 죄인을 우대하신다: 집 나간 아들을 집 지키는 아들보다도, 세관원을 바리사이보다도, 이단자를 정통 신앙인보다도, 창녀·탕아를 그들의 심판자보다도, 범법자·무법자를 율법 수호자보다도!

그런데도 이 아버지라는 이름이 세상의 부성 체험을 반향하고 지상의 부자·주종 관계를 신성화하는 구실이나 하는 하나의 투사에 불과하다고 말할 수 있는가. 아니다, **이** 아버지 하느님은 다르다: 현세를 희생시키는 내세의 신, 인간을 희생시키는 신과도(포이어바흐); 지배자의 신, 달콤한 위안과 비뚤어진 의식의 신과도(마르크스); 한恨이 낳은 신, 궁지에 몰린 가련한 선악 윤리 도덕가들의 우두머리와도(니체); 폭군적 초자아, 환상적 유아기 욕구의 투사, 아버지를 미워하는 죄의식에서 연유하는 강박 의례의 신과도(프로이트).

예수는 전혀 다른 하느님과 아버지에 터하여 걸림돌이, 추문이 되고 있던 자신의 언행을 정당화한다. 그처럼 기이한, 아니 위험한, 근본적으로 터무니없는 하느님을? 그런 하느님을 참으로 인정할 수 있기라도? 하느님 자신이 범법을 정당화하신다고? 하느님 자신이 한 인간을 서슴없이 율법의 의로움 위에 올라서서 '보다 나은 의로움'을 선포하게 하신다고? 하느님 자신이 기존 법질서, 따라서 사회체제 전체와, 성전 예배 일체마저 모조리 문제 삼게 하신다고? 하느님 자신이 사람을 하느님 계명의 척도로 삼으신다고? 하느님 자신이 용서·봉사·포기의 사랑에 의하여 동료·비동료, 가까운 사람·먼 사람, 친구·원수, 선인·악인이라는 당연한 경계선을 철폐시키신다고? 하느님 자신이 약자·병자·빈자·피압제자, 심지어 불경자·패덕자·불량배들을 편드신다고? 그렇다면 결국은 새로운 하느님? 스스로 자신의 율법에서 벗어난 하느님, 경건한 준법자가 아니라 불경한 범법자들의 하느님, 아니 — 대립과 반발을 부각시키기 위하여 굳이 날카롭게 꼬집어 말하자면 — 하느님을 두려워하는 의인들의 하느님이 아니라 **하느님을 거스르는 악인들의 하느님**? 그러니 그야말로 전대미문의 **신관의 혁명**?

'하느님에 대한 반역' — 물론 고금의 무신론이라는 의미에서는 아니라도 경건자들의 하느님에 대해서는 확실히 반역이다. 그런 반역을 사실상 인정할 수라도? 모든 혁명가보다도 더 혁명적으로 스스로 율법·성전과 모세·왕·예언자보다도 위에 올라서서 죄와 용서의 심판자 노릇까지 서슴지 않는 그런 전대미문의 신인新人 배후에 하느님 자신이, 참하느님이 계시다고 감히 참으로 믿을 수라도? 하느님이 그런 일꾼, 그런 **대리자**를 두신다면 하느님 자신이 스스로 모순에 빠지는 셈인데도? 하느님의 율법과 성전을 거슬러 하느님의 권위와 의지를 감히 자처하는 그런 사람의 권위 주장을 옳다 할 수라도? 하느님이 악인들의 하느님인데다가 하느님 모독자가 하느님의 예언자라?

당연한 호칭?

지칠 줄 모르고 예수는 온갖 방법으로 밝히려 한다: 하느님은 과연 그런 분, 과연 잃은 자들의 아버지, 과연 불의한 악인들의 하느님이라고. 근심과 죄에 짓눌린 모든 사람들에게는 이것이 엄청난 해방이 아니고 무엇이던가. 이것이야말로 기쁨과 소망의 계기가 아니던가. 예수의 복음이 선포한 하느님이 새로운 하느님은 아니다. 여전히 옛 계약의 하느님이다. 그러나 이 구약의 하느님이 결정적으로 새로운 빛 속에 나타난다. 율법의 하느님이 아닌 은총의 하느님으로! 그리고 이 은총의 하느님에 비추어 되돌아보면 율법의 하느님도 더 잘, 더 깊이, 그야말로 더 은혜롭게 이해된다 — 율법도 이미 은총의 표현으로.

물론 이 모든 것이 사람들에게 자명한 것은 아니다. 여기서는 사고 전환이 그 모든 실천적 결론과 더불어 요청된다 — 참으로 새로운 의식, 신앙이라고 부르는 확고한 신뢰에 터한 진정한 내적 회개가. 예수의 복음 전체가 분개하지 말고 회개하라는, 자기 말씀을 믿고 은총의 하느님께 의지하라는 단일한 호소다. 예수의 말씀만이 하느님은 참으로 그런 분임을 말해 주는 유일한 보증이다. 이 말씀을 믿지 않는 사람에게는 예수의 행적이 마술로 의심된다. 이 말씀이 없이는 예수의 행적이 끝내 모호할 뿐, 예수의 말씀만이 예수의 행적을 밝혀 준다.

그러나 무릇 예수의 선포와 친교에 동참하는 사람에게는 예수와 더불어 예수의 '**나의 아버지**'가 인식된다. '아버지' — 예수의 이 (어머니와 대립되는 뜻이 아닌) 아버지야말로 논쟁 일체의 정곡을 찌르는 말이다.

주목할 만한 언어상의 진단: 고대 유다교계에서 사용되던 하느님 호칭이 숱하게 많았건만 놀랍게도 예수는 하필 '나의 아버지'를 골라 썼다. 히브리어 구약성서에서는 아버지 하느님에 관한 단편적 대목들이 발견된다(시편 89,27; 이사 63,16; 64,7; 예레 3,4 등). 그러나 고대 팔레스티나 유다교계의 히브리어 문헌에서 '나의 아버지'라는 개인적 신칭이 발견된 곳은 아직 아무 데도 없다. 다만 헬라계에서 — 그리스인들의 영향을 받아 — 하느님을 아버지(그리스어로 '파테르'πατήρ)라고 부르는 데가 간혹 보일 뿐.

그러나 아람어 '아빠'*Abba*와 관련된 더욱 이례적인 발견: 주어진 증언(마르 14,36)대로 예수는 늘 하느님을 '아빠'라고 불렀으리라. 이렇게 보지 않고서는 이례적 아람어 신칭이 그리스어를 쓰던 공동체들에서도 그대로 보존·사용되었다는 것이 설명되지 않는다(갈라 4,6; 로마 8,15). 반면에 고대부터 중세까지 방대한 유다교 기도 문헌 — 전례 양식과 개인 기도 — 전반에 걸쳐 단 한 군데도 '아빠'라는 신칭이 사용된 곳은 없다. 이것을 어떻게 설명할까? 지금까지 발견된 유일한 설명: '아빠'란 — 우리말의 '아빠'와 마찬가지로 — 본디 어린이 말이다. 다만 예수 당시에는 장성한 자녀들의 부칭이나 연로한 분들에 대한 경칭으로도 쓰였다. 그러나 이런 전혀 남자다운 데라고는 없는 어린이 용어, 상냥한 애칭, 평상의 경칭을 하느님 호칭으로 쓴다는 것은 그때 사람들에게 몹시 외람되고 버릇없이 친근한 표현으로 못마땅하게 들렸을 것이 틀림없다 — 오늘날 우리도 하느님을 '아빠'라고 부르면 그렇듯이.

예수에게는 그러나 이 표현이 조금도 버릇없는 것이 아니다 — 어린이들이 미쁜 마음으로 아버지를 아빠라고 부르는 것이 버릇없는 짓은 아니듯이. 신뢰심이 존경심을 배제하는 것은 물론 아니다. 예수의 신관도 물론 언제나 경외심을 바탕으로 하고 있다. 그러나 그것이 진수는 아니다. 예수에 따르면 사람은 어린이가 지상 아버지를 부르는 것과 꼭 같은 자세로 천상 아버지를 불러야 한다 — 경외·순종하는, 그러면서도 특히 의지·신뢰하는 자세로. 제자들에게도 예수는 이런 경외심을 내포하는 신뢰심을 가지고 하느님을 "하늘에 계신 우리 아버지"라고 부르라고 가르친다(마태 6,9). 하느님을 아버지라고 부르는 것은 사랑의 하느님께 좋은 일, 모든 좋은 일을 믿고 바라는, 하느님을 신뢰·의지하는 무조건 투신의 가장 과감·단순한 표현이다.

주님의 기도: 어떤 자구나 양식의 강요도 없이 두 형태로 — 하나는 보다 길게(마태 6,9-13) 하나는 보다 짧게(루카 11,2-4) — 전해지는 이 기도는 성역聖域과는 아무 상관도 없는 일상의 청도다. 어떤 신비적 잠심이나 정화도 또 물론 어떤 공로 주장도 없이 스스로 용서하는 자세만이 전제 조건이 되어 있다. 각각의 청도는 유다인들의 기도문, 예컨대 '18청도'에서 쉽사리 유례를 찾아볼 수 있다. 그러나 전체적으로 주님의 기도는 판이하게 간단·명료·솔직하다. 신성한 양식과는 아무 상관도 없는 새로운 기도다. 성어聖語인 히브리어가 아니라 속어인 아람어로 되어 있고 하느님 앞에 엎드려 말씀드리는 통상 격식이 없다. 매우 개인적인 기도이면서도 '우리 아버지'라는 첫마디로 기도자들을 긴밀하게 결합시킨다. 매우 단순한 청도이면서도 근본적으로 중요한 하느님의 일(하느님의 거룩한 이름이 드러나고 하느님의 나라가 오며 하느님의 뜻이 이루어지는 것)에 온 관심이 집중되어 있고 이와 불가분의 관계로 사람의 일(인간의 육신 생활·죄·유혹·악의 세력)이 연결되어 있다.

주님의 기도는 말 많은 기도를 반박한 예수의 견지를 구체화하는 본보기다: 많은 말을 늘어놓음으로써 하느님이 기도를 들어주시기를 바라지 말라고 — 마치 하느님이 이미 우리에게 필요한 것을 알고 계시지 않은 양(마태 6,7-8). 그렇다고 스토아학파가 신의 전지·전능에서 결론을 내린 것처럼 청도 따위는 그만두고 찬미·찬양에만 전념하라는 것도 아니다. 오히려 하느님이 가까이 계심을 의식하면서 확고한 신뢰심을 가지고 온전히 인간적으로 끈질기게 보채라는 것이다 ─ 밤중에 찾아온 염치없는 친구처럼(루카 11,5-8), 재판관 앞에 나선 두려움 없는 과부처럼(루카 18,1-5). 기도의 청허 여부가 문제로 등장하는 곳은 아무 데도 없다 ─ 청허는 보장되어 있다(마태 7,7-11; 루카 11,9-13). 청허되지 않는다고 침묵하지 말고 새삼 청하라 ─ 다만 언제나 우리의 뜻이 아닌 하느님의 뜻이 이루어지기를 비는 전제 아래(마태 6,10; 참조: 마르 14,36): 여기에 기도 청허의 신비가 있다.

예수는 사람들의 눈을 멀리하여 드리는 기도를 권했다 ─ 심지어 골방에 들어가 문을 걸어 닫고 기도하라고(마태 6,6). 예수 자신이 그렇게 기도했다. 물론 기도에 관한 공관복음서의 대목들이 대개는 루카가 마르코 복음서에다가 편집상으로 가필한 것이지만 이미 마르코 복음서에도 예수는 전례상의 기도 시간 외에도 여러 시간 동안 홀로 기도했다는 사실이 보도되어 있다(1,35; 6,46; 14,32-39). 예수 자신이 감사 기도를 드렸다. 물론 아버지와 아들의 상호 인식에 관하여 요한 계열의 색채가 짙게 연장된 기도(요한 17장)는 진정성에 문제가 있지만 그 직전에 온갖 실패에도 불구하고 아버지를 찬양한 감사 기도는 진정한 예수의 기도이리라: "슬기롭고 똑똑한 사람들에게는 이것을 감추시고 철부지 같은 사람들에게는 이것을 계시하셨으니 아버지를 찬양하나이다"(마태 11,25).

여기서 또 새삼 드러나는 놀라운 점: 수많은 대목에서 예수는 '(하늘에 계신) 나의 아버지'에 이어서 '너의 아버지'나 '여러분의 아버지'라는 말도 사용하지만 복음서의 어느 대목에서도 예수 자신과 제자들과를 아울러서 '우리 아버지'라는 말을 쓰는 일은 전혀 없다. 이런 철저한 '**나의 아버지**'와 '**여러분의 아버지**'의 **구별**은 초대교회 그리스도론에서 비롯한 형식? 적어도 못지않게 훌륭한 것으로 인정될 수 있는 의견: 이 매우 특정한 용어가 신약성서 전체에 일관된 까닭인즉 복음서가 밝히는 대로 그것이 이미 예수 자신의 특징이었기 때문이리라 ― 곧, 예수 사명의 표현.

'아빠'라는 신칭의 과장 해석은 일상 어조상 금물이다. 예수 자신도 간단히 '아들'로 자칭한 일은 없다. 아니 자기를 하느님과 직접 동격화하는 것, 신격화하는 것을 예수는 극히 명백하게 거부했다: "왜 나를 선하다고 합니까? 하느님 한 분 외에는 아무도 선하지 않습니다"(마르 10,18). 그러나 한편 구약의 예언자처럼 '주께서 말씀하시기를' 또는 '야훼의 말씀' 같은 표현을 쓴 적도 없다. 오히려 ― 유다교계에서는 유례가 없고 또 마땅히 부활 전 예수에 소급되어야 할 ― '나' 혹은 더 나아가 '그러나 나는 여러분에게 말합니다'를 힘주어 사용한다. 이 아버지 하느님의 선포자가 하느님과의 비상한 결합에 터하여 살고, 활약했다는 것, 하느님의 나라와 뜻을 알리는 이 소식이 특별한 하느님 체험에 바탕을 두고 있었다는 것을 사료상 부인할 수 있는가. 예수의 엄청난 주장, 지고한 확신, 자명한 직언直言을 예수의 아버지요 우리의 아버지이신 하느님과의 매우 독특한 직접 친분 관계 없이 생각할 수 있는가.

분명히 예수는 하느님의 대리인·수임자·수권자인 사절이라는 그저 외적·법률적 차원에서만이 아니라 하느님의 친사親使·심복心腹·친구인 일꾼이라는 깊이 내적·실존적 의미에서 **하느님의 대리**

자였다. 예수에게서 사람들은 어떤 강제도 없이, 그러나 불가피하게 직접 궁극 실재와 직면하여 궁극적 목표 설정과 방향 정립에 대한 결단을 요청받고 있었다. 이 궁극 실재가 예수의 삶과 모든 행동을 움직이고 있음이 역력했다 — 제정일치 체제의 고위층, 율법·전례의 성직자, 제도·전통의 족벌·파벌에게도; 또 이런 체제의 희생자, 자기가 측은히 여기며 편들던 온갖 부류, 고통받고 따돌리고 짓밟히고 단죄되고 좌절당한 모든 사람에게도. 이 궁극 실재가 예수의 삶에 사무쳐 있음이 역력했다 — 하느님을 아버지로 선포할 때, 당시의 종교적 불만과 편견을 배격할 때, 종교적으로 무식한 민중과 한편이 될 때에도; 또 병자들을 죄인 취급하여 아버지 하느님을 생명의 원수인 양 여기기를 거부할 때, 부마자를 심리적 강박에서 해방하면서 정신장애·귀신 신앙·사회 추방의 악순환을 타파할 때에도. 이 궁극 실재가 예수의 온 삶의 전부임이 역력했다 — 이 하느님의 다스림을 선포하고 인간의 주종 관계를 간단히 인정하지는 않을 때, 아내들을 남편의 독단에 맡겨 두지는 않을 때에도; 어른과 맞서 어린이를, 부자와 맞서 빈자를, 일반적으로 대단한 사람과 맞서 보잘것없는 사람들을 보호할 때에도; 또 종교적 이단자, 정치적 부역자, 윤리적 패덕자, 성적 방탕자, 사회적 소외자들까지도 옹호하면서 그들에게 사죄를 선언할 때에도. 이렇게 예수는 온갖 부류의 모든 사람에게 개방 자세를 유지하면서 공식 종교의 대표자·전문가들이 무류적 진·위 또는 선·악으로 선언하는 것을 그저 그대로 인정하지는 않았다.

예수의 아버지요 우리의 아버지이신 하느님이라는 궁극 실재에 뿌리박은 이 예수의 근본 자세를 한마디로 바꾸어 예수의 **자유**라고 말할 수 있다. 이 예수의 자유는 이를테면 전염성이 있다. 일차원성을 띤 개인에게나 사회에게나 참으로 **다른 차원**을 열어 준다: 다른 가치·규범·이상의 현실적 선택 가능성을. 진정한 질적 상승 ― 새 의식, 새 삶의 목표와 방향, 따라서 자유와 정의의 새 사회에로의 상승을. 참 초월 ― 초월자 없는 초월이란 역시 있을 수 없는 일이기에 **초월자에서 초월자에로의 초월**을(50-54).

예수의 하느님과의 관계에서 우리는 예수의 궁극 신비에 접한다. 사료들이 여기서 우리에게 예수의 내면을 들여다볼 수 있게 해 주지는 않는다. 정신과학과 의식 철학이 또 도움이 되는 것도 아니다. 그러나 이것만은 말할 수 있으리라: 예수 자신이 '아들'이라는 칭호를 발설·주장하지는 않았고 따라서 부활 후 신자神子 그리스도론을 부활 전 성서 구절에 개입시켜서는 안 된다면, 예수를 '하느님의 아들'이라고 부른 부활 후 칭호가 매우 현실적으로 부활 전 예수에 바탕했다는 것도 부인할 수는 없다. 무릇 예수의 선포·처신 일체가 **하느님**을 달리 해석하고 있었다 ― 그렇다면 거꾸로, 이처럼 달리 선포된 하느님에 비추어 **예수**도 달리 이해되었을 수밖에. 무릇 확고한 신뢰심을 가지고 예수에게 동참하는 사람에게는 지금껏 자기가 '하느님'으로 이해해 온 바가 뜻밖에도 달리 해방을 뜻하게 되었다. 그렇다면 거꾸로, 예수를 통하여 이 하느님과 아버지에게 투신하는 사람에게는 지금껏 자기가 보아 온 '예수'도 달리 보였을 수밖에.

어김없는 기정사실: 독특하게 새로이 하느님을 아버지라고 부르는 선포의 빛이 그처럼 독특하게 새로이 하느님을 부르고 선포하는 바로 그 사람에게로 되비치고 있었다. 그래서 그때도 이미 이 하느님과

아버지를 말하지 않고서는 예수를 말할 수 없듯이 예수를 말하지 않고서는 이 하느님과 아버지를 말하기도 어려웠다. 하나이신 참하느님이 문제가 될 때의 당면 문제인즉 특정한 이름과 칭호가 아니라 바로 예수에 대한 신앙의 결단이었다. 예수와 어떤 관계를 맺느냐에 따라 하느님과 어떤 관계에 있고 하느님을 어떻게 생각하며 어떤 하느님을 모시느냐가 좌우되고 있었다. 하나이신 이스라엘 하느님의 이름과 권능으로 예수는 말하고 행동했다. 그리고 이 하느님을 위하여 죽음을 맞이했다.

3
마지막

거의 모든 중요 문제 — 혼인·가정·민족·권위와의 관계, 다른 사람이나 다른 부류와의 교제 — 에서 예수의 생각은 통념과 달랐다. 율법과 질서나 전례와 관례나 이념과 관행이라는 기성 체제를 위요한 분규도, 존중해야 할 경계선과 피해야 할 사람들이라는 현행 규범을 둘러싼 다툼도, 율법·성전·민족의 하느님이라는 공식적 기존 신관을 에워싼 싸움도 예수의 주장을 중심으로 막바지를 향하여 치닫고 있었다. 누가 옳은지가 밝혀져야 했다. 분쟁은 생사가 걸리게 되었다. 그처럼 대범·대담하고 자유롭게 도전하던 투쟁자가 이제 말 없는 인내자가 되었다.

최후 만찬

여러모로 목숨을 건 예수의 언행이고 보면 예수는 포학한 최후를 예상하고 있었음에 틀림없다. 그렇다고 직접 죽음을 도발 또는 자원한 것은 아니지만 확실히 **죽음과 마주하여 살았다**. 그리고 자기 자신과 자기 사명, 자신의 책임과 순종을 결합시키는 큰 자유의 자세로 죽음을 받아들였다 — 거기에 하느님의 뜻이 있음을 인식했기에. 그것은 죽음의 감수만이 아닌 생명의 봉헌·투신이었다. 이 점을 늘 염두에 두고 바라보아야 할, 2천 년 내내 그리스도교 특유의 예배에서 회상되어 온, 저 예수 처형 전야의 장면: 최후 만찬.

세례에 관하여 오늘날 비판적 주석학계에서 일반적으로 인정되는 사실: 적어도 일부의 제자처럼 예수도 세례를 받았다. 그러나 예수 자신도 또 예수의 제자들도 공관복음서에 따르면 — 요한 복음서(4,2)에서와는 달리 — 부활 전에는 세례를 준 일이 없다. 그리고 부활 후 주님의 세례 명령도 역사적으로 인정될 만한 사실이 전해져 있는 것은 없다 — 이와 관련된 대목으로 마르코 복음서의 그것(16,15-16)은 추가 부분에 속하고 요한 복음서의 그것(3,5)은 불확실한 증언이며 마태오 복음서의 삼위일체 양식문(28,19-20)은 공동체의 전승 내지 관행에서 유래한다. 그러나 동시에 또 물론 일반적으로 인정되는 사실: 세례 없는 교회 초창기란 존재한 일이 없다. 세례는 부활 직후에 이미 초대교회에서 시작되었다. 모순이 드러나는 사실? 여기서 능히 발견되는 설명: 예수의 특정한 지시나 '제정'은 없었더라도 세례를 주면서 공동체는 예수의 뜻을 수행하고 있다고 믿고 있었다. 예수도 긍정한 요한의 세례, 예수와 제자들 자신도 받은 그 세례를 기억하면서 세례를 주는 것이 예수의 특정한 수권授權 말씀은 없어도 회개와 신앙을 호소하고 사죄와 구원을 약속한 예수의 복음 전체에 호응하는 일이라고. 이렇게 공동체는 예수의 의도와 정신으로 세례를 주었다 — 예수의 뜻을 수행하고자, 예수의 복음에 응답하고자, 그래서 예수의 이름으로.

만찬례도 비슷한 경우? 예수 자신은 그런 만찬례를 거행하지 않았으나 부활 후 공동체가 예수를 '기억하여' 거행했을까 — 예수의 의도와 정신으로, 그런 의미에서 예수의 명령에 따라? 이렇게 설명하면 교회의 성찬례도 세례와 다름없이 훌륭하게 정당화되리라. 그러나 여기서 발견되는 사실은 좀 더 복잡하다. 세례와 성찬례를 역사상으로 꼭 같은 평면에 놓고 볼 수는 없다. 물론 예수 자신이 만찬례를 '제정'했다는 것은 역시 의문이다 — 바오로에게서 발견되는 두 차례의 반복 명령이 마르코에는 없다. 그러나 예수 자신이 제자들과 더불어 고별연인 최후 만찬을 **거행**했음을 의심하기는 사료상 쉬운 일이 아니다(네 가지 전승: 1코린 11,23-25; 마르 14,22-25; 마태 26,26-29; 루카 22,15-20).

예수의 고별연인 최후 만찬은 부활 후에도 제자들이 반복하던 오랜 **일련의 식사**들을 배경으로 해서만 제대로 이해될 수 있다. 여기서 이미 이해되는 점: 예수는 이 식사로써 무슨 새 전례를 창제하려 한 것은 아니고 함께 돌아다니며 먹고 마시던 사람들과 다시 한번 잔치의 친교를 실행하고자 했다. 다가오는 나라와 이별을 내다보며 자기 사람들과 이 식사를 나누고자 했다.

이것이 파스카 잔치였든 아니든 여기서 특별한 **예수의 말씀들**이 — 한때 이 말씀들을 따로 해석하던 사람들이 전제했던 것처럼 — 이를테면 하늘에서 떨어진 신성한 제정의 말씀은 물론 아니다. 이 말씀들은 유다인들의 식사를 위하여 규정되어 있던 — 일부는 오늘도 유다인 가정에서 사용되고 있는 — 예식 진행과 쉽사리 맞아 들어간다. 우선 빵에 관한 말씀은 주식主食 전의 기도와 결부되어 있다: 가장이 둥글넓적한 빵을 두고 축도를 바친 다음 쪼개어 한 조각씩 회식자들에게 나누어 줄 경우에 해당한다. 그다음 포도주에 관한 말씀은 식후의 감사 기도와 결부되어 있다: 가장이 포도주 잔을 각자에게 돌리며 마시게 하는 경우에 해당한다. 아무 말이 따르지 않더라도 고대인이라면 누구나가 이해할 수 있던 친교의 동작이다.

예수는 그러므로 새로운 예식을 창안할 필요가 있었던 것이 아니다. 다만 옛 예식에다가 하나의 알림과 새로운 풀이를 연결시키면 되었다. 빵도 (적어도 마르코에 따르면) 포도주도 예수는 자기 자신과 결부시켜서 해석했다 ― 무섭게 다가오는 자신의 죽음을 바라보며 이를테면 예언적 표징으로: 자기 죽음을, 따라서 자기 존재의 모든 것, 자기가 행하고 뜻한 모든 것, 자기 생명의 희생·헌신을 가리키는 표징으로. 이 빵처럼 자기 몸도 쪼개질 것이고 이 붉은 포도주처럼 자기 피도 쏟아지리라고: 이것이 내 몸, 내 피라고! 두 번 다 온전히 사람 전체를, 또 따라서 사람 전체의 희생을 뜻한다. 그리고 가장이 빵과 포도주의 축복에 먹고 마시는 사람들을 참여시키듯이 예수도 죽음에 바칠 자기 몸(히브리어나 아람어로는 언제나 사람 전체를 뜻하는 '몸' 또는 '살')과 '많은 이들'(포괄적 의미로 '모든 이들')을 위하여 흘릴 자기 피에 자기 사람들을 참여시킨다.

이리하여 제자들은 예수의 운명 속으로 받아들여진다. 식사의 표징으로 예수와 제자들과의 새로운 영속적 친교가 수립된다. 아니 '새로운 계약'이 이루어진다. "이 잔은 내 피로 맺는 새로운 계약"이라는 바오로의 (보다 근원적인?) 대목(1코린 11,25)은 마르코의 대목에서보다도 신약 사상을 더 뚜렷이 드러낸다: 시나이에서의 (피 뿌림과 잔치로 이루어진) 계약 체결로 예표되었고 예레미야가 구원의 때를 위하여 예고했으며 예수 당시에 나날이 빵과 포도주를 축복하며 친교 식사를 하던 쿰란에서도 중요한 구실을 한 그런 계약을 — 곧, 하느님과 하느님 백성 사이에 맺어지는 새 계약의 표징으로서의 예수의 쏟아진 피, 바쳐진 몸을.

종교개혁 시대에 쟁점이 되었던 이른바 '… 이다' 문제는 실상 부질없는 문제다. 초대교회도 예수 자신도 우리의 '실체'(substantia) 개념 같은 것은 아는 바 없었다. 문제는 하나의 사물이 무엇이냐가 아니라 무슨 구실을 하느냐. 구성 요소가 아니라 기능이 문제다. 역설적이게도 어느 모로 보나 분명한 사실: 본디 아람어 문장에는 수세기 동안 쟁점이 되어 온 낱말('이다') 자체가 없다 — 그저 이르기를 "이는 내 몸!"(마르 14,22).

이렇게 식사의 행동과 말씀으로 **옛 친교**가 확인되고 동시에 **새 친교**가 약속된다: 예수와의 또 서로 간의 친교('코이노니아' κοινωνία). 스승과의 이별이 제자단에 알려지고 그러면서도 위로와 예수와의 친교가 영속적으로 확립된다 — 하느님 나라에서 친교 잔치가 새로 이루어질 때까지, 예수 자신이 한자리에 없을 때라도 제자들은 언제나 일치되어 있으리라고. 나중에 교회 개념이 예수의 만찬과 결부된 것은 공연한 일이 아니다.

수난의 길

여기서 **수난 사화**를 상설할 필요는 없다. 복음서에서, 제일 좋기로는 우선 마르코 복음서에서 수난기를 찾아 읽어 보는 것이 더 손쉬우리

라. 여기서는 — 보다 오래된 수난기를 인용했음에 틀림없는 — 요한복음서도 사건 발생 순서에 있어서는 일단 세 복음서와 일치한다: 유다의 배신, 최후 만찬 및 배반자 지적, 체포와 신문, 빌라도의 심리 그리고 십자가형. 이 부분에는 또 — 역시 요한에서도 같은 곳에서 — 겟세마니 장면과 베드로의 부인否認 및 그 예고도 나온다.

어느 수난기를 보나 예수의 체포는 축제 직전에 도성 밖 키드론 골짜기 맞은편 올리브산의 **겟세마니** 동산에서 일어났다. 거기서 겪은 예수의 시련과 괴로운 기도에 관해서는 목격자가 없으므로(마르 14,32-42) 역사상 사실을 알 길은 없다. 그러나 교의사적으로는 적지 않이 중요한 점: 유다인이나 그리스도인 순교 사화들과는 판이하게 여기서는 예수의 불안·공포가 뚜렷이 강조되고 있다. 모든 인간적 곤경을 초극한 스토아 사상가나 초인이 고통을 감수하고 있는 것이 아니라 완전한 의미의 한 인간이 유혹과 시련을 겪고 있다 — 가장 절친한 사람들마저 자기를 전혀 이해해 주지 못하고 잠들어 버린 채.

예수의 습관을 익히 알고 있던 유다의 안내를 받아 한 패의 적수들이 밤중에 예수를 급습·체포한다. 제자답게 '라삐'라고 부르면서 입맞추는 유다의 행동은 역사적으로 밝히기는 어려우나 비열 막심한 배신의 상징임에는 변함이 없다. **누가** 체포령을 내렸고 누가 체포에 가담했던지는 분명하지 않다. 거의 틀림없이 성전 제관들이 대제관들의 사주를 받아 최고 의회와 접촉하면서 지휘를 했으리라. 또 어쩌면 유다·로마 두 당국 간에 미리 어떤 협상도 있었으리라. 이렇게 보면 여느 때는 로마인들의 개입을 뒷전으로 미루어 버리는 요한이 여기서는 로마 군대를 (물론 유다인 성전 경비대와 함께) 언급하고 있다는 것도, 또 나중에 양보와는 거리가 먼 사람으로 유명하던 빌라도가 그처럼 신속한 판결을 내린 것도 잘 설명되는 셈이다. 어떻든 유다 · 로마 관헌들이 합작한 것은 물론 나중의 일이다. 어느 수난기에 따르든 예수를 먼저 구금한 것은 유다 당국이다.

특기할 점: 체포는 예수와 제자들의 **아무 저항도 없이** 이루어졌다. 누군가의 서투르고 우스꽝스러운 칼부림과 다친 귀의 치유라는 전설은 이 사실을 강조해 줄 따름이다. 이때부터 줄곧 예수는 어떤 추종자도 없이 완전히 고립된다. **제자들의 도주**는 체포 자체와 마찬가지로 간략하게 핑계 없이 보도되어 있다 ─ 다만 루카가 이 괴로운 사실을 처음에는 침묵으로, 나중에는 친지들이 멀리서 바라보더라는 언급으로 얼버무려 볼 뿐. 요한은 호교적으로 예수의 자발성을 신화화한다 ─ 마치 포졸들이 하느님의 모습으로 발현한 예수 앞에서 땅에 엎드렸다가 예수에 의하여 제자들이 해산된 다음에야 예수를 붙잡게 된 것처럼(요한 18,4-9).

특별히 뚜렷한 대조: 예수의 (법관 앞에서의) 충실성과 죽기까지 충성을 다하겠다고 힘차게 맹세했던 제자의 (하녀 앞에서의) 불충실성. 네 복음서 모두가 솔직하고 믿을 만하게 이야기하고 있는 ─ 문맥상 본디는 물론 따로 전해지던 단편인 ─ 이 **베드로의 부인** 사화는 아마 베드로 자신이 공동체에 전했으리라. 어떻든 이 사화는 두 번째 닭이 울었다는 마르코의 극적 결말을 (예루살렘에서는 닭의 사육이 금지되어 있었던 모양이므로) 제외하면 역사상 사실 그대로라고 해도 무방하겠다. 공동체에서 베드로에게 불리하게 이야기가 왜곡되었을 리는 없기 때문이다.

공식 문서의 사료나 목격자의 진술이 전해져 있는 것은 아니므로 아무리 면밀하게 비판적으로 검토해 보아야 예수 송사의 **심리 과정**을 재구성하기는 이미 불가능하다. 그러나 어떻든 분명한 사실:

종교와 정치권력자들의 합작 결과로 예수는 **사형선고**를 받았다. 모든 보도에 따르면 정치인인 빌라도는 선고 이유로 말미암아 어느 정도 난처한 처지에 빠졌다. 물론 예수를 열혈당 지도자로 여기기는 했겠지만 고발 죄목에 상응하는 충분한 증거 사실을 좀체 발견할 수 없었기 때문이다. 복음사가들이 로마 대표자들을 면책시켜 예수 무죄의 증인으로 삼으려는 경향이 있음을 참작하더라도 역시 믿을 만한 점: 빌라도는 예수의 사면을 — 물론 연례 관습이란 별로 개연성이 없으므로 개별 사례로서 — 추진했으나 결국은 사주된 민의에 따라 열혈당 혁명가 바라빠Barabba[아버지(Abba)의 아들(Bar)]를 석방했다. 이 정도가 어떻든 사료상으로는 일치된 보도이고, 한편 빌라도 부인의 변호는 마태오에만(27,24), 헤로데 안티파스 앞에서의 결론 없는 신문은 루카에만(23,6-12), 전직 대제관 안나스 앞에서의 신문과 빌라도의 철저한 심리는 요한에만(18,33-38; 19,6-16) 나온다. 어떻든 빌라도는 어떤 메시아 칭호도 내세운 일이 없는 이 예수를 '유다인의 왕'(= 메시아)으로 단죄함으로써 공공연히 역설적이게도 십자가에 처형된 메시아가 되게 했다! 그리고 이것이 부활 전 예수에 대한 부활 후 신앙과 이해에 있어서는 중요한 사실이 될 것이었다. 십자가에 달린 죄목 명패라는 역설은 로마인이 의식적으로 의도한 것이라고 할 수 있다. 유다인들이 — 그들에게는 메시아의 십자가형이란 엄청난 치욕을 뜻했으므로 — 그 점을 느끼고 있었다는 것은 표현형식을 둘러싼 다툼에서 뚜렷이 드러난다(요한 19,19-22).

처형 전에 예수는 ― 역사상 유례도 있듯이 ― 로마 군인들의 조롱과 조소를 받았다. 예수에 대한 놀림감 왕으로서의 **조롱**은 사형선고 이유가 메시아 자칭에 있었다는 것을 확인해 준다. 쇠붙이가 박힌 가죽띠로 모질게 채찍질을 하는 **태형**은 십자가형 전의 관례였다(마르 15,15-20). 무거운 십자가 가로대를 지고 가다가 넘어진 일도 북아프리카 키레네 사람 시몬의 도움이 강요된 일도 ― 시몬의 아들들까지도 언급한 것을 제외하면 ― 매우 그랬을 법한 일들이다. 십자가의 길은 물론 오늘날 '통고의 길'(Via Dolorosa)로 알려져 있는 그 길은 아니고 헤로데궁에서 (안토니아성이 아니라 이 궁전이 빌라도의 예루살렘 주재지였으므로) 당시의 성벽 밖에 있던 ― 짐작건대 그 모양으로 말미암아 '골고타'(해골)라고 불린 ― 작은 언덕 위의 처형장으로 가는 길이다.

복음사가들보다 더 간결하게 **처형**을 묘사할 수는 없다: '그리고 그분을 십자가형에 처했다'고(마르 15,24). 당시에 노예와 반역자에게 적용되던 로마인들의 (창안자는 아마 페르시아인들이었던) 잔혹한 십자가형은 너무나 잘 알려져 있었다. 가로대에다가 사형수를 못 박고 그 가로대를 미리 박아 둔 세로대에다가 붙들어 맨 다음 못이나 밧줄로 발을 세로대에 고정시켰다. 그러고는 범인이 형장으로 올 때 가져온 죄목 명패를 십자가 위에 붙박아 누구나가 쳐다볼 수 있게 했다. 피가 나도록 채찍질을 당하고는 십자가에 매달린 죄수가 출혈이 심해서 또는 기진해서 죽기까지는 흔히 오랜 시간이 ― 더러는 이튿날까지 ― 걸렸다. 그야말로 잔인 무비하고 치욕 무쌍한 인간 차별의 처형 방식이었다. 로마제국 시민권자에게는 참수형은 있어도 십자가형은 없었다.

복음서에는 **소상한 묘사가 없다**. 고통과 고뇌가 설명되지도 감정과 치욕이 부각되지도 않는다. 이런 죽음을 겪는 예수의 태도를 묘사하려는 의도가 전혀 없다. 그 대신 구약성서의 인용과 암시, 기적적 표징 등의 온갖 수단을 다하여 이 죽음의 의의를 제시하려 한다 ― 그처럼 많은 기대를 불러일으키더니 이제는 적수들에게 말살당하고 조롱받으며 동지들에게조차, 아니 하느님 자신에게조차 완전히 버림받은 채 궁지에 빠진 이 한 인간의 죽음이 지닌 의의를. 그리고 여기서 이미 모든 것이 마르코에 따르면 신앙 문제에 귀착된다: 이 끔찍하고 욕된 죽음에서 조롱자들처럼 한 그릇된 길을 걷던 패배자를, 헛되이 엘리야의 구원이나 부르짖는 광신자를 볼 것이냐? 아니면 로마군 백부장 ― 첫 이방인 증인 ― 처럼 하느님 아들의 죽음을 볼 것이냐?

왜?

복음서에서는 나자렛 예수 지상 여정의 목표와 백미로 표출되어 있는 것이 그때 사람들에게는 절대적 최후로 보였음에 틀림없다. 사람들에게 예수보다 더 큰 약속을 한 사람이 있던가. 그러더니 이처럼 완전한 실패, 처참하고도 치욕스러운 죽음이라니!

모든 종교와 그 '창설자'가 다 마찬가지라고 생각하는 사람은 그들의 죽음을 비교해 보라 ― **차이**가 보이리라. 모세도 석가도 공자도 무함마드도 모두 장수를 누렸다. 온갖 환멸도 겪었지만 큰 성공을 거두고 제자와 지지자들 한가운데서 죽었다. 이스라엘 선조들처럼 '흡족한 삶'을 살았다. 전승에 따르면 모세는 약속된 땅을 눈앞에 두고 자기 백성 속에서 120세를 일기로 눈도 흐려지지 않고 정력도 쇠진하지 않은 채 죽었다 한다. 석가는 유랑 전도를 하면서 수많은 남녀 수도승과 일반 신도를 모은 다음 80세에 평화로이 제자들에게 둘러싸여 입적했다. 공자는 한 무리의 주로 귀족인 제자들을 — 공자의 업적을 보존·계승할뿐더러 민족 고래의 저술들을 공자의 편술 형식으로 편술·헌정하여 후세에 전하게 될 그런 후학들을 — 양성하는 데 만년을 보낸 다음 늙어서는 마침내 (재상 노릇을 하다가 쫓겨났었던) 조국 노나라로 귀환했다. 무함마드는 아라비아의 정치적 주권자로서 만년을 한껏 즐기다가 '하렘'에서 총희의 품에 안겨 붕어했다.

반면에 여기 이 사람: 활약 기간이래야 길게 잡아 3년, 어쩌면 고작 몇 달일 약관 30세의 사나이. 이 사람은 사회의 배척, 제자와 지지자들의 배신과 부인, 적수들의 조롱과 조소를 받고 사람들과 하느님의 버림을 받은 채 일찍이 인간의 잔인성이 발명한 최대의 수치이자 불가사의의 하나인 죽음의 의식에 제물이 된다.

여기서 궁극적으로 중요한 일에 비하면 십자가의 길에 관하여 밝혀지지 않은 사학적 문제들이란 한갓 둘째 문제다. 공공연한 분쟁 발발의 소상한 원인이 무엇이든, 배신자의 동기가 무엇이든, 체포의 환경과 심리의 절차가 정확히 어떻든, 잘못을 저지른 사람이 누구누구든, 십자가의 길의 각처가 엄밀히 언제 어디든, 어떻든 예수의 죽음은 우연이 아니었다. 그저 비극적 오판이나 독단적 처사만이 아니라 — 책임자들의 과오가 내포된 — 역사적 필연이었다. 관계자들의 완전한 사고 전환, 진정한 '메타노이아', 새로운 의식, 온갖 율법주의적 자신·자만·자의의 폐쇄성 탈피, 예수에 의하여 선포된 조건 없는 은총과 한계 없는 사랑의 하느님에 대한 철저한 신뢰의 회개가 없었던 이상 이 참사는 불가피한 일이었다.

예수의 포학한 최후는 **예수의 선포와 처신의 논리적 귀결**이었다. 예수의 수난은 예수의 공격에 대한 율법·권리·도덕 수호자들의 반격이었다. 예수는 죽음을 수동적으로 감수하기만 한 것이 아니라 능동적으로 촉발했다. 예수의 선포만이 예수의 단죄를 설명해 준다. 예수의 활동만이 예수의 고난을 밝혀 준다. 예수의 생애와 업적 전체만이 이 한 사람의 십자가와 수많은 다른 사람들의 십자가를 뚜렷이 구별지어 준다. — 예수 사후 몇십 년 만에 로마인들이 포위된 예루살렘 성벽 앞에 대량으로 세웠던 유다인 항쟁가들의 십자가와도, 스파르타쿠스가 폭동에 실패한 (자신은 십자가형을 받지 않고 전사한!) 후에 '아피아 가도'에 세워졌던 로마 노예들의 7천 십자가와도, 또 일반적으로 세계사상 고통과 압제를 받아 온 무수한 사람들의 크고 작은 십자가와도.

예수의 죽음은 예수의 삶의 대가였다. 그러나 그것은 플루타르코스가 서사시적 호기심으로 사기를 기술하고 셰익스피어가 연극으로 각색한 바와 같은 그런 브루투스의 (스스로 황제가 되었다가 실패한 정치가!) 율리우스 카이사르 살해와는 판이했다. 정권을 추구하지 않고 하느님과 하느님의 뜻만을 내세운 나자렛 예수의 저항 없는 죽음은 차원이 다르다. 그래서 복음서의 수난 사화는 연극이나 사기로 전환될 필요가 없이 오히려 냉정하고 초연하게 절로 물음이 나오게 한

다: 왜 바로 이 인간이 이처럼 한없는 고통을 받게 되었더냐고.

　수난 사화 자체가 복음서 전체를 배경으로 해서야 비로소 이해된다면 수난 사화만이 아닌 복음서 전체로 보아 왜 사태가 이 지경에 이르렀는지, 어째서 예수는 심장마비나 사고로 죽지 않고 살해당했는지는 분명하다. 아니면 아무 이유나 근거의 제시도 없이 자신의 권한으로 하느님의 뜻을 선포한 그런 철저한 개혁자를 성직자들이 가만히 내버려 두었을 리라도?

○ 율법과 종교·사회질서 일체를 무시하고 종교나 정치에 무지한 백성 속에 혼란을 초래한 그런 **이단 설교자**를?

○ 성전의 파괴를 예언하고 성전 전례 전체를 상대화하여 전통적인 경건자들 자신마저 깊이 불안에 몰아넣은 그런 **거짓 예언자**를?

○ 한계를 인정하지 않는 사랑으로 불경자·패덕자도 범법자·무법자도 제자와 친구로 삼고 그래서 근본적으로 율법과 성전을 적대시하면서 지존하고 의로우신 율법과 성전의 하느님을 희망 없는 악인·불량배들의 하느님으로 격하시킬뿐더러 기가 막히게도 즉각·즉석에서 그들에게 사죄를 보증·선언하면서 하느님 고유의 최고권마저 참월한 그런 **신성모독자**를?

○ 그 자신이 사회체제 전체에 대한 도전, 권위에 대한 도발, 성직자들과 그들의 신학에 대한 반동의 유례없는 본보기로 등장하고 있었고 따라서 단순한 혼란과 불안만이 아니라 본격적인 소요와 시위, 새로운 민중 봉기와 더불어 언제라도 일촉즉발의 위험을 안고 있는 점령군과의 커다란 마찰과 로마 세계 지배권의 무력 개입을 유발할 가능성조차 있던 그런 **혹세무민자**를?

율법의 적은 — 신학적으로 보나 정치적으로 보나 — 또한 민족의 적! 흔히 명석한 안목이 번뜩이는 요한의 말마따나 최고 의회의 결정적 회합에서 대제관 카야파가 주의를 환기시킨 것은 결코 과장이 아니었다: "당신들은 아무것도 모릅니다. 한 사람이 이 백성을 위해서 죽고 온 민족이 멸망하지 않는 것이 당신들에게 더 이롭다는 것도 헤아리지 못하는군요"(요한 11,49-50).

로마 관헌들이 예수를 정치범으로서 정치적으로 심리·처형하게 된 것은 그러므로 정치적 모략이나 로마 관헌들의 졸렬한 곡해로 말미암은 단순한 오판이나 속절없는 운명만이 아니었다. 어느 정도 정치적 고발과 판결의 계기가 될 만한 일이 당시의 정치·종교·사회 여건과 결부되어 있었다. 당시의 여건에서는 **종교와 정치의 단순한 분리**가 용납되지 않았다. 종교 없는 정치도 정치 없는 종교도 없었다. 종교적 불안조성자는 동시에 정치적 질서 교란자였다. 교권에게나 정권에게나 예수는 안보를 해치는 위험인물로 등장해 있었다. 그러나 예수의 삶과 죽음을 곡해하지 않으려면 **정치적 요소를 종교적 요소와 동렬에 놓아서는 안 된다**. 로마인 권력자들과의 정치적 마찰은 유다인 성직자들과의 종교적 갈등의 한 (그 자체로 필연적인 것은 아닌) 결과일 뿐이다. 여기서는 엄밀한 구별이 필요하다:

○ **종교적 고발**: 예수는 율법과 성전에 대하여 최고의 자유를 스스로 행사했다는 것, 전통적 종교 질서를 문제 삼고 아버지 하느님의 은총을 선포하며 스스로 사죄를 선언함으로써 그야말로 전대미문의 권한을 서슴없이 자처했다는 것 — 이것은 **진상**의 고발이었다. 어느 복음서에서나 이것은 근거가 있음이 드러난다. 전통적 율법·성전 종교의

관점에서 보면 유다교 성직자들은 이단 설교자·거짓 예언자·신성 모독자·종교적 혹세무민자를 거슬러 행동할 수밖에 없었다 — 그들 자신이 근본적으로 회개하여 그 선포와 그 모든 결론에 신앙을 바치지 않는 한.

○ 그러나 **정치적 고발**: 예수는 정권을 추구하고 총독부에 대한 납세 거부와 반란을 선동했다는 것, 유다인의 정치적 메시아 왕으로 자처했다는 것 — 이것은 **허위**의 고발이었다. 어느 복음서에서나 이것은 핑계요 중상임이 드러난다. 예수와 혁명에 관한 단원(116-130)에서 소상히 밝혔고 그 후 여러 장절에서도 거듭 확인해 왔듯이 예수는 정치인이 아니었다 — 선동 정치가도, 사회혁명가도, 로마 총독부에 대한 무력 항쟁가도.

예수는 정치혁명가가 아니면서 정치혁명가로 선고되었다! 과연 정치가였던들 차라리 성공할 가능성은 더 컸으리라. 정치적 고발 뒤에는 성직 체제와 그 어용 신학자들의 종교적 증오와 '시기심'이 도사리고 있었다. 메시아 자칭자라는 것은 실상 유다교 현행법상 범죄를 구성하는 것이 아니고 그 성패에 맡겨 두면 그만이었다. 그러나 로마인들의 관례를 이용하면 쉽사리 정권 주장의 혐의로 삼을 수도 있는 일이었다. 그런 고발이라면 빌라도가 귀가 번쩍할 것이 틀림없는 데다가 당시의 여건으로서는 일견 정당한 일이기도 했다. 그런데도 그것은 매우 깊은 편견일 뿐 아니라 근본적으로 위증이었다. 그래서 나중에 공동체에서도 '유다인의 왕'이라는 칭호를 그대로 그리스도 존칭으로 사용할 수는 없었다.

로마 권력의 대표자인 본시오 빌라도 총독으로서는 **이런** '유다인의 왕'을 거슬러 행동해야 할 이유가 없었다 — 일반적으로 보도되어 있는 총독의 주저하는 태도에서 확인되듯이. 사료에 따르면 실상 예수 송사에서 정치적 마찰이 일어났을 때도 계속 정치적 '차원'만이 문제가 되었던 것은 결코 아니다. 분명히 로마 관헌들은 스스로 앞장서지는 않고 마지막 단계에 가서야 음모에 가담하게 되었다: 어느 복음서를 보나 유다교 성직자들의 무고와 정치적 조작에 결과적으로 호응했을 뿐이다.

헛일?

율법이 이겼다! — 이것이 그때로서는 예수의 죽음이 뜻하는 것이었다. 예수에 의하여 철저히 문제시되던 율법이 반격을 가하여 예수를 죽였다. 율법의 권리가 새삼 입증되었다. 율법의 권위가 끝내 관철되었다. 율법의 저주가 바로 적중했다. "나무에 매달린 사람은 하느님의 저주를 받은 자"라는, 처형 후에 효수된 죄수를 가리키는 구약성서의 문장이 예수에게 적중될 수 있었다(신명 21,23; 참조: 갈라 3,13). 십자가에 달림으로써 예수는 하느님의 저주받은 사람이 되었다. 나중에 유스티누스도 『유다인 트리폰과의 대화』에서 지적하듯이 이 죽음은 어느 유다인에게나 예수의 메시아성에 대한 결정적 반증이었다. 예수의 십자가 죽음은 **율법의 저주의 성취**였다.

저주와 치욕의 이 저항 없는 고난과 속절없는 죽음은 적수들에게도 또 동지들에게도 예수는 끝장나고 말았고 참하느님과는 아무 상관도 없다는 어김없는 표징이었다. 예수는 잘못이었다고. 예수의 선포, 예수의 처신, 예수의 존재 일체가 온전히 잘못이었다고. 이제 예수의 **주장**은 **모순**이요 예수의 권위는 옛일이며 예수의 길은 거짓임이 드러났다고. 이단 설교자가 단죄를 받았고 거짓 예언자가 위신을 잃었으며 혹세무민자가 정체를 폭로당했고 신성모독자가 배척을 받았다는 것을 누가 부인할 수 있으랴고! 율법이 '복음'을 이겼다고 — 의로운 행업에 터한 율법의 의로움에 대립되는, 믿음에 터한 '보다 나은 의로움'이란 이미 아무 의미도 없다고. 사람이 무조건 승복해야 할 율법이야말로 또 율법과 더불어 성전이야말로 역시 어디까지나 하느님의 일이라고.

십자가에 달린 두 범인 사이에서 십자가에 달린 예수는 불법·불의·불경을 역연히 구현하고 있었다 — '악인으로 여겨진'(마르 15,13), '죄인으로 여겨진'(2코린 5,21) **죄의 화신**. 자기가 옹호해 왔고 근본적으로 자기와 같은 운명을 겪어 마땅한 모든 범법자·무법자를 글자 그대로 대표하고 있었다 — 최악의 의미에서 **죄인의 대표자**! 적수들의 멸시도 동지들의 도망도 당연한 일로 보였다. 도주한 동지들에게는 이 죽음이 예수에게 걸었던 희망의 종언, 예수에게 바쳤던 신앙의 철회, 무의미의 승리를 뜻했다.

이것이 이 죽음의 특성이다: 예수는 **사람들의** — 루카와 요한에서는 표현이 누그러진 — **버림만이 아니라 하느님의 무제한한 버림 속에서** 죽었다. 그리고 여기서 비로소 이 죽음의 가장 그윽한 깊이가 드러난다: 이 죽음은 하도 자주 이 죽음과 비교되곤 하는 저 '아름다운 죽음', 신성모독과 청년 오도誤導로 고발된 소크라테스나 일부 스토아 현자들의 죽음과 얼마나 다른가. 예수는 속절없이 고통에 내맡겨 있었다. 흔연한 초탈이니 내면적 자유니 숭고한 평정이니 위대한 심혼이니 하는 말들은 복음서에는 없다. 70평생을 살고 난 인간이 성숙과 평온의 경지에서 독당근의 독으로 고이 죽어 가기는커녕 너무나 이르게 졸지에 들이닥쳐 모든 품위를 깡그리 앗아 가는 감내할 수 없는 고난과 고뇌의 임종, 숭고한 평정의 경지는커녕 더없이 지극하게 버림받은 처지가 특징인 죽음! 그러나 바로 이런 죽음이기에, 기나긴 인류사상 이보다 더 크게 인류를 감동시킨 죽음이 또 있는가. 이처럼 한없는 고통 속의 이처럼 무한히 인간적이자 비인간적인 이 죽음보다 더 높이 인류를 고양시킨 죽음이 혹시라도 또 있는가.

둘도 없이 하느님과 일치하여 있다고 확신했던 예수이기에 또 그만큼 둘도 없이 하느님께 버림받은 처지도 역연해진 예수였다. 예수는 이 아버지 하느님과 끝까지 완전히 하나가 되었건만 이 하느님은 예수와 끝내는 조금도 하나가 되어 주시지 않았다. 그래서 일찍이 아예 아무 일도 없었던 양 모든 것이 헛일로만 보였다 — 만사휴의. 온 세상 앞에서 공공연히 자기 아버지 하느님의 현존과 도래를 공포한 예수는 이처럼 하느님께 완전히 버림받은 채 죽었고 그래서 온 세상 앞에서 공공연히 죄인과 악인으로 공시되었다 — 하느님 자신의 심판을 받은 결정적 패덕자로. 평생 사업으로 삼아 투쟁해 온 예수의 일은 예수 자신과 그처럼 밀접하게 결부되어 있었기에 또 그만큼 철저히 예수 자신의 몰락과 함께 몰락하고 말았다. 예수 자신과 독립된 예수의 일이란 아무것도 없었거늘 그래도 이처럼 호천통곡하게도 묵살되고만 예수의 말을 믿을 수라도?

처형된 유다인의 상례적 매장도 이 십자가 사형수에게는 미리 금지되었다. 로마의 관습으로는 시체가 친지나 친척에게 인도될 수 있었는데, 보도에 따르면 예수의 제자는 아니고 지지자인 (이 대목에만 등장하는 최고 의회 의원으로 나중에 공동체의 일원이 된 사람은 아닌) 듯한 아리마태아의 요셉이 예수의 시신을 자가용 무덤에 안장했다 ― 목격자는 몇몇 여자뿐(마르 15,42-47).

마르코도 이미 죽음의 공식 확인을 중요시했다(15,44-45). 마르코만이 아니라 바오로가 전하는 옛 신앙고백문도 매장이 의심 없는 기정사실임이 강조되어 있다(1코린 15,3-5). 그러나 유다인 순교자·예언자들의 무덤에 대한 종교적 관심이 사뭇 대단하던 당시에 나자렛 예수의 무덤 참배례가 생겨나지 않았던 것은 주목할 만한 일이다.

//
5장
새 삶

이제 나자렛 예수 소개의 최대 문제점이 되는 지점에 이르렀다. 이제까지는 충분히 수긍하면서 따라 읽어 온 독자라도 여기서는 주춤할 수도 있으리라. 우리는 이것을 매우 절감한다 — 우리 자신의 실존과도 직결된 최대의 문제점이기에.

1
새 출발

이 지점에서는 모든 진단과 설계, 해석과 확인, 능동과 수동이 절대·최고의 한계에 봉착한다: 만사가 휴의인 죽음에.

문제와 난점

만사휴의? 아니면 혹시 예수의 죽음은 만사휴의가 아니기라도? 여기서야말로 최대의 조심성이 요청된다. 예수의 부활이란 자신의 불멸을 직접 보장하려는 인간 욕구의 충족일 따름이라는 포이어바흐의 투사 혐의를 사실상 확인이나 해서도, 나자렛 예수의 죽음은 참으로 한 인간의 죽음이었다는 사실을 교묘한 신학적 해석에 의하여 결과적으로 무시하고 말아서도 안 된다. 하느님께 버림받은 예수의 **죽음을 곡해해서는 안 된다**: 결국은 반쯤만 사실이었던 양 신비화·신화화해서는 안 된다 — 일찍이 (불멸의 예수 신성을 내세우며) 고대의 영지주의자들이 예수의 죽음 자체를 의문으로 삼은 것처럼; 중세의 스콜라 철학자들이 예수의 임종과 동시에 지복직관至福直觀이 있었다는, 성서에 어긋나는 주장으로 하느님께 버림받은 처지를 다소간에 지양시킨 것처럼; 오늘도 또다시 일부 주석학자들이 교의적 전제에 터하여 예수의 죽음을 하느님과의 공존으로, 예수의 임종 절규를 신뢰의 찬가로 성급하게 해석하는 것처럼. 이렇게 되면 유토피아와는 너무나도 거리가 먼 이 죽음이 그 자체로 유토피아가 되고 만다. 예수의 죽음은 참으로 죽음이었다. 사람들과 하느님에게 버림받은 예수의 처지는 백일하에 드러났고 예수의 선포와 처신은 명백히 부인당했다. 예수의 완전한 실패는 어김없는 사실이었다. 예수의 죽음은 한 인간의 생애와 업적에 있어서 오로지 죽음으로만 종결될 수 있는 그런 완전한 단절이었다.

그러나 물론 여기서 비그리스도인 사학자라도 부인할 수 없는 사실: **예수 사후에야 비로소** 예수를 내세우는 **운동은 본격적으로 시작되었다**. 적어도 이런 의미에서 예수의 죽음은 만사휴의가 아니었다: 예수의 '일'은 계속되고 있었다! 따라서 세계사의 진행만이라도 이해하려는 사람, 신기원의 시작만이라도 해석하려는 사람, 그리스도교로 알려진 세계사적 운동의 기원만이라도 설명하려는 사람이라면 묻지 않을 수 없는 — 서로 연관된 — 물음들:

- 어떻게 그런 파국적 최후 다음에 새로운 시작이 이루어졌을까? 어떻게 예수의 죽음 뒤에 앞날의 세계 운명에 그처럼 중대한 결과를 낳을 예수 운동이 생겨났을까? 어떻게 십자가에 처형된 바로 그 사람의 이름을 내세우는 공동체, 그리스도인 '교회'라는 공동체가 형성되었을까?

혹은 좀 더 자세히 묻건대:

- 어떻게 이 단죄받은 이단 설교자가 이스라엘의 메시아, 곧 '그리스도'로, 이 무시당한 거짓 예언자가 '주님'으로, 이 폭로당한 혹세무민자가 '구세주'로, 이 배척받은 신성모독자가 '하느님의 아들'로 변하게 되었을까?
- 어떻게 죽어 갈 때는 온전히 홀로 버려두고 도망갔던 이 사람의 추종자들이 비단 이 사람의 '인품'과 언행의 영향 아래 이 사람이 선포한 소식을 고수하여 파국적 최후의 얼마 후에는 용기를 가다듬고 마침내 하느님의 나라와 뜻이라는 이 소식 — 예컨대 '산상 설교'의 가르침 — 을 계속 전파할 뿐 아니라 동시에 이 사람 자신을 이 소식의 진정한 내용으로 삼기까지에 이르렀을까?
- 곧, 어떻게 예수의 복음만이 아니라 예수 자신을 복음으로 선포하게 되어 선포자 자신이 어느덧 선포의 내용, 하느님 나라 소식이 어느덧 하느님의 그리스도로서의 예수 소식이 되기에 이르렀을까?
- 나아가 이 예수는 죽음에도 **불구하고**가 아니라 바로 죽음으로 **말미암아** 선포의 내용이 되었다는 것, 바로 십자가의 예수야말로 선포의 중심 내용이 되었다는 것을 어떻게 설명할 수 있을까? 예수의 주장 일체가 죽음으로 말미암아 절망적으로 패퇴하지 않았기라도? 예수는 최대의 웅지를 품고 있었다가 그 웅지의 실현에 절망적으로 실패하지 않았기라도? 당시의 종교적·정치적 상황에서 이처럼 공공연한 능멸과 수치의 파국적 최후보다도 더 크게 예수의 일을 속행하기에 장애가 될 만한 심리적·사회적 요인이 또 있을 수 있었기라도?
- 그런데도 바로 그처럼 절망적인 최후에다가 어떤 희망을 결부시켜

하느님의 심판을 받은 사람을 하느님의 메시아로 선포하고 치욕의 형틀을 구원의 표징으로 선언하며 운동의 명백한 파탄 현상을 그 운동의 새로운 출현 현상으로 전환시킬 수 있었던 이유는 무엇일까? 예수의 일은 예수 자신과 결부되어 있었고 보면 예수와 더불어 예수의 일도 실패하고 말았음을 예수의 추종자들도 시인하지 않았기라도?

- 대체 그들이 어디서 힘을 얻었기에 예수의 설계가 그처럼 완벽하게 파탄과 좌절을 겪은 다음에 그처럼 빨리 예수의 사자로 등장하여 수고도 저항도 죽음조차도 꺼리지 않고 이 '좋은' 소식을 사람들에게, 그렇다 마침내는 제국의 변경에까지 전파하게 되었을까?
- 다른 운동들이 그 창설자의 인품과 — 예컨대 마르크스주의자가 마르크스와 또는 열렬한 프로이트 신봉자가 프로이트와 — 맺는 관계와는 판이한 스승과의 유대가 생겨난 이유는 무엇일까? 즉, 어째서 예수는 여러 해 전에 살았던 창도자나 선각자로서 존경·연구·추종의 대상이 되기만 하는 것이 아니라 — 특히 예배의 모임에서 — 살아 있는 분으로 선포되고 현존·활동하는 분으로 인식되기에 이르렀을까? 예수 자신이 자기 사람들, 자기 공동체를 자기 영을 통하여 인도한다는 그런 비상한 생각이 어떻게 생겨났을까?

한마디로 **그리스도교 발생**·시초·기원의 **역사적 수수께끼**다. 석가와 공자 같은 성공적 현자들의 가르침이 점진적으로 평온하게 전파된 것, 또는 무함마드의 가르침이 주로 무력으로 강요되며 전파된 것, 그리고 그 모두가 그 창설자들의 생애 중에 이미 시작된 것에 비하면 — 이 완전한 실패와 수치스러운 사망 직후에 바로 이 패망자의 이름으로 이 복음 선포와 친교 운동이 자발적으로 발생하여 거의 폭발적으로 전파된 것은 얼마나 다른가! 대체 무엇이 불씨가 되어 이 생애의 파국적 종언 후에 저 둘도 없는 세계사적 진전에 불이 붙었을까? 어떻게 해서 한 인간이 수치스럽게 매달려 죽은 형틀에서 세계를 참으로 바꾸어 놓는 '세계종교'가 발생했을까?

심리학으로 세상의 많은 것이 설명되지만 물론 모든 것이 설명되지는 않는다. 또 당시의 여건이 모든 것을 설명해 주는 것도 아니다. 어떻든 그리스도교 기원사를 심리학적으로 해석하려 하더라도 결코 단순히 억측·속단이나 기발한 재구성만을 꾀해서는 안 되며 이 운동을 시작했고 가장 중요한 증언을 남긴 그 사람들에게 물어보아야 한다. 그리고 그들의 증언에서 뚜렷이 드러나는 점: 파국적 결과가 담긴 그런 **수난 사화**가 전승된 이유 — 대체 왜 그런 이야기가 인류의 기억에 남기라도 했겠는가! — 는 단 하나, 그 수난 사화(와 그 배후의 활약 사화)를 전혀 다른 빛으로 조명하는 **부활 사화**가 동시에 존재했기 때문이다.

그러나 여기서야말로 **난점**들이 해결되기는커녕 비로소 근본적으로 제기되기 시작한다. 이 이른바 부활 사화 또는 파스카 사화를 심리학적으로 설명하기보다는 소박한 신앙으로 글자 그대로 받아들이려는 사람이라도 이성을 완전히 잃고 궁리를 단념해 버리지 않는 한 여기서는 극복하기 어려운 장애에 봉착한다. 비평사적 주석학으로 당황감은 오히려 더욱 증대되었다: 2백 년 전에 고전 독일 문학사상 최대의 예리한 논쟁가인 고트홀트 에프라임 레싱이 저 —「예수와 그 제자들의 목적」과 「부활 사화론」이라는 글이 수록된 ― 『어느 익명인의 단편집』(익명인 = 함부르크의 계몽주의자 헤르만 자무엘 라이마루스)을 출간하여 일반 대중을 당황하게 한 이래로. 20세기 현대인으로서는 반쯤만의 마음, 꺼림칙한 양심으로가 아니라 솔직한 확신으로 부활에 관해 무엇인가를 알자면 신앙이냐 불신이냐는 선입관 없이 날카로운 눈으로 난점을 직시해야 한다. 바로 그렇게 할 때, 또 물론 그 **이면**도 드러난다. 이들은 극복될 수 있는 난점들이다(예수 부활의 기본 대목: 마르 16,1-8; 마태 28장; 루카 24장; 요한 20-21장; 1코린 15,3-8):

- **첫째 난점**: 일반적으로 복음서 전체가 그렇지만(100-102) 부활 사화야말로 무관한 관측자들의 **불편부당한 보고서가 아니라** 신앙에 의하여 지대한 관심과 참여 의식을 가지고 예수를 편들던 증인들의 증언이다 ― 사학적이라기보다는 신학적인 기록, 보고서나 연대사가 아니라 신앙의 증언. 예수 전승 전체를 처음부터 규정짓는 부활 신앙이고 보면 부활 기사 자체를 규정지음은 물론이다. 여기서 사학적 검증이란 애당초 사뭇 어렵다.

  ○ 이 난점의 이면: 부활 사화에서야말로 물어야 할 것은 부활 선포의 참뜻이다. 그래야 초대 그리스도교 부활 신앙의 중심 의의가 드러난다. 적어도 초대 그리스도교에 관한 한 그리스도 신앙은 예수 부활의 증언에 흥망이 달려 있다. 부활이 없다면 그리스도교의 전도도 신앙도 빈 껍질이라고. 그래서 부활은 ― 기회가 좋든 나쁘든 ― 그리스도교 신앙고백의 한 요소만이 아닌 영속적 알맹이로 나타난다. 바오로의 편지에 담긴 최고最古의 약식略式 그리스도 신앙고백문들이 이미 ― 칭호의 제시만이 아닐 때에는(338-343) ― 예

수의 죽음과 부활에 집중되어 있다.

- **둘째 난점**: 신약성서의 수많은 기적 사화를 자연법칙에 대한 '**초자연적 개입**'이라는 입증될 수 없는 전제 없이 이해하고자 할진대(184-194) 여기서 새삼 갑자기 부활 기적의 '초자연적 개입'을 강변하려 든다면 처음부터 모든 과학적 사고와 일상적 확신·경험에 어긋나는 고답적 발상으로 후퇴한다는 의혹을 사기 십상이다. 이런 의미에서는 부활도 예컨대 처녀 수태·지옥행·승천과 비슷하게 현대인에게는 오히려 신앙의 부담으로 보인다.

  ○ 이면: 부활은 실상 초대 그리스도교 전승의 다른 기적적 또는 전설적 요소와 덮어놓고 동렬에 놓을 수 없는 특성이 있다. 물론 4세기의 로마인 전승에서 유래하는 이른바 '사도신경'에는 부활과 더불어 처녀 수태·지옥행·승천도 열거되어 있으나 신약성서 자체에서는 그런 것들이 부활과는 대조적으로 단편적으로만, 그것도 예외 없이 문학적으로 후기에 속하는 계층에서만 나타난다. 신약성서상 최초의 증인인 바오로 사도는 처녀 수태·지옥행·승천에 관해서는 일언반구도 없는가 하면 십자가 예수의 부활은 일보의 양보도 없이 그리스도교 전도의 핵심으로 고수한다. 부활 선포는 소수 열광자의 특별 체험, 몇몇 사도의 특수 교리이기는커녕 신약성서의 최고층最古層에 속할뿐더러 모든 신약성서에 예외 없이 공통된 증언이다. 분명히 부활 선포는 그리스도 신앙의 중심인 동시에 다른 모든 신조의 기초가 되어 있다. 따라서 적어도 한 가지 물음: 처녀 수태·지옥행·승천과는 달리 부활이 말해 주는 것은 '에스카톤'(종말)과 관련된 것이며 따라서 여기서는 초자연적 체계 내

에서의 자연법칙에 어긋나는 개입이란 이미 어불성설이 아닐까? 나중에 좀 더 자세히 살펴보아야겠다(317-326).

- **셋째 난점**: 부활의 **직접 목격자는 없다**. 신약성서를 통틀어 어느 누구도 부활 현장을 목격했노라고 주장하는 사람은 없다. 그 어디에도 부활 장면이 묘사되는 곳은 없다. 다만 150년경에 나타난 위경인 베드로 복음서가 한 예외인데, 그 마지막에 부활 장면이 갖가지 전설을 빌려 미숙하게 각색되어 있다. 또 물론 이런 요소들이 — 위경의 다른 요소도 흔히 그렇듯이 — 교회의 부활절 문헌·예식·찬가·강론·그림들에 들어오게 되었고 여러모로 부활절 민속신앙과 혼합되었다. 이젠하임 성당 제단에 있는 그뤼네발트의 부활 성화 같은, 예술적으로는 둘도 없이 탁월한 걸작도 이런 의미에서는 오도의 여지가 있다.

○ 이면: 부활에 대한 신약성서 — 복음서와 편지 — 의 조심성이야말로 오히려 미쁨을 일깨운다. 어디서나 부활은 전제될 뿐 묘사·설명되지 않는다. 위경의 특징인 과장·과시는 불신을 조장할 따름이다. 신약성서의 부활 신앙은 부활의 증언이 아니라 부활한 예수의 증언이다.

- **넷째 난점**: 여러 부활 기사를 자세히 분석해 보면 극복될 수 없는 **상위점과 모순점**들이 드러난다. 물론 이들을 연결·조화시켜 단일한 전승으로 재구성해 보려고 거듭 꾀해들 왔지만 어떻든 어긋나는 점들이 있음을 부인할 수는 없다. 우선 간단히 요약건대: ① 관련자들에 관해서는 — 베드로, 마리아 막달레나, 다른 마리아, 제자들, 사도들, 열두 사람, 엠마오로 가는 길의 제자들, 5백 명의 형제들,

야고보, 바오로; ② 사건 발생 장소에 관해서는 ― 갈릴래아의 어느 산이나 티베리아스 호수, 예루살렘의 예수 무덤이나 어느 집합처; ③ 일반적으로 발현 과정에 관해서도 ― 파스카 축제 주일 아침과 저녁, 그 후 여드렛날과 40일째. 함부로 본문을 개작하거나 차이점을 무시하려 들지 않는 한 조화란 불가능함이 곳곳에서 드러난다.

○ 이면: 분명히 신약성서 저자들은 단일한 체계나 유연한 조화, 더구나 무슨 예수 부활전 같은 것이 필요하지 않았고 원하지도 않았다! 이처럼 그들이 여러 가지 보도들의 어떤 완결성이나 일정한 순서 또는 더구나 비평사적 검토에는 아무 관심도 없었다는 사실과 더불어 정작 뚜렷이 드러나는 점: 각 설화에서 특별히 부각되는 것이 매우 다르다 ― 예컨대 우선 바오로와 마르코에는 ① 제자들의 소명과 파견이 강조되어 있고; 다음으로 루카와 요한에는 ② 부활자가 부활 전 예수와 참으로 같은 분이라는 것도 점점 부각된다. (그리고 이 동일성 체험이 마침내는 ③ 동일성 증거에까지도 발전한다: 부활자가 친히 육신도 있고 회식도 함을 입증함으로써 제자들의 의심이 극복되었다고.) 동시에 뚜렷한 점: 각 설화의 언제 · 어디서 · 어떻게라는 문제는 ― 어느 사료에서도 당연히 전제되어 있고 어느 문맥에서도 죽음이나 묻힘과는 분명히 구별되어 있는 ― 부활 자체에 비하면 둘째 문제에 지나지 않는다. 부활 선포의 진정한 내용에 관심을 집중하는 일이 우선 요긴하다. 그리고 나서야 사학적 상위점들도 새삼 분명히 다루어질 수 있다.

미리 밝혀 둘 점

복음서의 부활 사화에서 부활 선포로 되물어 올라갈 필요가 있다. 빈 무덤 사화는 복음서에만 나오는 반면에 예수 자신이 살아 계신 분으로서 제자들과 만났다는 것은 다른 신약성서 — 특히 바오로의 편지 — 도 증언한다. 복음서의 부활 사화는 전설적 형태로 표현되어 있는 반면에 다른 신약성서의 증언들은 신앙고백 형식을 취하고 있다. 또 무덤 사화에는 직접 증인이 등장하지 않는 반면에 (복음서보다 수십 년 전에 쓰인) 바오로의 편지에는 부활자의 '발현'과 '계시'를 보고하는 바오로 자신의 진술이 있다. 특히 바오로가 — 자신도 명언하듯이 — '전해 받아서' 코린토 교회를 세울 때 '전해 준' 신앙고백문은 그 언어·권위·관련자로 보아 예루살렘 모교회에서 유래했다고 볼 수 있고 또 물론 바오로 자신이 그리스도인이 되고 전도사가 된 35~45년까지 소급됨에 틀림없거니와, 이 신앙고백문의 연장된 부분에는 그때 사람들이 능히 확인할 수도 있었을 그런 부활 증인 명단이 소개되어 있다: 바로 그들에게 부활자가 '자기를 보여 주셨다'고, '나타나셨다'고, '자기를 계시하셨다'고, 바로 그들과 그분이 만나셨다고 — 그중의 많은 사람들이 아직(에페소에서 코린토에 편지를 써 보낸 55/56년) 살아 있으니 물어보라고(1코린 15,5-8; 참조: 갈라 1,16; 1코린 9,1).

이 권위 있는 (초대교회의 역사를 반영하는?) 증인 명단에서 베드로가 '게파'라는 아람어 이름으로 두드러지게 첫자리를 차지하고 있다. 그야말로 부활자의 첫 증인인 베드로는 과연 공동체의 '바위'(마태 16,18)로서 '형제들을 굳세게 하고'(루카 22,32) '양들을 돌보는' 목자

(요한 21,15-17)이기도 했으리라. 그러나 열두 사람(예루살렘의 지도자단), 야고보(예수의 동기), 사도들(보다 큰 범위의 전도사들), 5백 명이 넘는 교우들, 바오로 자신에게 나타난 모든 발현을 베드로에게 나타난 발현에 귀착시켜 전자는 후자를 확인할 뿐인 양으로 본다는 것은 이 대목 자체로 보나 다른 대목들에 비추어 보나 옳지 않다. 그렇게 보기에는 인물과 사건이나 때와 곳도 또 바로 베드로 · 야고보 · 바오로 자신들의 그리스도 선포 방식도 서로 너무나 다르다.

어떻든 부활 선포의 진정한 내용을 명시하자면 필요 없는 오해를 예방하기 위하여 또 몇 가지를 미리 밝혀 두고 들어가는 것이 낫겠다. 즉, 신약성서에서 부활 사건을 위하여 사용한 여러 표현과 발상을 바르게 이해해 두는 것이 내용 문제를 다루어 나가는 데 도움이 되겠다: '부활' · '현양' · '영광' · '승천' 등 — 이들을 어떻게 이해해야 할까?

1) **일어남이냐 일으킴이냐**? 오늘날 부활은 지나치게 당연히 예수 자신의 능력에 의한 행위로 전제되고 있다. 신약성서에 따르면 그러나 부활은 먼저 **하느님에 의한 일으켜짐**으로 이해되어야 옳다. 근본적으로 부활은 죽고 묻힌 예수에 대한 하느님의 업적이다 신약성서에서는 — 이미 테살로니카 신자들에게 보낸 첫째 서간(4,14)에도 — '일어나다'라는 말도 (능동형으로) 쓰이기는 하나 일반적으로는 '일으키다'라는 말이 (수동형으로) 쓰이며 또 이것이 더 본디의 표현이다. 이 표현에서는 예수에 대한 하느님의 행동이 중심이다. 오로지 하느님의 생명 창조 행위에 의해서만 예수의 죽음의 수동성은 새 삶의 능동성으로 화한다. 오로지 (하느님에 의하여) 일으켜진 분으로서만 예수

는 (스스로) 일어난 분이다. 전반적으로 신약성서에서는 예수의 행위로서의 일어남이 아버지의 업적으로서의 일으킴으로 이해된다(참조: 로마 6,4; 8.11.34; 10,9; 1코린 6,14; 에페 1,20; 2티모 2,8; 사도 2,24; 3,15; 4,10; 5,30; 10,40; 13,30.37). 고대 교회의 한 표현에 따르면: 하느님이 예수를 죽음의 저주에서 속량하신 다음에 부활하게 ('일어나게') 하셨다(사도 2,24). 어느 표현이든 반드시 배격되어야 하는 것은 아니지만 자칫 끼어들기 쉬운 신화적 오해는 의식적으로 피할 일이다.

2) **부활은 역사상 사건?** 신약성서 신앙에 따르면 부활은 하느님의 차원 안에서의 하느님의 행동 문제이므로 엄밀한 의미에서 역사과학에 의하여 사학적 방법으로 실증될 수 있는 **사실**史實 **문제가 아니다**. 부활은 자연법칙이 깨뜨려져서 세계 내적으로 확인될 수 있는 기적, 때와 곳이 밝혀질 수 있는 시간과 공간에의 '초자연적 개입'이 아니다. 촬영·녹음이라도 할 수 있는 그런 일이 있었던 것이 아니다. 사학적으로 확인될 수 있는 것은 예수의 죽음과 그 후 제자들의 부활 신앙과 부활 선포. 부활 자체나 부활자 자신은 사학적으로 사물화·대상화될 수 없다. 창조나 완성과 마찬가지로 부활은 으레 — 화학·생물학·심리학·사회학·신학도 으레 그렇듯이 — 복합적 실재의 **한** 측면만을 보는 역사과학에서는 그 고유한 전제에 터하여 의식적으로 배제되는 바로 그런 실재와 관련해서만 다루어질 수 있는 문제다: 하느님의 실재 문제!

그러나 신약성서 신앙에 따르면 부활은 바로 하느님의 행동이기에 허구나 상상일 수만은 없고 가장 깊은 의미에서 **실제** 사건이다. 아무 일도 안 일어난 것이 아니라 일어난 일이 역사의 한계를 무너뜨리고 뛰어넘는다. 부활은 사람의 죽음에서 하느님의 포괄적 차원으로 초월하는 사건이다. 전혀 다른 하느님의 존재 양식 안에서의 완전히 새로운 존재 양식과 관련된, 그래서 해석이 필요한 표상적 표현으로 둘러 설명되는 그런 사건이다. 인간적으로 보면 만사휴의인 거기서 하느님이 개입하신다는 것, 이것이 부활의 진정한 ― 자연법칙은 오롯이 보존되는 ― 기적이다: 죽음에서 새 삶이 시작되는 기적. 부활은 사학적 인식 대상이 아니라 부활자의 실재와 관련해서만 도달될 수 있는 신앙에의 부름이며 제안이다.

3) **상상할 수 있는 부활**? '부활'이란 ― '일어남'도 '일으킴'도 ― 은유적·표상적 용어임을 너무나 쉽사리들 잊어버린다. '일어남'과 '일으킴'이라는 표상인즉 잠에서 '깨어남'과 '깨움'이라는 데서 취한 것이다. 이것은 실상 죽음을 거슬러 일어난다는 그런 의미의 표상·상징·은유로서는 이해되기도 쉬운 그만큼 오해되기도 쉽다. 죽음에서의 부활이야말로 잠에서 깨어나 본래 상태로 돌아오듯이 종전의 현세 생명으로, 또다시 죽을 삶으로 되돌아오는 것과는 전혀 다르다! 전혀 다른 상태, 유례없이 새로운 결정적 불멸의 생명으로 들어가는 근본적 변화다 ― 전혀 달리(totaliter aliter)!

걸핏하면 묻기들 좋아하는 물음: 이 전혀 다른 영생을 어떻게 상상해 보아야 할까? 잘라 말할 수 있는 대답: 아예 상상일랑 말라! 여기서는 묘사하고 상상하고 대상화할 수 있는 것이란 아무것도 없다. 우리의 삶에서 나온 개념과 발상으로 직관될 수 있는 그런 삶이라면 전혀 다른 삶은 아니다! 어떤 직관, 어떤 상상력도 여기서는 이미 무력하다. 오히려 오해의 위험이 있을 뿐이다. 부활의 실재 자체는 전혀 **직관할 수 없고 상상할 수 없다**. 일어남(깨어남)과 일으킴(깨움)이란 표상적·직관적 표현이다. 당시의 사고방식에 상응한 표상·은유·상징들이다. 이런 표현은 물론 숫자적으로는 얼마든지 늘어날 수도 있다. 그러나 이런 표현이 아무리 많아도 그 자체로는 — 하느님 자신처럼 — 직관할 수 없고 상상할 수 없는 부활의 실재 자체가 직접 인식되는 것이 아니다.

물론 이런 직관·상상할 수 없는 새 삶을 표상적으로만이 아니라 지성적으로도 바꾸어 말해 볼 수는 있다. (예컨대 물리학이 원자의 영역에서는 동시에 파동이자 입자이며 그 자체로는 직관·상상할 수 없는 광선의 본성을 공식으로 바꾸어 표현하듯이.) 그러나 여기서도 언어의 한계에 봉착하여 결국은 역설로 말할 수밖에 달리 방도가 없다: 현세의 삶에서는 모순을 뜻하는 개념들을 연결시켜 이 전혀 다른 삶을 표현할 수밖에. 그래서 생겨난 것이 예컨대 복음서의 발현 기사에서 상상력의 극한에 이른 표현들이다: 유령은 아니되 만질 수는 없다고, 알아볼 수 있되 알아볼 수 없다고, 보이되 보이지 않는다고, 만져지되 만져지지 않는다고, 물질적이되 비물질적이라고, 공간과 시간 안에 있되 넘어서 있다고.

'하늘의 천사들과 같다'고 예수 자신도 유다인의 전통적 표현으로 지적한 바 있다(마르 12,25; 참조: 루카 20,36). 혹은 바오로가 매우 조심스럽게 사용하는 역설적 표현들도 그 자체가 언어의 한계를 말해 준다: 불멸의 '영의 몸'(1코린 15,44), '영광의 몸'(1코린 15,43)이 근본적 '변화'

(1코린 15,52)에 의하여 무상한 육신에서 나타났다고. 여기서 바오로가 말하는 것은 물론 그리스적 의미의 (육신이라는 감옥에서 해방된) 영혼이 아니다 — 이것은 현대 인간론에서도 이미 따로 생각될 수 없다. 바오로가 뜻하는 것은 유다적 의미의 (생명을 창조하시는 하느님의 영으로 사무쳐 변형된) 육신적 인간 전체다 — 이것이 현대인의 통일적 인간관과 인간 육신의 근본적 중요성에 훨씬 더 잘 부합한다. 부활한 인간이란 그러므로 — 플라톤적으로 — 육신**으로부터**가 아니라 (영광스럽게 된, 영신화된) 육신과 **더불어** 육신 **안에서** 속량된 인간이다: 새 피조물, 새 사람.

4) **육신 부활**? 내가 루돌프 불트만과의 직접 대화에서 얻은 대답을 말하자면 그렇기도 하고 그렇지 않기도 하다: 그렇지 않다 — '육신'이란 단순히 생리적으로 동일한 생명체를 뜻한다면; 그렇다 — '육신'이란 신약성서의 '소마'$\sigma\tilde{\omega}\mu\alpha$라는 의미에서 인간 자신의 온 역사를 포함하여 인격적으로 동일한 **나 자신**을 뜻한다면. 바꾸어 말하건대: 육체의 연속성은 없다 — 부활이란 분자들의 존속과 같은 자연과학 문제가 아니기에; 인격의 동일성이 있다 — 부활이란 인간 각자의 온 생애와 운명의 영속적 의미 문제이기에! 어느 모로 보나 중요한 것은 존재의 위축이 아니라 완성이다. 자아가 아니라 행업만이 죽음을 넘어 살아남는다는 동방 사상가들의 사생관은 죽음이란 시공을 넘은 차원으로의 이행을 뜻한다는 의미에서는 물론 생각해 볼 만하나 그것만으로는 모자란다: 하느님이 궁극 실재일진대 죽음은 소멸이 아니라 변형이며 위축이 아니라 완성이다.

예수 부활은 인간적 시공 안의 사건 문제가 아닌 그만큼 예수 죽음의 의의 문제**만**도 아니다. 물론 (사학의 연구 수단으로 확인될 수 있는) 역사상 사실 문제는 아니나 과연 (신앙을 위해서는) 실제 사건 문제다. 따라서 예수 부활의 중요한 관심사인즉 예수 자신은 살아 있지 않고 이미 죽어 없어졌지만 예수에 의하여 시작된 '일'**만**은 역사상 예수의 이름과 결부되어 계속된다는 그런 것이 아니다 — 이를테면 '에펠 씨는 이미 죽었으나 그분의 사업인 에펠탑 속에 그분은 계속 살아 있다' 하듯이; 또는 '괴테 님은 비록 죽었으나 그분의 작품과 기억 속에서 그분은 오늘도 말하고 있다' 하듯이. 중요한 것은 오히려 **예수 자신**이 살아 계시다는 것이고 **그래서** 예수의 일이 중요하다. 부활자 자신의 실재가 제외될 수 없다. 예수의 제자들은 실패를 시인하고 말았던 예수의 일을 예수의 부활과 관련하여 하느님 자신이 판정을 내리신다는 것, 예수 자신이 실패하여 죽음 속에 머물지 않고 하느님 자신에 의하여 완전히 의로운 분이 되어 살아 계시기에 예수의 일은 의미가 있고 계속된다는 것, 그것이 중요하다.

부활은 제자들과 제자들의 신앙을 위해서**만** 일어난 사건이 아니다. 예수는 제자들의 신앙에 **의하여** 살아 계신 것이 아니다. 부활 신앙은 제자들의 신앙의 발로가 아니다. 예수는 더러들 생각했듯이 너무나 위대했기에 죽고 말 수는 없었던 것이 아니다 — 예수는 죽었다. 부활은 먼저 예수 자신을 위한 사건이다: 예수는 **하느님에 의하여** 새로이 살아 계시다 — **제자들의 신앙을 위하여**. 새 삶의 전제 조건은 물론 시간적으로는 아니고 내용적으로는 선행하는 하느님의 행동이다. 그래서 생자 자신이 생자로 선포되는 그런 신앙이 비로소 가능해지고 창설된다. 이것이 "예수는 '케뤼그마'(선포) 속으로 부활했다"는, 불트만 자신도 오해의 여지를 인정하는 표현의 뜻이다. 불트만 자신에 따르더라도 예수는 선포되기 때문에 살아 계신 것이 아니라 살아 계시기 때문에 선포된다. 그러므로 「인민의 마음속의 레닌」이라는 로디온 셰드린의 오라토리오에서 레닌의 주검 곁에 선 적위대원이 "아니 아니 아니다, 그럴 수 없다! 레닌은 살았다, 살아 계시다!"라고 노래 부르는 것과는 애당초 다르다. 여기서 살아 있는 것은 다만 '레닌의 일'이다.

5) **현양**? 신약성서의 오래된 대목에서는 예수의 '현양'('올림' 또는 '오름')이란 예수의 '부활'('일으킴' 또는 '일어남')을 달리 강조하는 표현형식에 지나지 않는다. 신약성서에서 예수는 일으켜졌다 함은 바로 그럼으로써 예수는 하느님께로 올려졌다 함을 뜻한다: 부활의 완성으로서의 현양.

그런데 현양이란 승천, **하늘**로 올라감을 뜻할까? 표상적으로는 '하늘'로 올라갔다고 말할 수도 있으나 현대인으로서는 명기해야 할 점: 오늘은 이미 성서 시대처럼 창공이 하느님 옥좌의 외면으로 이해될 수 없다. 물론 진정한 천국, 보이지 않는 하느님 영역('거처')의 보이는 상징이나 표상으로 이해될 수는 있다. 그러나 신앙의 하늘은 우주 비행사들의 하늘, 우주 비행사들 자신이 외계에서 성서의 창세기를 읊어 보내면서 표현하던 바로 그런 하늘은 아니다. 신앙의 하늘은 어떤 우주여행으로도 도달할 수 없는 하느님의 불가시·불가사의한 숨은 영역이다. 장소가 아니라 존재 양식, 지구와 동떨어진 것이 아니라 하느님 안에서 좋게 완성되고 하느님의 다스림에 참여되는 그런 존재양식이다.

예수는 아버지의 영광 속으로 올려졌다. 부활과 현양은 구약성서의 표현과 결부되어(특히 시편 110,1; 68,19) 죽음을 정복한 분의 **통치권 장악**(즉위)을 뜻한다: 하느님의 생명권生命圈 안으로 올라가 하느님의 왕권과 영광에 참여하고 그래서 사람들에 대한 보편적 통치권을 행사하시게 되었다고. 십자가의 예수 그분이 **주님**으로서 사람들에게 자기를 따르라고 부르시게 되었다고! 천상 하느님의 권위에 즉위하시어 ― 역시 통치자의 아들 또는 대리자를 상기시키는 전통적 표상으로 말하자면 '아버지 오른편에 앉으시어' ― 하느님과 가장 가까이서 하느님을 대리하면서 하느님과 같은 품격과 지위를 가지고 하느님의 권한을 행사하신다고. 예컨대 사도행전의 사도 설교에서 사용된 가장 오래된 그리스도 신앙고백문에 따르면 예수는 비천한 인간이었으나 하느님이 부활시키신 다음에 주님과 메시아로 삼으셨다(2,36). 지상의 인간으로서는 아직 아니고 현양된 분으로서야 비로소 예수는 메시아요 하느님의 아들이시라고 표명된다(로마 1,3-4 참조).

부활 **발현**들을 궁극적으로 어떻게 이해하든 우선 중요한 점: 바로 천상 하느님의 권위와 영광에서부터 이 현양된 분이 자기 '도구'로 삼을 사람들에게 '나타나신다' ― 바오로가 체험했듯이(갈라 1,15-16) 또 마태오와 요한의 발현 기사들과 마르코의 부록에서 발현자가 어디서 와서 어디로 가는지는 언급이 없이 그저 당연히 전제하듯이. 부활 발현은 현양된 분의 현현이다! 하느님으로부터 나타나시는 분은 언제나 현양된 분이다 ― 혹은 바오로가 하늘로부터 자기를 부르시는 분을 체험할 때든 혹은 마태오와 요한의 복음서에서 부활자가 지상에 나타날 때든.

죽음에서의 부활과 하느님께로의 현양이란 그러므로 신약성서에서는 — 루카 특유의 승천 사화를 제외하면 — 동일하다. 하나만을 언급할 때에도 다른 것이 내포되어 있다. 부활 신앙은 부활된 = 하느님께로 현양된 주님으로서의 예수를 믿는 신앙이다: 예수는 성령 안에서 현존하시는 교회의 주님이시자 동시에 이미 시작된 하느님의 최종 통치권을 행사하시는 '우주의 숨은 주님'(Kosmokrator)이시라고.

앞에서 밝혀 온 점들에 이어 이제 종합적으로 제기되는 물음: 이처럼 온 가지로 전개되고 더러는 혼란을 일으키면서도 2천 년 그리스도교의 신앙과 예배를 살려 온, 그리스도 신앙의 역사적 기원이자 내용적 기초인 이 부활 선포의 진정한 내용은 무엇인가?

궁극 실재

근본적으로 부활 선포가 겨냥하는 것은 — 시대에 제약된 구체적 표현과 과장된 묘사, 상황에 따른 부연·변형과 강조점의 차이 같은 온갖 난점이 내포되어 있으면서도 — 간단하다. 또 이 점에서는 베드로·바오로·야고보와 편지·복음서·사도행전 등, 모든 초대 그리스도인의 증언이 — 때와 곳, 등장인물과 사건 경과에 상위점과 모순점이 있으면서도 — 일치한다: **십자가에 달려 죽은 그분이 하느님과 함께 영원히 살아 계시다 — 여기에 우리의 의무와 희망이 있다고!** 신약성서의 인간들은 이 확신에 터하여, 아니 매료되어 살아간다. 죽은 분이 죽음에 머물지 않고 살아 계시다고, 그분께 의지하고 그분을 따르는 사람도 마찬가지로 살리라고. 이 한 분의 신생·영생이 모든 이에게 요청이며 참 희망이라고!

이것이 곧 부활 선포·부활 신앙이다. 부활 기사와 부활 표상은 갖가지로 모호하면서도 부활 선포와 부활 신앙은 전혀 분명하다. 그리고 그야말로 혁명적이다 — 부활 신앙은 오늘에야 비로소가 아니라 그때부터 이미 매우 쉽사리 배격되었다. 루카에 따르면 일찍이 아테네의 아레오파고스에서는 몇몇 회의주의자가 바오로 사도에게 이에 관하여 훗날 다시 한번 들려 달라고 했다 한다(사도 17,32). 부활 선포가 거침없이 승승장구하며 전파되기만 한 것은 결코 아니다.

죽은 사람이 **살아** 계시다고? 무슨 뜻인가? 신약성서에서 이를 위하여 사용하는 갖가지 시대 제약적인 표상 모형과 설화 형식 뒤에 숨은 뜻은? 이 삶의 의미를 규정짓는 부정적인 두 가지 면과 긍정적인 한 가지 면:

1) **시공적 현세 생명으로의 귀환이 아니다**: 죽음이 철회되는 것이 아니라 결정적으로 정복된다. 프리드리히 뒤렌마트의 연극 「유성」에서 (물론 허구적으로) 시체가 소생하여 전혀 달라진 데가 없는 현세 생명으로 되돌아오는 그런 것이야말로 신약성서에서 말하는 부활과는 판이하다. 예수의 부활을 기적가들에 관한 옛 문헌에 산재한 (의사의 검시에 의한 확인까지 곁들인) 사자 소생이나 예수의 기적으로 보도된 세 가지 — 야이로의 딸(마르 5,21-43), 나인의 젊은이(루카 7,11-17),

라자로(요한 11장)의 ― 경우와 혼동해서는 안 된다. 이런 전설적 소생 설화의 역사적 신빙성은 (예컨대 큰 소문이 났더라는 라자로의 소생조차 마르코는 아는 바가 없고 보면) 차치하고라도 어떻든 시체의 잠정적 소생이야말로 예수의 부활이 뜻하는 것은 아니다. 신약성서의 이해에 따르면 예수는 다시 죽을 생물학적 현세 생명으로 되돌아오기는커녕 죽음이라는 최후의 한계를 결정적으로 물리치고 전혀 다른 불멸의 '천상' 영생으로 들어가셨다: 앞에서 본 바와 같이 신약성서에서도 이미 매우 다양한 양식과 표상을 사용하여 표현된, 하느님의 생명으로.

2) **시공적 현세 생명의 계속이 아니다**: 죽은 '다음'이라는 말부터가 오해하기 쉬운 말이다. 영원은 앞뒤가 없다. 영생은 시공의 차원을 벗어난, 불멸·불가시·불가사의의 하느님 영역에서의 새 삶이다. 끝없이 계속·연장·속행되는 삶, 끝없는 '생존'이 아니라 최종적 '신생'이다: 새 창조, 새 탄생, 새 인간, 새 세계. 여기서는 '생멸변전'이라는 영속적 반복이 결정적으로 타파된다. 결정적으로 하느님과 함께 계시고 따라서 최종적으로 살아 계시다는 그런 뜻에서 예수는 살아 계시다!

3) **궁극 실재 속으로의 현양이다**: 표상적으로 말하지 않으려면 부활(일어남·일으킴)과 현양(오름·올림·승천·영광)은 동일·단일한 사건으로 보아야 한다 ― 그것도 하느님의 직관할 수 없는 은밀성 속에서 죽음과 결부되어 있는 사건으로. 이렇게 형태는 온 가지로, 내용은 한 가지로 부활 선포가 말해 주는 것: 예수는 허무 속으로 죽어 가지 않

고 죽음 속에서 죽음으로부터 우리가 **하느님**이라고 일컫는 저 **불가사의한 포괄적 궁극 실재** 속으로 **죽어 들어가고 높여지셨다**. 사람이 자기 '에스카톤', 자기 삶의 최종점에 이르는 거기서 그 사람을 기다리고 있는 것은 무엇인가? 열반을 믿는 불자들도 말하는 허무가 아니라 유다인도 그리스도인도 이슬람교도도 믿는 만유의 하느님이다. 죽음은 하느님께로의 이행, 하느님의 은밀성 속으로의 진입, 하느님의 영광 속으로의 현양이다. 엄밀히는 **무신론자만**이 죽음으로 **만사휴의**라고 말할 수 있다.

죽음으로 인간은 주위 여건의 제약에서 벗어난다. 세상의 관점, 이를테면 죽음 밖에서 보면 죽음은 모든 관계의 단절을 뜻한다. 그러나 하느님의 관점, 이를테면 죽음 안에서 보면 죽음은 궁극 실재로서의 하느님과의 전혀 새로운 관계를 의미한다. 죽음으로 인간에게, 그것도 갈림 없는 전인全人에게 새로운 영원한 미래가 주어진다 — 경험될 수 있는 어떤 것과도 다른 삶이 하느님의 불멸의 차원에서. 이것은 우리의 시간과 공간, '금세'·'차안'·'이승'이 아니다. 그렇다고 또 다른 시간과 공간, '내세'·'피안'·'저승'도 아니다. 최종적·결정적으로 전혀 다른 인간의 길은 우주 속으로 혹은 너머로 나아가는 그런 것이 아니라 세계와 인간의 가장 깊은 내면의 원근거·원기초·원의미(59-73) 속으로 들어간다: 이를테면 — 이미 불가불 표상으로 말하자면 — 죽음에서 삶으로, 보이는 것에서 보이지 않는 것으로, 사멸의 어둠에서 하느님의 불멸의 빛으로. 예수는 하느님 안으로 죽어 들어갔다. 하느님께 이르렀다. 온갖 상상을 초월하는, 일찍이 어느 인간의 눈도 보지 못한, 우리의 이해·인식·사변·상상이 미칠 수 없는 그런 영역으로 올려졌다. 신앙인이 알고 있는 것은 오직 하나: 그를 기다리고 있는 것은 허무가 아니라 아버지시다.

이 부정적·긍정적 규정에서 나오는 결론: **죽음**과 **부활**은 **분화된 단위**를 이룬다. 신약성서의 증언들을 그 의도에 역행하여 해석하지 않으려면 부활을 십자가의 '해석 수단', 십자가의 의미를 믿는 신앙의 표현 수단으로만 삼아서는 안 된다:

● 부활은 하느님 안으로 죽어 들어감이다: 죽음과 부활은 지밀한 **관계**가 있다. 부활은 죽음과 더불어, 죽음 안에서, 죽음으로부터 이루어진다. 이 점이 가장 날카롭게 표현된 바오로 이전의 초기 찬가들에서는 예수의 현양이 이미 십자가와 직결되어 있다. 그리고 특히 요한 복음서에서는 예수의 '현양'이 십자가에 달림과 '영광'을 동시에 뜻하며(3,14; 8,28; 12,32.34) 이 둘 다가 아버지께로 돌아감이라는 하나를 이룬다(17,4-5). 그러나 그 밖의 신약성서에서는 현양이 십자가의 비천함에 뒤따르는 것으로 되어 있다.

● '하느님 안으로의 죽음'이란 자명한 일, 자연적 과정, 인간 본성 욕구의 무조건 충족이 아니다: 죽음과 부활은 반드시 시간적으로는 아니라도 내용적으로 **구별**해서 보아야 한다. 이 점도 오래된, 사학적이라기보다는 신학적인 표현으로 강조되어 있다; '사흘날에 부활하셨다'고. 여기서 '사흘날'이란 달력의 날짜가 아니라 구원의 날을 가리킨다. 죽음은 사람의 일, 부활은 하느님께만 가능한 일: 하느님에 의하여 사람은 불가사의한 포괄적 궁극 실재로서의 하느님 안으로 현양·소환되어 최종적으로 포용·구원된다 — 죽음 안에서, 아니 오히려 죽음으로부터, 죽음 자체의 사건으로서, 하느

님의 능력과 신의信義에 의하여. 부활은 없음에서 있음에로 부르시는(로마 4,17) 창조자의 은밀하고 불가사의한 새 창조다. 또 그래서 — 자연법칙에 어긋나는 '초자연적 개입'은 아닌 — 진정한 은사, 참 기적이다.

그렇다면 새삼 강조할 나위도 없이 사람의 새 삶이란 궁극 실재, 하느님 자신과 관련된 문제이며 처음부터 신앙 문제다. 그것은 마지막 한계로서의 죽음, 따라서 우리의 세계와 사고라는 지평 일체를 깨뜨리는 새로운 창조 사건이다. 실상 그것은 일차원적 인간이 참으로 다른 차원으로 결정적으로 뚫고 들어가게 됨을 뜻한다: 하느님의 뚜렷한 실재 속으로 그리고 자기를 따르라고 부르시는 십자가 예수의 통치권 속으로. 이를 의심하기보다 더 쉬운 일도 없다! 확실히 여기서 '순수이성'은 어쩔 수 없는 한계에 봉착한다 — 여기서는 칸트에게 동의할 수밖에 없다. 사학적으로는 아무리 따져도 부활을 입증할 수 없다 — 전통적 호교론은 여기서 좌초하고 만다. 여기서는 인간이 관계하는 것은 신이므로, 그야말로 보이지 않고 만질 수 없고 다룰 수 없는 하느님이므로 요청되는 적절한 형태의 자세는 오직 하나: 신앙하는 신뢰, 신뢰하는 신앙이다. 신앙을 비켜 가는 부활·영생에의 길이란 없다. 부활은 신앙을 입증하는 기적이 아니다. 그 자체가 신앙의 대상이다.

그러나 온갖 불신과 미신을 거슬러 강조되어야 할 점: 부활 신앙은 어떤 실증될 수 없는 신기한 일을 또 하나 '덧붙여' 믿어야 한다는 그런 '부가' 신앙이 아니다. 부활 사실이나 부활자를 따로 믿는 것이 아니라 근본적으로 하느님을, 이제는 부활자가 결합되어 있는 그런 하느님을 믿는 신앙이다(참조: 로마 4,24; 2코린 1,9; 4,14; 갈라 1,1; 1테살 1,10; 4,14; 1베드 1,21):

- 부활 신앙은 신 신앙의 부가물이 아니라 **신 신앙의 철저화**다. 하느님을 믿는 길을 가다가 말지 않고, 일관성 있게 끝까지 밀고 나가는 그런 신 신앙이다. 엄밀히 유리적인 증거는 없어도 어디까지나 이성적인 확신을 가지고 태초의 하느님은 또 종말의 하느님이심을, 하느님은 세계와 인간의 창조자이시듯이 또 완성자이심을 신뢰하는 그런 신앙이다.

- 부활 신앙은 그러므로 단순히 실존적 내면화나 사회적 개혁으로서가 아니라 **창조자 하느님**을 믿는 신앙의 철저화로서 해석되어야 한다. 부활은 창조신에 의하여 죽음이 **참으로** 정복됨을 뜻한다 — 이 하느님께 신앙인은 모든 것을, 마지막도 죽음의 정복도 믿고 의지한다: 마지막은 또 새로운 시작이라고! 신뢰하며 '전능하신 창조주 하느님'을 믿는다고 신경(신앙고백)을 시작하는 사람은 또 안심하고 '영원한 삶'을 믿는다고 그 신경을 끝낼 수 있다. 하느님은 '알파'이시기에 또 '오메가'이시다. 없음에서 있음에로 부르시는 전능한 하느님은 또 죽음에서 삶에로 부르실 수 있다(로마 4,17).

죽음 앞에서야말로 세상에서는 숨어 있던 하느님의 전능이 계시된다. 죽음에서의 부활을 사람이 예측할 수는 없다. 그러나 그야말로 산 이들의 하느님이지 죽은 이들의 하느님은 아니라고 정의될 수 있는 (마르 12,26-27; 참조: 2코린 1,9) 이 하느님께 사람은 **감히** 어떤 경우에나 의지할 수 있다. 불가피한 죽음 앞에서도 하느님의 드높은 창조력을 무조건 신뢰할 수 있으며 안심하고 죽음을 맞이할 수 있다. 만유와 인간의 창조 · 보존자이신 하느님이기에 죽음과 임종 때에도 여지껏 경험한 모든 한계를 넘어 아직도 하느님이 하실 말씀은 한마디 더 있으리라고 믿고 의지할 수 있다: 첫 말씀을 하셨듯이 마지막 말씀도 하시리라고. 하느님 앞에서는 미쁨 · 믿음만이 실재에 부합하는 유일한 이성적 자세다. 죽음에서 하느님께로 들어간다는 것은 경험적 또는 유리적으로 실증되는 것이 아니다. 예상 또는 증명될 수는 없는 것, 그러나 가히 믿고 바랄 수는 있는 것이다. 사람에게는 불가능한 것이 하느님에 의해서만 가능해진다. 진심으로 살아 계신 하느님을 믿는 사람은 또 죽은 이들의 삶에로의 부활을, 죽음에서 드러날 하느님의 능력을 믿는다. 의심하는 사두가이들에 대한 예수의 응수: '당신들은 성경도 하느님의 능력도 모르는구려'(마르 12,24).

부활자 예수를 믿는 그리스도교 신앙은 생명의 창조 · 보존자이신 하느님을 믿는 신앙만 뜻하는 게 아니다. 거꾸로 창조자 하느님을 믿는 그리스도교 신앙은 이 하느님이 예수를 죽은 이들 가운데서 일으키셨다는 것에 의하여 결정적으로 특징지어진다(로마 4,24). '죽은 이들 가운데서 예수를 일으키신 분'이야말로 그리스도교 하느님의 별명이다(참조: 로마 8,11; 2코린 4,14; 갈라 1,1; 에페 1,20; 콜로 2,12).

이로써 이 단원 처음에 제기된 물음도 대답된 셈이다. 그리스도교 발생이라는 사학적 수수께끼가 여기서 도전적 방식으로 풀리어 나타난다: 우리가 가진 유일한 증언들에 따르면 살아 계신 나자렛 예수에 대한 제자들의 신앙 체험 · 신앙 소명 · 신앙 인식이 저 둘도 없는 세계사적 진전에 불을 당긴 불씨가 되어 하느님과 사람들에게 버림받은 채 끝장난 한 인간의 처형대에서부터 하나의 '세계종교', 아니 그 이상의 것이 일어날 수 있었다. 그리스도교는 나자렛 예수를 살아 계시고 권능을 행사하시는 그리스도로 고백하는 신앙이라는 의미에서 부활과 더불어 시작된다. 부활 없이는 신약성서의 어떤 복음서, 단 하나의 설화, 어떤 편지도 있을 수 없다! 부활 없이는 그리스도교의 어떤 신앙, 어떤 선포, 어떤 교회, 어떤 예배, 어떤 선교도 있을 수 없다.

2
최종 척도

부활·현양되어 살아 계신 그리스도의 선포는 엄청난 도전을 뜻했다. 그러나 명기할 일: 부활 자체의 선포가 그랬던 것은 아니다. 헬라계와 그 밖의 종교들에도 부활자는 허다하다: 헤라클레스처럼 신들이 사는 올림포스산으로 들어 올려진 영웅들도, 디오니소스처럼 죽었다가 되살아난 신들과 구원자들도. 그들의 운명도 신도들의 귀감과 원형이었고 헬라 비교秘教들의 비의秘儀에서 숭배되고 있었다. 이들은 자연 숭배의 변형이다: 파종·성장, 일출·일몰, 발생·소멸이라는 자연의 리듬에서 읽어 내어 거기에 불멸을 동경하는 인간의 소망과 욕구를 투사하고 있다. 으레 먼저 신화가 있고 그 신화가 — 구약성서에서도 어느 정도 그렇듯이 — 역사화된다. 예수의 경우는 그러나 거꾸로다.

의인

예수의 경우는 먼저 역사가 있었다. 이 역사가 물론 자주 신화적으로 해석되었다. 그러나 여기서 밀알이 죽었다가 되살아나는 것은 출발점이 아니라 하나의 표상일 뿐이다(요한 12,24). 그리스도 신앙의 결정적 요소는 한 죽은 이가 모든 죽은 이의 본보기로 부활했다는 것이 아니다. 정작 결정적인 것은 바로 십자가에 달려 죽은 그분이 부활했다는 것이다! 십자가 없는 부활이라면 고작 관념의 기호·도식·상징일 뿐이다.

부활만 따로 보아서는 안 된다. 부활은 필연적으로 예수의 선포·처신·운명을 되돌아보는 물음과 따라서 우리의 실천적 결론을 내다보는 물음을 제기한다. '죽은 이들의 맏물'로써 지치고 짓눌린 사람들의 메시아를 몰아내어서는 안 된다. 부활은 십자가의 의미를 둔화하는 것이 아니라 확인한다. 부활 선포는 십자가를 떨쳐 버린 천상 참배 신을 경배하라는 호소가 아니라 추종의 호소다: 신뢰하는 신앙으로 이 예수께, 이 예수의 복음에 몸 바치고 이 예수를, 이 예수의 십자가를 척도로 삼아 자기 삶을 이룩해 나가라는.

부활 소식이 열어 보인 것인즉 전혀 예상 밖의 일이었다: 십자가형까지 받고 죽은 그분이 그래도 **옳았구나!** 하느님께 온전히 몸 바친, 하느님과 사람의 일을 위하여 목숨을 바친 그분을 하느님은 편드셨구나. 하느님은 유다교 성직자들이 아니라 그분을, 그분의 선포·처신·운명을 긍정하고 받아들이셨구나.

하느님 생명에로의 예수의 현양은 부가적 진리의 계시가 아니라 예수 자신의 계시화다. 예수는 이제 최종적 신빙성을 띤 의인으로, 전혀 새로이 결단을 촉구하는 표징으로 드러난다. 예수에 의하여 요구되던 하느님의 다스림에 대한 결단이 예수 자신에 대한 결단으로 변한다. 여기에는 온갖 단절에도 불구하고 존속하는 불연속성 속의 연속성이 있다. 이미 예수의 지상 활약 중에도 **하느님의 다스림에 대한 찬반의 결단**은 **예수 자신에 대한 찬반의 결단**과 결부되어 있었거니와 이제는 이 둘이 하나가 된다 — 십자가의 죽음에서 하느님의 생명에로 현양된 예수 안에 하느님의 현존·통치 나라가 이미 실현되어 있기에. 이런 의미에서 **종말 임박설은 성취되었다**!

신앙의 선포자가 **신앙의 내용**이 되었다. 하느님 자신이 하느님과 일치하던 그분과 최종적으로 일치하셨다고. 이제는 바로 이분에게 미래에 대한 신뢰, 최종적인 하느님과의 삶에 대한 희망이 달렸다고. 이렇게 또다시 다가오는 하느님 나라 소식이 울려 퍼진다. 다만 새로운 형태로 — 이제는 예수 자신이 죽음과 새 삶으로 그 속에 들어가 그 중심을 이루고 계시다고. 예수는 하느님께로 현양된 분으로서 **하느님 나라 소식의 화신**이 되셨다: 그 약칭적 형식, 그 구체적 내용. 일반적으로 '하느님 나라를 선포한다'는 말이 이제는 꼬집어 '그리스도를 선포한다'는 말로 이를테면 번역된다. 그리고 예수를 그리스도로 믿는 사람들이 간단히 '그리스도인'으로 일컬어진다. 이렇게 선포와 선포자, 전갈과 전령사가 하나가 되고 '예수의 복음'과 '예수 그리스도에 관한 복음'이 하나가 되었다.

이리하여 신앙인들은 곧 오리라고 기대되던 하느님의 새 세계가 죄와 죽음이 특징인 세계 속에 예수를 통하여 이미 돌입했음을 점점 분명히 인식한다. 예수의 새 삶이 죽음의 보편적 지배를 타도했다고. 예수의 자유가 관철되었고 예수의 길이 확인되었다고. 죽음만이 아니라 율법과 성전을 포함한 일체의 상대성도 점점 뚜렷이 인식하면서 그리스도인 공동체는 — 처음에는 헬라계 유다인 공동체가, 다음에는 특히 바오로와 이방인 그리스도인들이 — 점점 많은 구체적 결론들을 이끌어 낸다. 예수를 통하여 성령에로 부름받고 자유에로 해방되었다고(갈라 5,13). 율법·죄·죽음 등 유한한 모든 권세들에서 해방되었다고. 유다인에게는 율법과 성전이 차지하던 그 자리에 그리스도인에게는 하느님과 사람의 일을 대변하시던 그리스도께서 계심이 점점 똑똑히 인식된다. 유다인들이 아직도 성취를 기다리고 있는 그 자리에서 이미 그 성취가 이 한 분 안에 현존하고 있다고.

그러면 이것이 이 한 분에게는 무엇을 뜻하는가?

존칭

부활 후에는 예수 자신이 하느님 나라를, 인간의 타인·사회·하느님과의 관계를 구체적으로 판단하는 척도가 되었다. 여기서는 예수의 일이 예수 자신과 떨어질 수 없다. 처음부터 그리스도교계의 관심사는 관념적으로 영속하는 사상이 아니라 전혀 현실적으로 영속하는 사람, 그리스도이신 예수 자신이었다. 따라서 **계속되는 예수의 일이란 먼저 예수 자신**이라고 말할 수 있다. 신앙인에게는 예수 자신이 언제나 둘도 없이 뜻있고 살아 계시고 타당·적절·유효한 분이라고. 예수 자신이 친히 자기 역사의 비밀을 열어 보이시고 그래서 예수 자신에 대한 신앙고백을 가능하게 하신다고: 세례와 성찬례, 선포와 전도에 있어서 예배 중의 환호와 세계 앞의 포고를. 그리고 미구에 법정에서의 신앙고백도 따르게 되었다: '주님은 황제'('퀴리오스 카이사르'Κύριος Καῖσαρ)라는 신앙고백을 요구받자 그리스도인들은 응수하되 '주님은 예수'('퀴리오스 예수스'Κύριος Ἰησοῦς)라고. 그리스도 신앙 전체가 완전히 이해될 수 있게 표현된 한마디: '예수는 주님이시다!'

도전받고 도전하는, **척도로서의 예수께 대한 신앙고백**: 이미 본 바와 같이 예수 자신은 아무 존칭도 자처한 일이 없는 듯하나(260-265) 초대 그리스도인들에게는 유일한 결정적 척도로서의 예수의 의의를 표현하기에 너무 높은 존칭이란 없어 보였다. 또 바로 이 때문에 공동체는 예수의 칭호를 매우 조심스럽게 취사선택했다. 여기서 중요한 것은 개개의 칭호 자체가 아니라 이 모든 칭호로 죽고 살아 계신 예수 자신이 언제나 결정적 표준, 궁극적 기준, 최종적 **척도**이심을 표현하는 일이었다: 예수의 선포 · 처신 · 운명 전체와 생애 · 업적 · 인격 일체를 척량하는 표준, 사람의 하느님 · 세계 · 타인과의 모든 관계와 생각 · 행동 · 고통 · 생사 모두를 측정하는 기준.

낱낱의 칭호는 각양각색이면서도 크게는 서로 교차 · 보완하면서 예수와 결부되었다. 이렇게 이루어진 각 양식은 아무리 짧은 것이라도 모두가 신경(신앙고백문)의 일부가 아닌 온전한 신경이다. **예수 자신만**이 각이한 칭호의 **뚜렷한 공통점**이다. 50개가 넘는 이름들이 신약성서에서 지상의 예수와 부활하신 예수를 가리켜 사용된 것으로 헤아려진다. 일부는 오늘도 사용되는 이들 존칭은 초대 그리스도인들이 창안한 것이 아니라 주위 세계로부터 ― 일찍이 팔레스티나 초대 공동체에서, 헬라계 유다인 그리스도교계에서, 그러고는 헬라계 이방인 그리스도교계에서 ― 채택되어 예수께 적용되었다: 장차 오실 '인자', 곧 오시리라고 기대되는 '주님'('마르'*Mar*), 종말에 오시기로 되어 있는 '메시아' · '다윗의 자손', 대신 고통받으시는 '하느님의 종', 마침내는 현존하시는 '주님'('퀴리오스') · '구세주'('속량자') · '하느님의 아들'('아들') · '하느님의 말씀'('로고스λόγος') ….

이들이 예수께 적용된 칭호 중에서 가장 중요한 것들이었다. 그중 예컨대 '인자' 같은 (예수 어록 Q에서 특별히 사용된) 신비로운 묵시문학적 칭호는 바오로 자신은 물론이고 이미 바오로 이전부터 그리스어를 쓰는 공동체에서는 사용하지 않게 되었다('다윗의 자손'도 비슷하다) ― 새로운 환경에서는 이해되기 어렵거나 오해되기 쉬웠기에. 혹은 '하느님의 아들'은 헬라계에서 의미가 확대되어 특히 큰 비중을 차지하는가 하면, 혹은 '메시아'는 '그리스도'로 번역되고 '예수'와 결합되어 성명처럼 고유명사로 발전했다: '예수 그리스도'. 신약성서에서 '다윗의 자손'은 약 20번, '하느님의 아들'('아들')은 75번, '인자'는 80번 나오는가 하면 '주님'(퀴리오스)은 대충 350번, '그리스도'는 줄잡아 500번이나 나온다.

예수 자신의 (함축된) 그리스도론적 언행과 고난에 터하여 신약성서의 (명시된) '그리스도론'이 생겨났다. 아니, 더 정확히 말하면 제각기 사회 · 정치 · 문화 · 사상적 맥락에 따라, 저마다 적응해야 할 대중과 저마다 개성이 다른 저자에 따라 매우 다양한 신약성서 '그리스도론들'이 발생했다 ― 유일한 규범적 그리스도상이 아니라 강조점이 각양각색인 그리스도상들!

이렇게 당시의 다양한 존칭과 신화적 상징들은 예수의 이름으로 이를테면 세례를 받았다. 예수의 이름과 연결되어 다른 내용을 띠고 존속하면서 그때 사람들은 물론이고 후세 사람들에게도 유일한 척도로서의 예수의 의의를 이해시키는 구실을 하게 되었다. 이들은 처음부터 예수를 이해시킨 증거가 아니라 예수를 가리키게 된 지칭이다. 오류가 있을 수 없는 선험적(a priori) 정의定義가 아니라 예수는 무엇이며 무엇을 뜻하는가에 대한 사후적(a posteriori) 설명이다.

또 물론 — 각 칭호 자체에서 이미 드러나듯이 — 거기서만 그치지도 않았다. 예수의 본질 · 본성 · 인격에 대한 신학적 · 이론적 정의 · 설명이나 평화로운 전례 양식 · 설교 문구만이 아니라 동시에 극도로 비판적 · 논쟁적인 환호요 포고였다. 자신의 능력과 지혜를 절대시하는, 하느님의 권리를 자처하는, **자신을 결정적 척도로 삼는 모든 사람들에 대한** 무언의 또는 노골적인 **선전포고**였다. 혹은 유다 성직자나 그리스도 철학자나 로마 황제든 혹은 크고 작은 주권자 · 지배자 · 집권자 · 메시아 · 신들의 아들들이든, 이 모든 사람들에게는 최종 척도로서의 권위가 부인되고 그 대신 자기 자신이 아닌 하느님과 사람의 일을 위하시는 한 분에게 인정되었다. 이런 의미에서 부활 후 그리스도 존칭들은 간접적으로 사회적 · 정치적 의의가 있다. 갖가지 신들이 몰락해 가면서 바로 황제들이 최종 권위를 점점 크게 자처하게 됨에 따라 로마 국가권력과의 치명적 갈등이 위협해 오게 되었고 그 후 이 위협은 사실상 수세기 동안 계속되었다. 황제가 하느님의 것을 요구할 때마다 — 또 그럴 때에만 — 그리스도인들은 이것이냐 저것이냐는 중대한 결단에 직면했다: '그리스도냐 황제냐'(aut Christus, aut Caesar!)

어떻든 이로써 이미 분명해진 점: **칭호 자체**가 결정적으로 중요한 것은 **아니다**. 칭호가 아니라 **예수 자신**을 신앙인과 신앙 공동체는 최종 척도로 고수해야 한다. 무슨 칭호로 예수의 이 궁극 권위를 표현할 것이냐는 것은 처음에 그랬듯이 오늘도 둘째 문제다. 그때도 그랬듯이 지금도 사회·문화의 여건이 참작되어야 한다. 당시의 모든 칭호를 현대에도 되풀이할 필요는 없다. 이들은 일단 이미 사라진 전혀 특정한 세계와 사회의 영향을 내포하고 있고 어느덧 말뜻이 — 말의 보존이란 으레 그렇듯이 — 달라졌다. 다양한 칭호와 결부된 사상들을 종합하여 유일한 그리스도론을 구성할 필요는 없다 — 복음서가 넷이 아니고 하나뿐인 양, 여러 사도의 여러 편지가 아니라 단 하나의 신약성서 교의신학이 있는 양! 예수를 믿는 신앙에는 예수를 말하는 여러 신앙 표현이 허용된다. 그리스도 신앙은 하나요 그리스도론은 여럿이다 — 신 신앙은 하나요 신학은 여럿이듯이.

표상이나 칭호라면 모조리 타파하자는 것이 아니라 당시의 칭호와 사상을 현대어로 이를테면 **번역**하자는 말이다 — (이 책 전체가 목적으로 삼아 꾀하고 있듯이) 그리스도 신앙이 동일하게 보존되도록, 오늘에는 이해되기 어렵거나 오해되기 쉬운 개념·관념으로 말미암아 그리스도 선포를 이해·실천하기가 어려워지거나 불가능해지지 않도록. 이런 번역이란 덮어놓고 옛 칭호와 신앙고백문을 제거하거나 오랜 그리스도교 전통 또는 이 전통의 성서적 유래를 무시함을 뜻하는 것이 아니다. 오히려 그 반대다. 무릇 좋은 번역이란 원문을 지침으로 삼아야 하고 과거의 오역이나 유력한 번역에서 무엇인가를 배워야 한다. 그러나 또 무릇 좋은 번역이란 기계적 축어역에만 그쳐서는 안 되고 창작적으로 새로운 언어의 가능성을 감지·포착해야 한다. 예수를 지칭하는 새로운 표현을 주저할 필요는 없다 — 여러모로 나쁘기만 하기는커녕 놀랄 만큼 정곡을 찌르던 옛 표현들도 부끄러워할 필요가 없듯이.

  교회에는 언제나 오직 한 분의 최종 척도이신 '총통'이 계시다고 나치 시대에 공공연히 신앙을 고백하던 사람들은 거의 2천 년 전에 로마 법정에서 '주님은 예수'라고 신앙을 고백했던 그 사람들과 마찬가지로 훌륭한 그리스도인으로 이해되었다 ― 가톨릭교회나 루터교회의 주교·감독들에게는 그렇지 못했더라도 카를 바르트와 '고백교회'와 바르멘의 종교회의들에게는. 무릇 예수를 내세우며 시대정신의 ― 얼마든지 많은 ― 우상숭배를 거부하는 거기에 참 그리스도인이 있다. 그리스도인이 고난이나 목숨까지라도 대가로 치르며 지킬 필요가 있는 것은 그리스도론적 칭호·설명이나 양식·명제 자체가 아니라 예수 그리스도 자신과 그분이 최종 척도로서 대표·보증하시는 그것이다: 하느님의 일과 사람의 일.

대표

예수의 의의 전체가 점점 뚜렷이 의식되면서 옛 칭호 중의 더러는 공동체의 경건한 관례에서 역사의 중요한 요소로 특유한 활력을 전개해 나갔다. 그런데 여기에 오늘의 정신으로는 이해하기 어려운 점이 적지 않다. 특히 '하느님의 아들'이야말로 그렇다. 이 칭호는 헬라계에서 비로소 생긴 것이 아니라 구약성서에서도 이미 한몫을 하고 있었다. 이스라엘 왕의 즉위식에서는 왕이 '야훼의 아들'로 임명·입양되었다(시편 2,7; 89,27-28 참조). 그리고 다윗의 후계자가 하느님의 '아들'로서 다윗 왕좌에 올라 이스라엘에 대한 다윗 통치를 영원히 확립하리라고 기대되었다(2사무 7,12-16). 이 칭호가 이제 예수께 적용된다: 부활·현양에 의하여 예수는 — 로마 신자들에게 보낸 서간의 옛 신앙고백문에 나오듯이 — "권능을 지닌 하느님 아들로 책봉되신 분"이라고(로마 1,3-4), 또는 시편의 말을 빌려 부활 날에 "너는 내 아들이니 내가 오늘 너를 낳았노라"고(사도 13,33; 참조: 시편 2,7).

그래서 피할 수 없게 된 물음: 부활자는 지상의 예수 바로 그분이라면 부활자에 대하여 말하는 바를 지상의 예수에 대해서도 말해야 하지 않을까? 곧, 지상의 예수도 이미 — 통치권이 아직 숨어 있기는 했지만 — 하느님의 아들이 아닐까? 그래서 신자 즉위神子卽位의 시점이 다른 신약성서에서는 앞당겨졌다 — 혹은 공적 활약을 시작한 세례 때로(마르 1,9-11) 혹은 탄생 때로(루카 1,32.35) 또 혹은 탄생 전 하느님의 영원으로까지도(갈라 4,4; 요한 3,16).

신자 칭호의 본디 관심사는 그러므로 **예수의 유래가 아니라 권리와 권한**이다 — 본질 문제라기보다는 직능 문제. 본디 이 칭호가 뜻한 것은 아들로서의 신분이 아니라 하느님에 의한 간택과 수권이다: 이 예수께서 이제 하느님 대신 하느님 백성을 다스리신다고. 예수를 일컬어 '하느님의 아들'이라 함은 그러므로 이스라엘의 왕처럼 초인적·신격적 존재라는 뜻이 아니라 현양에 의하여 하느님 오른편에 앉게 되신 통치자, 이를테면 하느님의 전권대사라는, 따라서 모든 하느님의 신민이 예수를 하느님 자신처럼 받들라는 뜻이다.

지상·역사상 나자렛 예수도 이미 하느님의 나라와 뜻을 말씀과 행적으로 선포함으로써 하느님의 대리자로 공공연히 행세했다(265-271). 그리고 그것은 단순히 법률적 의미에서 하느님의 수임자·수권자 · 대리인 · 대변자라는 뜻이 아니었다. 아무런 칭호나 직위도 없이 예수는 모든 언행으로 전혀 실존적 의미에서 대리자였다: 하느님의 친사 · 신임자 · 심복 · 친구. 궁극적으로 설명될 수 없는 하느님 체험 · 하느님 현존 · 하느님 확신에 터하여, 아니 하느님을 자기 아버지라고 부를 수 있는 특유한 하느님 일치에 터하여 예수는 살고 고통받고 싸웠다. 공동체에서 예수를 무엇보다도 먼저 '아들'이라고 부른 것은 요컨대 예수에 의하여 선포된 아버지 하느님의 모습이 예수 자신의 모습에 반영된 것이라고 할 수 있다. 또 이런 의미에서 '하느님의 아들'이라는 재래의 칭호로 옮아갔다는 것도 이해될 수 있다.

그때 사람들에게는 인간 나자렛 예수야말로 하느님께 속하고 하느님 편이며 공동체와 세계 앞에서 아버지 외에는 누구에게도 종속되지 않는 분임을 뚜렷이 드러내기에 이보다 더 좋은 칭호가 없었다. 최종적으로 하느님께 현양된 분으로서 예수는 이제 확정적 · 포괄적 의미에서 사람들에 대한 **하느님의 대표자**이시다. 아마도 일반적으로 현대인에게는 하느님의 수임자 · 전권대사 · 변호자 · 옹호자 · 사절 · 신임자 · 보증인 · 친사 · 심복 · 친구, 그렇다 대변자 · 대리자 · 대표자라는 칭호들이 왕 · 목자 · 구세주 · 하느님의 아들이나 나아가 전통 교리에서 말하는 예수 그리스도의 세 '직분'(왕직 · 예언자직 · 사제직)보다 의미를 더 뚜렷이 드러내리라.

그러나 하느님의 일을 곧 사람의 일로 여기던 지상의 예수는 또 이미 하느님의 대리자로서야말로 공공연히 인간의 대리자였다. 온 생애, 모든 언행과 고난으로 예수는 하느님의 뜻을 수행하면서 진정한 포괄적 인간 복지를 옹호했다: 사람의 자유를, 기쁨을, 참 삶을, 하느님 앞에서의 가능성을, 사랑을. 온전히 하느님의 일에, 따라서 사람의 일에 전념하는 이 자세를 예수는 시종일관 최후의 일각까지 지켜 나갔다. 예수의 죽음은 요컨대 처음부터 설교하고 살아온 그것을 끝까지 밀고 나간 결과였다. 예수는 자기 '신념'을 위해서만 죽은 것이 아니다. 일반적 의미로 '일'을 위해서만 죽은 것도 아니다. 사실상 전혀 구체적으로 적수들의 반발을 사면서까지 상종·연대·일치했던, 근본적으로 예수와 같은 운명을 겪어야 마땅했던 모든 잃은 자·천더기·범법자·무법자들, 온갖 부류의 죄인들을 위하여 죽으셨다: 그들의 운명과 그들에게 내려진 저주를 스스로 취하여 최악의 (적수들이 생각한) 의미가 아니라 최선의 (제자들이 부활에 비추어 점점 뚜렷이 인식하게 된) 의미에서 죄인들의 대표자로서, 아니 바오로가 꼬집어 말하듯이 몸소 죄인으로 여겨질 죄의 화신으로서(2코린 5,21). 그리고 예수의 죽음으로 이제는 자기 폐쇄·자기만족·자력 성의自力成義의 경건한 의인들이야말로 진짜 죄인임이 폭로되었기에 예수는 또 역설적이게도 그들을 위해서도 죽으셨음이 드러났다. 갈수록 더욱 뚜렷이 인식되었듯이 예수는 민족·인종·계급·문화의 차별이 없이 '많은 이를 위하여', 곧 '모든 이를 위하여', '우리를 위하여' 죽으셨다. 확정적으로 하느님의 대표자이신 인간 나자렛 예수는 그러므로 동시에 가장 포괄적·근본적 의미에서 — 시공을 초월하여 — 하느님 앞에서의 **사람들의 대표자**이시다.

그러나 파멸을 겪은 다음에야 비로소 예수는 의인임이 드러났고 하느님과 사람들의 대표자로 확인되었다. 율법의 철저한 극복이 달성되고 새 자유·새 실존·새 인간이 가능해지자면 먼저 죽음이라는 값을 치러야 했다. 이제야 비로소 예수는 사람의 아들과 하느님의 아들로, 속량자와 화해자로, 하느님과 사람들 사이에 맺어진 새 계약의 유일한 중보자와 대사제로, 그렇다 사람들을 위한 하느님의 길과 진리와 생명으로 인식되기에 이르렀다. 예수는 마술적 또는 기계적 의미에서 이 모든 것이 아니다. 모든 자리를 여지없이 차지해 버리는 대체자가 아니다. 하느님과 사람들의 대표자·대변자·대리자이기에 더욱 하느님과 사람들의 축출자는 아니다. 하느님의 뜻을 존중하듯이 인간의 책임도 존중하시는 예수는 사람들을 자유에로 부르며 사람들의 동의를 기다리신다. 앞서 가면서, 자기 자신과 자기 하느님을 내보이면서 추종을 촉구하신다.

또 하느님께로 현양된 예수라고 해서 자기 자신은 아닌 하느님의 나라를 선포했던 예수 자신이 목적이 된 것은 아니다. 하느님의 아들, 하느님의 대표자·대변자·대리자로서야말로 예수는 자기보다 큰 아버지 하느님을 모든 면에서 생생하게 보여 주신다(요한 14,28). 예수는 하느님 자신보다 먼저 사람들에게 이르렀다는 의미에서 사람들을 향한 하느님의 '선구자'인 동시에, 뒤따라오거나 뒤에 쳐진 사람들과 하나가 되었다는 의미에서 하느님을 향한 사람들의 '선구자'다. 예수의 다스림은 최종적인 것이 아니다. 당분간이며 잠정적이다. 성취와 완성, 시간과 영원 사이에서 '아직 아니'와 '지금 이미'로 특징지어져 있다. 예수에 의하여 선포된 역사의 목표는 선포자 자신이 선포의 내용이 되었다 해서 달라진 것이 아니다. 목표는 언제나 하느님의 나라다: 하느님의 일이 완전히 실현된 나라, 절대적 미래가 현재가 되고 대리자가 대리하던 통치권을 — 하느님이 비단 모든 것 안에 계실 뿐 아니라 모든 것 안에서 모든 것이 되시게시리 ― 되돌려 드린 나라(1코린 15,28).

척도

이렇게 볼 때 이해될 수 있는, 신앙고백문들에 뿌리내려 있으면서도 더러 현대인에게는 생소해진 한 가지 발상: 왜 신약성서에서 예수는 하느님 나라에서의 하느님의 다스림을 완성하러, 산 이와 죽은 이들을 심판하러 오실 **세계 심판자**로서 줄곧 기다려지고 있는가?

  미켈란젤로가 그린 시스티나 경당의 기념비적 회화는 인류의 '최후 심판' 장면을 사로잡듯 인상적으로 묘사해 놓았다. 그러나 천재적 예술이 신앙의 의문에 대한 대답이 되는 것은 아니다. 대체 이처럼 신화적으로 형상화된 만민 집결의 심판 장면에 **오늘도 적절한 무엇**이 있을까? 이런 그림일랑 아예 무시하고 만인이 창조자요 완성자이신 하느님 안에 모이게 된다고만 말하는 것이 차라리 낫지 않을까? 어떻든 최후 심판이라는 표상에도 몇 가지 여전히 적절한 의의가 있다. 우선 보다 **부정적**으로:

○ 내가 나의 삶을 최종적으로 심판할 수는 없고 또 이 심판을 다른 인간적 법정에 맡길 수도 없다.

○ 불투명한 나의 실존도, 깊이 양면적인 인류 역사 일체도 어떤 최종적 의미의 투시와 계시를 요청하고 있다.

○ 기존의 모든 것이 ― 종교적 전통·제도·권위도 포함해서 ― 잠정적 성격을 띠고 있다.

○ 진정한 완성, 참 인류 행복이란 마지막 세대만이 아닌 만대·만인의 동참을 전제로 한다.
○ 보다 나은 미래, 완전한 평화·자유·정의의 사회란 사람들이 언제나 추구해야 할 일이지만 환상이나 심지어 폭력적 민생 복지가들의 공포정치에 빠지지 않으려면 결코 사람에 의하여 완전히 실현될 수는 없는 것임을 알아야 한다.

나아가 보다 **긍정적**으로:
- 나의 삶이 의미를 성취하고 인류의 역사가 투명해지며 개인과 인간사회가 참으로 완성되는 것은 하느님의 계시된 궁극 실재와의 만남에서야 비로소 이루어지리라.
- 개인 생활에서나 사회생활에서나 참된 인간 실존을 능동적으로 수고스럽게 실현해 나가는 완성에의 길에서는 죽으셨고 살아 계신 예수 그분이 최종 심판자, 믿고 의지할 수 있는 영속·궁극·**결정적 척도**이시다.

근본적 인간 실존 일체의 척도인 이 척도에 따라 그리스도인·비그리스도인을 묻지 않고 만인이 측정되리라. 그리고 여기서는 그리스도인과 마찬가지로 진지하게 받아들여지는 비그리스도인이 그리스도인보다 더 훌륭하게 이 척도에 부합하는 일이 허다하리라(마태 25,37-40). 이 척도는 물론 미래의 하느님 나라에서야 비로소 철저히 시행되겠지만 지금 이미 결단을 요망하고 있고 따라서 요한 복음서에서 역설하듯이 심판은 지금 이미 내려지고 있다고 할 수도 있다(5,24-25). 세계 심판이라는 발상은 그리스도인에게 이 최종 척도를 지향하도록 힘차게 독려하고 있다: 각 현재의 잠정성을 언제나 의식하고 현행 여건의 압력과 시대정신의 유혹을 감내하며 하느님의 뜻에 따라 영육 간의 포괄적 인간 복지를 — 심판 설화의 육신적 '자선 행업'들이 뜻하는 바와 같이(마태 25,35-36) — 지향하도록.

그러면 이 모든 일의 결말은? 잘라 말하건대 : **결말의 전모를 투시할 수는 없다**. 비단 창조와 새 창조라는 문제 앞에서는 온갖 직관과 상상이 무색해지기 때문만이 아니라 이를테면 히틀러·스탈린 같은 세계사상 최대의 범죄자도 포함한 모든 인간이 구원될 것이냐는 문제처럼 종국적인 문제들은 대답이 불가능한 것으로 보이기 때문이다.

최대의 신학 대가들이 — 오리게네스·아우구스티누스에서 토마스 아퀴나스와 마르틴 루터·장 칼뱅을 거쳐 카를 바르트에 이르기까지 — 인간과 인류의 마지막 운명·선택·**예정**이라는 모호한 문제를 두고 씨름을 해 왔건만 신비의 장막을 걷어 올릴 수는 없었다! 밝혀진 것은 하나: 신약성서에 터해서든 현실 문제에 터해서든 간단한 해답으로 하느님의 길의 처음과 마지막을 바르게 말할 수는 없다 — 혹은 인류의 일부가 저주를 받도록 적극적으로 예정되어 있다는 설[칼뱅의 '이중예정설'(praedestinatio gemina)]로도, 혹은 만인이 영원한 행복에로 적극적으로 예정되어 있다는 설[오리게네스의 '보편회복설'(apokatastasis panton)]로도. 하느님은 만인을 구원하시므로 인간이 최종적으로 하느님에게서 멀어질 가능성(= 지옥)은 배제되어**야 한다**는 것도, 하느님은 만인을 구원하시지 않으므로 지옥을 이를테면 비워 두실 **수 없다**는 것도, 둘 다 하느님의 은총과 자비는 최고의 자유라는 것과 모순된다.

신약성서에서 심판 설화들은 인류의 뚜렷한 선별을 예고한다. 그러나 다른, 특히 바오로의 말들은 만인 용서를 시사한다(1코린 15,24-28; 로마 5,18; 참조: 1 베드 4,6). 이 두 가지 **표현들**은 신약성서의 **어디서도 조화되어 있지 않다**. 이 문제는 그러므로 오늘날 많은 신학자들이 말하듯이 **언제나 개방되어 있다**고 할 수밖에 없다. 다만 유념할 일:

○ 한편 자기 자신의 책임이 한없이 심각함을 경시할 위험이 있는 사람에게는 이중의 결말이 날 가능성이 경고하고 있다 — 누구의 구원도 처음부터 보장되어 있는 것은 아니라고;

○ 또 한편 자기 자신의 책임이 한없이 심각함에 좌절할 위험이 있는 사람에게는 누구에게나 주어진 구원의 기회가 격려하고 있다 — 하느님의 자비에는 어떤 한계도 없다고.

우리와 같은 인간이며 억눌리고 짓눌린 사람들의 친구인 예수, 바로 그분이 심판자로서도 선포된다는 사실이 인간에게 상기시키는 것: 인간은 중세기식 위령미사 층계송에서처럼 전전긍긍하며 — 케루비니·모차르트·베를리오즈·베르디의 작곡에서 극적으로 절정을 이루는 — '진노의 날'(dies irae)을 기다려야 하는 것은 아니고 초대 그리스도인들이 외치던 '마라나 타'μαράν ἀθᾶ(우리 주여 오소서)의 즐겁고 태연한 자세로 자기와 만인이 하느님과 만날 날을 기다릴 수 있다.

고도의 사변을 요하는 복잡한 이 문제를 굳이 지성적으로 '완전 정복'해야 하는 것은 아니다. 또 그렇다고 개인주의 영성적으로 '네 영혼을 구하라'고만 해서도 안 된다. 우리에게 요청되는 것은 미래의 하느님 나라를 내다보며 보다 나은 인간세계를 위하여 다른 사람들과 함께 투신하면서 십자가의 예수를 척도로 삼는 삶의 실천이다. 십자가의 예수를?

3
궁극 식별

"알렉사메노스가 자기 하느님을 경배하다" — 현존하는 최고最古의 십자가상 아래 쓰인 글귀다. 로마의 황실 경내에서 발견된 것으로 아마 3세기의 것인 이 풍자화는 십자가의 예수를 당나귀 머리로 그려놓았다! 더 없이 뚜렷한 사실: 십자가 예수의 선포는 교화적이기는커녕 형편없는 농담으로나 여겨졌다 — 혹은 바오로가 코린토인들에게 써 보낸 것처럼 유다인에게는 패씸한 소리로, 이방인에게는 허튼 소리로(1코린 1,23).

가치 전도

"십자가란 로마 시민이 몸만이 아니라 생각과 눈과 귀에서도 멀리해야 할 개념"이라고 키케로는 — 바오로가 앞의 편지를 쓰기 백 년 전에 — 로마 법정에서의 가이우스 라비리우스 포스투무스 변론에서 설파했다. 혹시 고발 그대로 포스투무스가 영지에서 로마 시민들을 십자가에 처형시킨 것이 사실이라면 변호할 여지조차 없으리라고. 십자가형은 악랄·잔혹·치욕 막심한 사형이라고. 콘스탄티누스 대제가 이 사형 제도를 폐지한 지 오랜 후인 5세기까지, 또 그 후에도 여러 모로 그리스도인들은 십자가에 달려 고통받는 예수를 묘사하기를 꺼렸다. 이런 묘사가 널리 관례가 되기 시작한 것은 중세 고딕 예술에서부터다.

이처럼 십자가는 모질고 잔인한 하나의 기정사실이었다 — 초시간적 신화이기는커녕. 하물며 종교적 상징이나 장식품이랴. 이런 것이야말로 괴테도 싫어해 마지않는 바였다: "가볍고 조그만 예전용 십자가는 언제나 어떤 삶의 즐거움이지만, 이성 있는 사람이라면 태양 아래에서 가장 역겨운 물건인 고난의 순교자 나무를 세우려고 땅을 파는 수고를 해서는 안 되리라"고. 괴테가 세속 인본주의를 대변했다면 저명한 스즈키 다이세츠 선사는 또 세계종교들을 대변한다: "십자가에 못 박힌 그리스도의 모습을 볼 때마다 나는 그리스도교와 불교 사이에 가로놓인 심연을 생각하지 않을 수 없다"고. 유다인이든 그리스인이든 로마인이든 어느 인간이 이런 참혹한 형틀에다가 적극적 의미, 종교적 의미를 결부시킬 엄두라도 낼 수 있었으랴. 분명히 **예수의 십자가는 유식한 그리스도인에게는 야만스러운 어리석음으로, 로마 시민에게는 그저 수치로, 경건한 유다인에게는 하느님의 저주**로 보였다.

그런데 바로 이 수치의 형구가 이제는 전혀 다른 빛 속에 나타난다. 십자가 사형수가 살아 있다는 그런 신앙이 만천하에 드러날 줄을 당시의 어느 누가 상상이나 했으랴: **수치의 표징**이 **승리의 표징**으로 나타날 줄을! 욕된 노예와 반역자의 죽음이 속량·해방하는 구원의 죽음으로 이해될 수 있을 줄을! 유혈의 낙인이 찍혀 마땅한 삶을 산 예수의 십자가가 이기심에 사무친 삶을 포기하라는 호소가 될 줄을! 이 신앙이 선포하는 것은 ― 니체가 그리스도교를 혹평하면서도 옳게 감지했듯이 ― 모든 가치의 전도였다. 이 신앙이 의도한 것은 ― 그리스도인들이 더러 오해했고 니체가 옳게 우려했던 것처럼 ― 위축의 길, 나약한 자기 비하의 길은 아니었다. 오히려 ― 헤아릴 수 없이 많은 사람들이 감행한 그대로 ― 치명적 모험을 두려워하지 않고 싸움도 고난도 죽음조차도 무릅쓰면서 참된 자유 · 사랑 · 인간성 · 영생이라는 목표를 향하여 신뢰와 소망을 가지고 힘차게 살아가는 씩씩한 삶이었다. 한낱 추문에 지나지 않던 걸림돌이 실로 놀라운 구원의 체험으로, 홀로 버림받았던 십자가의 길이 감히 따라 걸을 수 있는 삶의 길로 변했다.

광신과 완고를 넘어

이방인의 복음 전도사로 선택되었음을 자부하는 **바오로** 사도의 견지에서 그리스도의 선포란 본질적으로 **십자가 예수의 선포**다. 바오로에게는 지상의 예수 전체가 십자가의 예수에 집약된다. 그리스도 선포란 꼬집어 말하면 십자가에 관한 말씀이라고(1코린 1,18). 이 말씀을 헛말이나 빈말이 되게 해서는 안 되며 밀담이나 영웅담으로 삼아서도 안 된다고.

특히 코린토와 갈라티아에는 ― 먼저 쓰인 테살로니카 전서와 비교해 보면 매우 달리 드러나듯이 ― 복음을 위축 · 곡해하는 적수들이 있었고 그 때문에 바오로는 복음 선포를 단호히 신학적으로 집약·강조할 필요가 있었음에 틀림없다. 십자가에 터하여 바오로의 신학은 다른 신학과 현저히 구별되는 비판적 날카로움을 띤다. 십자가를 중심으로 바오로는 — 바오로에게도 물론 십자가가 전부는 아니지만 — 모든 상황과 문제에 대처한다. 그래서 또 동시에 좌익·우익의 적수들에게 놀랄 만큼 정통으로 적중하면서도 일관된 이념 비판을 전개한다:

1) 우선 '좌익' 적수란 속담에도 악평의 대명사가 되어 있던 저 그리스 항구도시 **코린토**의 진보파·성령파 **광신자**들이다. 그들은 세례를 받았고 성령을 받았으며 사랑의 잔치를 나누고 있다는 이유로 이미 구원을 완벽하게 확보한 줄로 여긴다. 지상의 예수는 가련한 과거지사로 보고 운명의 권세들을 정복하여 현양된 주님을 더 즐겨 내세운다. 성령 보유와 '우월한' 인식에 터하여 자신 있게 결론을 내리는 그들의 '자유'에 따르면 어떤 자찬·자족·몰인정·권리 주장·폭력 행위도, 심지어 주색酒色(이른바 '코린토식 생활')까지도 종교적으로 신성하게 허용된다!

이 방만·방종한 이상주의 지상천국의 부활 환상가들에게 바오로는 **십자가의 예수**를 가리킨다:

처음부터 자기가 그들에게 선포하고자 한 것은 십자가의 예수 그분뿐이라고! 그런데 어떻게 감히 이 십자가의 예수, 약자들을 위하여 약자로서 죽으신 이분 앞에서 자신의 종교적 은사와 능력을 자랑하고 우월한 지혜와 행업을 내세우겠다느냐고. 어떻게 함부로 하느님 앞에서 자신의 목적을 관철하고 자신의 자유를 남용하면서 모든 약자들과 하느님 자신의 약함 위에 올라서려 드느냐고. 하느님 자신의 약함과 어리석음이 드러났던 십자가의 약함과 어리석음에서야말로 죽은 이를 일으키시는 하느님의 능력, 모든 지혜를 압도하시는 하느님의 지혜가 궁극적으로 행사되었다고. 십자가에서야말로 하느님의 약함이 사람들의 능력보다는 강하고 하느님의 어리석음이 사람들의 지혜보다는 슬기로움이 입증되었다고. 십자가야말로 — 새 삶의 빛 속에서 보면 — 신뢰하며 투신하는 모든 사람에게는 하느님의 능력과 지혜를 뜻한다고. 십자가의 예수를 믿을 때 사실인즉 자유도 방종없이 남을 위하여 사용할 수 있다고: 각자에게 주어진 성령의 은사를 공동체에 유익하게 활용할 수 있고 매사에서 힘차게 능동적 사랑의 길을 걸을 수 있다고. 이렇게 이 십자가의 예수 그리스도는 신앙인들을 위하여 이미 놓여 있고 다른 것으로 바꾸어 놓을 수 없는 초석이라고: 십자가의 예수 그분이 살아 계신 분으로서 신앙의 바탕, 자유의 비판 기준, 아니 그리스도교의 핵심이요 규범이시라고.

부활에 의하여 대답된 큰 문제였던 십자가가 바오로에 의하여 **부활의 그릇된 이해를 문제 삼는** 큰 대답이 되었다. 이로부터 언제나 십자가는 모든 사이비 진보주의 부활·자유의 광신과 맞서서 사람을 현실의 바탕 위에 세우고 **십자가의 예수를 따르도록 부르는** 경고의 표징으로 영속한다. 바오로가 반대자들을 반박하면서 힘주어 옹호한 그리스도 부활 복음의 핵심인즉 십자가의 예수 이외의 아무도 아니다. 그리스도인 공동체들에게는 그분이 사자·과거인이 아니라 생자·미래인이다. 죽어 가신 그분을 섬기는 그만큼만 살아 계신 그분의 영광이 드러난다! 부활은 십자가를 철회하는 것이 아니라 확인한다. 물론 십자가의 수치 자체가 좋다는 것은 아니고 그것을 좋고 뜻있는 일로 만든다. 한순간이라도 부활 선포로 십자가 선포가 흐려져서는 안 된다. 십자가는 영광의 상을 받으러 가는 도중의 한 '정류소'만이 아니고 다른 것들과 병행하는 한 '구원 사실'만도 아니며 부활자의 영속적 표지다. 부활자가 만일 십자가의 예수 그분이 아니라면 그 모습이 어떨까? 부활·현양자도 으레 지상 예수의 못 자국과 더불어 묘사되고 있음은 옳은 일이다. 부활주일은 수난 금요일을 잊지 않는 거기서만 바르게 이해된다. 그래야 영생이라는 사상이 개인의 고통과 사회의 문제라는 현재의 십자가에 대한 위안에나 낙착되지 않을 수 있다. 복되게 죽은 뒤의 삶이나 꿈꾸면서 지금 여기서 죽음 **앞**의 삶과 사회관계를 개선할 생각은 말라는 그런 영생 신앙이 아니다.

2) 한편 '우익' 적수란 유다교 선교사들과 혼동되고 있던 저 소아시아 **갈라티아** 지방의 보수파·경건파 **도덕가**들이다. 그들은 코린토 광신자들처럼 종말을 내다보는 대신 과거를 되돌아본다. 유다교 율법에서의 해방을 그릇된 진전으로 보고 그리스도 신앙과 세례 이외에 유다교 예규·할례·안식일·달력과 그 밖의 유다인 생활 규칙도 또 자연숭배까지도 중요시한다. 그리고 새삼스레 종교적 관행, 도덕적 공로, 경건한 행업에 의하여 하느님 앞에서 깨끗해질 수 있는 줄로 여긴다. 그들은 하느님의 약속을 자기네의 특권으로, 하느님의 계명을 자기 성화의 수단으로 삼는다.

 제사적·도덕적·율법주의로 되돌아간 이 경건자들에게도 바오로는 그들을 위해서라면 예수는 아예 오시고 죽으셨을 리도 없다면

서 **십자가의 예수**를 가리킨다:

○ 경건자를 더 경건하게 만들려 하신 것이 아니라 잃은 자 · 불경자 · 범법자 · 악인들을 돌보신 그분;

○ 율법에 종속되기는커녕 율법을 철저히 상대화하고 율법의 하느님에 대항하여 사랑과 자비의 하느님을 선포하신 그분;

○ 그 때문에 율법과 질서의 수호자들에게는 죄와 죄인들의 종으로 보여 율법의 이름으로 범죄자로서 십자가형을 받으신 그분;

○ 바로 무법자 · 불경자들을 위하여 율법의 저주를 스스로 받아들이고 바로 그래서 생명을 주시는 하느님에 의하여 율법과는 대립되는 의인이 되어 사람들을 최종적으로 율법의 저주에서 진정한 자유와 인간성으로 해방하신 그분을.

바오로에 따르면 십자가의 예수 앞에서는 유다교 율법 · 예규에, 아니 무슨 종교적 인습에든 종속된 인간이란 이미 있을 수 없고 참으로 **자유인인 그리스도인**이 있을 뿐이다. 자기 자신과 운명 전체를 **하느님께 맡기는** 사람이 '그리스도 안에' 있는, 곧 '그리스도인다운' 사람이다. 신뢰하는 신앙의 길은 유다인 · 이방인, 주인 · 노예, 유식자 · 무식자, 남자 · 여자를, 그렇다 경건자 · 불경자도 가리지 않고 누구에게나 열려 있다. 이 길을 위해서는 특정한 전제 조건이 필요 없다 — 특별한 혈통도 종교적 덕성도 흠 없는 이력도 경건한 행업도 예식적 수계도 도덕적 공로도! 필요한 것은 오직 예수를 바라보며 하느님께 그저 의지하는 일이다 — 자신의 온갖 약점과 과오도 또 물론 장점 · 공로 · 업적 · 권리도 개의치 않고.

○ 온갖 경건한 몽상을 버리고

자신의 공로가 아무리 많아야 결정적 궁극 문제에서는 스스로 속수무책임을,

하느님 앞에서는 예식과 도덕의 (결코 완전히 수행될 수는 없고 따라서 새삼 도리어 죄를 짓게 하는) 율법도 앞세울 것이 못 됨을,

온갖 도덕적 노력과 종교적 행업으로도 하느님과의 관계를 바로잡을 수는 없으며 어떤 공적으로도 하느님의 사랑을 얻을 권리를 주장할 수는 없음을 환상 없이 시인하는 사람;

○ 그 대신 그리스도께 온전히 의지하여 하느님이 바로 잃은 자·불경자·범법자·악인을 돕고자 하시며 하느님의 호의 자체로 하느님과의 관계가 바로잡아짐을 믿는 사람;

○ 그래서 저 어두운 십자가의 신비 속에는 사람들을 사람들의 방식대로 공로에 따라 판단하지 않고 처음부터 받아들여 긍정하며 사랑하시는 하느님의 은총과 자비가 숨어 있음을 알아보는 사람 —

그런 사람은 이미 율법과 예식의 지배, 따라서 사람의 지배를 받는 종이나 노예가 아니라 참으로 하느님의 자녀, 따라서 참으로 사람이다. 그런 사람이야말로 이 아버지의 성숙한 아들이나 딸로서 신앙과 신뢰에 터하여 율법 강요와 공로 압박이 없이 충만한 자유를 누리며 하느님께 순종하고 사람들에게 본분을 다할 수 있게 된다. 이기적 자기 폐쇄(= 죄) 속에서 자기를 위해서만 살지 않고 주위의 남들을 위해서 사는 이런 능동적 사랑의 실존 속에서야말로 (인간 복지에 본디 목적이 있는) 율법도 사실상 더 크게 수행될 수 있다.

이 모든 것은 바오로 사도가 그리스도인의 지혜와 자유에 관하여 코

린토와 갈라티아에 써 보낸 편지에서 더 자세히 읽을 수 있다. 그러나 — 읽어 나가다 보면 바오로와 예수 사이에 매우 두드러진 차이가 돋보이게 되는데 웬일일까?

오로지 믿음으로

더러들 **바오로**가 진짜 그리스도교 창설자라고 한다. 혹은 — 『반反그리스도』에서의 니체처럼 자유주의 신학(프란츠 오버베크?)의 사상을 전개하여 — 그리스도교의 큰 곡해자라고! "근본적으로 그리스도인은 한 사람밖에 없었고 그는 십자가에서 **죽었다**. '복음'은 십자가에서 죽었다"고 니체는 예수에게 동정심을 보이는가 하면 바오로에 대해서는 "화음禍音 선포자"요 "증오가 낳은 진리 위조자"라고 엄청난 오해의 혹평을 가한다: 그는 "'복음 선포자'와는 전형적으로 대립되는 인물, 증오의 환시 속에서 가차 없는 증오의 논리를 전개하는 증오의 천재"라고. 그리고 그리스도인 신학자들 자신마저 '예수로 돌아가자'고 외치며 '바오로의 그리스도교와의 결별'을 호소할 만큼 피상적이고 어리석기도 했다.

사도 바오로와 그의 신학의 **세계사적 중요성**은 반론의 여지도 없다. 유다인이 아닌 사람들에게 바오로는 탁월히 자유롭게 실천상으로나 신학적으로나 그리스도교 복음에 이르는 길을 터놓았다 — 먼저 유다인부터 될 필요가 없도록, 할례를 받고 이방인에게는 생소한 수많은 유다교 정결·음식·안식의 금기와 규정들을 지킬 의무가 있는 그런 유다인이 되지 않아도 되도록! 바오로에 의해서야 그리스도교의 이방인 선교는 유다·헬라계의 그것과 대조적인 성공을 거두었다. 바오로에 의해서야 팔레스티나 내외의 유다인들로 이루어진 공동체가 유다인과 이방인들로 이루어진 공동체로 변했다. 바오로에 의해서야 조그만 유다인 '종파'가 마침내 '세계종교'로 발전했다. 예수 자신의 선포와 헬라계 유다인들의 (예수의 죽음과 부활에 비추어 본!) 예수 사건의 해석 사이에 중대한 차이가 있다는 것은 ― 물론 좀 더 깊이 생각해 볼 필요는 있지만 ― 당연히 인정할 수밖에 없는 엄연한 사실이다.

그러나 예수 자신이 철저히 근본적으로 의도·생활·수난했던 그것을 전혀 무시하거나 바오로가 ― 예수 자신처럼 종말 임박설의 지평 속에서 ― 근본적으로 촉구한 그것을 헬라계 유다인 표현형식들로 말미암아 알아보지 못하고 말지 않는 한 인정하지 않을 수 없는 사실: 바오로의 편지들이야말로 ― 유다계나 헬라계의 모든 복음의 이념화에 대항하여 ― **끊임없이 '예수로 돌아가자'**고 호소하고 있다. 바오로 사상의 **핵심**을 이루는 것은 인간(인간론)이나 교회(교회론)가 아니고 일반적 의미의 구세사(구원론)도 아니며 **죽고 부활하신 그리스도**(구원론으로서의 그리스도론)이다. 그러므로 사람을 위하되 하느님 중심론이 기초와 절정을 이루는 그리스도 중심론이다: '예수 그리스도를 통한 하느님' ― '예수 그리스도를 통하여 하느님께로!' 이와 비슷한 이위일체적 표현 양식들에서 ― 성령 안에서 하느님과 예수 그리스도께서 마치 따로 공존·활동하듯 하신다는 사상이 도입되면서 ― 이미 바오로에게서도 삼위일체적 표현 양식들이 자라나고 있었다. 그리고 이들이 전제가 되어 나중에야 성부·성자·성령의 셋이 하나라는 삼위일체 교리로 발전하게 되었다.

창조에서 아브라함에 대한 약속과 모세의 율법을 거쳐 교회와 임박한 세계 완성에 이르는 바오로의 **구세사**관 전체가 — 아브라함·그리스도의 연결도(갈라 3-4장; 로마 4장), 아담·그리스도의 대비도(로마 5,12-15; 1코린 15,42-49), 유다인·이방인 모두의 공동체이며 그리스도인의 몸으로서의 교회관도(1코린 10,16-17; 12,12-31; 로마 12,4-8; 참조: 갈라 3,26-29; 로마 1,18-3,28; 9-11장) — 죽고 부활하신 예수에 그 확고한 비판적 **핵심**이 있다. 이를 가리켜 '그리스도론'·'케뤼그마'(선포)·'십자가 신학'·'성의론'成義論(의화론義化論·의인론義認論) 등 무엇이라고 부르든(로마 3,21-29 참조) 오로지 이 핵심에 터해서만 바오로의 모든 것을 바르게 이해할 수 있다: 그리스도교 전통론, 구약성서 적용도; 율법과 신앙, 하느님의 진노와 은총, 죽음과 삶, 죄와 하느님의 의, 영과 문자, 이스라엘과 이방인 세계 등에 관한 모든 획기적 신학 전개도; 또 선포, 교회, 성령의 은사, 세례와 성찬, 자유 안의 새 삶과 성취의 희망 등에 관한 모든 발언도.

전에는 **그리스도인 공동체의 박해자**였던 바오로는 왜 예수께서 십자가형의 선고를 받았고 왜 자기가 그리스도인 공동체를 박해해야겠다고 생각했는지를 물론 잘 알고 있었다. 바오로 자신의 말에 따르면 '율법을 따르는 바리사이'로서(필리 3,5-6) '조상들의 전통에 대한 열정'에서(갈라 1,13-14) 그렇게 했다. 짐작건대 타르수스 출신으로 헬라계에 산재한 유다인('디아스포라')의 한 사람인 바오로는 예루살렘 공동체의 헬라계 유다인 그리스도인들과 담판하면서 예수에서 유래한 율법 비판과 마주쳤던 모양이다. 율법, 곧 '토라'와 '할라카'(195-207)가 문제시되는 것을 보자 바오로는 하느님과 율법을 섬기는 진정한 바리사이다운 열정이 솟구친 나머지 앞장서서 이 공동체를 '몹시' 박해하기로, 아니 '아예 없애' 버리기로 결심했다(갈라 1,13-14). 율법의 저주 아래 십자가형을 받은 사람을 메시아라고 주장하는, 어느 유다인에게나 비위에 거슬리던 '걸림돌'은 바오로의 가차 없는 박해욕에 더욱 박차를 가할 따름이었다.

이로써 물론 어떻게 이 율법에 충실한 바리사이다운 모범적 경건자가 그리스도인 공동체와 신앙의 박해자가 되었던지는 매우 잘 설명된다. 그러나 어떻게 이 열광적 그리스도인 박해자가 **십자가 예수의 사도**가 되었을까? 역사적으로나 심리적으로 이것을 설명할 수 있는 사람은 아직 아무도 없다. 바오로 자신은 이 근본적 변화를 어떤 인간적 교시, 새로운 자기 이해, 영웅적 노력 또는 스스로 성취한 회개에 귀착시키지 않고 부활하신 십자가의 예수께서 '계시'('발현')하신 결과라고 말한다 ─ 언제나 설명은 아닌 천명으로(참조: 1코린 15,8-10; 9,1; 갈라 1,15-16; 필리 3,4-11). 하나의 소명이라고! 그러나 바오로는 자신의 지위나 복음이 공격을 받을 때에만 자신의 사도직과 사도적 자유의 바탕인 이 사건을 극히 과묵하게 지적한다(갈라 1,1.11-12). 그리고 이제 바오로는 하느님의 궁극 관심사, 하느님의 일은 사람이지 율법이 아니라고 이해한다. 십자가의 죽음은 율법의 결과이지만 동시에 ─ 하느님 자신이 율법을 거슬러 예수를 의롭게 하셨으므로 ─ 율법의 저주에서의 해방이라고(갈라 3,13; 참조: 2,17-19; 로마 7,4). 율법으로 하느님과 사람의 올바른 관계('의로움'·'성의')가 이루어진다면 예수의 죽음은 헛일인 셈이라고(갈라 2,21).

십자가의 예수께서 살아 계신 분, 참 주님으로 자신을 계시하셨다는 이 생생한 체험에 터하여 공로와는 전혀 상관없는 하느님의 호의로서의 '**은총**'이 바오로의 온 생애를 지배하게 되었다. 이제부터 바오로는 순수한 은총에 의한 그리스도 신앙의 근본 의의를 — 형제들의 불안한 양심을 고려할 경우를 제외하고는(1코린 10,23-33; 8,7-13; 로마 14) — 타협 없이 옹호하면서 '그리고'를 주장하는 모든 경향에 대항한다: 그리스도를 믿음으로써 **그리고** 유다교의 (혹은 또 다른) 율법도 준행함으로써 이루어진다는 구원에.

아직은 직접 아는 사이가 아닌 **로마**의 그리스도인 공동체에 보낸 편지에서 바오로는 이 복음을 다른 어느 편지에서보다도 길고 치밀하고 포괄적으로 설명한다: 창조에서 완성까지 구세사의 지평 전체를 바라보며 사람은 유다인도 이방인도 모두가 죄인임을 출발점으로 하여(1,18-3,20) 오로지 예수 그리스도께 대한 믿음에 터해서만 인간 복지·인간 구원이 달성될 수 있음을 상론한 다음(3,21-5,21) 이를 바탕으로 성령에서 오는 자유와 희망의 새 삶과(6-8장) 유다인·이방인을 위한 하느님의 큰 구원 경륜과(9-11장) 그리스도인 생활의 가장 중요한 결론들을(12-15장) 인상적으로 약술한다.

이미 갈라티아서에서도 그랬듯이 바오로는 여기서도 — 다만 여기서는 하느님의 율법이 그 자체로는 좋으나 구원으로 인도하는 것은 아니라는 덜 논쟁적인 표현으로 — 십자가의 예수와 하느님의 은총을 내세워 인간의 하느님과의 올바른 관계를 이루기 위한 모든 부가 조건을 배격한다. 인간의 구원은 어떤 종류의 율법에 규정된 행업, 종교적 또는 도덕적 공로에도 의존하지 않으며 오로지 예수 그리스도를 신뢰하는 신앙에만 달려 있다고! 당시 유다인의 법적 용어를 이용한 바오로의 표현에 따르면: 하느님(의 법정) 앞에서 그 자체로는 좋은 율법의 행업이 아니라 **오로지 믿음으로** 하느님의 은총과 호의에 의하여 유죄인 죄인에게 '석방'·'무죄'·'성의'가 선고된다고(로마 3,28; 갈라 2,16). 혹은 로마서의 이 고전적 대목을 현대어로 바꾸어 말하자면: '사람은 하느님을 신뢰하면서 하느님이 주고자 하시는 것을 받아들이기만 하면 종교적 요건의 충족이 없이도 하느님과 올바른, 좋은 관계에 들어갈 수 있음을 우리는 확신한다'고.

같은 일을 달리

예수의 죽음을 초래했던 율법의 신관과의 갈등은 이렇게 해서 바오로에게도 치명적 위협을 불러오는 다툼이 되었다. 율법에 관한 바오로의 가르침에는 예수의 선포가 근본적 연속성을 띠고 속행되고 있다. 물론 이것은 예수의 죽음에 터하여 **철저화한 속행**이다. 이런 의미에서 예수와 바오로는 단순한 연속성이 아니라 불연속성 속의 연속성이 있다. 역사상 예수의 선포와 바오로의 선포 사이에는 예수의 죽음이 있다. 율법을 문제 삼음으로써 초래된 죽음의 의미가 부활에 의하여 계시된 거기서 바오로에게는 예수 안에서의 하느님의 행동이 인식된다. 그래서 바오로에게서는 역사상 예수의 생애에서 끝까지 관철된 모든 언행이 십자가의 죽음에 집약되어 나타난다. 십자가의 예수는 역사상·지상의 예수와 당연히 같은 분이고 이런 의미에서 이 예수도 바오로의 신앙에서는 불가결한 전제 조건이며 구성 요소다.

바오로는 죽고 부활하신 예수를 환상이나 몰역사적 신화로 퇴색시키기는커녕 십자가에 터하여 예수 지상 생활의 현실적 의미를 파악했고 또 끊임없이 고수했다.

바오로에게는 '십자가에 관한 말씀' 하나가 근본적으로 예수의 선포·처신·운명에 관한 모든 말씀을 뜻했다. 신앙인에게는 살아 계신 분인 예수의 십자가에 터하여 **신학자**인 바오로는 예수께서 그저 사실상 행동하시고 흔히는 모호하게 말씀하신 바를 이제 분명히 설명할 수 있었다. 그렇다고 무슨 방대한 이론 체계를 개진한 것은 아니다. 로마서의 바오로 신학도 로마교회의 전혀 구체적인 상황을 상대로 — 죽고 부활하신 그리스도에 터하여 근본적으로는 소수의 주제에 관해서만 — 서술되어 있다. 그러나 저마다 다른 맥락 속에서도 바오로는 예수의 선포에서 신학적으로 미진하게 보이는 점들을 죽음과 부활의 결과 속에서 뚜렷이 신학적으로 궁리·전개했다 — 자신이 받은 율사 교육, 특히 성서 해석 지식은 물론이고 헬라계 환경에서 얻은 여러 개념과 사상도 이용해서.

이 때문에 복음서의 예수 전승에서 출발하는 사람에게는 예수의 선포와 바오로의 그것이 일단 달리 보일 수밖에 없다 — 매우 다른 관점·범주·관념들로 재구성되어 있기에. 그런데도 또 자세히 살펴보면 예수의 선포에 관하여 낱말이나 문장 하나하나에서 나타나는 것보다 훨씬 많은 것이 발견될 수 있을뿐더러 예수의 선포 '내용'이 '실질'적으로 오롯이 바오로의 선포에 들어와 있음을 부인할 수 없다:

- 예수처럼 바오로도 **다가오는 하느님 나라의 열망** 속에 산다. 그러나 예수는 미래를 내다보지만 바오로는 동시에 죽음과 부활의 결과인

결정적 전환을 되돌아보기도 한다. 바오로는 부활과 아직 오지 않은 완성(그리고 만민의 부활)과의 중간 시기를 현양된 그리스도의 현존하는 통치권 아래에서 바라본다.

- 예수처럼 바오로도 의롭고 경건하고 율법에 충실한 사람들까지 포함하여 사실상 누구나가 **죄인**이라는 데서 출발한다. 그러나 바오로는 이 생각을 신학적으로 전개한다 — 구약성서 자료를 해석하고 특히 아담·그리스도를 대비함으로써.

- 예수처럼 바오로도 사람을 **위기**에 대면시켜 **신앙**을 호소하고 **회개**를 촉구한다. 그러나 바오로에게서는 하느님 나라 선포가 십자가에 관한 말씀에 집약되어 있고 이것이 유다인**과** 그리스인의 자기주장을 위기에 몰아넣는 걸림돌이 된다: 율법 충성**과** 인간 지혜를 끝장내는!

- 예수처럼 바오로도 악령론이나 구마술에는 관심이 없고 지배권이 끝장나 가는 **악마적 불행의 세력들**과 맞서 싸운다. 그러나 바오로에게는 이 세력들이 아직 활동하고 있더라도 원칙적으로는 이미 예수의 죽음과 새 삶에 의하여 힘을 잃었다.

- 예수처럼 바오로도 **하느님**을 내세워 활동 권한을 주장한다. 그러나 바오로의 신론은 이미 하느님의 활동이 확정적으로 관철된 예수의 십자가와 부활에 터해 있다: 예수의 언행 사실에 함축된 그리스도론이 죽음과 부활 후에는 공동체의 신앙고백에 명시된 그리스도론으로 변했다.

- 예수처럼 바오로도 온갖 정결 금기와 음식·안식 규정을 포함한 **율법**을 철저히 상대화한다. 그래서 뚜렷이 이스라엘의 신앙은 본

질적 핵심에 집중되고 율법은 소수의 타당·명료한 근본 요청으로 귀착된다. 그러나 바오로에게는 율법 아래의 예수의 죽음이 구원의 길로서의 율법은 끝나고 예수 그리스도께 대한 믿음에서 오는 새로운 구원의 길이 시작되었음을 뜻한다.

- 예수처럼 바오로도 순수한 은총에 의한 죄의 용서를 주장한다: **죄인의 성의**. 그러나 죄인·악인(유다인이든 이방인이든)의 성의에 관한 바오로의 가르침은 죄인·악인을 위한 죽음으로 이해되는 예수의 십자가 죽음을 전제로 한다.
- 예수처럼 바오로도 전혀 실천적으로 율법의 한계를 넘어 가난하고 버림받고 억눌린 소외자·무법자·범법자들을 돌보며 말로나 행동으로나 **보편주의**를 옹호한다. 그러나 예수의 이스라엘에 대한 원칙적 보편주의와 이방인 세계에 대한 사실상의 잠재적 보편주의가 이제 바오로에게서는 — 예수의 죽음과 부활에 비추어 — 이스라엘과 이방인 세계에 대한 원칙적·본격적·보편주의가 되어 있고 그래서 이방인들에 대한 선교가 요청된다.
- 예수처럼 바오로도 **하느님과 이웃 사랑**을 율법의 사실상 수행으로 선포하고 하느님께 대한 무조건 순종과 원수도 포함한 남을 위한 몰아적 생활로 이 사랑을 끝까지 철저히 실천했다. 그러나 바오로는 예수의 죽음에서야말로 하느님과 예수 자신의 이 사랑이 가장 깊이 계시되었으며 이것이 사람들 자신의 하느님과 이웃 사랑의 바탕임을 인식한다.

결국 바오로의 중심 사상은 예수의 비유들과 산상 설교에 이미 현존했다고, 그러나 예수의 죽음과 부활에 터하여 거기에 결정적으로 새로운 빛이 던져졌다고 말할 수 있다. 바오로의 '성의론'은 따라서 '적용된 그리스도론'이라 일컬어 마땅하다. 또 확실히 그 자체가 온갖 위축·공허화나 왜곡·이상화에 대항하여 그리스도를 올바르게 적용하는 비판 기준이기도 하다.

교회사상 사람과 하느님, 사람과 사람과의 관계에 대한 척도로서의 죽고 살아 계신 예수의 중심적 의의가 흐려질 때마다 예수 그리스도께 대한 '오로지 믿음으로의 성의'가 새삼 날카롭게 강조되면서 영들의 식별이 이루어지고는 했다. 그때마다 바오로의 갈라티아서와 더불어 로마서가 그야말로 폭발력을 발휘했다: 아우구스티누스 때에 펠라기우스설에 대해서도, 특히 종교개혁 때야말로 행업에 의한 성화라는 중세 사상과 로마의 직권남용에 대해서도, 또다시 제1차 세계대전 후 카를 바르트 때에 관념론적 인본주의화한 개신교 문화와 나치주의 이념에 대해서도. 그러면 오늘날 실적 위주의 세속 원리를 좇고 있는 공로 행업들에 대해서는?

'오로지 그리스도'와 '오로지 은총'의 메아리인 '오로지 믿음'이란 결코 선행을 배제하려고 생긴 말이 아니다. 그러나 어떤 선행의 호소든 그것이 그리스도인 실존의 기본 바탕, 하느님 앞에서의 처지의 비판 기준일 수는 없다. 궁극적으로 중요한 것은 오직 신뢰하는 신앙을 가지고 그리스도이신 예수를 통하여 하느님께 무조건 의지하는 일뿐, 인간의 과오도 또 어떤 선업도 이와 대등할 수는 없다. 사랑의 행업은 다만 이 신뢰하는 신앙의 당연한 귀결이다. 이것은 사람에게 온갖 불가피한 실패·과오·절망도 무릅쓰고 살아갈 수 있는 굳건한 바탕을 주고 동시에 경건한 행업의 압박에서 해방시켜 최악의 상황도 감내해 나갈 수 있는 자유 · 슬기 · 사랑 · 희망을 주는 비상한 위로의 복음이다.

이 성의론을 두고 오늘도 가톨릭과 개신교 신학 사이에 논쟁이 일어날 필요는 없다. 실로 오랜 '솔라 피데'sola fide(오로지 믿음으로) 논쟁을 겪은 다음이지만 근래의 성서번역들을 보면 예컨대『새 독일어 공동번역성서』에서처럼 특히 로마서의 중심 대목(3,28)에 관하여 공통된 이해가 뚜렷이 드러나고 있다: "사람은 율법 행업과 관계 없이(!) 오로지(!) 믿음으로 의롭게 됨을 우리는 확신한다"고. '성의론'에서야말로 결코 특정한 낱말이나 개념이 중요한 것은 아니다. 이미 본 바와 같이(354-360) 바오로 자신도 코린토인들에게는 꼭 같은 내용을 전혀 달리 표현했다 — 하느님과 사람들의 '슬기'와 '어리석음'이라는, 법적 의미는 전혀 없는 용어로. 중요한 것은 내용, 그리고 이 내용이 시대마다 그 시대의 언어로 재표현되어야 한다는 것이다.

증오 아닌 사랑의 인간, '화음' 아닌 '복음'의 천재인 바오로는 그리스도교의 창시자가 아니다. 새 기초를 놓은 창설자가 아니라 바오로 자신의 말대로 "이미 놓여 **있는** 기초"(1코린 3,11) 위의 건설자다. 예수 그리스도야말로 바오로 '케뤼그마'(선포)의 근원 · 기초 · 내용 · 규범이다. 예수의 죽음과 부활 후에 근본적으로 달라진 상황에 비추어 바오로는 다른 일이 아닌 같은 일을 옹호했다: **하느님의 일**이요 **사람의 일**임에 다름이 없는 **예수의 일**을 — 다만 이제는 죽음과 부활 다음에 이해된 **예수 그리스도의 일**을!(필리 2,21; 참조: 1코린 7,32-34).

겸손하면서도 자랑스럽게 예수 그리스도의 수권 사절인 '사도'임을 자부한 바오로는 조심스러우면서도 열정적 · 정력적 · 독자적 ·

독창적으로 다른 말, 다른 개념, 다른 표상들을 사용하여 결정적인 점에서는 예수와 조금도 다름이 없는 결론을 이끌어 내었다: 예수의 선포 · 처신 · 운명 속에서 먼저 드러났던 거기서 필연적으로 나오는 결론을. 그럼으로써 바오로는 이 복음이 이스라엘을 넘어 그때의 온 세상('오이쿠메네'οἰκουμένη)이 알아들을 수 있는 것이 되게 했다. 그리고 세세대대로 그리스도교계에 예수 다음으로는 둘도 없이 빼어나게 거듭 활력을 불어넣어 왔다 — 참 (자명하지는 않은) 그리스도를 재발견하여 추종하게시리.

신학적 사색만이 아니라 극히 구체적이며 흔히는 극히 잔혹한 체험으로도(2코린 10-12장 참조) 예수를 따르고 마침내 (아마 66년에 네로 치하에서) 자신도 학살당하기에 이른 바오로는 다른 누구보다도 뚜렷이 그리스도교를 **궁극적으로 식별하는 특징**을 표현하기에 성공한 사람이다. 우리가 이 책에서 제시하고자 하는 바가 실로 여기서 대단원을 이룬다:

● 고래의 세계종교, 현대의 인본주의와는 다른 그리스도교의 특징인즉 — 이미 첫 단원에서 약술했듯이(80-86) — **그리스도** 자신이다. 그런데 우리가 이 그리스도를 온갖 다른 종교적 또는 정치적 그리스도상과 혼동하지 않도록 예방해 주는 것이 무엇인가?

● 고래의 세계종교, 현대의 인본주의와는 다른 그리스도교의 특징인즉 — 이어 다음 단원에서 상설했듯이(88-92) — 역사상 실재 인물인 나자렛 예수와 동일한 그리스도다: 구체적으로 그리스도란, 곧 **예수**다. 그런데 우리가 이 역사상 예수 그리스도를 온갖 그릇된 예수상과 혼동하지 않도록 예방해 주는 것이 무엇인가?

- 고래의 세계종교, 현대의 인본주의와는 다른 그리스도교의 특징, — 이제 예수의 선포 · 처신 · 운명을 자세히 살펴본 다음인 이 단원의 마지막에는 대답할 수 있듯이 — **궁극적으로** 다른 그리스도교의 특징인즉 글자 그대로 바오로에 따라 '예수 그리스도와 그분의 **십자가 죽음**'이다 (1코린 2,2).

부활 · 현양 · 생명 · 신성이 아닌 십자가의 죽음에 의하여 이 예수 그리스도는 세계사상의 수많은 부활 · 현양 · 생명의 신들이나 신격화된 종교 창설자 · 황제 · 천재 · 영웅들과 혼동의 여지도 없이 구별된다. 십자가는 따라서 그리스도교 신앙의 본보기요 모형일 뿐 아니라 바탕이요 힘이며 규범이다. 이 커다란 식별 표지가 이 신앙과 이 신앙의 주님을 종교적 · 비종교적 세계관들의 세계시장에서 경매되는 다른 종교 · 이념 · 이상들과 그 주인들에서 가름하는 동시에 갈등이 따르는 구체적 삶의 현실 속에 그리스도 신앙을 뿌리박아 불신이나 미신과 갈라놓는다. 십자가는 물론 부활의 빛 속에 있지만 부활은 또 동시에 십자가의 그림자 속에 있다:

- 십자가에 대한 믿음이 없이는 부활하신 분에 대한 신앙에 식별성과 결단성이 없다.
- 부활에 대한 믿음이 없이는 십자가에 달린 분에 대한 신앙에 근거성과 권위성이 없다.

요한도 바오로와 똑같은 그리스도교의 식별 특징을 말하고자 개념 구사는 물론 매우 달리하면서 예수를 가리켜 길이요 진리요 생명이라고 부르고(14,6) 또 여러 표상들을 예시한다: 예수는 생명의 빵

(6,35.48.51), 세상의 빛(8,12), 문(10,7), 참포도나무(15,1.5), 양들을 위하여 목숨을 바치는 좋은 목자(10,11)라고. 여기서 분명히 예수는 늘 입으로나 부르라는 이름이 아니라 실천하라는 생명의 진리의 길이다. 그리스도교 진리는 '관조'·'이론'이 아니라 '행동'·'실천'이어야 한다. 그리스도교의 진리 개념은 그리스철학의 그것처럼 관상적·이론적이 아니라 행위적·실천적이다. 추구·발견할 뿐 아니라 추종하면서 진실로 진리임을 실증·확인해야 할 진리, 실천을 겨냥하고 길을 나서라고 부르며 새 삶을 선사하고 가능하게 하는 그런 진리다.

제3부

실천

제목이 오해의 여지가 있겠다 — 마치 지금까지는 실천과 무관한 말을 한 양. 그리스도교 설교 일체가 되돌아갈 데가 그리스도의 실천(삶·행동·고난·죽음)이 아니고 어디랴. 또 이 그리스도교 설계 일체가 나아갈 데가 이 그리스도를 따르는 사람의 실천(삶·행동·고난·죽음)이 아니고 어디랴. 지금까지도 특정한 실천의 '이론'을 다루어 왔다. 이제부터는 이를 현대의 인간과 사회에 비추어 — 되도록 간단히 — 설명·개관해 보자: 오늘은 그리스도교 설계가 어떤 형태로 실현·수행되어야 하는가? 이런 의미에서 제목하여 '실천'이다.

오늘도 나자렛 예수는 지상 인구의 무시할 수 없는 부분을 차지하는 사람들의 크고 작은 개인·사회 생활 속에서 그들의 소망과 관습, 발상과 결단, 욕구와 경륜에 극히 실천적으로 접촉하고 있다. 나자렛 예수는 인류의 역사와 운명에 동참하여 보다 나은 미래를 건설하는 만대·만방의 만인에게 중대한 영향을 끼쳤고 끼치고 있는 인물이다. 더러 예수는 교회 안보다 밖에서 더 사랑받는 듯하다. 특히 교회 지도 기관에서는 여러모로 교의와 교회법, 정치와 외교, 되씹건대 정치와 외교가 사실상 예수 자신보다 더 큰 몫을 하고 있다. "예수 자신이라면 무엇을 행하고 말했을지는 묻는 일이 없다. 이 속에서는 예수를 찾는 물음이 대부분의 사람들에게 그야말로 터무니없어 보일 만큼 낯선 물음이다"(A. Hasler) ─ 이렇게 다년간 로마교황청에서 종사한 한 사람이 다른 여러 사람을 대표해서 바티칸을 평했다. 예수를 찾는 물음이 교회의 다른 권력기관에서는, 또 더러는 학술 기관에서조차 더 큰 몫을 하고 있는지. 교회 외교가와 정치인, 교회 관료·경영자·행정가와 종교 재판자, 체제와 야합하는 어용 신학자 ─ 이런 사람들을 찾아볼 수 있는 데는 물론 바티칸만이 아니고 가톨릭교회만도 아니다.

1장

교회의 실천

둘째 부분에서 전개한 그리스도교 설계에서 이를 실현하는 그리스도교 실천으로, 예수 그리스도의 복음에서 특히 현재의 교회들로 눈을 돌리면서 교회에 몸담은 그리스도인으로서도 피할 수 없는 물음: 교회는 — 여기서 우리가 말하는 교회란 언제나 모든 교회들을 뜻하거니와 — 실천상으로 정작 그리스도교 설계에서 멀리 떨어져 있는 것이 아닐까? 이 때문에 많은 사람들이 하느님과 예수를 찬동하는 결단을 내리되 교회를, 어느 한 교회를 찬동하는 결단을 내릴 수는 없는 것이 아닐까?

1
믿음을 위한 결단

종교교육을 받은 많은 사람들이 여러 해 동안 하느님을 사실상 무시해 오다가 때로 이상스럽게도 하느님이 죽음 앞에서야 비로소가 아니라 이미 자기 삶에 있어서 많은, 아니 결정적인 의미를 띨 수 있음을 깨닫는 일이 있다. 또 많은 사람들이 교회 종교교육의 교조와 '동화'童話들에 반발 또는 냉담하며 여러 해 동안 신화의 테두리에 갇힌 예수를 그야말로 무시해 오다가 역시 종종 이상스럽게도 예수야말로 자신의 인간 · 세계 · 신 이해와 실존 · 행동 · 고통에 있어서 많은, 아니 결정적인 의미를 띨 수 있음을 체험하게 되는 일이 있다. 예수에 대한 찬반, 그리스도인 실존에 대한 찬반의 결단 — 이 점을 여기서 우리는 본격적으로 교회의 실천 문제에 눈을 돌리기에 앞서 우선 주목할 필요가 있다.

각자의 결단

조금이라도 예수의 모습에 관심을 기울이는 사람이라면 거기서 요청에 마주치게 마련이다. 지금껏 오랜 수고를 하며 함께 생각해 온 독자들은 능히 실감했으려니와 이 예수의 모습을 둘러싼 관찰에서는 모든 논술이 그 자체로 호소적 성격을 띠고 머리와 마음에 동시에 다가왔다. 내용 자체가 일깨우는 열정이 완전히 감추어질 수는 없었다. 비단 예수의 선포·행동·운명의 특징적 기본 개요만 밝혀진 것이 아니다. 냉정하게 비판적으로 실상을 파악하면서도 거의 어느 페이지에서나 자신의 삶을 위하여 절실한 결론들이 역력히 포착될 수 있었다. 이 정도면 실천을 위하여 넉넉지 않을까? 여기서 신학적으로 더 필요한 것이 또 있을까? 근본적으로는 없다. 그런데도 여기서야말로 무시할 수 없는 실질적 난제들을 감안할 때 그리스도교 실천의 설계를 현대에 부응하도록 줄잡아 본다는 것도 부질없는 일은 아니리라.

여기서 우선 이미 말한 바의 종합과 앞으로 말할 바의 기초가 될 수 있는 몇 가지를 미리 생각해 보고 넘어가자. **왜** 내가 바로 예수 이분을 척도로 삼을지는 그리스도교 설계에 관하여 거론해 온 모든 것으로 뚜렷해졌다. 그러나 **과연** 내가 이분을 척도로 삼을지는 전혀 개인적인 문제다: 전혀 나 자신의 결단 문제! 어떤 교회나 교황도, 어떤 성서나 교의도, 어떤 종교 지침서나 신앙고백문도, 어떤 다른 사람의 증언이나 어떤 진지한 신학적 반성도 여기서 대답이 되어 결단을 강요 또는 면제할 수는 없다. 이 결단은 궁극적으로 어떤 중간 결정자도 없이 온전히 자유로이 예수와 나 사이에서 이루어진다.

신학 연구로도 결단 문제가 해결되지는 않는다. 신학은 대답이 가능하고 의미 있는 여지와 한계를 규명할 수 있을 뿐이다. 신학이 장애를 없애고 편견을 밝히고 불신과 미신의 위험을 드러내고 결단의 자세를 일깨우고 결단의 ― 흔히는 시간을 요하는 ― 과정을 촉진할 수는 있다. 하나의 동의가 불합리·불건전하지 않은지, 이치에 맞고 근거가 있으며 따라서 나 자신과 다른 사람 앞에서 책임 있는 대답을 할 수 있는 것인지 검토할 수는 있다. 결단 과정을 이성적으로 이끌어 나가는 데 도움이 될 수는 있다. 그러나 이 모든 것으로도 동의의 자유가 지양되어서는 안 되고 그럴 수도 없다. 신학은 오히려 동의의 자유를 촉진하고 어느 정도 '계발'할 수 있으며 또 그래야 한다.

결국 사람은 예수를 반대할 수도 있다. 세상의 무엇으로도 이것을 막을 수는 없다. 신약성서를 흥미 있고 아름답고 읽을 만하며 교훈적이라 생각하면서도, 나자렛 예수를 동정심 많고 매력 있고 감동적인 인물로, 아니 참으로 하느님의 아들로까지 일컬으면서도 나날의 삶은 이 예수 없이 꾸려 나갈 수도 있다. 또 거꾸로 눈에 띄지 않으면서도 단호하게 예수를 따라 일상을 살아가려 할 수도, 너무나 인간적인 자신의 온갖 약점 속에서나마 예수를 지침으로 삼을 수도 있다. 물론 필연적 명증에 터해서가 아니라 ― 대개는 믿을 만한 믿는 사람을 통하여 전달되면서도 ― 전혀 자유로이 주어지는 믿음에 터하여. 대체 왜? 이 예수의 언행과 생사에서 인간 이상의 무엇인가를 점차로 발견할 수 있기에. 이 모든 것에서 하느님의 표징과 믿음에의 초대를 인식하고 완전히 자유로우면서도 완전히 확신을 가지고 이 예수를 찬동하는 대답을 할 수 있기에. 수학적으로 확실한 증거는 없지만 어디까지나 훌륭한 근거가 없지도 않은 믿음, 명백한 증거로 확인되지는 않지만 결코 맹목적으로 믿지는 않고 이성적으로 이해하면서 무조건 신뢰하는 데서 나오는 무조건의 확신: 이것이 자유인인 그리스도인의

― 사랑과 매우 비슷하고 흔히 사랑으로 넘어가는 ― 신앙이다.

신약성서에 증언된 몇 가지의 '구원 사실'이 실지로도 일어난 일인지를 의심한다 해서 그것이 곧 불신앙, 신앙의 거부는 아니다. 성서에 씌어 있다 해서 모두가 실제 사건이거나 씌어 있는 그대로의 사실은 아니다. 분명히 인식되는 예수의 하느님 주장을 부인하고 뚜렷이 촉구되는 예수 복음의 요청을 회피할 때, 예수에게서 하느님의 표징과 말씀과 행적을 보고 예수를 자기 삶의 척도로 삼을 채비가 되어 있지 않을 때, 그것이 신앙의 거부다. 하느님이라고 부르는 저 가장 현실적인 실재보다는 물론 수중의 지폐 한 장이 더 현실적으로 보이게 마련이다. 또 예수 자신이 요청하는 이 가장 현실적인 실재의 긍정에는 으레 의심이 따르게 마련이다. 주일마다 생각 없이 줄줄 사도신경을 외운다고 이단이 예방되는 것은 아니다. 그보다는 정직한 의심 속에 더 큰 믿음, 더 생각 깊은 신앙이 있을 수 있다. 무엇을 믿든 흔들림 없이 믿는다는 '신자'들이 온갖 예규와 예식, 발현과 예언, 기적과 비사들을 하느님보다 더 크게 여기는 일이 얼마나 많은가 ― 익숙·편리·안전한 전통·관례와 동일하기는커녕 새삼 경이와 불안을 낳는 살아 계신 하느님보다. 3세기에 이미 테르툴리아누스는 요한 복음서의 문장(14,6)을 로마 관습법(Consuetudo Romana)과 관련시켜 주해하면서 "'나는 관습(consuetudo)이다'가 아니라 '나는 진리(veritas)다'라고 그리스도께서 말씀하셨다"고 갈파했다.

수많은 사람들이 신앙도 기복과 명암이 있음을 겪는다. 신앙이란 그러면서도 일단 살아 있던 신앙이면 더러들 지나치게 속단하듯이 그리 간단히 ― 이를테면 시계 하나 잃듯이 ― '잃을' 수 있는 것은 아니다. 그러나 고통을 겪거나 일에 쫓기거나 향락에 빠지거나 혹은 그저 생각 없이 살아가다 보면 신앙도 잠들고 시들어 삶을 가꾸어 가는 구실을 못하게 되는 수도 있다. 이런 의미에서 사람은, 애석하게도 특히 젊은이가 자주 삶의 다른 가능성(출세·섹스·돈·명예)에 더 끌려 믿음을 '잃을' 수 있다 ― 되찾자면, 되살리자면 얼마나 괴로운 희생을 치를 수도 있는지 짐작조차 못한 채. 그런가 하면 거꾸로 극도의 암흑 속에서도 믿음을 간직할 수 있다 ― 한 유다인 젊은이가 바르샤바 게토의 담장에다가 썼듯이:

태양이 비치지 않을 적에도 태양을 믿노라
사랑이 느껴지지 않을 적에도 사랑을 믿노라
하느님이 보이지 않을 적에도 하느님을 믿노라

오늘도 세상 곳곳에서 공포와 고난, 증오와 냉혹, 역경과 기아, 압제와 전쟁이 역력히 세력을 떨치고 있지 않은가. 그래도 무수한 사람들이 **하느님**께는 이런 권세들도 능가하는 능력이 있으심을 믿고 있다. 오늘도 모든 사람의 삶에서 곡해와 공격, 편견과 욕망, 인습과 체제, 특히 온갖 이기심이 뚜렷이 주인 노릇을 하려 들고 있지 않은가. 그래도 수많은 사람들이 **예수**야말로 주님이심을 믿고 있다. 오늘도 누구나의 지·정·의에서 불안과 비리, 의심과 배반, 오만과 나태가 명백히 경험되고 있지 않은가. 그래도 허다한 사람들이 **하느님의 영**께서 우리의 지·정·의를 인도하실 수 있음을 믿고 있다.

하고많은 사람들이 자기 실존의 물음·문제 속에서 대답·해결을,

도움과 바탕을 찾고 있다. 그리고 이 모두가 주어져 **있다**. 붙들기만 하면 된다. 온전히 각자가 하느님과 예수를 향하여 내리는 결단이야말로 정작 그리스도교적인 근본 결단이다. 여기에 그리스도인이냐 아니냐, 그리스도인 실존이 있느냐 없느냐가 달려 있다.

그러나 여기서 또 많은 사람들에게 되돌아오는 물음: 신앙이냐 불신이냐는 이 근본 결단은 처음부터 특정 교회에 대한 결단과 동일한가? 일찍이 어느 때보다도 오늘이야말로 부인할 수 없는 사실: 자주 훌륭한 그리스도인들이 교회 밖에, 모든 교회 밖에 있다. 그리고 여기에는 ― 이제부터 좀 더 자세히 살펴보려니와 ― 애석하게도 교회의, 모든 교회들의 탓이 없지 않다.

교회 비판

교회에 몸담은 그리스도인이야말로 예수의 복음에 터한 교회 비판을 부끄러워하거나 교회 '밖'의 사람들에게 맡길 까닭은 없다. 아무리 철저한 비판이라도 '밖'의 비판이 '안'의 비판을 대신 또는 우선할 수는 없다. 수많은 사학·철학·심리학·사회학적 반론이 아니라 교회가 늘 내세우는 예수 그리스도 자신의 복음이야말로 가장 날카로운 교회 비판의 근거다. 또 이런 의미에서 교회 비판은 교회 '안'에서도 ― 교황 자신에 의해서도 또 수많은 작은 교황들에 의해서도 ― 금지될 수 없다. 만인을 위하여 경의와 애정을(Salva omni reverentia et caritate)!

여전히 수많은 사람들이 교회 ― 특히 가톨릭교회 ― 를 예찬·탄복하고 있다. 왜 못하랴. 못지않게 수많은 사람들이 교회를 비난·배격하고 있다. 왜 못하랴. 이처럼 반응이 엇갈리는 까닭인즉 사람들의 견해가 달라서만이 아니라 **교회의 현상 자체가 상반성**을 띠고 있기 때문이다.

한편에서는 유례없이 2천 년을 버티며 이룩해 온 역사를 경탄하는가 하면; 다른 한편에서는 그런 역사의 형성·정복에서야말로 역사 앞에서의 타락·굴복을 확인한다. 한편에서는 세계적으로 확대된 동시에 한 작은 영토에 뿌리내린, 수억 신도를 거느린 동시에 견고한 위계를 갖춘 유력한 기구를 탄복하는가 하면; 다른 한편에서는 그런 유력한 기구에서 세속 수단으로 운영되는 권력 기구를, 그런 막대 다수의 그리스도인들에서 알맹이 없는 껍질이 된 전통의 그리스도교계를, 그런 일사불란한 위계에서 권력과 외화外華를 추구하는 행정 관료를 발견한다. 한편에서는 풍부한 전통과 고상한 장엄성을 갖춘 전례, 치밀한 신학 체계를 이룬 교리, 서방 그리스도 교계를 건설·형성한 방대한 세속 문화 업적을 예찬하는가 하면; 다른 한편에서는 그런 장엄한 전례에서 중세기 바로크 전통에 매여 복음과 어긋나게 외형화한 예식주의를, 그런 명료하게 통일된 교리 체계에서 권위주의적으로 경직화하고 공허한 재래 개념들로 조작된 몰역사·비성서적 교과서 신학을, 그런 서구 문화 업적에서 교회 본연의 사명을 유기하는 세속화를 인식한다 ….

이렇게 해서 교회의 지혜·능력·업적과 영광·세력·특권을 찬탄하는 사람들에게 교회 반대자들이 매우 뚜렷이 상기시키고 있는 일들: 유다인 박해와 십자군 행렬, 이단 재판과 마녀 화형, 식민주의와 '종교전쟁', 그릇된 인간 단죄와 문제 해결, 특정한 사회제도·정부

체제 · 사상 체계의 지원, 노예 · 전쟁 · 여성 등의 사회 문제와 진화론 같은 과학 문제와 여러 역사 문제에 대한 갖가지 과오 ….

이 모두가 어디 '당시의 시대 배경에 비추어' 이해되어야 할, 지나치게 자주 인용되는 과거의 잘못만인가. 하인리히 뵐이 가톨릭교회를, 알렉산드르 솔제니친이 러시아 정교를 고발한 것처럼 과거지사일 따름인가. 수많은 그리스도인, 특히 개신교 신자들이 유럽 복음교회들에 대하여 흔히 취하고 있는 전적으로 무관심한 태도보다는 이런 비판이 오히려 낫지 않은가.

자연 과학자 · 의학 전문가, 심리학자 · 사회학자, 노동자 · 지성인, 교회의 수계자 · 냉담자를 막론하고 수많은 남녀노소들이 교회의 시시한 설교, 지루한 전례, 외면화한 경건 행업, 본디 정신을 잃은 전통들에 대하여 하고많은 반박을 가하고 있지 않은가: 알아들을 수 없는 권위주의 교의신학과 생소하고 자질구레한 결의론적 윤리신학, 층층시하격으로 조직된 교회 실무자와 신학자들의 기회주의 · 율법주의와 옹졸 · 오만, 교회 내의 창의성 결여와 고리타분한 범용성의 횡행, 권력자들과의 갖가지 복잡한 관계와 멸시 · 억압 · 탄압 · 착취당하는 이들에 대한 냉대, 민중의 아편 노릇을 하는 종교, 이기적으로 자기 속만 차리는 그리스도교계, 자기네끼리 갈라져서 옥신각신하는 세상 ('오이쿠메네') ….

이런 교회들, 본디 성령의 불꽃은 꺼져 버린 듯 새로운 실험과 경험을 두려워하며 그리스도교계를 짊어지고 나가는 이런 제도들이 많은 사람들에게 온갖 개혁과 쇄신의 노력을 기울인다면서도 사실상 희망 없이 구시대의 의식에 주저앉은 저질 문화 기구로 여겨지고 있지 않은가. 여기서 **믿음직한** 사람은? 혹시 자기네끼리 맴돌면서 안팎의 비판에 신도들이 오염될세라 지식과 호기심을 거듭 금기시하고 체제·세력·권력 유지에 으레 부심하며 신학적으로 해답이 발견된 지 이미 오래인 문제들이나 거듭 들추어내는 그런 교회 **지도자**들? 아니면 혹시 비판의 자유를 배운 적이 없고 신부(목사)·주교(감독)·교황의 말씀이라서 믿으며 어떤 변화도 맞이할 채비가 되어 있지 못해서 무엇인가가 — 예컨대 가톨릭의 교회법·성인 축일이나 동방정교의 전례나 개신교의 성서번역이 — 조금만 달라져도 대체 무엇을 어떻게 믿을 수 있을지 어쩔 줄 몰라하는 그런 열심 **수계자**들? 또는 혹시 공식문, 자신의 왜소한 이론 체계, 편의와 순응을 그리스도교 진리보다 종종 더 크게 여기는 그런 온건과 현대 **신학자**들? 16세기의 반목도 아직 극복하지 못하고 18·19세기의 발전도 미처 소화하지 못한 그런 신학자들? 성서에도 잘못이 있다고 할라치면, 혹은 어느 전통 신조나 교의에 관하여 문제가 제기되어 그 문제에 관해서는 아마 아무도 무엇을 '믿어야' 한다고 간단히 단언할 수 없으리라고 할라치면 그리스도 신앙이 위협받게 되는 줄로 여기는 그런 사람들? 그런 교회 지도와 신학이 무슨 호소력이 있고 그런 신앙이 무슨 전파력이 있으며 그런 그리스도인 실존이 비그리스도인에게 무슨 호기심을 자극할 수 있을지. 그리스도의 설계와 교회의 실천이 얼마나 어긋나고 있는가!

지도력과 문제의식의 부재라는 교회 현실의 이유를 살필 적마다 새삼 확인되는 사실: 교회는 **시대에만 멀리 뒤떨어진 것이 아니라 무엇보다도 교회 자신의 사명에도 멀리 못 미치고 있다.** 하고많은 일들에서 교회는 — 호의에서든 적의에서든 사람들이 판단하는 대로 — 스스로 늘 내세워 온 바로 그분의 발자취를 따르지 않았다. 그래서 오늘날 예수 자신에 대한 관심과 교회에 대한 무관심이라는 묘한 대조가 역력해졌다. 무릇 교회가 사람들을 받들어 섬기지 않고 사람들 위에서 권력을 휘두르는 곳, 무릇 교회의 제도·교리·법규가 그 자체로 목적이 되고 있는 곳, 무릇 교회의 대변자들이 자신의 의견과 용건을 하느님의 계명과 안배인 양 내세우는 곳 ― 거기서는 으레 교회가 본연의 사명을 배반하고, 거기서는 항상 교회가 하느님과 사람들로부터 멀어지며, 거기서는 필경 교회가 위기에 빠진다.

2
교회를 위한 결단?

어째야 할까? 반항? 개혁? 체념? 사람들은 — 호의에서든 적의에서든, 애원으로든 고발로든, 의기소침해서든 의기양양해서든 — 교회의 과오를 교회에 몸담은 누구에게나 거듭 상기시키고 있다. 그러나 줄곧 교회의 '추문 연보'(chronique scandaleuse)나 엮어 나가기보다는 더 흥미 있는 물음: 그렇다면 교회에 몸담은 그리스도인이야말로, 새로 교회의 추문을 듣더라도 새삼 놀랄 것도 없을 만큼 충분히 환상에서 벗어난 교회 '안'의 사람이야말로 그래도 이 교회, 자기 교회에 머무는 까닭은 무엇인가?

이 물음은 양쪽에서 제기된다: 교회 밖에서 — 경직된 교회 제도 안에 있는 것은 정력 낭비이며 밖에서 더 많은 일을 할 수 있다고 여기는 그런 사람들 쪽에서도; 또 교회 안에서 — 교회의 현황과 당국에 대한 철저한 비판은 교회 안에 머무는 일과 어울리지 않는다고 생각하는 그런 사람들 쪽에서도.

왜 머무나

결코 쉽사리 설득력 있게 대답할 수 있는 물음은 아니다 — 오늘날 이미 생활과 지식의 세속화로 말미암아 사회적 동기는 사라지고 국가 · 민족 · 전통 교회의 시대는 끝나 감이 역력하기에.

그러나 유다인이나 이슬람교도처럼 그리스도인에게도 자기가 일단 (지금껏 대개가 그랬듯이) 자기 공동체의 일원으로 태어나 좋든 싫든, 긍정적으로든 부정적으로든 이 공동체에 의하여 조건 지어져 왔다는 것은 오늘도 사소한 일일 수는 없다 — 또 물론 이런 자기의 신앙 가족과 여전히 관계를 유지하고 있느냐 아니면 분노에서든 무관심에서든 관계를 끊어 버렸느냐는 것도.

이것이 적어도 오늘날 상당수의 그리스도인들이 교회에 머물고 다수의 교역자들이 교회 봉직에 머무는 한 이유다:

○ 그들은 그리스도인 실존을 어렵게 또는 불가능하게 하는 경직된 교회 전통들을 거부하고 싶어 한다. 그러나 그리스도교 전통이자 동시에 교회 전통인 2천 년의 큰 전통에 터하여 살기를 포기하고 싶어 하지는 않는다.

○ 그들은 교회의 제도와 법규가 개인의 행복을 희생시킬 때마다 이들을 비판하고 싶어 한다. 그러나 이들 제도와 법규에 관련된, 그것 없이는 신앙 공동체도 계속해서 살아갈 수 없고 그것 없이는 바로 지극히 개인적인 너무나 많은 문제가 방치되고 말 그런 필수적 요소를 외면하고 싶어 하지는 않는다.

○ 그들은 복음이 아닌 자신의 생각에 따라 교회를 지도하는 교권자

들의 횡포에 저항하고 싶어 한다. 그러나 교회가 참으로 예수 그리스도의 교회로서 행동할 때마다 사회의 어디서나 행사할 수 있는 정신적 권위를 무시하고 싶어 하지는 않는다.

따라서 머무는 이유: 이 신앙 공동체 안에서는 비판 정신과 연대 의식을 동시에 가지고 온갖 부정적인 면에도 불구하고 위대한 역사를 긍정하면서 수많은 다른 사람들과 함께 살아갈 수 있기에. 신앙 공동체의 일원으로서 자기 자신이 교회이며 교회를 권력 기구나 행정가들과 혼동하여 그들에게 공동체의 형성을 맡겨 버려서는 안 되기에. 온갖 맹렬한 반론들이 일고 있지만 그래도 이 신앙 공동체에서 인간과 세계가 어디서 와서 어디로 가며 무슨 근거와 목적으로 존재하느냐는 중대 문제의 정신적 고향을 발견했기에 ― 이를테면 정치 영역에서 민주주의가 그 나름으로 교회 못지않게 남용·손상되는데도 그것을 팽개치고 싶지는 않듯이.

물론 다른 가능성도 있고 또 흔히는 그런 가능성을 선택했다 해서 나쁜 그리스도인은 아니다: 교회의 타락으로 말미암은, 보다 높은 가치를 위한, 아마도 진정한 그리스도인 실존을 위한 이 교회와의 절연. 제도로서의 교회 밖에도 그리스도인은 있다 ― 또 극단적 사례로서는 그리스도인 집단도. 그런 결단은 존중되어야 하며 이해할 수도 있다 ― 그 언제보다도 깊이 침체된 가톨릭교회의 현황에서는. 또 물론 교회에 몸담고 있으면서도 교회의 현실을 알고 있는 사람이라면 누구나 이미 교회를 떠난 사람처럼 자기도 교회를 떠날 만한 수많은 이유를 열거할 수 있으리라.

그러나 함께 타고 있던 배에서 뛰어내린다는 것은 ― 그들에게는 정직·용기·반항 또는 그저 긴급 피난·최후 수단의 행위일지언정 — 궁극적으로는 절망·패배·굴복의 행위가 아닐까. 좋은 때에는 타고 있던 배를 폭풍 속에서는 버려야 할까 — 더구나 지금까지 바람을 거슬러 노를 젓고 물을 퍼내고 때로는 생존을 위하여 싸우면서 함께 항해해 온 다른 사람들을 내버려 두고. 이 신앙 공동체라는 배를 그처럼 간단히 내려 버리기에는 여기서 너무나 많은 것을 받아 왔다. 행여나 함께 투신해 온 사람들을 실망시키고 말기에는 스스로 변화와 쇄신을 위하여 너무나 많은 것을 바쳐 왔다. 이런 일로 쇄신의 적수들을 즐겁게 해서는 안 되며 이런 일로 쇄신의 동지들을 근심시켜서는 안 되리라. 교회 **안**에서의 효과적 활동을 포기해서는 안 된다.

 타교회나 무교회라는 선택 가능성은 설득력이 없다. 교회로부터의 이탈은 개인의 고립이나 새삼스러운 제도화를 낳는다. 모든 광신자들이 이를 입증한다. 다수의 그리스도인 대중보다 낫기를 뜻하는 소수 정예 그리스도인들이나 순수한 동지들의 이상적 공동체를 셈하는 교회 유토피아들이란 실상 별로 대단한 것도 아니다. 적어도 누구와 관계하고 있는지를 알고 있는 이 구체적 인간 교회 **안**에서 '사람 모습을 띤 그리스도교계'를 위하여 싸우는 것이 더 크게 요청되는 일이며 이것이 온갖 고통을 무릅쓰면서도 필경은 더 즐겁고 더 보람찬 일이 아니랴. 여기서야말로 언제나 새삼 성실한 책임성, 비판적 연대 의식, 줄기찬 끈기, 살아 있는 자유, 충성 속의 반항이 요구되지 않는가.

 백일하에 드러난 지도층의 과오로 말미암아 이 교회의 권위성·통일성·가신성이 여러모로 흔들리게 되었고 갈수록 더욱 이 교회가 시행착오의 약한 교회임이 드러나고 있는 오늘이기에 사람에 따라서는 영광의 시대에 보다 그만큼 더 진심으로 우러나는 말: 우리는 이 교회를 사랑한다 — 지금 일단 있는 그대로와 장차 달라질 수 있는 그런 교회를. '어머니'로서의 교회, '자모이신 성교회'가 아니라 신앙 가족으로서의 교회를. 제도·법규·권위들이란 그 일체가 신앙 가족을 위하여 존재하며 더러는 단연코 철폐되기도 해야 한다. 교회가 '제 구실'을 하는 곳, 사실상 예수를 기억하는 장소로서만 — 이것도 이미 중요한 것이지만 — 그치지 않고 참으로 말로나 행동으로나 예수 그리스도의 일을 옹호하는 곳, 바로 거기서 교회는 오늘도 온갖 충격적 결함들이 있으면서도 사람들 가운데서 상처만 드러내지는 않고 기적도 이룰 수 있는 신앙 공동체가 된다. 또 과연 교회는 적어도 그렇게**도** 하고 있다 — 다만 큰 범위보다는 작은 범위에서, 성직자와 신학자보다는 보잘것없는 사람들이 더 크게. 실지로 그런 일은 수많은 일상의 증인들에 의하여 이루어지고 있고 이들이 그리스도인으로서의 교회를 세계 안에 현존하게 하고 있다. 여기서 나오는 결정적 대답: 교회에 머물러야 하는, 머물 수 있는 까닭인즉 예수 그리스도의 일이 확신을 주기 때문이요 교회 공동체가 온갖 과오를 안고 있으면서도 이 예수 그리스도의 일을 섬김에 머물러 왔고 또 그래야 하기 때문이다.

    무릇 사적으로든 공적으로든 교회가 예수 그리스도의 일을 옹호하고 있는 곳, 말로나 행동으로나 이 일을 위하여 투신하고 있는 곳, 거기서는 교회가 사람을 섬기는 자세가 되어 있고 믿을 만하다. 거기서는 능률·소비 사회가 그 자체로 실현할 수 있는 것과는 달리 깊은 차원에서 교회가 개인과 사회의 역경에 대처할 수 있다. 이 모든 일은 물론 저마다 따로 이럭저럭 이루어지는 것이 아니라. 교회에서, 교회의 선포와 예배에서 — 충분히 조심스러우면서도 아마 오늘에는 또다시 좀 더 자유롭게 — 이루어지고 있는 일들과 상호 교차·상호작용 관계에 있다. 이런 일들이 새로이 이루어질 수 있는 가능성은 언제 어디서나 있다: 목사나 신부가 설교대에서나 라디오에서나 작은 모임에서 예수를 설교할 때도, 교리교사나 부모가 그리스도교를 가르칠 때도, 개인이나 가족이나 공동체가 격식 없이 진심으로 기도를 드릴 때도, 예수 그리스도의 이름으로 세례가 주어질 때도, 능동적 친교를 이루고 일상생활의 결론을 이끌어 내면서 기억과 감사의 잔치가 거행될 때도, 하느님의 힘으로 불가사의하게 죄의 용서가 선언될 때도. 그러니까 하느님 예배와 인간 봉사, 교리 교육과 사목 활동, 대화와 자선, 그 어디서든 참으로 복음이 선포·추종·생활화될 때. 요컨대 예수 그리스도의 일이 진심으로 받아들여지는 곳에서는 그리스도 추종이 이루어지고 이렇게 해서 신앙 공동체인 교회는 사람이 사람답게, 그리스도인답게, 사람인 그리스도인답게 되도록 또 언제나 참으로 그렇게 머물러 있도록 사람들을 도울 수 있다. 교회가 본업인 이 일을 실행하지 않는다면 또 누가하랴.

   교회가 위기를 어떻게 극복할 것이냐는 교회 자신에 달렸다. 설계에 잘못은 없다. 왜 교회에 머무는가? 설계 자체가, 예수 그리스도 자신의 일이 지금까지 언제나 그랬듯이 교회 안에서 교회와 더불어 나타난 온갖 비리보다도 더 힘차다는 **희망**을 신앙에서 길러 낼 수 있기 때문이다. 이 때문에 교회 안에서의 단호한 투신이, 이 때문에 또 교회 봉직의 특별한 투신도 — 온갖 부정적인 면에도 불구하고 — 가치가 있다. 나는 그리스도인**인데도** 교회에 머무는 것이 아니다. 나는 내가 교회보다 더 그리스도교적이라고 여기지 않는다. 나는 그리스도인 **이기에** 교회에 머문다.

실천적 호소

또 한번, 어째야 할까? 교회에 머무는 데 대한 신학 원리적 반성으로 이 물음이 대답되지는 않는다 — 특히 우리 시대와 같은 어려운 과도기에는 더욱. 이런 — 물론 예상보다 빨리 지나갈 수도 있지만 빨리 되돌아올 수도 있는 — 상황에서 특별히 무엇을 할 수 있을까?

길게 설명할 나위도 없이 분명한 실천의 근본 방향: 교회의 어떤 위기든 — 가톨릭·개신교, 보수·진보, 남·녀, 노·소 간의 어떤 대립이든; 특히 가톨릭교회의 공의회 전·후, 주교·신부, 주교·백성, 교황·교회 간의 어떤 갈등이든 — 이들이 극복될 수 있는 길은 단 하나, **핵심과 기초**에 대한 의식의 쇄신이다. 곧, 교회의 출발점인 **예수 그리스도의 복음**을 저마다 새로운 상황에서 새로이 이해하고 생활화해야 한다! 이것이 각 교회·국가·문화·생활권에서 개인과 공동체에게 원칙적으로나 구체적으로나 무엇을 뜻하는지 여기서 상론할 수는 없으나 다만 몇 가지 직접적인 가능성을 지적해 두자면

온 그리스도교계('오이쿠메네')가 — 로마도 세계교회협의회도 — '밖'의 사회를 향해 훌륭한 말만 하고 '안'의 교회들끼리 공동위원회·상호 예방·학술 대화를 실천적 결론 없이 줄곧 되풀이만 할 것이 아니라 서로 다른 교회들의 진정한 점진적 통합을 추진해 나가야 한다:

- 교회 직분을 개혁하고 상호 승인함으로써,

- 말씀의 전례를 함께 행하고 영성체를 공개하며 성찬례도 점점 자주 거행함으로써,
- 교회당과 그 밖의 시설을 함께 짓고 함께 이용함으로써,
- 사회봉사를 공동 수행함으로써,
- 대학의 신학부와 각급 학교의 종교 수업도 점차로 통합함으로써,
- 교회 지도자들 편에서 전국적·세계적 차원의 구체적 통일 계획을 입안함으로써.

특히 **가톨릭교회**에서는 제2차 바티칸공의회에서 해결되지 못한 채 갈수록 더욱 절실히 요청되고 있는 일들을 공동체들과 그 대표자들이 쟁취·실현해 내야 한다. 여기서 다시 한번 가톨릭교회를 위하여 복음을 배경으로 요청되는 ― 일부는 이미 오래전부터 요청되어 온 ― 수많은 개혁 중의 몇 가지를 지적하건대:

- 전반적으로 교회 **지도자**는 위계 아닌 능력, 관료 아닌 창의, 직위 아닌 사람 위주로 소임을 맡아 수행해야겠다. 제도보다는 인간을 위하여 투신할 용기를 가다듬고 교회의 모든 서열에서 민주화·자율화·인간화를 도모하며 교역자·평신도 협력 관계의 개선에 유념해야겠다.
- 특히 **주교**는 로마 절대권 (서약으로 보장된 '교황 비밀') 형태의 비밀 절차에 의하여 형식적 통일성 위주로 임명하지 말고 일정한 임기를 두어 당해 교구의 필요에 따라 교역자·평신도의 대표 기관에 의하여 선출되어야겠다.
- **교황**도 로마 주교와 이탈리아 으뜸 주교 이상의 존재임을 주장하자면 일방적으로 교황이 지명한 추기경단과는 달리 **온** 교회 ― 여

러 국가만이 아니라 여러 정신과 세대 — 를 대표하는 주교·평신도로 구성된 기관에 의하여 선출되어야겠다.

- **사제**(공동체와 교구의 지도자)는 각자의 소명에 따라 자신의 결혼 여부를 — 이 문제에서야말로 복음은 자유를 보장하고 있으므로 — 스스로 결정할 수 있어야겠다.
- **평신도**(공동체와 교구)는 자문할 권리만이 아니라 권한이 균형 있게 제한된 체제('견제와 균형') 안에서 지도자들과 함께 심의·결정할 권리도 있어야겠고 예수 자신이라면 반대했을 경우마다 반대할 권리도 행사해야겠다.
- **여성**은 교회 안에서 적어도 현대사회가 보장하는 품위·자유·책임이 주어져야겠다: 교회법, 교회 결정 기관에서의 동등한 권리도, 신학 연구와 사제 서품의 사실상 기회도.
- **윤리** 문제에서는 자유와 양심이 새삼 율법에 의하여 대치되어 새로운 (교회) 노예제도가 수립되어서는 안 되겠다. 특히 성 문제에 관하여 다른 형태로도 순결한 마음을 간직할 수 있는 젊은 세대를 감안하면서 복음에 터한 새로운 이해가 도입되어야겠다.
- **산아조절** 문제에서야말로 '인공적' 방법에 관해서도 의학·심리·사회적 기준에 따라 배우자들이 스스로 결정하도록 양심에 맡겨져야겠고 가톨릭교회의 지도자들은 이 문제에 관한 가르침(회칙『인간의 생명』*Humane vitae*)을 수정해야겠다 ….

이들과 이와 비슷한 교회 개혁의 요청들은 성취될 때까지 힘차게 제기·쟁취되어야 한다 — 교회의 불행한 현황 속에서 고통받고 있는 수많은 사람들을 위하여.

체념을 거슬러

여기서 즉각 꼬리를 물고 일어나는 물음: 교회 체제 자체의 월권과 폐쇄성이라는 장애 앞에서 진정한 개혁이 과연 가능할까? 이런 교회사의 난국에 혁명과 체념 사이의 중도라는 것이 있을 수라도? 그러나 거꾸로 제기될 수도 있는 물음: 현재의 '가신성 결함'(credibility gap)이라는 지도·신뢰의 위기를 이겨 낸다면 상황이 — 바로 가톨릭교회의 그것도 — 또다시 급변할 수도 있지 않을까? 그렇다면 언제까지나 정상頂上에서의 변화와 새 세대의 출현을 기다리고만 있다는 것은 어리석은 일이리라. 이런 상황에서의 실천적 행동 지침을 몇 가지 제시해 보자. 체념을 거슬러 실행할 수 있는 일은 무엇인가?

- **침묵하지 말자**: 수많은 현안 문제에서 복음의 요청과 우리 시대의 절실한 소망이 의심 없이 뚜렷한 이상, 기회주의나 비겁이나 천견으로 인한 침묵은 종교개혁 때의 수많은 책임자들이 지키던 침묵과 꼭 같은 잘못이 될 수 있다.

따라서, 특정한 법규나 조처를 해로운 일로 여기는 — 흔히 전국 주교회의에서 유력한 소수 또는 다수를 이루는 — 주교들은 이를 공공연히 발언하고 거듭 분명히 수정을 촉구해야겠다. 오늘날 주교회의의 어떤 다수결에서든 교회 여론이 미리 배제되어서는 안 된다. 신학자도 학문을 구실로 교회 생활 문제를 회피할 수는 없다. 교회의 중대사와 자기 전문 분야의 결론이 연관될 때마다 신학자도 적절한 방식으로 자기 견해를 밝혀야 한다. 직책의 유무와 남녀노소를 묻지 않고 교회 내의 누구나가 교회와 교회의 지도에 관하여 자기가 생각하는 바와 실행할 필요가 있다고 여기는 바를 말할 권리가 있고 또 흔히 그럴 의무가 있다. 경직화 경향에 못지않게 해이화 경향도 당연히 배격되어야 한다.

- **스스로 행동하자**: 너무나 많은 가톨릭 신자들이 로마와 주교들에 대하여 불평·불만을 말하면서도 스스로 무엇인가를 하지는 않는다. 오늘날 한 공동체에서 전례가 지루하고 사목 활동이 빈약하고 신학이 삭막하고 세계의 절실한 요구에 대처하는 자세가 옹졸하며 다른 그리스도교 공동체와의 교회 일치적 협력이 미약하다면 그 탓은 교황과 주교들에게만 있는 것이 아니다.

  따라서, 주임·보좌 교역자든 평신자든 교회의 일원이라면 누구나 크고 작은 자기의 생활 영역에서 교회 쇄신을 위하여 스스로 무엇인가를 해야 한다. 많은 훌륭한 일이 각 공동체와 온 교회 안에서 개인의 솔선 행위에 의하여 추진되어 왔다. 현대사회에서야말로 개인이 교회 생활에 적극적 영향을 미칠 기회는 많다. 여러 가지로 보다 나은 예배, 보다 수긍할 만한 강론, 보다 시대에 맞는 사목, 적극적 교회일치운동, 그리스도인다운 사회참여를 추진할 수 있다.

- **함께 나아가자**: 공동체의 주임 교역자를 찾아가서 말하는 신자가 한 사람이면 대수롭지 않고 다섯 사람이면 성가시게 여겨질 수도 있겠지만 쉰 사람이면 상황이 달라진다. 교구 안에서 교역자 한 사람이면 대수롭지 않고 다섯 사람이면 주목을 끌게 되며 쉰 사람이면 가위 무적이다.

  따라서, 개인들이 자신의 영역과 온 교회에서 단호하고 과감하게 특정 목적을 위하여 앞장설 때마다 기존하는 공동체·교구·전국

단위의 공설 협의회들이 유력한 쇄신 수단이 될 수 있다. 그러나 동시에 오늘도 특정 안건이 교회 안에서 관철되자면 교역자와 평신도의 자유 결사가 불가피하다. 또 사실 여러 나라에서 이런 단체들이 많은 일을 이룩했다. 이들은 대중적으로도 더 힘찬 지원을 받아 마땅하다. 서로 달리 결성된 단체들의 협력 관계가 종파적 고립에 의하여 저해되어서는 안 되며 공동 목표를 위하여 강화되어야 한다. 특히 사제 단체들은 결혼하여 직분을 잃은 사제들의 교회 봉직에의 완전 복귀를 내다보면서 그들과 접촉을 유지해야겠다.

- **임시 대책을 모색하자**: 토론만으로는 무익하다. 심각하게 생각하고 있음을 자주 실감나게 보여 주어야 한다. 교회 봉직자들이 소임에 적합하지 않을 경우에 그리스도인다운 형제 정신으로 교회 당국에 가하는 압력은 정당한 일일 수 있다. 가톨릭 전례 일반의 모국어 사용, 혼혼混婚 규정의 개정, 종교 자유·민주주의·인권의 승인, 그 밖의 교회사상 하고많은 일들이 아래로부터의 끈질기고 충성스러운 압력에 의해서야 비로소 달성되었다.

  따라서, 교회 고위 당국의 조처가 아주 명백히 복음에 어긋날 때는 저항할 권리가 있고 의무도 있다. 교회 고위 당국의 조처가 절박한 요구에 실망을 줄 만큼 지연될 때는 교회 일치를 보존하면서 신중하고 온건하게 임시 대책을 마련하여 실행할 수 있다.

- **포기하지 말자**: 교회 쇄신에 있어서 최대의 유혹 또는 흔히 안이한 회피의 구실이 되는 것은 매사가 아무 의미도 없다는, 애써 봐야 아무 진전도 없으니 차라리 물러나 개의치 말자는 그런 자세다: 외적 또는 내적 절연. 희망이 없는 곳에는 행동도 없다.

따라서, 교착 상태에서야말로 신뢰하는 신앙으로 늠름한 자세를 유지하고 꾸준한 끈기를 간직하는 일이 중요하다. 반대들이 있을 줄이야 이미 예상할 수 있었던 것, 투쟁 없는 쇄신이란 없다. 언제나 결정적으로 중요한 것: 목표에서 눈을 떼지 말고 침착·단순하게 행동할 일이요 그리스도의 복음에 더 충실하고 따라서 더 개방되고 더 사람을 섬기며 더 믿음직한, 한마디로 더 그리스도인다운 교회에 대한 희망을 간직할 일이다.

왜 희망이 있는가?
○ 교회의 미래가 이미 시작되었기에, 쇄신에의 의지가 특정 집단에만 한정된 것은 아니기에, 교회 안의 새로운 대립이란 극복될 수 있는 것들이기에, 그야말로 훌륭한 많은 주교·교역자, 특히 수도 공동체의 남녀 지도자들이 심원한 변화를 긍정·촉진하고 있기에.
○ 나아가 교회가 세계의 발전을 중단시킬 수는 없고 교회 자체의 역사도 계속되고 있기에.
○ 끝으로, 아니 무엇보다도 먼저 예수 그리스도의 복음의 능력이 온갖 인간적 무능과 편견보다, 우리 자신의 나태·우둔·체념보다 더 강함이 교회 안에서 거듭 입증되고 있음을 우리는 믿고 있기에.

2장
사람과 그리스도인

너무나 자주 ─ 그리스도교 교회·신학·영성의 역사가 입증하듯이 ─ 그리스도인다움은 사람다움을 희생시켰다. 그러나 이것이 참으로 그리스도인다움일까? 많은 사람들에게는 그래서 선택 가능성이란 하나밖에 없었다: 그리스도인다움을 희생시키는 사람다움. 그러나 이것이 참으로 사람다움일까? 인간 사회의 발전을 재인식하고 우리가 배워 온 그리스도의 복음을 재음미하면서 관계를 재규명할 필요가 있다: 바로 행동 면에서야말로 사람다움과 그리스도인다움은 어떤 관계에 있을까? 이렇게 이제 이 책의 첫머리에서 물은 물음이 주요 동기로서 재등장하지 않을 수 없다.

1
그리스도인다움의 표준

많은 비그리스도인이 그리스도인은 자기부정·자기 외면만 지향하면서 **자기 발전**을 소홀히 한다고 보고 있다. 사람들을 위하여 살려고는 하나 자신은 너무 자주 너무 모자라는 사람이라고. 선의로 물에 빠진 남들을 구하려고는 하나 자신이 제대로 헤엄칠 줄은 모른다고. 세계의 속량을 선포하고는 있으나 자기 주위의 여건을 인식하지는 못하고 있다고. 훌륭한 사랑의 설계를 가지고는 있으나 자신에 대한 설계부터 미리 검토하지는 않는다고. 남의 영혼 사정은 걱정하나 자신의 정신장애는 못 알아보고 있다고. 이런 식으로 이웃 사랑·봉사·헌신을 지나치게 중시·요구하다 보면 좌절·체념·절망에나 이르기 십상이라고.

사람의 행동 규범

과연 사람다움이 모자라기에 그리스도인다움이 그처럼 자주 모자라게 여겨지지 않는가. 바로 교회의 공식 대표·대변자들에게 진정한 인간성의 결함이 있기에 진정한 인간 가능성으로서의 그리스도인 실존이 멸시 또는 배격되지 않는가. 마땅히 개인 각자의 최대한의 발전을 추구해야 할 것이 아닌가: 본능과 감정도 포함한 모든 차원에서의 전인全人의 인간화를. 그리스도인다움은 사람다움을 통하여 드러나야 한다. 사람다움을 희생시키지 않고 진작시키면서 그리스도인다움이 실현되어야 한다.

어느 때보다 오늘에야말로 이 사람다움은 **사회의 변화** 속에서 바라보아야 한다. 과거에 그리스도교 윤리신학은 인간 실존의 표준과 인간 행동의 규범을 단순히 불변·보편의 인간 본성에서 일견 명료·엄밀하게 연역하여 영구히 유효하며 또 따라서 자명하다고 주장했다. 그러나 점점 더 사람 자신이 미래를 내다보며 계획·조형하게 된 역동화한 현대사회의 역사에서는 이것이 불가능해졌다는 것도 점점 더 뚜렷이 인식되고 있다.

이제는 수동적으로만 전승·수용되는 영구·고정·불변의 도덕 규범 체계에서 출발할 수 없고 거듭 새로이 인간과 사회의 구체적인 역동·가변·복합적 현실을 고려해야 한다 ― 그것도 이 복잡다단한 현실이 오늘날 엄밀한 **과학적 방법**에 따라 되도록 선입견 없이 그 객관 법칙성과 미래 가능성을 목표로 연구되어 있는 그대로. 윤리 규범을 규명하면서 미숙하게 현실에 눈감은 채 과학적으로 확인된 경험적 자료와 인식을 무시해도 무방하다기에는 현대 생활이 (예컨대 경제권·성생활·공격성과 관련하여) 너무나 복잡해졌다. 심리학·사회학·행동과학·생물학·문화사·철학적·인간학 같은 인간 과학들과의 밀접한 접촉이 없이 윤리학이란 없다. 인간 과학들은 확인된 인간론적 인식과 행동론적 정보를 날로 풍부히 제공하고 있다 — 검토해 보면 결단에 도움이 될 만한 사실들을. 그러나 또 물론 이들이 인간 윤리의 궁극 기초와 규범을 대신할 수는 없다.

어김없는 사실: 사회 안에서 완전히 자율적인 비판 자세에 이를 만큼 현대의 수많은 지식·정보 교환 기회를 이용할 능력이 있는 사람은 비교적 소수뿐이다. 또 아무리 비판적·자율적인 사람이라도 자기 홀로 윤리적으로 발견·논증한 규범에 따라서만 판단하지는 않는다. 완전히 백지에서 출발하는 사람은 아무도 없다. 그리고 이것은 사람에게 환경 제약·본성 예정·본능 충동이 있기 때문만이 아니다. 사람은 공동체 안에, 전통 안에 있다: 자기 이전에 이미 사람들이 사람답게 살고자 추구해 온 복잡한 관계 안에. 규범적 인간 처신은 근본적으로 사람들에 의하여 전달된다: 보편적 진리에서 도출할 수 있는 것이 아니라 매우 구체적으로 지성적 숙고와 행동적 참여와의 복잡한 긴장 관계 속에서 참으로 인간적인 방식으로 이루어지는 언행·행실·처신들에 의하여 — 그 결과, 그 '열매'로 그 실행력이 측정되는 으레 절실한 윤리적 결단들에 의하여. 여기서 설명·예증될 수 있는 내용이 아무리 복잡다단하더라도 어떻든 하나만은 고수되어야 할 명제: **선善에 관한, 그 규범·모형·표지에 관한 인식은 개인에게 사회적으로 전달된다**.

따라서 철학적으로든 신학적으로든 어떤 윤리학도 간단히 윤리 규범을 창출하여 보편적 의무를 부과할 수는 없다. 학문으로서의 윤리 신학이 — 신학 일반이 그렇듯이 — 공간과 한계를 획정할 수는 있다. 장애를 제거하고 경험을 거론하고 편견을 해명하여 기존 윤리 규범의 진위와 허실을 식별할 수는 있다. 인간 과학들의 복합적 지식들을 종합함으로써 새로운 동기·문제·가능성을 제시하고 이들에 터하여 인간 윤리가 새로운 차원을 얻어 현재와 다가오는 미래를 개선·촉진하게 할 수는 있다. 그러나 이 모든 것으로도 동의의 자유, 경험의 능력, 더구나 확신의 권리를 대신해서는 안 되며 그럴 수도 없다. 오히려 이들을 촉구해야 하며 또 그럴 수 있다.

한 인간이 위대한 인간적·종교적 전통, 조상 전래의 값진 유산이라는 공동체의 경험과 원칙을 이용하여 자신의 문제, 자기 삶을 가꾸어 나가는 규범과 동기 문제를 밝히고자 한다는 것은 잘하는 일이 아니랴. 물론 어떤 경우에도 자기 행동과 삶의 원칙에 대한 자신의 책임을 회피할 수는 없다. 그러나 바로 그렇기 때문에 어떤 문제에 있어서 **누구**의 말씀을 듣느냐, **결정적인** 문제에서 누구의 말씀을 따르느냐를 결정하는 것이야말로 각별히 중요하다. 그리스도인이란 — 지금까지 말해 온 모든 것으로 지극히 분명하듯이 — 실천 행동을 위해서도 결정적인 문제에서 **그리스도**를 따르는 사람이다.

그리스도인의 행동 규범

그리스도교 선포와 그리스도인 행동은 역사상으로만이 아니라 본질적으로 그리스도 자신과 결부되어 있다. 플라톤 사상은 교설로서 플라톤과 그의 삶에서, 마르크스주의는 체계로서 마르크스와 그의 죽음에서 분리될 수 있다. 나자렛 예수에 있어서는 그러나 — 처음부터 끝까지 보아 온 바와 같이 — 실제로 있었던 일이 추상화된 보편적 관념 형태로 재현될 수 없을 만큼 가르침이 생사 · 운명과 하나를 이룬다. 이미 지상에서도 또 특히 하느님의 생명 속으로 들어가 하느님의 확인을 받고 나서야말로 예수 자신과 예수의 일은 완전히 부합한다. 예수의 선포, 예수의 처신, 예수 자신의 최후가 단순히 실패였던들, 거기에 허무만이 있고 하느님이 계시지 않았던들 예수의 죽음으로 예수의 일도 부인되고 말았으리라. 그랬던들 하느님의 일 ― 또 오로지 그래서만 사람의 일 ― 이라고 주장되던 예수의 일도 헛일이었으리라. 그러나 예수의 최후는 하느님과의 영생이기에 어디까지나 예수 자신이 예수의 일도 미래가 있고 투신을 요망하며 추종할 가치가 있음을 보여 주는 산 표징이다. 그러기에 어느 누구도 행동으로 예수의 일을 고백하지 않고서는 살아 계신 예수를 믿는다고 주장할 수 없다. 그러기에 또 어느 누구도 예수와 사실상 추종 · 친교 관계를 맺지 않고서는 예수의 일을 수행할 수 없다.

추종에서야말로 그리스도인은 다른 위인들의 제자 · 지지자와 구별된다 ― 그리스도인에게는 예수의 가르침만이 아니라 예수의 삶과 죽음과 새 삶이, 곧 예수 자신이 궁극목적으로 주어져 있다. 마르크스주의자나 프로이트 신봉자라면 자기 스승에 대하여 이런 주장을 하지는 않으리라. 마르크스와 프로이트는 친히 저서들을 남겼지만 이들은 저자 자신과의 특별한 유대가 없이도 연구 · 추종될 수 있다. 그들의 저서, 그들의 교설은 원칙적으로 그들의 인격과 분리될 수 있다. 예수의 '가르침'인 복음은 그러나 예수의 삶과 죽음과 새 삶에 비추어서야 비로소 그 참뜻이 이해된다. 신약성서의 어디서도 예수 자신과 분리될 수 있는 예수의 '가르침'이란 없다. 그리스도인에게 예수는 물론 스승이지만 동시에 단연코 스승 이상이다: **예수 자신이 예수의 일을 구체화하는 산 척도다.**

어디까지나 예수 자신이 예수의 일을 생생히 구체화한다. 예수는 결코 — 이를테면 전체주의 체제 속의 마르크스와 엥겔스처럼 — 공허·무정한 초상, 생명 없는 가면, 길들인 개인숭배의 대상이 될 수 없다. 살아 계신 그리스도는 어디까지나 살아서 설교·행동·수난하시던 나자렛 예수 그분이다. 살아 계신 그리스도께서 호소하시는 것은 막연한 경배나 신비로운 결합 또는 글자 그대로의 모방이 아니라 각자의 실천적·인격적 추종이다.

'추종'이란 — 신약성서에서 이 말이 동사로만 나온다는 것은 주목할 만하거니와 — '뒤따른다'는 뜻이다: 이제는 물론 예수 생시의 제자들처럼 이 고을 저 마을 외적으로도 예수를 따라다니지는 않지만 똑같은 정신으로 예수를 따르는 제자가 됨을, 예수와 영속적 관계를 맺고 자기 삶을 예수에 따라 가꾸어 감을, 다시 말해 **예수와 예수의 길에 동참하여 예수의 길이 가리키는 대로 자신의 길을 걸음**을 — 누구에게나 자신의 길이 있는 법이기에. 이것은 처음부터 큰 가능성의 기회로 여겨졌다: 그럴 수밖에 없는 것이 아니라 그럴 수도 있는 것으로 — 그런 삶의 길을 걸으라는 참 부름으로, 미쁘게 받아들여 자기 삶의 자세로 삼는 일 하나밖에 아무 전제 조건도 없는 진정한 은총으로.

중요한 것은 **삶의 자세**다. 실로 자주 사람은 확신을 가지고 특정한 결단을 내릴 합리적 근거를 발견하기에 어려움을 겪어 왔다. 왜? 어떤 결단이든 직접적 지향과 동기만으로는 설명되지 못하며 특정한 근본 자세·근본 처신·근본 방향에 뿌리박고 있기에. 하나의 결단을 충분히 합리적으로 정당화하자면 그 결단이 근거하는 모든 원리만이 아니라 그 결단에서 나올 수 있는 모든 결과도 제시해야 하리라: 그 결단의 일부인 생활 자세·생활양식에 대한 상세한 설명도. 그러나 실제로 이것이 가능할까? "그런 설명을 제시하기란 사실상 불가능하다. 그런 설명에 가장 가까운 시도는 큰 종교들, 특히 실제로 그런 생활양식을 앞서 수행한 역사상 인물을 지적해 줄 수 있는 그런 종교들에 있다"(R. M. Hare).

그리스도 신앙은 삶의 자세·행로·양식을 정당화하는 상세한 근거를 전혀 특정한 역사상 인물을 척도로 지적해 줄 수 있는 그런 큰 '종교'의 하나다. 예수 그리스도에 비추어 보면 — 우리가 보아 온 바와 같이 충분히 근거 있게 — 사람의 근본 자세와 근본 방향, 삶의 형태·양식·행로가 포괄적이자 구체적으로 밝혀진다. 그렇다, 의심할 나위도 없이 그리스도교 복음 전체가 특정한 결단·활동·동기·지향만이 아니라 전혀 새로운 삶의 자세를 겨냥하고 있다: 근본적 의식 변화, 새로운 근본 자세, 개혁된 가치척도, 철저한 사고 전환, 전인全人의 회개('메타노이아')를(210-213). 여기서는 또 의심할 나위도 없이 역사상 인물이 비인격적 관념, 추상적 원리, 보편적 규범, 순수한 사상 체계와는 전혀 달리 설득력을 행사할 수 있다. 나자렛 예수는 그 자신이 이 새로운 생활양식의 **화신**이다.

추상적 원리 아닌 구체적 인물

1) 구체적 역사상 인물인 예수는 영구 관념·추상 원리·보편 규범

사상 체계가 못 가진 **선명성**이 있다.

관념·원리·규범·체계는 생생한 감동, 구상적 인식, 뜻밖으로 무진장하게 풍부한 경험적·구체적 실존이 없다. 명증성과 규명성, 단순성과 안전성, 이해성과 표현성을 다 갖춘 관념·원리·규범·체계라도 구체적 개인과는 분리·추상되어 나타나고 따라서 색채가 없으며 현실과는 거리가 멀다. 추상화는 획일성과 경직성과 상대적 공허성을 낳고 모든 것을 창백한 사고에 의하여 병들게 한다.

구체적 역사상 인물은 그러나 비판 이성적 사고·논증만이 아니라 거듭 새삼 상상·감정·자발·창의·쇄신도 자극한다: 요컨대 인간의 모든 차원을. 한 인물을 구체적으로 묘사할 수는 있으나 한 원리를 그렇게 할 수는 없다. 한 인물과는 직접 실존적 관계를 맺을 수 있다. 그 인물에 관하여 이론·논증·토론·신학만 전개할 수 있는 것이 아니라 그 인물을 이야기할 수 있다. 그리고 역사가 추상적 관념으로 대치될 수 없듯이 설화가 선언과 명령으로, 표상이 개념으로, 정서적 감동이 지성적 이해로 대치될 수는 없다. 인격이 공식에 귀착될 수는 없다.

원리가 아닌 산 인물만이 가장 깊고 가장 넓은 의미에서 **감화력**이 있다: 말은 가르치고 본보기는 끌어당긴다(Verba docent, exempla trahunt). '빛나는' 귀감이란 부질없는 말이 아니다. 관념·원리·이상이 눈에 보이게 하는 것은 그 관념·원리·이상을 몸소 구현·'체현'하는 인물 자신이다. 여기서 사람은 그것을 '알게' 될 뿐 아니라 그것이 이미 '선명하게' 생활화된 모습을 보게 된다. 추상적 규범이 아닌 구체적 척도가 주어진다. 개개의 지침만이 아니라 자기의 삶 전체를 종합적으로 바라볼 수 있는 구체적 안목이 주어진다. 그래서 일반적으로 '그리스도교' 설계를 수락하거나 '그리스도인' 생활을 실행해야 할 뿐 아니라 이 예수 그리스도 자신을 신뢰하고 의지하면서 이분의 척도에 따라 자기 삶의 방향을 모색할 수 있다. 이렇게 예수는 그분이 척도로서 존재하고 의미하는 모든 것과 더불어 '빛나는 귀감'만이 아니라 더욱 크게 '세상의 빛'이심이 드러난다(요한 8,12).

2) 구체적 역사상 인물인 예수는 관념·원리·규범 체계가 침묵하는 것으로 보이게 할 만큼 탁월한 **가청**可聽**성**이 있다.

관념·원리·규범 체계는 말도 소리도 없다. 부르고 초대할 수도 없다. 말을 걸고 요청할 수도 없다. 그 자체로는 권위가 없다. 권위를 부여하는 누군가에게 의존하지 않고서는 아무 주목도 추종도 받지 못한다.

구체적 역사상 인물은 그러나 혼동될 수 없는 고유의 이름이 있다. 그리고 예수라는 이름은 — 흔히는 이 이름을 부르기가 어렵고 부끄러우면서도 — 능력·보호·피난·요구를 뜻한다: 이 이름은 모든 비인간성에, 억압·거짓·불의에 맞서서 인간성을, 자유·정의·진리·사랑을 편들고 있기에. 구체적 역사상 인물은 말과 소리가 있다. 부르고 초대할 수 있다. 그래서 예수 그리스도 추종은 근본적으로 이 인물과 이분의 길에 의하여 부름받은 실존에서, 곧 — 오늘날 사람의 말로 전달되는 — 소명에서 비롯한다. 구체적 역사상 인물은 말을 걸고 요청할 수 있다. 그래서 예수 그리스도 추종은 근본적으로 이분 자신과 이분의 운명에 터하여 요구되는 실존에로, 곧 — 특정한 길을 따라야 하는 — 의무에로 나아간다. 전승된 말씀을 통하여 역사상 인물은 수세기의 거리를 두고도 자신의 말씀이 들리게 할 수 있다. 그래서 말을 알아듣는 이성이 있는 인간은 이성적 신앙으로 예수 그리스도의 말씀에 의하여 인도받으면서 인간 생활의 해석을 모색하고 이에 따라 인간 생활을 형성해 나가도록 부름을 받고 있다.

원리가 아닌 산 인물만이 보다 널리 **호소력**이 있다: 초대·요청·요구할 수 있다. 예수 그리스도 자신은 명료성과 조명력만이 아니라 실천적 방향 제시성도 있다. 사람의 깊은 내심에 작용하여 자유로운 실존적 만남을 촉진할 수 있고 하느님께 대한 근본 신뢰를 활성화할 수 있다. 그래서 사람은 그분의 초대와 요구에 진심으로 동참할 수 있다. 그분이 소원을 일깨워 주시기에 이 소원에 따라 행동할 수 있고 그분이 걸을 수 있는 길을 보여 주시기에 나날이 이 길을 걸을 수 있으며 그분이 신뢰의 근거를 보장하는 권위를 행사하시기에 이 권위에 따라 행동할 수 있고 또 그런 행동이 왜 의미 있고 가치 있는지가 — 개개의 경우에 언제나 완전히 합리적으로는 아닐지언정 — 입증될 수 있다. 이렇게 예수는 그분이 존재하고 의미하는 모든 것과 더불어 '빛'만이 아니라 사람들 가운데 거처하시는 하느님의 '말씀'이심이 드러난다(요한 1,14).

3) 구체적 역사상 인물인 예수는 흔히 관념이 달성될 수 없는 이상으로, 규범이 실행될 수 없는 법규로, 원리와 체계가 현실에서 동떨어진 유토피아로 보이는 것과는 대조적으로 **실현성**이 있다.

관념·원리·규범·체계는 그 자체가 규제·조처하기 위하여 존재하는 실재가 아니다. 실현될 기회를 제공하는 것이 아니라 요청하고 있다. 그 자체로는 세계 안에서 현실성이 없고 현실화해 줄 누군가에 의존한다.

구체적 역사상 인물은 그러나 달리 해석될 수는 있을지언정 두말할 나위도 없이 현실적이다. 예수 그리스도는 실재 인물이었다는 것, 그리고 매우 특정한 소식을 선포하고 매우 특정한 처신을 보였으며 매우 특정한 이상을 실행하고 매우 특정한 운명을 겪어 내셨다는 것은 반론의 여지도 없다. 예수 자신과 예수의 길은 막연한 가능성이 아니라 역사상 현실이다. 그리고 관념이나 규범과는 달리 역사상 인물이 단순히 또 다른 인물에 의하여 '추월'될 수는 없다. 그 사람 자신은 아무도 대신할 수 없는, 전무후무한 사람이다. 역사상 예수 자신을 바라보면서 사람은 예수의 길이 **과연** 걸을 수 있고 지켜 나갈 수 있는 길임을 알 수 있다. 여기서는 그러므로 단순히 '너는 그 길을 걸어 너를 의롭게 하고 너를 해방해야 한다'는 명령이 부과되는 것이 아니라 '그분이 그 길을 걸으셨으니 너는 ― 그분에 비추어 ― 의롭게 되어 있고 해방되어 있다'는 **사실**이 전제된다.

원리가 아닌 산 인물만이 이처럼 포괄적으로 **추진력**이 있다: 실현 가능성을 입증하고 추종을 자극할 수 있다. 예수 그리스도는 다른 사람도 그분의 길을 걸을 수 있다는 신뢰심을 부여하고 강화한다 ― 자신의 힘에 대한 의심을 아랑곳하지 않고 선행에로 나아가게 하심으로써. 이와 더불어 물론 새로운 척도가 주어져 있다 ― 단순한 외적 목표, 초시간적 이상, 보편적 행동 규범이 아니라 오로지 신뢰·승복할 때 성취되는 약속이라는 현실로서. 규범은 최소한을 지향하는 경향이 있다. 예수는 그러나 최대한을 지향하신다 — 그러면서도 언제나 사람에게 적합하게 사람이 그 길을 걸을 수 있도록 용기를 주는 그런 방식으로. 이렇게 예수야말로 그분 자신이 존재하고 의미하는 모든 것과 더불어 '빛'과 '말씀'만이 아니라 바로 '길이요 진리요 생명'이심이 드러난다(요한 14,6).

예수 자신이 구체적 척도로서 활동하신다 — 선명성·가청성·실현성을 띠고, 감화력·호소력·추진력을 가지고. 그렇다면 이 '빛'과 이 '말씀'으로써, 이 '길'과 이 '진리'와 이 '생명'으로써 이미 무엇이 그리스도인 행동, 그리스도교 윤리의 결정적 요소인지를 분명히 말한 셈이 아닌가: 그리스도인다움의 표준, 남달리 그리스도교적인 요소, 많이들 거론되어 온 '그리스도교의 특성'(Proprium Christianum)을.

그리스도교 윤리의 특징

윤리에서도 그리스도교의 특징을 추상적으로 어떤 관념이나 원칙에서, 단순히 어떤 사고방식·의미 지평이나 새로운 성향 또는 동기에서 찾는다면 헛일이다. '사랑'의 동기나 '자유'의 지향에서의 행동, '창조'나 '완성'의 지평에서의 행동 — 그것은 필경 유다인·이슬람교도나 여러 부류의 인본주의자 같은 다른 사람들에게도 가능하다. 그리스도인다움의 표준, 남달리 그리스도교적인 요소는 — 교의에서 그렇다면 따라서 윤리에서도 — 추상적인 것이 아니다. 추상적으로 그리스도관이나 그리스도론이나 그리스도 중심 사상 체계가 아니라 **구체**

적으로 그리스도로서의, 척도로서의 예수 자신이다.

윤리 규범의 자율적 발견 또는 수용을 추적하여 다른 규범 체계들과의 여러 관계를 확인한다는 것은 어디까지나 정당한 일이다. 예수의 윤리에서 여러 전통을 추적하여 다른 유다인이나 그리스도인 스승들과의 공통점을 확인한다는 것도 정당한 일이다. 단순한 윤리적 훈시들(예컨대 지혜율들)만이 아니라 특별히 숭고한 윤리적 요구들(예컨대 황금률)도 예수에 의하여 처음으로 제시된 것은 아니고 다른 데서도 발견된다(226-230). 그러나 이런 노력에서는 자칫 예수의 윤리적 요구와 관련된 독특한 맥락을 간과하기 쉽다 — 예수의 윤리적 요구들이란 우의적·신비적인 사변과 말장난, 현학적 결의론, 경직된 예식주의 등 윤리적으로 가치 없는 잡다한 명제들 속에서 홀로 빼어나게 정점을 이루는 그런 명제들이 아니다. 더구나 예수의 요구에 내포된 예수의 철저성과 전체성을 간과하기 쉽다 — 예수에게서는 계명들이 단순하고도 종국적인 것(십계, 하느님과 이웃 사랑의 근본 계명)으로 귀착·집중되고 이웃 사랑이 서열 없는 봉사, 한계 없는 용서, 대가 없는 포기, 원수 사랑으로 보편·철저화한다(230-235). 정작 결정적인 점: 이 모든 것의 의미를 충분히 이해하자면 이들을 **예수 자신과 운명 전체**에 비추어 바라보아야 한다. 이것은 무슨 말인가?

볼프강 아마데우스 모차르트의 음악에서 음악 양식의 모든 뿌리들과 여러 음악가들(레오폴트 모차르트, 슈베르트, 요한 크리스티안 바흐, 삼마르티니, 푸치니, 파이시엘로, 하이든)의 온갖 영향을 확인할 수 있다 해서 모차르트라는 현상이 설명되는 것은 아니다. 이용 가능한 모든 음악 환경과 음악 전통을 속속들이 분석·통달했던 모차르트에게서 놀라운 보편성과 치밀한 조화를 이룬 모든 양식·유형을 발견할 수 있다 해서, '독일풍'과 '이탈리아풍', 단선율과 복선율, 지성미와 우아미, 연속성과 대조성을 분석할 수 있다 해서 모차르트 특유의 새로운 유일성을 부인할 수는 없다. 모차르트 특유의 새로운 유일성은 모차르트 정신의 자유 속에 뿌리박아 드높은 통일성을 이룬 **전체**, 모차르트 음악에서의 **모차르트 자신**이다.

마찬가지로 예수의 윤리에서도 확인 가능한 모든 전승 요소와 유사 명제를 색출하여 재구성할 수 있다 해서 예수라는 현상이 설명되는 것은 아니다. 예수의 가르침에서 사랑의 우위성과 보편성을 강조할 수 있다 해서, 예컨대 유다교 윤리와 비교하여 예수 윤리의 철저한 신 중심성·집중성과 강렬한 내면성을 밝혀낼 수 있고 동시에 새로운 의미 지평과 새로운 동기부여를 식별할 수 있다 해서 예수 특유의 새로운 유일성을 분명히 파악했다 할 수는 결코 없다. 예수 특유의 새로운 유일성은 통일성을 이룬 **전체**, 예수 업적에서의 **예수 자신**이다.

그러나 이 정도로는 고작 '예수의 남다른 점'이 규명되기 시작했을 뿐, 아직 — 여기서 모차르트와의 유사성은 끝나거니와 — '그리스도의 남다른 점'이 (물론 '예수의 남다른 점'에 터하여) 규명된 것은 아니다. 바로 그리스도교 윤리에서도 예수의 산상 설교(윤리) 선포만 보고 직접 그대로 — 그 사이에 아무 일도 없었던 양 — 현대에 적용한다면 **그리스도교의 특징**을 직시하지 못한다. 산상 설교의 역사상 예수와 그리스도교의 그리스도 사이에는 하느님의 행동이라는 차원에서 일어난 죽음과 부활이 있다. 이 일이 없었던들 선포하던 예수에서 선포되는 예수 그리스도로의 변화가 있었으랴(335-351). 정작 그리스도교의 특징인즉 그러므로 그야말로 통일성을 이룬 **전체**, 선포자이자 선포 내용이요 십자가에 달려 죽은 분이자 살아 계신 분으로서의 **그리스도 예수 자신**이다.

무릇 예수 그리스도의 일을 전적으로 예수의 일로만 이해하고 귀착시켜 이 일에서는 하느님의 차원을 포기할 수 있는 양 생각한다면 그것은 최종적 구속력을 포기하는 셈이다. 이렇게 되면 그리스도교 윤리도 윤리적 '방임 다원주의'(Beliebigkeitspluralismus)에 내맡겨지고 만다. 그리고 '신약성서의 윤리' 자체도 예수, 예루살렘 모교회, 바오로, 그 밖의 신약성서를 — 이를테면 네 가지의 새로운 복음처럼, 마치 여기서는 병립 관계를 (신학적이며 사학적으로!) 거론해도 무방한 양 — 하나씩 차례로 다루어 나간다면 나중에 통일성에 이르기가 어려울 수밖에 없다. 따라서 어떤 그리스도교 윤리든 유념해야 할 일: 기초는 놓여 **있다** — 그리고 이 기초는 단순히 사랑의 계명이나 세상에 대한 비판 자세나 공동체나 종말론이 아니라 오로지 그리스도 예수 자신이다.

이 이름을 부름이 바로 인간 행동의 실현을 위해서도 결코 알맹이 없는 공식空式이 되는 것은 아님은 이 책에서 줄곧 거듭 입증되어 왔으므로 여기서는 앞의 일반적·원칙적 언급으로 만족하고 구체적 상설은 단념해도 무방하리라. 그 대신 그리스도 추종을 가르치기만 한 것이 아니라 끝까지 실천한 사람인 디트리히 본회퍼가 이 추종의 내용에 관하여 설파한 명쾌한 말을 인용해 두자: "그것은 예수 그리스도 한 분에게만 매이는 것, 곧 어떤 설계, 어떤 이상, 어떤 율법주의도 그야말로 완전히 타파하는 것 이외의 아무것도 아니다. 예수만이 유일한 내용이므로 또 다른 내용이란 있을 수 없다. 여기서는 예수 이외에 더 이상 아무 내용도 없다. 예수 자신이 내용이다."

근본 귀감

여기서 자칫 빠지기 쉬운 두 오해를 즉각 예방해 둘 필요가 있다:
① 예수 그리스도는 역사상 인물로서 선명성·가청성·실현성이 있음을 설명했거니와, 그러나 아무리 선명·가청·실현성이 있어도 예수 자신과 예수의 일이 사람에 의하여 거부될 여지도 없을 만큼 처음부터 누구에게나 필연적으로 자명한 것은 아니다. 도리어 선명성에서 감화력이, 가청성에서 호소력이, 실현성에서 추진력이 나타나는 거기서야말로 사람은 뚜렷이 불가피한 결단에 직면하게 되고, 이 결단이야말로 **신앙의 결단**일 수밖에 없다: 이 예수의 복음을 신뢰하고 이 예수의 일에 투신하며 이 예수의 길을 추종하겠다는.
② 또 신앙의 결단으로 예수와 예수의 일과 예수의 길에 동의한 사람이라도 예수에게서 일상생활의 모든 윤리 문제에 적용되는 편리한 보편적 해답을 얻게 되는 것은 아니다: 산아조절·자녀 교육·권력 견제·공동 결정·노동조직·환경 보존 …. 예수는 임의의 어떤 개별 문제에서나 그저 모방만 하면 되는 귀감이 아니라 때·곳·사람에 따라 천차만별로 실행될 수 있는 **근본 귀감**이다. 복음서에서는 무슨 덕행의 형용사를 써서 예수의 성격을 묘사하는 곳이 전혀 없고 예수의 활동과 관계 속에서 예수를 설명한다. 예수의 행동 속에서 예수는 무엇인지가 드러난다. 이 예수 그리스도께서 사람에게 가능하게

해 주시는 것은 그분 자신에게 호응 · 동참하는 추종이지 그분 자신의 모방 · 흉내가 아니다.

한 사람이 척도로서의 예수께 투신할 때, 예수 그리스도 자신이 그 사람에게 **인생관과 실천 생활의 근본 귀감**이 되어 그 사람을 좌우하실 때, 그때는 그 사람 전체가 달라진다. 예수 그리스도는 단순히 외적 목표, 막연한 차원, 일반적 처세술, 초시간적 이상이 아니다. 밖에서만이 아니라 안으로부터 사람의 삶과 처신에 결정적 영향을 주신다. 그리스도 추종이야말로 지식 주입만이 아닌 전인 교육을 뜻한다: 외면의 변화만이 아닌 마음의 변화, 따라서 전인의 변화를. 그야말로 **새 사람**의 양성을. 저마다 다르게 마련인 개인적 · 사회적 여건 속에서 특성과 개성이 있고 어떤 획일화도 없는 그런 새 창조를.

그렇다, 인간 행동을 위한 예수의 유일한 의의란 요컨대 이렇게 말할 수 있다: 말씀 · 행동 · 운명을 가지고 선명성 · 가청성 · 실현성을 띤 **예수 자신**이 개인에게나 사회에게나 **초대 · 호출 · 독려**를 뜻한다. 인생관과 실천 생활의 척도가 되는 근본 귀감으로서 예수는 율법주의나 결의론과는 전혀 거리가 멀게 권고 · 호소 · 촉구하는 **본보기 · 상징 행위 · 방향 기준 · 주도 가치 · 모범 사례**들을 제시하신다. 또 바로 그럼으로써 신앙인을, 따라서 인간 사회를 인상적 · 효과적으로 교화 · 변형시키신다. 개인이든 사회든 예수께 투신할 때 예수에 의하여 전달 · 실현되는 것은 전혀 구체적이다:

- 예수는 새로운 **근본 방향**과 **근본 자세**, 새로운 생활 태도를 촉구하고 그 결과들을 보여 주셨다: 이 예수 그리스도를 타인 · 세계 · 하느님과의 관계를 위한 구체적 모범 · 귀감으로 모시는 그런 사람이

나 인간 사회는 달리, 더 참되게, 더 사람답게 살 수 있다. 예수는 삶의 동일성과 내적 일관성을 가능하게 하신다.

- 예수의 '이론'과 '실천'에서 새로운 행동 **동기**를 읽어 낼 수 있고 예수에 터하여 왜 사람은 바로 그렇게 행동해야 하고 달리 행동해서는 안 되느냐를 대답할 수 있다: 왜 미워하지 말고 사랑해야 하느냐를, 왜 ― 프로이트 자신도 이 문제에 대답할 줄은 몰랐거니와 ― 정직하고 관대하며 되도록 양선해야 하느냐, 그 때문에 손해를 보고 냉혹·잔인한 다른 사람들의 핍박을 받게 되더라도 그래야 하느냐를.

- 예수 그리스도의 정신으로 새로운 **성향**, 새로운 인식·경향·지향이 형성·수행되는 곳에서는 일시적으로만이 아니라 계속적으로 일관성 있게 처신의 방향을 잡아 나갈 수 있는 그런 자발적인 협력 자세·헌신 기질이 생성·창출·전달된다: 남을 위하여 꾸밈없이 투신하고 불우한 사람들과 한편이 되며 불의한 구조와 맞서 싸우는 그런 성향, 감사·자유·활달·몰아·명랑과 관대·용서·봉사를 동시에 갖춘 그런 성향, 극한상황도 무릅쓰고 희생정신에서 자기를 바치고 꼭 필요하지 않더라도 권리를 포기하며 더 큰 일을 위하여 일하려는 그런 성향이.

- 예수 그리스도를 따를 때는 새로운 **활동**이, 아무도 도와주지 않는 바로 거기서도 크고 작은 새로운 행동이 싹튼다: 일반적 사회 개혁 설계만이 아니라 개인과 인간 사회를 인간화하는 인간성의 구체적 표징·증언·증거 행위가.

- 하느님 나라에서의 인간과 인류의 완성이라는 궁극 실재의 새로운

의미 지평과 새로운 목적 정립 속에서는 인간 생활의 적극적인 면만이 아니라 부정적인 면도 감당해 나갈 수 있다: 예수 그리스도의 빛과 힘으로 신앙인에게는 인간의 삶과 활동만이 아니라 고통과 죽음을 위해서도, 인류의 발전사史만이 아니라 고난사를 위해서도 궁극 의미가 주어져 있다.

요컨대, 개인에게나 사회에게나 예수 그리스도는 그분 자신이 말씀과 행동과 운명으로써
○ '감히 해도 된다'고 **초대**하고
○ '마땅히 해야 한다'고 **호출**하며
○ '능히 할 수 있다'고 **독려**하는
새로운 **인생행로 · 생활양식 · 실존 의미**의 근본 귀감이시다.

2
자유에의 해방

오늘날 그리스도인들이 불의한 구조와 맞싸우며 '새 사람'·'새 창조'를 세상에 설득력 있게 드러내지 않는 한, 이 '새 사람'·'새 창조'에 관한 온갖 신학적 거론, 모든 그리스도교 설계가 아무 보람도 없다. 아니 흔히는 비인간적 사회관계를 거듭 재생시키기나 한다는 인상을 준다. 혼인과 가정, 노동이나 교육, 생계나 경제, 노동시장이나 결사·정당·기구, 그 어디서든 어떤 형태로든 이런 흔히는 이름 없고 불투명한 구조로 말미암아 나날이 고통받지 않는 사람이 누구인가. "어떤 사회 환경에서는 해방되고 해방하는 처신이 아예 배격되어 있는 것이나 마찬가지다. 모자母子 관계가 조직적으로 파괴되고 있는 그런 생활 조건들이 존재한다. 강자·약자 관계가 다윈의 이론에 의하여 정의되고 그래서 협동·동정·공평 같은 인간 능력이 생산을 위해서는 바람직하지 못한 것으로 억제되고 있는 그런 노동 기구 형태들이 존재한다. 조건이 달라진다면, 곧 생활환경이 사람다워지고 기구 형태가 협동화한다면 ─ 다른 삶이란 이렇게 그 가능성의 조건이 주어져 있을 뿐이다: 더도 덜도 없이"(D. Sölle).

고통은 인류 역사가 결정적으로 중요한 점에서는 얼마나 제자리걸음을 하고 있는가를 뚜렷이 보여 주고 있다. 온갖 부인할 수 없는 과학·기술 발전과 정치·사회혁명으로 이 점에서 어디 삶이 나아진 것이라도 있는가. 인류 고난사에서는 진정 발전이나 혁명이라 할 만한 것이 좀체 보이지 않는다. 그리스도 전 2천 년의 아득한 옛적에 이집트에서 피라미드를 짓던 노예들이 그리스도 후 2천 년의 오늘에 남아 광산에서 일하는 광부들보다 더 큰 수고를 했던가. 네로 때 로마의 빈민촌이 현대 로마의 빈민가보다 더 비참했던가. 고대 아시리아인들의 민족 대량 추방이 금세기 독일·소련·미국인들의 주민 대량 학살보다 더 악랄했던가. 고통과 싸우는 현대의 막대한 가능성들은 고통을 만드는 막대한 가능성들과 사뭇 정확히 맞먹는 듯하다. 이렇게 볼 때 '태양 아래 새로운 것'이란 상대적인 것밖에 없다. 유일한 위로: 큰 대답과 희망도 보존되고 있고 그래서 인류의 고난사만이 아니라 희망사도 온갖 엄청난 격동 속에서나마 상당한 안정세를 보이고 있다. 이것도, 아니 이것이야말로 오늘날 수긍할 만한 대답이 주어져야 할 물음과 관련되어 있다: 인간 생활에서 궁극적으로 중요한 것은 무엇인가?

개인 성의냐 사회 정의냐?

신앙에 의한 성의成義(의화·의인)? 종교개혁 때의 주요 쟁점이던 이 문제가 현대인에게는 개신교 교회들에서도 가톨릭교회에서도 냉대받고 있다는 것은 이에 관하여 들리는 대로 웬만큼 합의가 달성되고 있다는 점을 제외하고 보면(365-373) 부당한 진단도 아니다. 누가 아직도 루터와 더불어 '어떻게 하느님의 다스림이 사람 안에 이루어지는가'를 묻고 있는가. 또는 누가 아직도 트리엔트공의회와 더불어 '어떻게 죄인이 은총 지위에 도달하는가'를 묻고 있는가. 온갖 낡은 물음을 영원한 물음인 양 여기는 신학자들 말고 누가 아직도 이런 물음들을 놓고 다투고 있는가: 은총이란 하느님의 호의냐 사람의 내적 성질이냐고, 성의란 하느님의 외적 판결이냐 인간의 내적 성화냐고, 성의는 오로지 믿음으로 이루어지느냐 믿음과 행업으로 이루어지느냐고. 이 모두가 이미 삶의 자리를 잃고 낡은 물음이 되지 않았는가. 루터교인들마저 이미 이 '교회 존망存亡'이 걸린 신조'(articulus stantis et cadentis Ecclesiae)에 확신이 없지 않은가.

이런 시대사적 배경 앞에서 보면 놀랄 것도 없는 사실: 오늘은 모든 교회에서 '그리스도인의 성의' 대신 '사회 정의'를 말하고 있다. 전자를 덮어놓고 부인하겠다는 것은 아니라 하더라도 후자에만 열렬한 관심을 쏟고 있다. 물론 여기서 우리가 사회 정의의 중대성·절실성, 그리스도교 복음의 사회성, 사회 해방을 위한 참여를 문제시할 까닭은 추호도 없다. 그러나 하나만은 짚어 보고 넘어가야 할, 궁극적으로 중요한 것은 무엇이냐는 물음의 대답과 직통하는 물음: 전자가 없이도 그리 쉽사리 후자를 얻을 수 있을까?

낡고 새로운 문제 제기를 도식화해 보면:
○ 전에는 세계와 영혼에 대한 큰 불안에서 문제가 제기되었다: 어떻게 내가 하느님의 자비를 얻느냐고.
이제는 그러나 세계와 실존에 대한 못지않게 큰 불안에서 문제가 제

기된다: 어떻게 나의 삶이 의미를 얻느냐고.

○ 전에는 하느님을 심판자로 이해했다: 이 하느님이 사람을 죄에서 해방하여 의인으로 선고하신다고.

이제는 하느님을 동반자로 이해한다: 이 하느님이 사람을 세계와 역사에 투신하는 자유와 책임에로 부르신다고.

○ 전에는 개인의 성의와 각자의 '구령'救靈을 중시했다.

이제는 구원의 사회적 차원과 모든 방면에서의 타인을 위한 배려를 중시한다.

○ 전에는 영성적으로 내세의 구원과 하느님과의 평화를 추구했다.

이제는 전체적으로 사회적 조건과 구조의 개혁 — 또는 심지어 혁명 — 을 추구한다.

○ 전에는 인간이 하느님 앞에서의 의로운 삶을 열망했다.

이제는 인간이 자기와 타인 앞에서의 의로운 삶을 열망한다.

 새로운 문제 제기가 얼마나 옳고 중요한가는 이 책 전체에서 분명히 드러났으므로 여기서 되풀이할 필요는 없다. 루터가 자신의 성의관에서 사회적 결론, 예컨대 농부들의 참상과 관련된 결론을 이끌어내지 않았다는 것은 의심 없는 사실이다. 그리고 이 점에서 에른스트 블로흐가 토마스 뮌처와 마르틴 루터를 대비한 것은 옳은 일이다. 루터의 양兩왕국설은 문제를 결정적으로 단순화시켰고 나치 독재에 대한 저항에까지도 부정적 영향을 미쳤다. 또 가톨릭 전통이 성의 교리에서 나오는 결론을 사회 개혁보다는 교회의 테두리 안에서의 경건 행업·자선 행업으로 보았다는 것도 의심 없는 사실이다. 주교들이 경영하던 교황 산하의 교회 국가는 널리 유럽에서 사회적으로 가장 낙후된 국가로 통했고 이것이 몰락하기까지는 로마에서의 어떤 가톨릭 사회 교리 선포도 일일이 성공적으로 저지되었다. 이 밖에도 역사상 교회의 세계와 사회에 대한 태도에 관하여 많은 말을 할 수 있으리라(26-32).

그러나 이제 이 책을 끝맺어 감에 즈음하여 좀 더 중요한, 여기서야말로 뚜렷이 드러나는 점: 앞에서 지적한 대구對句들이 결정적 요점을 말해 주는 것은 아니다.

궁극적으로는 중요하지 않은 것

현대 생활에서는 사람이 무슨 일을 하느냐가 중시된다. 그 사람이 '누구냐'보다는 '무엇이냐', '무엇하는 사람이냐'를 더 묻는다. 직업 · 사업 · 공로 · 직위 · 명망 — 이런 것들이 중요하게 여겨진다.

이 문제는 보기처럼 그리 자명한 것도 아니다. 전형적으로는 '서방'의 문제다. 물론 오늘에는 동구권의 사회주의 국가(제2세계)와 개발 도상 국가(제3세계)에서도 발견될 수 있지만 본고장은 근대 산업사회가 형성된 서구와 북미(제1세계)다. 장기간으로는 여기서만 특수 분야의 전문가들이 합리적으로 체계화한 과학이 존재해 왔다 — 여기서만 이윤 추구 원리에 따른 기업 경영에서의 자유노동의 합리적 조직화도; 여기서만 본격적 의미의 중산계급, 전문적 성격의 경영합리화, 마침내 새로운 경제 의식을 가진 사회 일체의 합리주의화도. 그런데 왜 여기서만?

이미 언급했듯이(24-26) 막스 베버는 그의 고전적 연구서 『프로테스탄티즘의 윤리와 자본주의의 정신』(1905)에서 이 과정을 비교적 소상히 검토했다. 물론 (마르크스가 옳게 말했듯이) 서방의 합리화는 특정한 경제 조건에 의하여 촉진되었다. 그러나 한편 (베버가 옳게 말했듯이) 서방의 경제적 합리화 일체가 매우 특정한 종교 생활윤리에 터한 새로운 실천적·합리적 경제 의식에 의해서야 비로소 나타났다. 이런 새로운 생활 태도와 경제 의식을 결정적으로 산출한 것은 특정한 신앙 내용과 의무 관념이었다. 얼마만큼?

놀랍게도 그 뿌리인즉 오늘에는 이미 현실 문제가 되지 못한다는 종교개혁 시대의 문제로 거슬러 올라간다. 이중예정설(348-351)이라는 (인류의 운명이 영원한 행복과 저주의 두 갈래로 예정되어 있다는) 엄격한 칼뱅파 교리의 뜻하지 않은 결과로 칼뱅의 영향을 받은 교회들에서는 '성화'를, 이웃 사랑의 수행으로서 일상 행업·직업 활동과 그 성공을 강조하게 되었다 — 이 모든 것을 영원한 행복에의 적극적 선택의 가시적 표징으로 여겼기에. 이렇게 계몽적 동기가 아닌 종교적 동기에서 쉴 새 없는 노동, 직업적 성공, 경제적 진보의 정신을 비롯하여 영국·스코틀랜드·미국의 청교도, 프랑스의 위그노파, 독일의 개혁교회와 경건파 등 역사상 중요한 교회와 종파에서 열렬한 경건 행업과 자본주의 사업 정신이 고도의 효과적 결합을 이루었다.

세속화가 모든 생활 영역을 석권하고 근대 경제체제가 일반화될수록 줄기찬 근면(industria)과 엄격한 계율과 숭고한 책임 의식이 산업사회('Industrie'–Gesellschaft) 세속 성인成人의 덕목으로 부상되었다. 각자가 자기 직분 — 직업상의 본분本分과 (대부분의 경우에) 다양한 부직副職 — 을 수행해야 하는 이 근대 **능률 사회**에서는 다방면의 '유능'이야말로 덕성, '효용'이야말로 가치, '성공'이야말로 목적, '능률'이야말로 법칙이 되었다.

이리하여 이제 사람은 역동적으로 발전하는 세계와 사회 안에서 자기실현을 꾀하고 있다 — 어느 사회에서나 물론 사람에게는 중요할 수밖에 없는 사람다운 자기실현을 옛적의 정태적 사회에서와는 달리 자기 자신이 성취하는 공적에 의하여. 무엇인가를 이룩하는 사람만이 무엇인가가 된다고. 아무 일도 못한다는 말을 듣기보다 더 창피한 노릇은 없다고. 일·출세·돈벌이보다 무엇이 더 중요하랴고. 공업화·생산·확장·성장·진보·완수, 대량·소량 간의 소비, 모든 면에서의 생활수준의 향상이야말로 삶의 의미가 아니랴고. 공로가 아니고 달리 무엇으로 인간이 자기 실존을 의롭게 할 수 있으랴고. 경제가치가 가치 질서의 최고 지위를 차지하고 직업과 능력이 사회적 지위를 결정한다고. 번영과 능률을 지향할 때 산업국가는 원시적 빈곤의 압박에서 벗어나 복지사회로 나아가리라고.

그러나 이처럼 성공적인 **공적론**(160-165)이야말로 마침내 심각하게 **인간성에 대한 위협**이 되고 있다. 인간은 보다 높은 가치와 보다 넓은 삶의 의미만이 아니라 동시에 인간 자신을 이 체제의 이름 없는 기계적 조직·기술·권력·기구 속에서 상실해 가고 있다. 진보와 완수가 커질수록 더욱 완강하게 사람은 복잡한 경제·사회 과정 속으로 얽혀 들어간다. 갈수록 더욱 계율이 강화되어 인간을 속박한다. 갈수록 더욱 할 일이 바빠서 사람이 자기 자신으로 되돌아올 틈이 없다. 갈수록 더욱 책임이 늘어나서 인간이 자기 임무 속으로 고스란이 흡수되고 만다. 갈수록 더욱 사회 자체가 만든 법망이 세밀하게 짜여 직업과 노동만이 아니라 여가 · 오락 · 휴가 · 여행에서까지도 가차 없이 사람을 옭아매며 통제한다. 전에는 필요 없었건만 이제는 살아남기 위해서만이라도 조심조심 지켜야 할 천만 가지의 금령 · 수칙 · 신호 · 표지판을 갖춘 도시마다의 교통은 새벽부터 밤까지 매사가 철저히 조직 · 규범 · 관료화되며 어느새 또 전산화되어 가는 현대 일상의 한 표상이다. 일찍이 없던 새로운 **세속적 율법**(법률만능) 체계가 인간 생활의 구석구석까지 주름잡아 가고 있다 ― 아무리 유능한 법률가라도 혼자서 법체계 전반을 통달할 수는 없을 만큼, 이에 비하면 구약의 (종교적) 율법 체계와 옛 율사들의 율법 해석술은 사뭇 대수롭지 않게 보일 만큼.

　법체계의 요구들을 더 많이 준수할수록 더욱 인간은 자발성 · 주도성 · 자율성을 잃어 가고 더욱 인간 자신의 인간 실존을 위한 여지는 좁아 간다. 자주 사람은 법이 ― 성문법도 관습법도 ― 사람을 위하여 있지 않고 사람이 법을 위하여 있다고 느낀다. 그래서 이 요구 · 명령 · 규범 · 통제의 법망 속에서 자기를 잃어 갈수록 더욱 이들에 집착하여 거기서 자기를 확인하려 한다. 결국 생활 전체가 '능률 규칙'의 끊임없는 판정 아래 극도의 긴장 상태와 과격한 체력 소모를 요하는 '실적 경기'다. ― 직업 생활에서 성생활에 이르기까지 언제 어디서나 실적 저하는 당치도 않고 되도록 실적 증대를 꾀하는 것만이 목적이다. 근본적으로 실적 일체가 치명적 악순환이다 ― 그 속에서 실적은 인간을 예속 상태로 몰아넣고 인간은 또 새로운 실적에 의해서만 거기서 벗어날 수 있는 줄로 여긴다: 커다란 **자유의 상실**이다.

　이렇게 인간은 바오로가 **율법의 저주**라고 부른 그것을 현대적 형태로 겪고 있다. 현대 생활은 인간을 공로·능률·실적·진급·성공의 강박관념에 붙들어 매고 있다. 그래서 끊임없이 사람은 자기 정당화·**자력 성의**를 꾀할 수밖에 없다 — 옛적처럼 하느님의 심판 앞에서가 아니라 환경의 법정 앞에서, 사회 앞에서, 자기 자신 앞에서. 그리고 이 실적 위주 사회에서 자기를 정당화할 수 있는 것은 실적뿐이다. 실적이 있어야 무엇인가가 되고 사회에서 자리를 지키며 필요한 명망을 얻는다. 실적을 제시해야 자기를 주장할 수 있다.

바야흐로 위험이 매우 현실적으로 도사리고 있지 않은가: 인간이 이처럼 엄청난 실적 강박 아니 실적 광증과 환경이 기대하는 직분 수행의 부담과 사방에서 덮쳐 오는 경쟁의 위협 아래 외부의 힘에 의해서만 이끌려 다닐 위험, 자기 자신의 구실은 완전히 잃고 말 위험, 따라서 그저 경영자·사업가·과학자·공무원·기술자·노동자·직업인일 뿐 그 이상은 — 인간은 — 아닐 위험. 갖가지 직분으로의 "정체성 확산"(E. H. Erikson), 따라서 정체 위기와 정체 상실. 이렇게 되면 사람은 이미 사람 자신이 아니다. 스스로 소외되어 있다. 그러면서도 스스로 또 자력으로 자기를 주장할 수밖에 없다 — 다른 사람들과 맞서서, 따라서 흔히는 다른 사람들을 희생시켜서라도! 근본적으로 그는 자기만을 위하여 살고 자기 목적을 위하여 다른 모든 사람을 이용하려 한다.

문제는 하나: 이렇게 해서 사람이 행복해지는가. 다른 사람인들 이렇게 이용·착취당하고만 있겠는가. 도대체 능률 법칙 아래에서 끊임없이 몰려오는 모든 요청을 수행해 낼 재간이 있는가. 또 무엇보다도, 아무리 공적이 대단한들 이로써 사람이 참으로 자기 실존을 의롭다

할 수 있는가. 이로써 정당화되는 것이란 근본적으로 자기가 수행하는 한두 가지 혹은 여러 가지 직분일 뿐 자기 존재는 아니지 않은가.

한 사람이 과연 탄복할 만한 경영자·과학자·공무원·전문가·기술자일 수 있고 일반적 판단으로는 눈부시게 자기 직분을 수행할 수도 있지만 그러면서도 실상 인간으로서는 완전히 실패할 수도 있다. 이런 사람은 자기 주위를 맴돌면서도 자기 자신으로 돌아오는 일이 없다. 자기가 온갖 일을 성취하면서 자기 자신을 잃고 말았다는 것, 자기 자신을 되찾아야겠다는 것, 자기를 되돌아보기 전에는 자기를 되찾지 못하리라는 것조차 깨닫지 못한다. 온갖 업적, 갖은 선행을 수행하더라도 그로써 인간이 존재·정체·자유·자기 실존을 얻는 것은 아니다. 그로써는 결코 나와 내 실존의 의미를 확인하기에 이르지 못한다. 자기 자신을 확인하려고만 하는 사람, 자기 자신을 정당화하려고만 하는 사람은 자기 삶을 그르친다. 상기할 말씀: 자기 목숨을 지키려는 사람은 잃으리라(마태 16,25). 그러나 ― 도대체 달리 어떻게 할 여지라도? 자신의 공적으로 자기 자신을 확인할 수밖에?

과연 다른 길도 있다. 물론 혹시라도 아무것도 하지 말자는 것은 아니다. 혹시라도 처음부터 공적을 포기하자는 것은 아니다. 혹시라도 사회에서 수행하던 자기 직분을 갑자기 회피하자는 것, 더구나 직업을 버리자는 것은 아니다. 그러나 직업과 노동에 사람이 나아갈 길이 있는 것은 아님을, 사람 자신이 사람의 직분보다는 큰 것임을, 공로도 중요하기는 하나 결정적으로 중요한 것은 아님을, 좋은 일이든 나쁜 일이든 일이 결정적인 것은 아님을 알자는 것이다. 요컨대, 궁극적으로 **중요한 것은 행업이 아니다!**

궁극적으로 중요한 것

어떻게 감히 이런 말을? 어떻게 감히 근대정신 일체와 맞서서, 일단 사실상 기존하는 ― 동방에서나 서방에서나 양상은 다르지만 견고히 확립된 ― 능률 사회와 마주하며 이런 엄청난 주장을? 앞에서 말해 온 모든 것에 따르면 실상 엄청난 말로 여겨질 것도 없으리라: 예수 그리스도에 터하여 보면 인간의 행업이 궁극적으로 중요한 것은 아님을 과연 확인할 수 있다. ― 나아가 **이 예수 그리스도에 터하여 보면 다른 근본 자세를 받아들임**이 가능함을, 다른 의식에 이르고 다른 생활 태도를 얻어 공적론의 한계를 깨닫고 성취 광증을 벗어나며 실적 강박을 극복할 수 있음을, 참으로 자유로워질 수 있음을. 그러므로 능률 법칙의 탈脫인간 경향을 냉정하게 현실적으로 투시할 필요가 있다 ― 일단 이 능률 사회를 벗어날 수는 없고 이 능률 사회 안에서 살면서 일할 수밖에 없으며 이 능률 사회로부터 자기 확인을 체험하고 있는, 그러면서도 질적으로는 다른 자유를 갈구하고 있는 사람들을 위하여.

상기하자(160-165, 195-207, 251-258): **예수**는 행업을 그 자체로 책망하지는 않았다 ― 율법 준수든 예식 수행이든 도덕 행위든. 그러나 바로 행업이 인간 실존의 척도라는 주장은 단호히 배격했다. 자기 행업이 하느님과 사람들 앞에서 대단한 것인 줄, 그래서 자기 지위·명망과 실존 일체가 완전히 의로운 상태에 있는 줄 여기던 저 유능한 도덕가 바리사이를 두고 예수는 무엇이라 했던가 ― 그 사람은 의인이 되어 집으로 돌아간 것이 아니라 했다. 그리고 행업이란 없거나 있다

해야 고작 도덕적으로 열등한 행업밖에 없던, 그러나 하느님 앞에서 의인이 될 생각은 추호도 없이 하느님 앞에 자신을 온갖 과오와 더불어 열어 놓고서 하느님의 자비에 유일한 희망을 걸고 있던 저 무능한 패덕자 세관원을 두고 같은 예수는 무엇이라 했던가 — 그 사람은 의인이 되어 집으로 돌아갔다 했다.

이로써 또 하나 분명해진, 같은 가르침의 — 위로가 되는 — 다른 면: 긍정적으로 아름답고 착한 인간 행업만이 아니라 부정적으로 추하고 악한 인간 행업도 마찬가지로 궁극적으로는 중요하지 않다 — 죄 많은 세관원이 아니라도 인간 누구나가 이런 면에서 수많은 '업적'도 '성취'하고 있기에 우리 누구에게나 다행스럽게도.

사람의 어떤 불가피한 행위·해태에서든 궁극적으로 중요한 것은 딴 데 있다: **좋고 나쁜 어떤 일에서도 사람은 무조건 신뢰를 버리지 말 것** — 훌륭하고 좋은 일을 했으면 자기가 받지 않고도 가진 것이란 아무것도 없음을, 우쭐하며 내세우고 자랑할 까닭이 없음을, 자기 삶의 첫 순간부터 마지막까지 자기 존재·소유 모두가 나날이 새삼 남으로부터 받고 남에게 의존하며 남의 덕택임을 알 것; 또 한편 잘못을 저질렀으면 그것이 아무리 수치스러운 일이더라도 그 때문에 포기·절망할 까닭은 결코 없음을, 아무리 죄가 많아도 또 그런 때야말로 자비로운 분으로 이해·승복해야만 옳은 그분이 언제나 자기를 지탱하고 계심을 알 것.

어디서 사람에게 이런 확신이 오는가? 십자가의 예수로부터. 더 이상 아무 일도 할 수 없는 절대적으로 수동적인 처지에서 십자가에 처형된 분, 그러나 마침내 하느님에 의하여 의인이 되어 경건 행업의 수호자들과 맞서 계신 분, 그분이 언제나 살아 계신 하느님의 표징으로서 말해 주고 계시다: 결정적으로 중요한 것은 사람과 사람의 행실이 아니라 — 잘·잘못을 묻지 않으시고 사람을 위하시는 — 하느님께, 하느님의 자비에 의지하는 일이라고. 하느님이 사람에게 기대하시는 것은 자기 자신의 고난 속에서도 흔들림 없이 하느님을 신뢰하는 일이라고.

이 십자가의 예수에 터하여 보면 — 역시 상기해 보기만 하면 되려니와(360-365) — 조금도 놀라운 것이 없다: 사람이 자기 행업에 터하여 하느님과 사람들 앞에서 의로운 처지에 있는 것은 아니라는 이것이야말로 **바오로**가 선포하는 복음의 핵심이다. 바오로도 행업을 배격하지는 않았다. 바오로는 다른 모든 사도들보다도 더 많은 공적을 이루었음을 자랑할 수 있었고 자기 그리스도인들에게 행실, 성령의 열매, 사랑의 표현을 요망했다: 믿음은 사랑을 통하여 활동한다고(갈라 5,6; 참조: 5,22-23). 그러나 행업이 결정적인 것은 아니라 했다. 결정적인 것은 믿음, 무조건 흔들림 없이 — 자신의 온갖 과오와 약점도 자신의 선행·장점·공로·권리도 아랑곳하지 않고 — 하느님을 믿는 신뢰라고. 모름지기 **매사**에서 하느님을 신뢰하면서 하느님이 주고자 하시는 것을 받아들이라고.

바오로의 성의론을 이해하지 못한 신학자가 아닌 한 현대 능률 사회에서 또 한번 그릇된 적응을 꾀하여 '행업 요소'를, 따라서 야고보 서간과 그 '행업에 의한 성의'(2,14-26)를 더 존중하도록 요구할 수는 없다 — 마치 바오로가 야고보서의 저자보다 '행업 요소'를 훨씬 더 잘 이해하고 있었던 것이 아닌 양. 주님의 동기 야고보의 이름을 선의로 빌린, 우리는 이름을 모르는 이 1세기 말의 헬라계 유다인 그리스도인은 자기 나름의 지식과 능력을 다하여 나태한 정론正論(Orthodoxie)과 맞서서 정행正行(Orthopraxie)의 필요성을 옹호하려 했다. 이에 비하면 — 여기서는 비교가 불가피하거니와 — 바오로는 정행만 더 훌륭히 옹호한 것이 아니라 인간 실존과 그리스도인 실존에서 무엇이 결정적인가도 판이하게 포괄적으로 이해·논증했다.

물론 여기서 실적·선업·노동이나 직업적 승진을 막무가내로 반박하자는 것은 아니다 — 마치 그리스도인에게는 자기 '탈렌트'를 십분 활용할 것이 요청되지 않는 양. 그리스도교 성의 교리는 인간의 나태를 정당화하는 구실을 제공하는 것이 아니다. 선행은 중요하다. 그러나 그리스도인 실존의 기초와 하느님 앞에서의 인간 처지의 표준이 일종의 논공행상, 인간의 자기주장이나 자력 성의일 수는 없다. 그것은 오로지 믿고 신뢰하면서 예수를 통하여 하느님께 절대적으로 의지하는 자세다. 여기서 선포되는 비상하게 고무적인 복음은 사람이 온갖 불가피한 실패·과오·절망도 뚫고 살아갈 수 있는 확고한 기초를 제공할 뿐더러 종교적 또는 세속적 행업 압박에서 해방되어 최악의 상황이라도 감내해 나갈 수 있는 자유를 준다.

신뢰가 인간 생활을 위하여 근본적으로 중요하다는 것, 사람이 '근본 신뢰'가 있어야 실재와 특히 자기 실존의 정체·가치·의미를 인식할 수 있다는 것은 이미 역설했거니와(60-63) 이제 전혀 달리 깊은 차원에서 뚜렷해진 점: 모름지기 사람이 자기 자신을 실현하자면, 한 인간으로서 자유·정체·의미·행복을 얻자면, 그것은 이 모든 것을 줄 수 있는 그분을 무조건 신뢰함으로써만 가능하다. 사람의 근본 신뢰는 예수 그리스도에 의하여 가능해진 그대로 믿음에 의하여 하느님을 신뢰할 때 최선의 의미에서 '지양'되어 나타난다. 예수에 터하여 하느님을 신뢰하는 것은 논증될 수는 없으나 감행·실행된다면 절로 그 의미와 해방하는 능력이 드러난다.

이 **자유**가 나타나는 곳은 어딘가? 환상적으로 인간은 온전히 자율적이다, 완전히 독립되어 있다, 절대적으로 속박이 없다고 생각하는 거기가 아니다. 사실은 사람마다 자신의 척도와 방향으로 삼아 모든 것을 바치는 하느님 또는 신들을 모시고 있지 않은가. 돈·출세·특권·권력·향락 그 밖의 자기에게 최고 가치가 되어 있는 무엇이든 자기를 무자비하게 새삼스러운 행업으로 몰고 가는 그런 신들에 대한 의존과 속박에서 사람이 해방되는 거기에 참 자유가 있다.

어떤 유한한 실재와도 같지는 않은 하나이신 참하느님께만 매일 때 사람은 모든 유한한 가치·선익·권력 앞에서 자유로워진다. 또 그때 자기 잘·잘못의 상대성도 인식한다. 여기서 사람은 이미 무엇인가를 수행할 수밖에 없다는 무자비한 법칙 아래 있지 않다. 모든 행업에서 면제되어 있는 것은 아니나 실적 강박·성취 광증에서 해방되어, 하나 혹은 여럿의 자기 직분을 목적으로 삼지 않고 있는 그대로의 자기 자신일 수 있다.

자기 자신을 위하여 살지 않는 사람이 참으로 자기 자신으로, 인간 실존으로 돌아와 의미·정체·자유를 얻는 법이다. 상기할 말씀: 나 ― 예수의 복음과 예수 자신 ― 때문에 자기 목숨을 버리는 사람은 목숨을 얻으리라(마태 16,25). 인간 실존의 의미·자유·정체·성의는 선물로서 받을 수 있을 뿐이다. 먼저 받지 않고 행동이란 없다. 능력을 주는 은총 없이 행업이란 없다. 하나이신 하느님을 향한 참된 겸손 없이 수많은 사이비 신들에 대한 참으로 초연한 자세란 없다. 하나이신 참하느님에 터해서만 사람에게 크고 드높은 자유가 주어지고 이 세상에서 인간을 노예화할 수 있는 하고많은 것들에 대한 새로운 자유의 여지와 기회가 열린다.

여기서 사람은 행업과 직분만이 아니라 인간 실존 전체에서 행업과는 전혀 상관없이 성의되어 있다. **그는 자기 삶이 의미가 있음을 안다** ─ 성공했을 때만이 아니라 실패했을 때도, 눈부신 공적이 있을 때만이 아니라 그릇된 실적이 있을 때도, 능률이 향상될 때만이 아니라 저하될 때도. 설사 환경이나 사회가 자기를 용납하지 않게 되었을 때라도 그의 삶은 뜻이 있다 ─ 적에게 패배하고 동지에게 버림받았을 때라도, 그릇된 일에 나섰다가 나쁜 결과를 낳았을 때라도, 자기 할 일을 게을리하다가 남에게 자리를 빼앗겼을 때라도, 아예 아무도 자기를 쓸모 있는 사람으로 여겨 주지 않게 되었을 때라도. 파산한 사업가, 사고무친의 이혼자, 패가망신한 정치인, 쉰 살의 실업자, 다 늙은 창녀, 징역 사는 중죄수라도 절망할 필요는 없다 ─ 아무도 인정해 주는 사람이 없을지언정 궁극적으로 한 가지만 중시하시는 분, 사람 차별 없이 당신 자비의 척도에 따라 심판하시는 그분이 언제나 그들 모두를 인정해 주시기에.

인간 생활에서 궁극적으로 중요한 것: 건강하든 병들었든, 노동력이 있든 없든, 실행력이 강하든 약하든, 성공 운이 좋든 나쁘든, 죄가 많든 결백하든 최후에야 비로소가 아니라 온 생애를 통하여 신약성서 어디서나 **믿음**이라고 부르는 그런 신뢰를 지켜 나갈 것이다.

그래서 여러 거짓 신들이 아닌 하나이신 참하느님께 「사은 찬미가」 Te Deum를 바치는 사람은 이 찬미가의 마지막 구절도 언제 어디서나 감히 자기 자신에 대한 약속으로 삼을 수 있다: "주여 내가 주께 의탁했사오니 영원히 낭패하지 않으리이다"(In te, Dómine, sperávi, non confúndar in ætérnum).

3
몇 가지 자극

그리스도인의 자유는 언제 어디서나 어떤 상황에서나 거듭 새삼 실현되어야 한다 — 개인적으로도 사회적으로도. 그리스도교 설계를 실천에 옮기기 위하여 선명성·가청성·실현성을 띤 근본 귀감이신 예수 그리스도로부터 이끌어 낼 수 있는 결론은 수없이 많다. 지금까지 이미 많은 실천적 결론이 밝혀졌거니와 이제 마지막으로 거론하려는 것은 그리스도인 행동 설계를 체계적으로 전개하자는 것이 아니고 다만 예수 그리스도 추종이 — 진정으로 받아들여지는 곳이면 어디서나 — 무엇을 변화시킬 수 있고 또 변화시켜 왔는가를 현대인과 현대사회의 몇 가지 주요 문제를 실례로 들어 예증해 보자는 것이다. 그리스도인의 자유가 원천적으로 무엇을 뜻하느냐는 것은 바로 앞에서만이 아니라 이 책 전체에 걸쳐 전개되어 왔거니와 여기서는 어떻게 그리스도인의 자유가 예외적 상황에서만이 아니라 여러모로 모순된 일상의 개인·사회 생활에서 예수 그리스도에 터하여 다른 척도·가치·의미를 적용함으로써 새로운 길을 열어 줄 수 있느냐를 지적하고자 한다. 그러니까 계속해서 생각하기 위한, 생각하고 행동하기 위한 몇 가지 간단한 자극이다.

권리 주장에서의 자유

예수는 자기 제자들이 자발적으로 **권리를 대가 없이 포기**하기를 기대하신다(230-235). 오늘날 무릇 개인이나 집단이나 이 예수 그리스도에 따라 처신하려는 사람에게는 원칙적으로 권리 포기의 의무가 있는 것은 아니나 전혀 구체적인 경우에 남을 위하여 권리를 포기할 수 있는 기회가 주어진다.

예를 들어 **전쟁과 평화 문제**: 수십 년 동안 지상의 특정 지역에서 평화를 이룩하기가 불가능한 일로 드러났다 — 동·서아시아에서는 물론이고 유럽에서도. 왜 평화가 없는가? 언필칭 '상대편'에서 평화를 원하지 않기 때문이라고. 그러나 문제는 더 깊은 데 있다. 양편이 다 정당한 권리와 주장을, 동일한 영토·주민·경제 영역에 대한 권리를 내세운다. 양편이 다 자기네 권리와 주장을 정당화할 수 있다 — 역사·경제·문화·정치적으로, 양편 정부가 다 자기네 국법에 따라 국가의 권익을 보존·옹호할 의무가 있다고. 과거에는 확장할 의무조차 있다 했다.

세력권과 정치 진영들은 대외 정책상의 적국상敵國像을 고정시켜 놓고 이에 따라 자기네 처지를 정당화해 오고 있다. 개인 심리적으로 모든 외래 요소에 대한 불안과 온갖 이질·괴리·생소 요인에 대한 편견에 의하여 조장되는 적국상, 나아가 전체사회적으로 중대한 대내 정책적 주체성·안정성 보존 기능이 있는 적국상, 이런 다른 나라·

민족·인종에 대한 적국상, 선입견들이란 대중적으로 인기가 있기에 편리하다. 이들은 바로 인간 심리의 심층에 뿌리박고 있기에 바로잡히기가 유달리 어렵다. 이렇게 정치 진영 세력권들 사이에는 집단적 불신·의혹 분위기가 뚜렷이 특징을 이루고 있다. 어떤 평화 지향이나 어떤 화해 자세도 처음부터 나약한 태도나 적국의 책략이라고 여겨질 만큼 의혹의 대상이 되고 마는 불신의 악순환이다.

전세계적으로 현저히 드러나 있는 현실적 결과: 군비의 제한과 경제에 관한 온갖 협상과 이미 체결된 조약도 군비경쟁을 효과적으로 막을 만한 수단을 발견하지는 못했다. 폭력과 반폭력이 소용돌이치는 국제 위기에서마다 양쪽 진영이 권력정치·경제정책·군사전략적 조종을 꾀하고 있다. 그래서 세계 곳곳에서 진정한 평화가 이루어지지 못하고 있다 — 저마다 왜 남이 아니고 하필 자기가 권리와 권력을 포기하랴고, 저마다 왜 자기가 그만한 권력이 있는데도 경우에 따라서는 가차 없이 자기주장을 관철하지 못하랴고, 저마다 왜 자기 편의 위험을 최대한 극소화하는 일에서는 대외 정책상 마키아벨리주의를 받들지 못하랴고 여기면서 그래서는 안 될 까닭을 깨닫지 못하고 있기에. 그리스도인은 그러면 어째야 할까? 간단히 지적하건대:

- 그리스도교 복음은 이를테면 독일의 동부 국경이나 이스라엘과 아랍제국과의 국경이나 국제어로 경계가 어떻게 그어져야 할지, 아시아·아프리카·남아메리카의 특정한 분쟁이나 특히 동·서 분쟁이 어떻게 처리되어야 할지 세밀한 지침을 제시하지 않는다. 무장해제 결의와 평화조약 협정을 위한 상세한 제안을 하지 않는다. 복음은 특정한 정치 이론이나 외교 수법이 아니다.

○ 그러나 그리스도교 복음은 근본적인 것을 말해 준다: 정치가들은 백성에게 그리 쉽사리 요청할 수 없으나 가톨릭 · 개신교 · 정교회의 주교 · 감독들, 온 세계의 교회 지도자 · 신학자 · 사목자 · 평신자들은 능히 말할 수 있고 또 말해야 할 것, 곧 **대가 없는 권리 포기**가 반드시 수치일 수는 없다는 것, '양보하는 정치인'이란 적어도 그리스도인에게는 욕설일 수 없다는 것을. 그렇다, 전혀 특정한 경우에는 — 새로운 율법으로서가 아니라! — 대가 없는 권리 포기가 그리스도인의 큰 자유를 드러내는 기회가 될 수 있다: 천 걸음을 같이 가자는 사람과 이천 걸음도 같이 가는 그런 도량 큰 자유를.

이런 자유의 삶을 사는 그리스도인은 어느 쪽이든 으레 말로만 평화의 지향을 내세우는 모든 사람들에 대하여 비판 자세를 취한다: 선전 목적으로 우호와 화해를 언제나 약속만 할 뿐, 정책 실천상으로 경우에 따라 이미 낡은 법적 권리를 포기하고 다른 편을 향하여 솔선해서 평화 대책을 취하며 다른 민족과의 우호를 위하여 대중적 인기가 없더라도 공공연히 투쟁할 그런 자세가 되어 있지 않은 모든 사람들에 대하여.

이런 큰 자유가 삶을 좌우하는 척도가 되어 있는 그리스도인은 나아가 특정한 경우에 인간과 평화를 위하여 권리와 이익을 포기하는 일이 권장되는 까닭을 인정하려 하지 않는 모든 사람들에 대하여 — 영향권이 크든 작든 — 하나의 도전이다: 자신의 위험을 피할 수만 있다면 언제 어디서라도 권력과 폭력, 자기 관철과 타인 이용을 서슴지 않는 것이 가장 유리 · 영리한, 아니 인간적으로 가장 사려 깊은 일이라고 생각하는 모든 사람들에 대하여.

그리스도교 복음은 합법·공리·실력을 위하여 인간을 농락하는 이런 지배 논리와 단호히 대립된다. 복음은 권리 포기에서 자신의 자유와 타인의 자유를 보장하는 적극적인, 참으로 사람다운 요소로 인식하자는 제안이다.

이 점에서 그리스도교 복음이란 현실에 어두운 미숙한 중립주의나 순전히 개인적인 호소가 아니냐고 의심하는 사람은 바로 사회구조 전체, 백성들의 태도·자세·편견 일체의 변화를 위해서야말로 이 그리스도교 요청의 폭발력이 얼마나 큰지를 이해하지 못한 사람이다. 그러나 이 요청이 실제로 성과를 얻자면 어느 정당에서든 이 요청을 지향하는 사람들, 이 요청에서 자신의 주도 가치를 보는 정치인들의 수가 늘어나야 한다. 그렇다고 물론 그들의 정치적 연설과 협상, 공적 등장과 설계에서 끊임없이 그리스도의 이름이 들먹여져야 하는 것은 아니다. 중요한 것은 그들의 정책에서 그리스도의 복음이 궁극 척도가 되는 일이다.

그래서 얻는 것은? 일견 아무것도 없다! 아니 좀 더 정확히 말하면 평화'뿐'이다. 그리고 아마도 장기적으로는 남도 얻으리라. 이것은 올바르게 이해해야지 단순히 모든 경우의 해결책으로 알아들어서는 안 된다. 그리스도교 복음, 특히 산상 설교는 법질서를 폐지하자는 것이 아니다. 권리를 부질없는 것으로 만들자는 것이 아니다. 그러나 법을 근본적으로 상대화하자는 것이다. 왜? 법이 사람을 섬기지 사람이 법을 섬기지 않도록.

무릇 개인이나 집단이나 법이 사람을 위하여 있지 사람이 법을 위하여 있지는 않음을 잊고 있는 곳, 거기서 그들은 ─ 국가는 물론이고 교회 · 공동체 · 가정 · 개인 생활에서도 드러나듯이 — 개인 영역에서나 사회 영역에서나 무자비한 법률 만능적 권리 주장이 관철되고 '최고의 법'(summum ius)이 '최고의 불법'(summa iniuria)이 되는 것을, 그래서 거듭 새삼 개인 · 단체 · 민족 사이에 비인간성이 만연되는 것을 조장하는 구실을 한다.

그러나 무릇 개인이나 집단이나 법이란 어떤 경우든 사람을 위하여 있는 것임을 상기하고 있는 곳, 거기서 그들은 일단 필요한 법질서가 인간화되고 기존 법질서 안에서도 전혀 특정한 상황에서 만족 · 용서 · 화해가 가능해지며 그래서 바로 권리 영역에서 개인 · 집단 · 민족 사이에 인간성이 신장되는 것을 촉진한다. 그래서 그들이 감히 자신에 대한 약속으로 삼을 수 있는 말씀: "복되어라, 온유한 사람들! 그들은 땅을 상속받으리니"(마태 5,5).

세력 다툼에서의 자유

예수는 자기 제자들이 자발적으로 **권력을 남에게 이롭게 사용**하기를 촉구하신다(230-235). 오늘날 무릇 개인이나 집단이나 예수 그리스도를 척도로 삼는 사람에게는 어떤 권력 행사나 포기하라는 사실상 불가능한 의무가 부과되는 것은 아니나 전혀 특정한 상황에서 남을 위하여 권력을 사용할 필요가 있음이 인식된다.

예를 들어 **경제권 문제**: 이 문제는 방금 다룬 전쟁과 평화 문제와 비슷한 문제이므로 보다 간단히 요점만 지적할 수 있겠다. 주지하는 사실: 물가 상승과 통화팽창은 불치병인 듯 오르고 또 오른다 — 특히 빈민과 극빈자에게 해롭게도. 그리고 그 탓을 고용주는 노동조합에, 노동조합은 고용주에게, 둘 다가 또 정부에게 돌린다. 악순환. 어째야 할까? 여기서도 간단히 지적하건대:

- 그리스도교 복음은 이 문제를 기술적으로 어떻게 대처해야 할지, 이 사방으로 얽힌 수수께끼를 어떻게 풀어야 할지 세밀한 지침을 제시하지 않는다: 완전고용 · 경제성장 · 물가 안정 · 무역균형을 어떻게 동시에 달성해야 할지. 수요와 공급, 국내시장과 해외시장은 경제 철칙에 종속되어 있는 것 같고 저마다 무자비한 세력 다툼 속에서 이 철칙을 되도록 유리하게 이용하려 하고 있다.
  ○ 그러나 그리스도교 복음은 일반적으로 좌 · 우익의 어느 경제학 교과서에도 없는, 그러면서도 이 문제와 관련하여 엄청나게 중요하다 할 만한 점을 말해 준다: 기업주나 노동조합 지도자가 어떤 불가피한 이권 분쟁에서나 상대편에 대하여 자기 권한을 항상 십분 활용하지 않는다 해서 으레 수치가 되는 것은 아님을, 곧 기업주가 생산비 증가를 일일이 소비자들에게 전가해서 이윤 '마진'을 계속 유지 또는 되도록 증대하려고만 하지 않는다 해서 수치일 것도 없고, 노동조합 지도자가 때로는 임금 인상 주장을 관철할 수 있고 조합원들도 그렇게 하기를 기대하고 있다고 생각되는데도 그렇게 하지 않는 일이 있다 해서 반드시 수치일 것도 없음을. 요컨대 권력자가 모든 냉혹한 분쟁에서 언제나 자신의 사회적 세력을 자기 편에만 유리하게 이용하지 않고 전혀 특정한 상황에서 역시 일반적인 율법으로서가 아니라 — **권력을 남에게 유익하게** 사용하는 큰 자유를 발휘할 채비가 되어 있다 해서 수치가 되는 것은 아님을: 경우에

따라서는 권한·이익·영향력을 일단 '사양'하고 속옷과 더불어 겉옷도 벗어 주겠다는 그런 도량 큰 자유를.

어쩌자고? 동반자 이념으로 연막 전술을 쓰자고가 아니다. 그럼으로써 무엇인가 자기 편에 이로운 것을 간접으로 얻자고도 아니다. 남을 위해서다: 사람이 (흔히는 국가마저) 권력투쟁에 희생되지 않고 권력이 사람에게 이롭게 사용되도록. 권력이란 더러들 원하듯이 간단히 제거될 수 있는 것이 아니다. 그것은 환상이다. 그러나 권력은 그리스도인다운 양심에 의하여 근본적으로 상대화될 수 있다 ― 사람에게 이롭게. 권력은 지배 아닌 봉사를 위하여 사용될 수 있다.

이렇게 해서 자본주의사회에서나 사회주의사회에서나 일견 사람들에게 기대할 수 없어 보이는, 그러나 실은 개인·민족·언어·계급·교회를 달리하는 모든 사람들의 공동생활을 위하여 한없이 중요한 것이 개개의 경우에 가능해진다: 잘못을 따지는 대신 끝없는 용서가, 고집을 부리는 대신 조건 없는 화해가, 끊임없는 권리 주장 대신 보다 높은 의로움인 사랑이, 무자비한 세력 다툼 대신 모든 이성을 능가하는 평화가. 이런 그리스도교 복음은 내세의 위안이라는 아편이 되기는커녕 다른 설계들보다 훨씬 더 근본적으로 현세에 투신하게 한다: 지배자가 피지배자를, 제도가 인간을, 질서가 자유를, 권력이 권리를 억압하려고 위협하고 있는 거기서 개혁을 지향하도록.

무릇 개인이나 집단이나 권력이란 지배가 아니라 봉사를 위하여 존재함을 잊고 있는 곳, 거기서 그들은 사회 영역에서나 개인 영역에서 권력 사상과 권력정치가 지배하고 그래서 일단 불가피한 권력투쟁 속에서 인간의 인간 착취가 자행되는 것을 조장하는 구실을 한다.

그러나 무릇 개인이나 집단이나 권력이란 지배가 아니라 봉사를 위하여 존재함을 상기하고 있는 곳, 거기서 그들은 모든 방면의 인간 경쟁이 사람답게 되도록 촉진하고 경쟁 속에서도 상호 존경과 인간 존중, 타협과 화해가 가능하게 한다. 그래서 그들이 감히 믿을 수 있는 약속: "복되어라, 자비를 베푸는 사람들! 그들은 자비를 받으리니" (마태 5,7).

소득으로부터의 자유

예수는 자기 제자들을 내적으로 **소유(소비)로부터의 자유를 행사**하도록 인도하신다(240-246). 오늘날 무릇 개인이나 집단이나 궁극적으로 예수 그리스도의 정신으로 처신하려는 사람에게는 원칙적으로 소유와 소비의 포기가 강요되는 것은 아니나 전혀 구체적인 경우에 자기와 남의 자유를 위하여 이런 포기를 실행할 기회가 주어진다.

예를 들어 **경제성장 문제**: 온갖 진보를 거듭하며 우리의 능률·소비 사회는 갈수록 많은 모순을 드러내고 있다. 사방에서 칭송받는 경제 이론에 바탕한 구호: 보다 많이 생산하여 보다 많이 소비하자; 보다 많이 소비하여 보다 많이 생산하자. 그래서 수요가 공급을 언제나 상회하도록 한다 — 광고로 모델로 소비를 유도함으로써. 사람들은 점점 더 많은 것을 가지고 싶어 한다. 한 가지 욕구가 충족되기 무섭게 또 새로운 욕구가 일깨워진다. 사치품들이 필수품으로 둔갑하고 어느새 또 새로운 사치품들이 등장한다. 자기 생활수준의 목표가 공급 상황의 개선과 더불어 올라만 간다. 이렇게 유복하고 만족스러운 생활에의 기대가 활발하게 촉진되어 오고 있다. 그래서 실질소득이 끊임없이 증대되고 있는데도 일반 시민이 평균적으로 느끼는 엉뚱한 결과: 자기가 마음대로 사용할 수 있는 생활 수단은 별로 없다고, 실상 자기는 최소한의 생존을 유지하고 있을 뿐이라고.

여기서 산업 복지사회가 — 또 널리 경제 이론가들도 — 출발점으로 삼고 있는 전제: 번영의 증진이 행복의 증진을 낳는다고, 소비 능력이 성공적인 삶의 결정적 지표라고. 재화의 소비가 자기 자신과 사회 앞에서의 자기 지위의 과시가 된다. 그래서 군중심리·특권 의식·경쟁 관계의 법칙에 따라 서로의 기대들이 상승작용을 한다. 사람은 자기가 소비하고 있는 그만큼이 그 사람 자신이라고. 보다 높은 생활수준에 이르렀을 때 그 사람 이상이 된다고. 일반 생활수준의 기준치 아래 머물러 있다면 그 사람은 아무것도 아니라고. 보다 나은 미래를 달성하자면 뭐니 뭐니 해도 생산과 소비를 거듭 증대시켜야 한다고. 그저 언제나 무엇이나 커지고 빨라지고 많아져야 한다고. 이것이 엄숙한 경제성장 법칙이라고.

한편 오늘날 갈수록 크게 인식되고 있는 사실: 공업국가들에서는 이 경제법칙의 전제들이 크게 시대에 뒤떨어진 일이 되었다. 빈곤과 재화 부족의 극복이 이미 우리의 제일·최대의 관심사는 아니다. 고도로 공업화된 국가에서는 이런 인간 생활의 전제 조건이 이미 원칙적으로 충족되어 있기 때문이다. 그래서 오늘은 많은 사람들에게 빵만을, 소유와 소비만을 부르짖는 것이 설득력이 없다. 한편으로는 빈곤을 불식하기 위한 종래의 노력이 끝없이 증대하는 (소비자의) 욕구 기대와 (생산자의) 욕구 자극이라는 소용돌이 속으로 빠져들어 가고 있다. 다른 한편으로는 종래의 일차적인 경제적 욕구 외에도 국민경제의 재화로는 충족될 수 없는 이차적이며 삼차적인 욕구가 있다는 것을 우리 사회의 특정 집단들이 점점 더 뚜렷이 인식해 가고 있다. 가진 자들도 물질적 복지만으로는 더 행복해지지 못하게 되었다. 소비생활에 익숙한 젊은이들 가운데서야말로 권태감과 식상한 방향 상실감만이 아니라 소비 증대 일변도의 방향에 대한 불안감도 점점 커가고 있다.

통제 없는 경제성장 법칙은 또 부국과 빈국의 격차도 심화하고 있고 그래서 인류의 불우한 부류 속에 시기·원한과 치명적 증오의 감정만이 아니라 속절없는 절망과 좌절을 강화하고 있다. 또 이 책의 서두에서도 약술했듯이(35-39) 이 법칙은 결국 인류의 유복한 부류 자신에게도 등을 돌리고 있다: 일견 끝없이 심화되기만 하는 도시의 비대, 교통의 폭주, 사방의 소음, 하천·바다·대기의 오염에 우리는 갈수록 더욱 고통받고 있고 산더미 같은 버터와 살코기의 처치에 우리의 걱정이 태산 같으며 우리 자신의 번영의 찌꺼기와 쓰레기에 우리가 짓눌려 가고 있다. 함부로 대량 남용되어 가는 지구의 자원은 점차로 고갈되고 있고 확대일로를 걷는 경제의 문제성은 갈수록 무시할 수 없게 되고 있다. 어째야 할까? 또 한번 간단히 요약하건대:

- 그리스도교 복음은 환경보호·자원 분배·토지 계획·소음 대책·오물 처리, 온갖 종류의 구조 개선 문제에 관하여 아무런 기술적 해결책도 제시하지 않는다. 부자와 빈자, 선진 공업국과 개발도상국 사이의 격차를 없앨 수 있는 어떤 지침도 신약성서에서는 얻을 수 없다. 하물며 어떻게 국민경제와 국제경제를 '제로' 성장에

동결하면서도 경제 분야들의 파탄과 실업 사태를, 온 주민 집단들과 저개발 국가들의 사회적 안정에 혼란을 초래하는 결과를 방지할 수 있느냐는 그런 엄청난 문제점들에 관하여 결단을 내릴 만한 어떤 기준이나 대책을 그리스도교 복음이 제공해 주는 것은 더욱 아니다.

○ 그러나 그리스도교 복음은 현대 소비·능률 사회의 경제 이론이나 실천적 가치척도로는 전혀 예견되지 못하고 있는 것으로 보이지만 아마도 중요한 기능을 할 수 있다고 할 만한 것을 밝혀 줄 수 있다: 소비에의 강박에 대항하여 소비로부터의 자유를. 소비와 번영만을 행복의 바탕으로 삼지 않는다는 것은 어떤 경우에나 뜻 있는 일이다. 예수 그리스도에 터하여 보면 그러나 더 나아가 언제나 더 많은 것을 얻으려고만 하지는 않는 것, 항상 모든 것을 가지려고 하지는 않는 것, 특권과 경쟁의 법칙에 지배받지 않는 것, 풍요의 숭배에 휩쓸리지 않고 어릴 적부터 이미 소비 포기의 자유를 행사할 줄 아는 것도 뜻있는 일이다. 소유로부터의 내적자유로서의 '영으로 가난한' 자세를, 곧 욕심 없이 자족하고 걱정 없이 신뢰하는 근본 자세를. 경제적으로 부자에게서도 빈자에게서도 발견될 수 있는 온갖 분수 모르는 욕심과 자질구레한 걱정에 대항하여.

어쩌자고? 금욕이나 희생을 강요하자고가 아니다. 새로운 법을 만들어 강제하자고도 아니다. 정상적인 소비자로서 소비생활을 즐기면서도 언제나 자유롭고 새삼 자유로워지자고다. 돈이나 자동차든, 술이나 담배든, 화장품이나 섹스든, 이 세상의 좋은 것들에 자기 자신을 팔지는 말도록. 복지사회의 광증에 빠져 버리지는 말도록. 그래서 사람이 세상 한가운데에서 세상의 재화를 사용해야 하고 사용할 수 있으면서도 궁극적으로는 언제나 사람답도록. 그러므로 여기서도 소유·성장·소비가 그 자체로 목적은 아니다. 여기서야말로 사람이 소유·성장·소비를 위하여 있는 것이 아니라 이 모든 것이 사람을 위하여 있다!

무릇 개인이나 집단이나 이 세상의 모든 좋은 것들이 사람을 위하여 있는 것이지 사람이 이들을 위하여 있는 것은 아님을 간과하고 있는 곳, 거기서 그들은 하나이신 참하느님이 아니라 수많은 거짓 신들을, 돈·권력·섹스·노동·특권을 숭배하면서 인간을 이들 무자비한 신들에게 내맡긴다. 그들은 우리네 경제 역학이 오늘날 빠져들어 가 있는 인간 말살 과정을 촉진하고 현대 경제가 미래를 희생시키고 있는 무분별을 조장하며 오늘날 세계경제의 세력들이 인류의 절반에게는 너무 많은 것을 주면서 다른 절반에게는 너무 적은 것을 주는 결과를 낳는 비인간적 이기심을 강화한다. 의식하지는 못하더라도 그들은 복지·소비사회 속에서 비인간성을 만연시킨다.

그러나 무릇 개인이나 집단이나 어떤 경우라도 이 세상의 좋은 것들은 사람을 위하여 있는 것임을 고수하고 있는 곳, 거기서 그들은 오늘날 일단은 불가피한 복지·소비사회의 인간화에 기여한다. 거기서 그들은 필요한, 그러나 특정한 신분에 매여 있지는 않은 새로운 소수 정예를 창출하여 이 세상 속에서 새로운 가치척도에 따라 살 줄 알고 보다 넓은 시야에서 사고 전환의 과정을 주도해 나갈 수 있다. 그들은 또 이 새 시대 속에서 그들 자신을 위해서도 남들을 위해서도 독립성을, 숭고한 몰아성을, 궁극적으로 걱정 없는 초연성을, 참 자유를 가능하게 한다. 그래서 그들에게도 해당하는 약속: "복되어라, 영으로 가난한 사람들! 하늘 나라가 그들의 것이니"(마태 5,3).

봉사하기 위한 자유

예수는 자기 제자들에게 자발적인 **서열 없는 봉사**를 요청하신다(230-235). 오늘날 무릇 개인이나 집단이나 예수 그리스도의 길에 동참하는 사람에게는 사회의 모든 상하 질서를 제거해야겠다는 환상이 주어지는 것은 아니나 모든 사람의 상호 봉사가 공동생활의 새로운 가능성으로서 주어진다.

예를 들어 **교육 문제**: 교육 계획과 교육 방법, 교육목표와 교육 요원은 오늘날 심각한 위기에 빠져 있다. 교육을 담당하는 사회 기구와 사회제도(가정·학교·대학, 또 그 밖의 보육·양성·사업 기관들)도 개인(부모·교사·교육자·양성자)도 좌우 사방으로부터 막중한 비판과 초조한 비난에 직면해 있다: 혹은 너무 보수적이라는가 하면 혹은 너무 진보적이라고, 혹은 너무 정치적이라는가 하면 혹은 너무 비정치적이라고, 혹은 너무 권위주의적이라는가 하면 혹은 너무 반권위주의적이라고. 속수무책과 방향 상실이 만연되고 있다. 이 위기의 원인과 조건, 증상과 결과를 그저 간단히 나마 개관해 보면:

가정에서: 사회변동의 가속화 결과로 부모들은 늙어 갈 뿐 아니라 자주 급속도로 낙후해 가고 있다. 부모들의 자녀 교육 척도는 이미 맞아 들어가지 않고 몰이해와 무지가 따르고 있다. 흔히는 그릇된 주장을 내세우고 그래서 자녀와 가정의 권위 갈등이 파탄에까지 이르는

심각한 불안을 드러내고 있다.

학교와 대학에서: 주장과 현실과의 모순, 흔히는 실생활과 동떨어진 이론과 사실상 높아진 기대·욕구와의 괴리, 교사·생도와 교수·학생 사이의 직분상 갈등으로 말미암아 학교와 대학은 온갖 유력한 사회집단 사이의 교육정책적 논쟁의 대상이 되고 있으며 거듭 새로운 교육·훈육 설계와 학사·연구 계획의 실험장으로 화하고 있다. 이제는 계획 행복감 후의 계획 허탈감이, 과過조직화 후의 탈脫조직화가, 기회균등을 내다보는 미래 낙관 후의 점증하는 연구 제약으로 인한 미래 불안이 위협적으로 도사리고 있다. 전에는 교육의 절박성과 교육 예비군의 총동원을 절원하더니 이제는 교육의 범람과 '학술적 무산계급'이 문제되고 있는 터이다.

그러면 젊은이들 자신은? 이 교육 현장의 모순과 갈등 속에서 반감·무심·권태의 반응이 점증하고 있으며 좌절하고 마는 일도 허다하다. 사회적으로는 소비자로 대우받고 있고 자의식으로는 어엿한 소비자 노릇을 하려고 드는 가운데 가정과 학교에서는 흔히 독립심 없고 의뢰심 많은 철부지로 여겨지고 있다. 어른들에 의하여, 학교 출석에 의하여, 점차로 높아 가는 졸업 연령에 의하여 사회적 특권 의식의 영향을 받으면서 젊은이들은 실적이라는 평가 기준이 얼마나 의심스럽고 교육이 흔히 얼마나 실생활과 거리가 멀며 장래의 취업 기회가 얼마나 불확실한가를 인식하지 않을 수 없게 되었다.

또 어른들은? 어젯날에는 절대적으로 신성하고 의문의 여지도 없던 교육 덕목들이, 오늘날에는 역력히 낡아 빠진 것이 되어 버렸다: 어른의 권위도, 연장자에 대한 순종도, 부모의 뜻에 대한 복종도, 기존 질서에 대한 순응도. 이제는 실상 교육의 내용과 방법만이 아니라 교육 일체가 많은 사람들에게 문제시되고 있다. 교육을 타결 · 조종 · 의사 · 강요와 동일시하던 사람들이 180도로 전환하여 반권위주의적 교육, 절대적 자결, 무제한한 자유, 공격 · 좌절 · 본능 · 갈등의 충분한 경험을 지향하고 있다. 이제는 관계가 뒤바뀌고 있다. 젊은이들이 어른들의 뜻에 복종하는 것이 아니라 어른들의 주장이 젊은이들의 주장 · 욕구 · 필요에 종속하고 있다.

뚜렷이 드러나고 있는 의미심장한 경향: 양쪽의 그릇된 권위관이 타인에 대한 반응에 공포와 불안을 낳으면서 압력과 반발, 거부나 자기주장, 격화하는 파괴 경향, 잔인성과 공격성의 분위기를 조성하고 있다. 그러나 학교는 가정과 사회에, 사회는 학교와 가정에, 가정은 학교와 사회에 책임을 전가하고 있다. 악순환. 어째야 할까! 여기서도 또 한번 간략히 지적하건대:

- 그리스도교 복음은 학교와 직업교육 체제를 어떻게 개선하여 보다 효율적으로 조직할 것이냐, 어떻게 교과과정을 편성하고 훈육 계획을 수행하며 교육자 양성 문제를 해결하고 교육기관을 운영하며 어린이들을 교육할 것이냐에 관하여 아무런 상세한 지식도 제공하지 않는다.
  - 그러나 그리스도교 복음은 교육자가 피교육자에 대하여 또 피교육자가 교육자에 대하여 취할 자세에 관하여, 나아가 실망과 실패 속에서도 서로가 헌신해야 할 이유에 관하여 결정적으로 중요한 점을 말해 준다: 예수의 모습에 터하여 교육이란 근본적으로 자신의 특권 · 위신 · 이익을 위해서가 아니라 자기에게 맡겨진 사람

을 위해서 이루어져야 함을 이해할 때 교육이란 억압적인 것이 아니라 **서열 없는 상호 봉사**임을! 곧, 피교육자가 단순히 교육자를 위해서만, 또 교육자도 단순히 피교육자를 위해서만 있는 것은 결코 아님을; 교육자가 피교육자를, 피교육자도 교육자를 이용하는 일이 있어서는 안 됨을; 교육자가 권위주의적으로 피교육자에게, 피교육자도 반권위주의적으로 교육자에게 자기 뜻을 강요하는 일이 있어서는 안 됨을. 그리스도인다운 정신의 서열 없는 상호 봉사란 교육자에게는 이성적으로 강요할 수 없는 신뢰 · 친절 · 헌신 · 사랑 · 호의를 확고부동하게 조건 없이 솔선수범함을 뜻한다.

서열 없는 봉사의 요청도 무슨 새로운 율법을 뜻하는 것은 아니다. 오히려 양쪽에 대한 초대다: 교육자 쪽에서는 봉사를 여전히 사실상 권위주의적인 태도의 경건한 은폐 수단이나 어린이들에 대한 어른들의 약점으로 여기지 말라고, 또 피교육자 쪽에서도 봉사를 권리 주장의 수단으로 알아듣거나 어른들의 봉사 자세를 무슨 약점처럼 이용하지 말라고. 서열 없는 봉사는 서로 개방된, 배울 줄 알고 고쳐 줄 줄 아는 자세를 뜻한다.

예수의 모습에서 동기를 부여받는 이 서열 없는 봉사는 으레 피교육자의 소망 · 필요 · 욕구에만 대응하는, 어린이들을 위하여 그저 의무만 다하려는 그런 교육자의 실용주의를 문제시한다 — 움직일 수 없는 생활양식을 미리 고정해 놓고 그 자체가 지시하는 척도를 넘어서 어린이들의 기대가 혼란에 빠지는 일이 없도록 하려는 그런 경직된 교육 편법도; 어린이들을 자기네 도덕관념에 붙들어 매어 두려 하면서 그것을 받아들이려 하지 않는 어린이들이 그 때문에 잘못에 빠지는 일이 있더라도 자기네는 옳다고 느끼는 그런 사회적으로 널리 인정받고 있는 도덕주의도; 어린이들을 위한 봉사에 적어도 은연중에나마 조건을 달아 이 공로가 나중에 그만한 값어치의 보람을 얻으리라고 기대하는, 이런 자세를 가지고 있기에 도덕적으로 불만을 표시하다가 저돌적인 거부에 봉착하면 충격을 받기도 하는 그런 일견 합리적인 듯한 타산 정신도.

그리스도인은 서열 없는 상호 봉사를 교육 과정에서도 합리적으로 강요될 수는 없는, 그러나 예수의 모습에 터하여 근거가 제시될 수 있는 그런 타인에 대한 신뢰 · 선량 · 친절 · 투신 · 헌신의 솔선수범으로 이해한다. 그래서 타인이, 어린이가 자신의 사상 · 관념 · 기대 · 소망에 부응하지 않더라도 당황하지 않는다 ─ 자기가 기대하거나 필요로 하는 자기 확인을 얻지 못하더라도, 자기가 언젠가 되돌려받게 될 것보다 주는 것이 근본적으로 더 많음이 확실하더라도, 아무리 합리적 · 인간적으로 예견해 보아도 한 특정한 어린이에 대한 헌신에서 눈에 보이는 성과가 도무지 기대하기 어렵더라도. 무릇 이 서열 없는 봉사라는 그리스도교 복음의 요청을 교육의 좌우명으로 삼아 그대로 실천하고자 하는 사람은 여기서 그리스도인다운 이웃 사랑이 그야말로 철저한 형태로 논의의 대상이 되고 있음을 터득한 사람이다.

여기서 인간성의 새로운 가치척도가 교육과 관련하여 드러난다: 교육자와 피교육자를 위한 새로운 방향 표지, 새로운 의미 지평이. 곧, 어떤 경우에도 자기 자신을 절대시하지 않고 언제나 사심 없이 남을 돌보는 자세가 나눔으로, 용서로, 보살핌으로, 권익의 자발적 포기로, 대가 없는 헌신으로 표현될 수 있다는 사실이.

어쩌자고 그런 봉사를? 약해서가 아니라 힘차게, 비단 교육자·피교육자의 동반·협력 관계가 절실히 필요함을 인식해서만이 아니라 이런 협력이 무조건 요구되는 그것까지도 기꺼이 넘어서는 몰아 정신에서 나오는 확신에 터하여 봉사하자고. 그럼으로써 신뢰와 이해의 분위기가 조성되고 참된 지도와 협력이 이루어지며 권위주의와 반권위주의를 넘어선 비억압적 교육이 달성될 수 있기에. 그럼으로써 또 젊은이에게 진정한 삶의 의미를 모범적으로 보여 줄 수 있기에: 나의 삶이란 내가 나 자신만을 위하여 살지 않고 남을 위하여 살 때에만, 그리고 나의 삶도 남의 삶도 우리 자신보다 더 크고 더 영속적이며 더 완전한 ― 우리가 하느님이라고 부르는 저 신비롭게 우리를 포용하고 있는 ― 실재에 의하여 지탱·인도·완성될 때에만 비로소 의미가 있음을.

무릇 개인이나 집단이나 교육이란 사람에 대한 규제가 아니라 서열 없는 상호 봉사를 위하여 존재함을 잊고 있는 곳, 거기서 그들은 사회 영역에서나 개인 영역에서나 강자와 고위자의 권리가 우선하고 타결과 우월권의 법칙이 지배하며 바로 그 때문에 비인간성과 품위 상실의 전제 조건이 조성되는 결과에 대하여 책임이 있다.

그러나 무릇 개인이나 집단이나 교육이란 사람에 대한 규제가 아니라 서열 없는 상호 봉사임을, 온갖 지배 관계를 벗어난 상호작용·상호 노력까지도 넘어선 신뢰·상응·협력의, 그렇다 호의와 사랑의 솔선수범임을 명심하고 있는 곳, 거기서 그들은 인간관계의 인간화에 기여하며 그럼으로써 또 많은 사람들에게 불확실성과 방향 상실의 상황에서도 의미 있는 삶의 성취를 가능하게 한다. 이런 의미에서 교육을 서열 없는 봉사로 이해하는 그들에게 주어지는 약속: 한 어린이를 그 자신의 이름만이 아니라 예수의 이름으로 받아들이는 사람은 예수를 받아들이는 사람이다!(마르 9,37).

계속해서 생각하며 행동하기 위한 자극으로서는 이쯤으로 넉넉하리라. 예수께서 "행하신 다른 일들도 많이 있다. 만일 그것들을 하나하나 다 기록한다면, 이 세상이라도 그 기록된 책들을 다 담지 못할 것이라" 했거니와(요한 21,25) 예수 추종으로 행해져 왔고 행해질 것이며 더구나 행해질 수 있는 모든 것을 적자면 그렇게 기록된 책들인들 이 세상이 다 담을 수 있으랴.

4
그리스도인으로 지양되는 인간

잘라 묻건대: **왜 그리스도인인가**? 이렇게 우리는 이 책을 시작했다. 역시 잘라 대답하건대: **참으로 사람이고자**! 무슨 뜻인가?

인간 실존을 희생하는 그리스도인 실존이란 없다. 거꾸로 그리스도인 실존을 희생하는 인간 실존도 없다. 인간 실존 이외나 이상이나 이하의 그리스도인 실존이란 없다. 그리스도인이 분열된 인간이어서는 안 된다.

그리스도인다움은 사람다움의 상부구조나 하부구조가 아니라 최선의 ― 긍정·부정·능가하는 ― 의미에서 **사람다움의 '지양'**이다. 그리스도인 실존은 그러므로 다른 인본주의들이 '지양'됨을 뜻한다: 사람다움을 긍정하는 그만큼 긍정됨을; 그리스도인다움을, 그리스도 자신을 부정하는 그만큼 부정됨을; 그리스도인다움이 사람다움을, 너무나 사람다움을 그 온갖 부정적 요소에서까지도 완전히 포용할 수 있는 그만큼 능가됨을.

그리스도인은 모든 인본주의자 못지않게 인본주의자다. 그러나 그리스도인은 사람다움을, 참으로 사람다움을, 인도적임을 바라보되,

사람과 사람의 하느님을 바라보되, 인간성을, 자유 · 정의 · 생명 · 사랑 · 평화 · 의미를 바라보되 — 예수에 더하여 바라본다. 그리스도인에게는 예수 그분이 구체적 척도, 곧 그리스도이시다. 이 예수에 터하여 그리스도인은 그저 모든 진 · 선 · 미와 인간성을 긍정하는 임의의 한 인본주의를 옹호할 수 있다고 생각하지 않고 위 · 악 · 추와 비인간성도 포용 · 극복할 수 있는 참으로 **철저한 인본주의**를 옹호한다: 긍정적인 모든 것만이 아니라 부정적인 모든 것, 고통 · 죄악 · 죽음 · 의미 상실까지도 포용 · 극복할 수 있음을 — 여기서야말로 인본주의의 보람이 뚜렷이 드러나기에.

십자가의 예수이자 살아 계신 그리스도이신 그분을 우러르는 사람은 오늘의 세계에서도 행동할 뿐 아니라 수고할 수도, 살 뿐 아니라 죽을 수도 있다. 순수이성은 좌초할 수밖에 없는 거기서도, 부조리한 역경과 죄책 속에서도 그리스도인에게는 의미가 빛을 던진다 — 거기서도, 긍정적인 조건에서도 부정적인 조건에서도 하느님이 자기를 지탱해 주심을 알고 있기에. 이렇게 그리스도 예수를 믿는 신앙은 하느님과의 평화와 자기 자신과의 평화를 주고 그러면서도 세상 문제를 소홀히 넘기지 않게 한다. 이 믿음은 사람을 참으로 사람답게 만든다 — 참으로 다른 사람을 위하게 하기에: 당장에 자기를 필요로 하는 다른 사람, 곧 '이웃'을 위하여 끝까지 활짝 열려 있게 하기에.

우리는 물었었다: 왜 그리스도인이냐고. 이제는 아래와 같이 요약해서 대답해도 잘 이해되리라:

예수 그리스도 추종으로

사람은 오늘의 세계에서
참으로 사람답게 살고 행동하고 수고하고 죽을 수 있다 —
행복할 때나 불행할 때나 삶에서나 죽음에서나
하느님께 의지하고 사람을 도우며.

후기를 대신하여

> 1974년 10월 10일
> 『그리스도인 실존』 간행에 즈음하여
> 프랑크푸르트 도서 전시회 출판인 회의에서

가톨릭 신학자가 나와 같은 견해를 가지고도 가톨릭교회에 머물 수 있느냐고 좌우에서 거듭 거론되고 있습니다마는 이 기회에 나 자신도 한마디 해 둘까 합니다:

　오늘, 1974년 10월 10일 바로 이 시각에 로마의 성 이냐시오 성당에서는 되프너 추기경이 교황청립 신학원 '콜레지움 제르마니쿰'Collegium Germanicum의 신학생 11명을 가톨릭교회의 사제로 서품하고 계십니다. 이 출판인 회의의 날과 시를 내가 받은 것은 아니니 우연이라 할 수 있겠습니다마는 꼭 20년 전 오늘, 1954년 10월 10일 같은 시각에 같은 로마의 이냐시오 로욜라 성당에서 같은 교황청립 콜레지움 제르마니쿰의 신학생으로서 나 자신도 가톨릭교회의 사제로 서품되었습니다. 그리고 그 후로 20년 동안 나는 이 교회에 불가불 끊임없이 온갖 비판을 가하면서도 충성과 신의를 지켜 왔고 이 교회를 위하여 일하고 배우고 싸워 왔습니다. 여러분은 아마도 이해하시겠습니다마는 이제는 막말로 신물이 나게도 나는 내가 복음에 터하여 시종일관 이 가톨릭교회에 머물 생각이라는 것과 그 까닭을 거듭 새삼 천명해 왔습니다. 새 책에서도 또 한번 밝혀 두었습니다. 어떻든 나는 서품된 지 20년이 지난 오늘 그날보다 덜 가톨릭 신자다운 사람이 되었다고 생각지는 않습니다 ― 물론 우리네 교회일치운동 시대에 정당한 개신교의 요청들을 현실적으로 시인하는 일을 배제하지 않고 포함해서 말입니다.

또 하나 덧붙여 둡시다: 역시 우연이라 할 수도 있겠습니다마는 20년이 지난 오늘 나는 그때 내가 매력을 느끼던 본당신부가 아니라 절실히 갈망하지는 않았던 대학교수로 재직하고 있습니다. 사목 지향은 그러나 어언 15년을 튀빙겐 대학에서 교수·학자로 일해 온 지금도, 콜레지움 제르마니쿰에서 교직원들의 지도신부직을 맡았을 때나 그 후 루체른에서 보좌신부로 있을 때나 또 뮌스터/베스트팔렌에서 기숙사 사감 신부 노릇을 할 때 나와 다름이 없습니다. 신학(theo-logia)이란 글자 그대로 '하느님에 관해 말하는 것'일진대 이 신학을 냉철히 숱한 고역이 따르는 과업으로 삼는 신학자가 할 일인즉 하느님과 하느님의 일을 말하되 어떻게 하면 오늘의 세계에 사는 사람들이 알아듣지도 못한 채 따라 외우기나 하지 않고 참으로 알아듣게 할 수 있겠느냐, 그것도 아무 신학이냐가 아닌 그리스도교 신학인즉 어떻게 하면 그리스도 예수를 말하되 재래의 그리스도교 공식 표현들을 뜻 모르고 염불하듯 되풀이나 할 것이 아니라 그리스도의 복음에 비추어 확신을 가지고 오늘의 사회에서 생활화·행동화하게 할 수 있겠느냐를 모색하는 일입니다. 신학은 그러므로 우리네 현대 산업사회의 갈수록 의식화하는 인간들을 위한 '봉사'로 이해된다면 그것은 비단 자료적 내용상의 그것만이 아닌 다른 요청도 내포하고 있는 것입니다.

20년 신학이 이 책에 들어왔습니다. 처음 신문 보도에서 무엇이라고 들 했든 이 책은 뒤를 돌아보며 화를 내는 것이 아니라 앞을 내다보며 현실적으로 절실한 문제를 가려서 다룬 것입니다. 20년을 청산하자는 것이 아닙니다. 나에게 무슨 극복해야 할 신학적 과거가 있는 것은 아닙니다. 이 책은 20년 연구의 재정리입니다. 인간 실존과 그리스도인 실존이 복음의 근원에 비추어 그리고 오늘의 인간을 위하여 무엇을 뜻할 수 있느냐는 것이 그동안 나에게 점차 밝혀져 온 바를 한 권의 책으로 엮은 것입니다. 여러모로 매우 비판적인 것은 의심 없는 사실입니다마는 그렇다고 로마에 대항해서 쓴 책은 아닙니다. 아니 오히려 로마를 위하여 ― 또 세계교회협의회를 위하여 ― 쓴 책이기도 합니다. 이 책은 교회들이 애석하게도 미쁨을 얻기보다는 잃은 처지에 있는 이 시대에 그리스도교 믿음과 삶을 옹호·논증하고 해명·촉진하고자 쓴 책입니다. 이런 오늘의 시대를 위하여 본디의 그리스도 복음을, 무엇보다도 나자렛 예수의 모습을 뚜렷이 드러내자는 것입니다. 물론 그저 신학적으로 선포·선전·선언만 하자는 것은 아닙니다. 그보다는 어째서 또 어떻게 오늘날 비판 정신을 가진 한 인간으로서도 자기가 그리스도인임을 자기 이성과 주위 사람들 앞에서 떳떳이 책임지고 대답할 수 있느냐는 근거를 제시하자는 것입니다. '한스 큉은 파괴적인 교회 비평가다, 교황의 적이다, 교의의 말살자다' 하는 싸구려 상투어들은 이제 이 책으로 말미암아 마침내 무색해질 테지요. 이 책은 더도 덜도 말고 사람들에게 참으로 그리스도인이 될 용기를 북돋아 주자는 것입니다.

  이 책은 물론 어떤 문제에 대해서든 비판을 서슴지 않았습니다마는 그러면서도 그런 부정적 비판을 꿰뚫고 언제나 긍정적 대답을 힘차게 제시하고자 했습니다. 또 어디서나 되도록 포괄적으로 문제를 가려낸 데다가 결정적으로 중요한 점에 이르러서는 되도록 엄밀히 세분해서 해설하고자 했으므로 짧은 책이 될 수는 없었습니다. 다른 데서는 여러 권에 담긴 소재를 이 책에서는 한 권에 다루고 있는 것입니다.

이 책에서 무슨 값싼 소문 거리를 기대하지는 마십시오. 정작 소문 거리가 되어야 할 것인즉 이 나자렛 예수께서 친히 당신 말씀과 행적과 운명에 의하여 오늘의 현장에서 개인과 사회에게 하실 말씀이 무엇이겠느냐는 것입니다. 그러니까 그저 예수 책이 또 한 권 나온 셈인가요? 그렇지 않습니다. 그렇다면 이 책의 독창성은 무엇입니까? 어떻든 여기서 예수의 기적, 본디 말씀과 꾸민 말씀, 처녀에게서의 탄생과 빈 무덤, 하늘에 오르심과 지옥에 내리심, 교회 창립과 신약성서상 교회 구조의 여러 형태, 이런 것들에 관한 언급이 모두 이 책의 독창성이 아님은 물론입니다. 이런 말들이라면 이미 오래전부터 개신교와 가톨릭의 주도적인 성서 해석학자들이 지은 책을 — 원한다면 — 찾아 읽을 수 있는 것입니다. 이 책의 독창성은 다른 데 있습니다.

   이 책에서 모색하는 것인즉:
- 비단 신학의 여러 개별 문제와 분야를 하나씩 따로 다루어 나가기만 할 것이 아니라 그리스도교 복음 전체를 오늘의 이념과 종교들이라는 지평을 배경으로 제시하자는 것, 즉 지금처럼 산학 연구 분야가 전문화될 때야말로 한 개인에 의한 전체적 종합이 절실히 요

청되는만큼 이런 종합을 포괄적이면서도 일관성 있게 세부에 이르기까지 통일된 형태로 시도해 보자는 것이요;

- 교회의 정견政見이나 신학의 대결이나 사상의 유행에 구애되지 말고 절도 있게 진리를 말하자는 것, 곧 최근 학문의 연구 현황에 터하여 지성적으로 정직한 논증을 전개하되 그리스도교의 관심사에 대한 확고한 신뢰와 관련지어 위축 없는 신학적 비판을 병행하자는 것이요;
- 따라서 과거에 제기된 신학 문제가 아니라 현대인의 광범하고도 복잡다단한 문제에서 출발하되 거기서 온갖 풍부한 지식에도 불구하고 거듭 집중적으로 그리스도 신앙의 핵심을 힘차게 추구하자는 것, 그럼으로써 교회 밖의 인간적이며 일반 종교적인 요소를 오히려 더 확고한 바탕 위에 진정으로 받아들이는 동시에 특별히 그리스도교적인 요소를 오히려 더 영롱하게 드러내면서 본질적인 것과 비본질적인 것을 식별하자는 것이요;
- 성서의 구식 어투와 스콜라 사상의 교의 표현이 없이 또 현대신학의 아리송한 유행어도 없이 현대인의 언어로 말을 하자는 것, 즉 단순하면서도 동시에 정확하고 인상적인 표현을 써서 신학적 예비지식이 없는 현대인에게도 이해될 수 있게시리 최대한 언어상의 노력을 기울이자는 것이요;
- 성의론에서 그리스도론과 교회론에 이르는 나 자신의 연구 분야에 터하여 교파적 차이점도 통합하고 그럼으로써 그리스도인 교파들의 공통점이 마침내 제도적 방향에서도 설득되기를 새삼 자극하자는 것, 그러므로 다른 이론과 병립하는 새 이론을 또 제시하자는 것

이 아니라 오늘날 기본적으로 가능한 합의를 그리스도인 교회들에게도 또 주요한 신학 조류들에게도 촉구하자는 것이며;
- 흔히는 좀체 확인되지 못하고 마는 신학의 통일성을 — 주석학적이며 역사학적인 연구에 터하여 기초신학에서 교의신학·윤리신학을 거쳐 실천신학에 이르기까지 — 정립하자는 것, 그것도 믿을 만한 이론과 생활화할 만한 실천과의, 개인적인 면과 사회적인 면과의, 시대 비판과 교회 비판과의, 개인 경건과 제도 개혁과의, 더 이상 무시하고만 있을 수는 없는 불가분의 관계를 신 문제에서 교회 문제에 이르기까지 밝혀 보자는 것입니다.

마지막으로 행여나 오해가 없으시기 바랍니다: 현대인의 그리스도인 실존을 위한 참고서로 내어놓은 이 책의 저자로서 나는 결코 나 자신이 모범적 그리스도인이라고 자처하지는 않습니다. 그런 뜻에서 이 책에서 꼭 한 문장만 인용해 둡시다: "저자가 이 책을 쓴 까닭인즉 자신이 훌륭한 그리스도인이라고 여기기 때문이 아니라 그리스도인이라는 것이 각별히 좋은 일이라고 여기기 때문입니다."